21世纪

经济管理精品教材

工商管理系列

Marketing

市场营销学

（第4版）

苗月新◎主编

清华大学出版社

北京

内容简介

本书除了讲解营销观念、营销环境、行业竞争环境分析、营销信息管理、市场调研、购买者行为、顾客价值分析、客户关系建立、营销战略规划、STP、新产品开发、产品生命周期及 4P 所对应的各种策略外，还重点阐述了市场营销学的由来以及与经济学、商品学、销售学等学科之间的发展逻辑关系，从而清晰地划定了这门学科与其他学科之间的理论边界。本书在之前版本基础上做了全面修订，增加了符合时代发展特点的新内容，如大数据营销和营销伦理。

本书可作为高等院校市场营销专业本科生、硕士研究生和 MBA 的教材，也可供从事市场营销高级管理工作和科研咨询工作的人士作为参考读物。

图书在版编目(CIP)数据

市场营销学/苗月新主编. —4 版. —北京：清华大学出版社，2019(2021.7重印)
(21 世纪经济管理精品教材·营销学系列)
ISBN 978-7-302-51662-0

Ⅰ. ①市…　Ⅱ. ①苗…　Ⅲ. ①市场营销学—高等学校—教材　Ⅳ. ①F713.50

中国版本图书馆 CIP 数据核字(2018)第 257491 号

责任编辑：王　青
封面设计：李召霞
责任校对：宋玉莲
责任印制：宋　林

出版发行：清华大学出版社
　　网　　　址：http://www.tup.com.cn，http://www.wqbook.com
　　地　　　址：北京清华大学学研大厦 A 座　　　　　邮　　编：100084
　　社 总 机：010-62770175　　　　　　　　　　　　邮　　购：010-62786544
　　投稿与读者服务：010-62776969，c-service@tup.tsinghua.edu.cn
　　质量反馈：010-62772015，zhiliang@tup.tsinghua.edu.cn

印 装 者：三河市少明印务有限公司
经　　销：全国新华书店
开　　本：185mm×260mm　　印　张：20　　　　　字　　数：469 千字
版　　次：2004 年 9 月第 1 版　2019 年 1 月第 4 版　　印　　次：2021 年 7 月第 4 次印刷
定　　价：59.00 元

产品编号：076178-01

第 4 版 前 言

市场营销学是一门应用型学科。在中国市场经济建设中,这门学科迅速发展,并在管理类学科中占据重要地位。

系统地学习市场营销学知识,是科学掌握市场营销方法与技巧,洞悉市场营销现象并把握其内在规律的捷径。出于这样的考虑,我们在《市场营销学(第3版)》的基础上进行改编,通过寻找知识点、聚焦前沿领域、汇集经典论述、更新章节内容、调整体系结构、精心编制案例,力争用简练的文字、生动的语言、规范的表格、精美的图片以全新的版本呈现给广大读者。

我们由衷地希望这个新版本能给有志于钻研营销学问的读者带来一些启发。作为市场营销学这门学科的教学与科研工作者,又是本书的编者,我们的目标顾客是对营销感兴趣的广大读者,因此读者的满意是我们最大的心愿。

本书由中央财经大学教授苗月新博士任主编。中央财经大学商学院市场营销系教师徐茵副教授(博士)、顾雷雷博士、姚凯博士参与了编写工作。各章正文、知识点、复习思考题编写分工如下(按章节顺序排列):

第1~10章,第12章,第14章,第16章,由苗月新撰写;第11章由徐茵撰写;第13章由顾雷雷撰写;第15章由姚凯撰写。

中央财经大学商学院硕士研究生罗盼、杨荟、唐燕飞、赵倩、穆宁宁、张晶、柳阳、许谨致负责撰写各章正文后面的案例。具体分工如下:第1~2章案例由杨荟撰写;第3~4章案例由唐燕飞撰写;第5~6章案例由赵倩撰写;第7~8章案例由穆宁宁撰写;第9~10章案例由张晶撰写;第11~12章案例由柳阳撰写;第13~14章案例由许谨致撰写;第15~16章案例由罗盼撰写。

中央财经大学商学院硕士研究生赵云鹏为本书精心制作了课件,使本书在营销知识传播上更加美观、直接、丰富、生动,展现出强烈的时代感和传播效果。

在本书编写过程中,我们参考了大量国内外研究成果,在此对涉及的专家、学者表示衷心感谢。

清华大学出版社的编辑们为本书的出版发行做了大量细致而又艰辛的工作,我们在此也表示衷心感谢。由于水平所限,本书不足与不当之处,敬请广大读者批评指正。

作 者

2018 年 9 月于中央财经大学

目 录

第 1 章

市场营销的实践与理论溯源

【本章知识点】
- 市场营销实践溯源
- 早期的销售思想
- 市场营销理论的形成与发展
- 市场营销的内涵

市场营销主要包括两方面的内容：市场营销实践和市场营销理论。市场营销实践先于市场营销理论而出现。因此，在学习市场营销理论时，有必要先了解市场营销实践的由来。把理论与实践对立的做法并无实际意义。[①] 市场营销学在实践基础上产生，至今已有将近 100 年的历史。

1.1　市场营销实践溯源

现代市场营销方式由古代及近代的销售方式演变而来。市场营销实践起源于人类早期的销售活动，物物交换是销售活动的雏形。不同物品之间的交换作为商品流通的最早形式而存在，它是市场形成的前提条件。最早的交换活动产生于古代，经过漫长的发展演变才出现了现代市场营销活动。现代市场营销活动在方式和内容上与人类早期销售活动相比发生了巨大变化，但是从根本性质上考察，它与这些销售活动是一脉相承的。学习和研究市场营销，首先应了解销售活动的起源。

1.1.1　市场营销活动的原始形态：以交换为典型特征的销售活动

在有文字记载之前，人类早期的销售活动就已经出现，只是这个时期的销售活动以物物交换为主。人类社会在一个相当漫长的历史时期里并没有商业活动，直到距今约几千年前，有了剩余产品继而出现社会分工以后才产生了商业活动。原始商业的萌芽形态是生产者之间直接的物物交换，之后才有了货币流通形式及民间的各种商业形态。

原始人不知道用火，只是"食草木之实、鸟兽之肉，饮其血、茹其毛"（《礼记·礼运》）。在经历了几十万年到一百多万年之后，人类脱离了原始群居状态，开始向氏族社会过渡，按年龄而非性别的分工开始形成。最早的交换可能出现在四五万年前的母系氏族社会。例如，在北京周口店山顶洞里发现了一些产于渤海湾一带的异乡之物，这些物品据推测是

---

① ［法］萨伊.政治经济学概论［M］.陈福生，陈振骅，译.北京：商务印书馆，1963：21.

1

"北京人"和他族"以物易物"得来的。

七八千年以前，父系氏族社会在我国黄河、长江流域出现，其中一些家族逐渐发展成为独立强大的经济力量。在距今五千多年以前，伴随着农业、手工业生产水平的提高，一夫一妻制的个体家庭最终确立，私有财产逐渐产生。"神农氏作……日中为市，致天下之民，聚天下之货，交易而退，各得其所"（《易·系辞下》），就是对父系氏族时期交换活动的描述。

随着私有财产的开始形成、社会分工的逐渐发展，一些交换活动在氏族内部各生产者之间逐渐展开。真正的私有制是随着动产的产生才出现的。"商品交换过程最初不是在原始公社内部出现的，而是在它的尽头，在它的边界上，在它和其他公社接触的少数地点出现的。这里开始了物物交换，由此侵入公社内部，对它起着瓦解的作用。"①

私有制总是与财产权联系在一起的，但是原始社会中个人对某项财产最初所有权的获得至今仍然是一个谜。对此，法国人让·雅克·卢梭作过精辟论述。他认为，"最初占有者的权利，虽然要比最强者的权利更真实些，但也唯有在财产权确立之后，才能成为一种真正的权利。每个人都天然有权取得为自己所必需的一切；但是使他成为某项财富的所有者这一积极行为，便排除了他对其余一切财富的所有权。他的那一份一经确定，他就应该以此为限，并且对集体不能再有更多的权利。这就是何以原来在自然状态中是那样脆弱的最初占有者的权利，却备受一切社会人尊敬的缘故了。一般说来，要认可对于某块土地的最初占有者的权利，就必须具有下列条件：第一，这块土地还不曾有人居住；第二，人们只能占有为维持自己生存所必需的数量；第三，人们占有这块土地不能凭一种空洞的仪式，而是要凭劳动与耕耘，这是在缺乏法理依据时，所有权能受到别人尊重的唯一标志。"②

从原始社会到奴隶社会，商品交换不断发展。例如，在《诗经·氓》中，就有"氓之蚩蚩，抱布贸丝"的商品交换记载。其中的"布"是指布币。这种交换不再是"以物易物"式的交换。类似商品是作为一般等价物而发挥作用。珠、玉、贝壳是早期的货币形式。到了夏代，出现了专门从事商业交换的人，而玄贝曾是当时的一种主要货币。③

从单件或少量产品的物物交换，发展到大量产品在某一地点的集中销售，市场在这一过程中发挥了不可替代的作用。人类社会早期以交换为基本形式的销售活动的产生，主要有社会和经济两层原因。从社会角度考察，它是人们社会交往增多、对不同商品需求量增加所导致的必然结果。社会文明进程在某种意义上是以销售及市场的总体发展状况为标志的。从经济角度考察，它又是以一定的生产力发展水平为基础，以商品的出现为前提条件的。

1.1.2　早期销售活动的主要形式与基本特点

1. 早期销售活动的主要形式
早期销售活动主要有集市式商品销售和个人对个人式商品销售两种类型。

---

①　马克思.政治经济学批判[M].北京：人民出版社，1976：4.
②　[法]卢梭.社会契约论：第3版[M].何兆武，译.北京：商务印书馆，2003：27-28.
③　吴慧.中国商业通史：第一卷[M].北京：中国财政经济出版社，2004：3，14，41.

（1）集市式商品销售。这种形式与早期人类生活居住分散及商品交易不发达有关。在当时的社会条件下，各类销售活动普遍受到客观因素的限制，因此，狭义的市场——交换场所，发挥着重要作用。市场把各类商品集中在一起，交易之后分散到各地。在这种形式下，生产者与消费者之间的关系较为直接。尽管买卖双方联系并不充分，但是由于商品类别、品种较少，产品形式变化不大，市场竞争不激烈，因而容易成交。这是一种地点相对固定的早期销售活动形式。

（2）个人对个人式商品销售。这种形式的发生地以河流交汇地、道路交通枢纽等人口居住相对集中的城镇和村落为主。在此形式下，销售商通常只购进一种或一类产品，并以满足当地人口的日常生活所需为主；生产者通常也是销售者，且具有专业分工特点，所售产品与其所在地的生产传统和地区特产有直接联系。城镇把具有专业特长的人才集中在一起，他们相互学习生产技巧，并把产品通过自己的销售人员或者其他商业机构销往消费地区。

"城乡居民之间进行的贸易是每个文明社会的最大商业。这种贸易由天然物产与加工产品的交换构成，交换可以直接进行，也可以用货币或者用某种充当货币的纸币作媒介来进行。乡村向城市提供生活资料和加工原料，城市向乡村居民返回一部分加工产品作为回报……城市为乡村的剩余产品，即超过维持耕者的东西提供市场；乡村居民在那里用剩余产品来交换自己需要的其他东西。"①

2. 早期销售活动的基本特点

早期销售活动具有以下三个特点。

（1）销售地点相对集中。这一时期，市场是把卖者和买者集中在一起的场所，买卖的商品种类相对有限，成交数量也比较少，时间和地点相对固定，买卖双方的交易比较直接，一般没有中间商参与。

例如，颛顼时"祝融作市"，黄帝时"市不预贾"，都是早期市场的特征。市场作为交易的场所，起源很早。古代就有"因井为市""交易而退，故称市井"之说。在没有正式常设的交易场所之前，交易一般是从人们聚居之邑的水井旁开始举行，货物"于井上洗涤，令香洁"，有井汲水，也便于来交易的人畜饮用。邑以下，交换规模比较小，因此，常设的市在都邑之内，而不是始于农村。

（2）销售渠道面窄且供应链短。产品销售者通常就是产品生产者，而购买者通常就是产品使用者，因而即使有商人参与，销售渠道的环节和链条也不是很多。这主要是由于交通条件不便利。

在解决交通对销售活动的制约方面，古代帝王有贡献和成就者不乏其例。为了促进交换发展，黄帝命"共鼓、货狄作舟""刳木为舟，剡木为辑""为窬木方版（木筏）以为舟航"。在发明交通工具、开通水路交通的同时，黄帝还开通道路，命邑夷做车，做大辂以行四方。

（3）销售方法简单。早期销售活动通常强调产品的实际功效，而且突出功效的易识别性，因而销售方法较为简单。获取产品的主要功能，是购买者的普遍心态。这一时期，消费者的需要层次较低，购买商品以满足生理需要为主。

---

① ［英］亚当·斯密.国富论［M］.唐日松，等，译.北京：华夏出版社，2005：275.

例如,在父系氏族时期,物品之间交换的计量十分粗略,当时分地以棍量,分物以碗盛,制衣以手比,人的手和足及其动作往往作为度量依据。至黄帝时,设五量(权衡、斗斛、尺丈、里步、十百);至舜时,度量衡又作调整,即"同质量,调律长",统一丈尺、斛斗、权衡;至西周时,市场管理出现,官府对上市的商品、参与交易的人以及市场的组织和管理都加以限制与监督,进行行政领导。[①]

作为市场营销实践本源的早期各类销售活动在内容和形式上与现代营销有较大区别。早期销售活动实质上是一种以地理概念上的市场为中心,主要为了满足基本生产生活需要,从产品生产到商品交换的简单过程。

1.2 商品销售思想的形成与发展

1.2.1 商品销售思想的出现

在经历了漫长的演变之后,市场本身的功能逐渐增多,商品的品种和数量不断丰富起来,产品销售实践活动开始从生产活动中独立出来,与一般"交换"相比呈现出了许多特点,也更加具有专业化特征。在这段漫长的时期内,尽管产品的生产工具在不断进步,商品销售手段与方法也在不断创新,但是如何把产品转变为商品来卖给别人,一直是生产者和商人关心的问题。

例如,传说中舜就是一位具有经商思想的帝王。有些物品在顿丘处于稀缺状态,所以"买贵"(市场价格高),舜就在这里出售这些物品;在传虚有些物品因数量很多而"卖贱"(市场价格低),舜就收进那些物品。舜利用两地的价差,在交换中获利。

新石器时代后,人类社会经历了三次大的分工,畜牧业、手工业、商业先后从农业中独立出来,社会生产力极大提高,物品出现富余,商品交换活动于是频繁出现,商业成为一种专门的业态。在世界范围内,最早从事商业活动的是腓尼基人,他们的商业贸易活跃于地中海沿岸。

当人类进入奴隶社会、封建社会、资本主义社会等形态时,随着商业活动的进一步繁荣与发展,学者们对于销售的认识更加深刻。当时盛行的一些与销售、市场有关的思想都具有鲜明的时代特征和阶级烙印。例如,中国春秋时期的政治家、思想家管仲,辅助齐桓公把富国之策建立在"官山海"上,即由国家来经营山泽,并大力发展商品交换,从盐、铁等国家专买产品中扩大财政来源,极大地改善了当时齐国的财政状况。最终,通过对商业销售进行纳税这种通行统一的方式,实现了齐国国库殷实的战略目标,使齐国在经济、军事上成为列国之首,成就了齐桓公"九合诸侯,一匡天下"的盟主大业。

在外国古代销售思想中,"雅典学堂"的代表人物柏拉图、亚里士多德都曾经注意到劳动分工与商品交换的重要性。柏拉图准确地论述了城邦经济中在社会内部对职业进行区分的具体效果,其目的在于说明人的能力差别及其社会性,以及由于有各种欲望,能力不同的个人应当结合为社会的必要性——在这种社会,每一个人可以专门进行一种生产,而

---

① 吴慧.中国商业通史:第一卷[M].北京:中国财政经济出版社,2004:13,23-24,26-29,87-88.

不是多种生产。亚里士多德在他的《政治篇》一书中比柏拉图更进一步,把自然的生产和不自然的生产区别开来。他称之为自然的利得,通常是家庭所需要的消费品,或至多是通过实物交换得来的东西。在他看来,从实际生产所获得的利益,除上述外,没有其他;他谴责了不自然的利得。①

但是,并不是所有学者都主张繁荣商业活动。例如,重农学派的创始人魁奈对商业活动的过度发展提出了质疑。他指出,"帝国的衰败往往是在商业繁荣时期发生的。当国家把来自商业的收入用于奢侈品时,除了没有增加真实财富的货币之外,什么也没有增加。只有贩卖剩余产品才能使国王和臣民致富。我们的土地产品应当作为制造业的原料和商业的对象。所有其他不以此为基础的商业都不是我们所期望的……为了利用这种优势,就必须消除促使农村居民逃离农村而财富都被吸引和集中到大城市的原因。"②

上述有代表性的销售思想,对于认识早期销售活动的本质具有重要价值。

1.2.2　古典经济学对销售及市场的论述

市场营销在一定意义上可理解为与市场有关的人类活动。因此,追溯市场营销实践的起源,除了研究销售外,还应当关注与销售活动直接相关的市场。市场为营销活动的产生提供了物质基础。

1. 亚当·斯密的思想

亚当·斯密是从劳动分工这一角度研究交换的,并把柏拉图劳动分工思想推向了新高度。他指出:"劳动生产力上最大的改进,以及在劳动生产力指向或应用的任何地方所体现的技能、熟练性和判断力的大部分,似乎都是分工的结果。""分工有如此多的好处……它是人性中某种倾向的必然结果……这是一种没有强烈的功利色彩、物物交换、以物易物和用一种东西交换另一种东西的倾向。""这是所有的人普遍都有的倾向,而其他动物则没有……任何一个想同他交换的人,都是这样提议的。给我那个我想要的东西,你就能得到这个你想要的东西,这就是每一项交易的意义,正是用这种方式,我们彼此得到了自己所需要的绝大部分的东西。"③

关于零售、批发和市场竞争以及自由市场,亚当·斯密也有如下论述:"零售商的增多,虽然会彼此造成伤害,却不会对公众造成伤害,不必对他们课税,或限制他们的人数……这既不可能伤害消费者,也不可能伤害生产者。相反,与全部商业掌握在一两个人手中相比,一定会使零售商贱卖贵买。""批发商为制造商提供现成的市场,将制造商的产品在制成后尽快收购进来,有时甚至在产品未完工前就预付货款。这使制造商能将全部资本,有时甚至高于全部资本,始终投入制造业。从而与被迫将产品卖给直接消费者或零售商相比,制造商能产出多得多的产品。"④

2. 萨伊的思想

萨伊指出:"当劳动的目的在于把我们所达不到的东西弄到我们达得到的地方时,它

①　[法]萨伊.政治经济学概论[M].陈福生,陈振骅,译.北京:商务印书馆,1963:28.
②　[法]弗朗索瓦·魁奈.魁奈《经济表》及著作选[M].晏智杰,译.北京:华夏出版社,2006:26-27.
③　[英]亚当·斯密.国富论[M].唐日松,等,译.北京:华夏出版社,2005:7,14,19.
④　[英]亚当·斯密.国富论[M].唐日松,等,译.北京:华夏出版社,2005:263,383.

叫作商业。人类只有通过各种劳动才能获得必需品的充裕的供给和其他物品的供给。后者虽然不是不可缺少的,但它们的有无,成为文明社会和野蛮社会的分野。""商业也参与生产工作。商业把物品从一个地方运到另一地方,从而扩大物品的价值……由于这种改造,我们本来用不到的东西,现在就可以用到。"

萨伊指出:"政治经济学说明,在什么情况下商业确实有利,在什么情况下一个人得到利益而另一个人遭受损失,以及在什么情况下商业对一切的人都有利。政治经济学也教导我们怎样鉴识商业的各个方法,但所说的只限于这些方法的结果,不再说下去,至于商人,除上述知识外,还必须懂得经营他的行业的技巧。他必须知道他所经营的货物,这些货物的优点与缺点,生产这些货物的国家,这些货物的运输方法,交换这些货物所要给付的价值,以及记账方法。"①

从上述关于商业重要性的评价中可以发现,萨伊的思想中存在一种与经济学完全不同的专门服务于商人提升经商技巧的学问,这事实上就是后来相继出现的商品学、销售学、市场学和今天流行的市场营销学。萨伊的这些观点说明了商品学、销售学、市场学从经济学中逐渐分离出来的必然性。

3. 其他学者的思想

一些西方学者从需求这样一个相当独特的角度研究销售现象。他们重视对普通消费者的心理和行为研究,而不是只针对商品、交换、分工、获利等销售现象进行抽象描述。这促进了销售研究从经济学科向管理学科的根本性转变。这方面有代表性的学者是西斯蒙第和马歇尔。

关于需求的重要性,西斯蒙第指出:"人一生下来,就给世界带来要满足他生活的一切需要和希望得到某些幸福的愿望,以及使他能够满足这些需要和愿望的劳动技能或本领。这种技能是他的财富的源泉;他的愿望和需要赋予他一种职业。人们所能使自己享有价值的一切,都是由自己的技能创造出来的,他所创造的一切,都应该用于满足他的需要或愿望。但是,他消费自己通过劳动创造的、为自己享用的东西,需要有较长的时间。这种东西,这种积累起来不予消费的劳动果实,便称为财富。"②

西斯蒙第指出了人的需要和愿望与其财富之间的关系。由于需要和愿望正是市场营销实践和理论所必须关注的,因此他的观点有助于把商品和价值的抽象性理解放在一个非常具有针对性的现实基础上来,进而便于考察人们真正的需求是什么,以及企业应当如何满足这些需求。

马歇尔指出:"人类的欲望和需求在数量上是无穷无尽的,在种类上也是多种多样的,但总的来说还是有限的,并能够得到满足。野蛮时代的人的欲望的确比野兽多不了多少,但是,每向前进展一步都促进了野蛮人的需求和满足需求的方法朝多样化方面进了一步。人们不仅希望他们习惯消费的东西数量更多,而且希望那些东西质量更好;人们还希望对事物可以有更多的选择,并且希望有满足他们心中所产生的新的欲望的东西。"③

① [法]萨伊.政治经济学概论[M].陈福生,陈振骅,译.北京:商务印书馆,1963:16,61,64.
② [瑞士]西斯蒙第.政治经济学新原理[M].何钦,译.北京:商务印书馆,1964:49.
③ [英]阿弗里德·马歇尔.经济学原理[M].廉运杰,译.北京:华夏出版社,2005:73.

以上两位学者都从需求这一角度研究了销售现象存在的客观必然性。人类社会的发展历史证明,正是由于人类本身需求与欲望的无限性才导致了生产、销售活动在现实中的大量存在。因此,营销学事实上是建立在对人类需要与欲望不断探索基础上的一种关于如何更好地销售产品的学问。经典经济学主要解释生产力、生产关系、所有制、供给与需求、经济总量与经济结构等方面的问题,是关于经济现象的全部或局部特征的知识;而市场营销学则主要解释需求层次与产品特点等方面的问题,是关于社会群体和不同消费者的行为特点的知识。

1.2.3　马克思关于商品销售的思想

与古典经济学不同,马克思对于销售的阐述主要是从商品出发的。《资本论》的整个框架也是建立在商品这个坚实的概念基础之上的。马克思认为,广义的市场是产品交换关系的总称,所体现的是生产关系的实质,尤其体现了分配关系和所有制的特点;而狭义的市场是指商品交换的地理场所。《资本论》从商品开始研究资本主义制度下生产力与生产关系之间的内在矛盾,资本主义生产方式掩盖下的工资、利润、地租之间的本质关系,以及这种关系所体现的资本家压榨和剥削雇用劳动的实质——自从资本来到世界上,从头到脚每个毛孔都滴着血和肮脏的东西。马克思关于市场以及销售的论述,主要集中在商品流通这一部分。

马克思指出:“最初一看,商品好像是一种简单而平凡的东西……它却是一种很古怪的东西,充满形而上学的微妙和神学的怪诞。”关于产品交换、市场,马克思指出:“产品交换者实际关心的问题,首先是他用自己的产品能换取多少别人的产品,也就是说,产品按什么样的比例交换。”“商品不能自己到市场去,不能自己去交换……因此,一方只有符合另一方的意志,就是说每一方只有通过双方共同一致的意志行为,才能让渡自己的商品,占有别人的商品。可见,他们必须彼此承认对方是私有者。”

从马克思对商品、交换、市场的论述中可以看出,商品是生产关系的体现,交换、市场都依据生产关系而存在。马克思所研究的商品或者称之为一般经济学意义上的商品,是一种被抽象掉具体形式及特定功能的用以交换的“物”,这与市场营销中的“产品”概念具有较大区别。

市场营销中的“产品”概念,重点强调的是某一类别或某种产品在满足人们需要方面所应当具有的各种功能和实际效用,这与经济学研究“商品”的方法并不相同。因此,由“商品”“价值”到“产品”“功能”的概念转换,事实上完成了经济学研究向市场营销学研究的历史性跨越。由于观察角度不同,市场营销的实践和理论更多关注表现形式和具体问题,而经济领域的实践和理论则更多关注社会、经济活动过程中深层次的内容以及相对抽象的问题。简言之,市场营销的实践和理论更多地是围绕人的具体需求,即以“人的实际需要”为中心展开的。

从早期的销售思想中可以发现,经济学者主要是从揭示经济现象实质的角度提出商品、交换、市场等具体概念;而销售学作为一门从经济学中逐步分离出来的学科,本身需要从具体的交换活动及其运行规律去认识市场,把握销售特点及其规律。经济学重点研究商品的内在矛盾,而销售学重点研究产品生产及销售过程中的计划、组织、指挥、协调和控制。在经济学理论中,供给与需求之间的矛盾是主要矛盾;在销售学中,买方与卖方之间的关系则是重点内容。销售活动在一定意义上具有经济活动的特点,但是它又不同于经济活动。作为管理活动的一个分支领域,销售实践活动本身作为一种有效的方法和技巧而存在,或者更准确地讲,它是在满足购买者需求与实现厂商有效供给过程中的具体方法和应用技巧的客观载体。

至此,我们可以把从物物交换产生以来直至完整意义上的市场营销学诞生这一历史过程中的销售形式演进及销售思想的发展用图示表现出来(见图 1-1)。

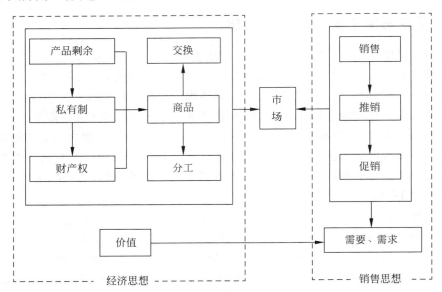

图 1-1   销售实践与销售思想的演进过程

1.3   商品销售思想的演进——市场营销理论的形成与发展

在销售实践不断演进的过程中,随着销售方式、方法的变化和创新,新的思想在理论领域不断涌现。而这些思想总的来看是从产品和商品两个角度来观察销售这一原始的营销活动的。从产品角度考察销售实践活动,属于管理学范畴;而从商品角度考察销售实践活动,则属于经济学范畴。

"产品生产—剩余产品—商品—市场—分工—交换—财富的积累—产品再生产……"这样一种简单的循环主要强调产品交换及交换实现形式,此时商品销售主要是由自用之后的剩余产品引起的;而在通过生产获利和销售获利的观念与行为被人们普遍接受之后,商品交换则以满足购买者的特定需求而引起。此时,产品生产逐渐演变为"购买""加工""销售"的组合体;而销售交换也逐渐演变为由"购买""储藏"和"销售"等环节构成的过程。

从强调产品交换发展到强调商品买卖,这是销售活动发展的结果,也是生产关系和社会制度变革的结果。市场营销学并不是一门完全脱离社会制度的学科,它具有时代局限性,并因此体现出所处社会发展阶段的特点。如果从产品角度研究销售问题,研究者通常是站在生产企业或管理者的角度来看待问题,因而他们的销售思想主要是为生产企业或其管理者服务。如果从商品角度来研究销售问题,则重点考察价值、剩余价值的形成与实现以及利润分配等问题。因此,销售思想主要服务于人们正确认识社会中普遍存在的各种深层次经济关系。

进入资本主义发展阶段后,由于生产、技术水平迅速提高,社会化大生产条件下劳动生产率大幅提升,因而形成剩余产品大量增加的"经济过剩"局面。为了解决这一问题,各种推销方式大行其道。当推销也遇到难题时,生产企业便从关注生产流程转向关注市场需求状况,市场营销活动的雏形逐渐显现。随之,销售思想也开始逐渐向市场营销思想演变。

市场营销理论是对市场营销实践活动中普遍存在的规律的概括性总结和描述。尽管市场营销实践的前身——销售活动的起源比较久远,作为其最初形式的物物交换甚至可以追溯到古代,但是与现代市场营销现象较为接近的概念——"市场营销(marketing)"一词出现的时间却并不久远。在 18 世纪至 19 世纪的英国、美国社会中,marketing 作为词汇开始出现,这在一些具有广泛影响力的英美古典文学著作中有所体现。但是,这个词汇在商业领域的较多使用,尤其是作为具有特定含义的商业词汇,则是 20 世纪初期才开始的。销售学向营销学的转变过程,如图 1-2 所示。

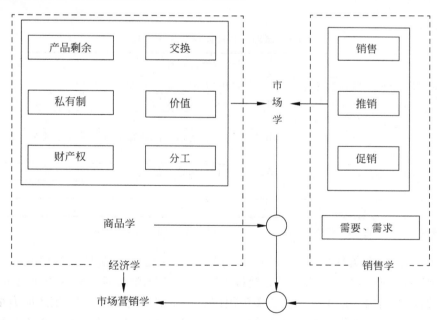

图 1-2　销售思想向市场营销学的演进过程

美国管理学家彼得·德鲁克认为,市场营销作为企业的自觉实践最早起源于 17 世纪的日本,而不是西方。他指出,最早的市场营销实践者是日本三井家族的一位成员。17 世纪 50 年代,该成员在东京开设了世界上第一家百货商店,并为该商店制定了一些经营规则。250 年后,美国的西尔斯—罗巴克公司提出了与之相类似的经营规则。该公司着重强调以下原则：①充当顾客的采购员；②为顾客设计和生产适合其需要的产品；③保证产品满意，否则原款奉还；④为顾客提供丰富多样的产品。

19 世纪中叶，市场营销作为企业的一种自觉实践活动在美国首先被国际收割机公司应用。赛勒斯·H. 麦考密克(Cyrus H. Macormick)创造性地提出了现代市场营销的一些基本工具和理念——市场研究与分析、市场定位、定价政策、向顾客提供零部件和各种相关服务、提供分期付款信贷等。[①]　市场营销学于 20 世纪初期创建于美国，从经济学中分离出来，逐渐形成为一门独立的学科，后来流传到了欧洲、日本和其他国家，并在实践中不断完善和发展。它的形成阶段在 1900—1930 年。[②]

近 100 年来，市场营销理论经历了萌芽、形成、成熟和发展四个时期。

1.3.1　萌芽时期

市场营销思想的产生是美国社会、经济、政治和技术等因素综合发展变化的结果。19 世纪末 20 世纪初，中间商开始大批量地介入销售环节，一些企业也开始使用广告、人员推销、新闻宣传等方法来加强产品的销售工作，这种现象引起了美国政府部门和学者的广泛关注。

市场营销学的传播最早出现在美国大学的课堂上。在这门知识的研究与传播中，美国的一些著名大学发挥了十分重要的作用。其中，比较有代表性的人物和课程如表 1-1 所示。

表 1-1　早期的营销课程和教材名称

年份	课程或教材名称
1902	密歇根大学的选课表中将"营销方法"包含在"美国工业分销和管理"课中。
1905	宾夕法尼亚大学开设由 W. E. 克鲁希主讲的"产品营销"课。
1909	匹茨堡大学开设"产品营销"课。
1910	威斯康星大学开设"营销方法"课，由拉尔夫·斯塔尔·巴特勒主讲。在此之前他已出过 6 本相关的小册子。
1913	威斯康星大学开设"农产品营销"课，由 D. H. 韦尔德主讲。
1916	韦尔德出版《农产品营销学》一书。
1917	巴特勒出版《营销方法》一书。

资料来源：郭国庆，贾淼磊. 营销思想史[M]. 北京：中国人民大学出版社，2012：45.

最早的与营销有关的文献是 1901 年约翰·富兰克林·克罗威尔(John Franklin Crowell)所写的《产业委员会农产品分销报告》。其他美国学者对营销的关注也主要是从农产品的销售开始的。这主要是由于美国国内农产品市场规模比较大，生产能力很强，但是当时并没有可以用来指导农产品定价的相关理论，特别是由于农产品渠道不是很清晰，因而不同渠道商在其中扮演的角色及对价格形成机制的影响并不清楚。因此，不论是从政府部门还是从研究者的角度，都有了解和掌握相关信息的必要性。

---

① 郭国庆. 市场营销学通论：第 2 版[M]. 北京：中国人民大学出版社，2003：4.
② 吴健安. 市场营销学[M]. 北京：高等教育出版社，2000：7.

　　韦尔德是这一时期在农产品营销研究方面贡献最大的学者之一。他曾受美国政府部门委托参与了农产品的营销渠道和价格形成机制调查,并撰写了大量文章。他的具有影响力的营销文章比较多,对于研究这一时期市场营销在美国的发展具有重要价值。在《营销课程的早期实践》(*Early Experience in Teaching Courses in Marketing*)(刊登于 *The Journal of Marketing*)中,韦尔德指出,与营销相关的内容于 1902 年首先出现在密歇根大学的课堂上;1904—1905 年出现于俄亥俄州立大学和宾夕法尼亚大学,而且后者首先用 marketing 来命名这门课程。他同时指出,哈佛商学院于 1909 年开设与营销相关的课程,但是当时并没有用 marketing 命名课程。俄亥俄州立大学的梅纳德教授(H. H. Maynard)也对 1910 年之前营销学课程在美国的开设情况作过研究。

　　在 1913 年调查明尼苏达农产品在离开农场后走向哪里这一问题时,韦尔德用“几乎没有任何相关研究文献”来描述他从事该项工作时的情形。当时,他主要研究的是鸡蛋、牛油等农产品由明尼苏达通过不同层级的批发商和零售商进入纽约、芝加哥及其他城市的销售情况。韦尔德指出,经济学不能解决营销中出现的各种问题;营销渠道要进行分工;营销功能不同于中间商功能;营销功能并非一定要由中间商来完成,企业可以直接从事营销;去中间商并不能消除营销渠道中间环节的功能;营销过程中的服务涉及聚集货源、储存、承担风险、融资、重新分类、销售、运输七大类别。他在理论上回击了经济学家认为营销渠道分工过多的质疑。

　　美国学者阿切·肖(Arch W. Shaw)在营销方面著述不多,但是《关于市场分配的若干问题》一文(1912 年发表于《经济学杂志》)确立了他在营销学发展史上的地位。在这篇文章中,他对当时营销发展中出现的各种问题系统地进行了分析。他认为:分销没有引起人们足够的重视,人们只重视生产;管理中存在单凭经验和直觉的做法;人们的欲望和购买力一样千变万化,环境、教育、社会习俗、个人习惯以及身体和思想中的所有变化造就了人们的不同需求,而满足这些需求就需要分销体系。肖还分析了三种不同的定价体系以及中间商的形成过程,指出分销渠道是一种生态链,其中许多企业试图参与生产企业利润的分配与再分配,因而省却中间商是分销渠道发展的一种趋势。此外,他对分销渠道中的信用和商德的作用予以肯定,认为有助于描述性销售广告的发展。

　　这一时期,在营销研究方面有贡献的学者还有希巴德(B. H. Hibbard)、西奥多·麦克林(Theodore Macklin)、保罗·T. 切林顿(Paul T. Cherington)、梅尔文·T. 科普兰(Melvin T. Copeland)、弗兰德·克拉克(Fred E. Clark)等。

　　市场营销学在这一时期主要有以下五个特点:

　　(1) 在具体内容上仍然以传统经济学为理论基础,本身并没有十分明确的理论、概念、原则和框架。

　　(2) 研究领域主要在于流通环节,即重点关注企业对产品的销售过程。

　　(3) 研究对象主要是企业、销售员的推销方式和广告的具体制作方式。

　　(4) 研究活动基本上是在大学课堂上进行,教师和学生是从事研究工作的主要人群,尚未引起社会上尤其是企业界的广泛重视。

　　(5) 企业多以生产观念为导向,以供给为中心开展各项生产经营活动。

1.3.2　形成时期

1929—1933 年,整个资本主义世界爆发了严重的经济危机。这场危机所导致的直接结果是如何将产品快速地销售出去成为第一要务,而怎样生产和生产多少退居次要位置。因此,越来越多的美国企业开始把注意力从生产领域转向流通领域,把产品销售工作放在战略层面上加以研究。市场营销理论也随之从大学课堂进入企业实践领域,并得到广泛应用。

这一时期,在世界营销发展史上具有重要影响的一些行业协会和研究组织开始成立。标志性事件包括:①美国广告协会(成立于 1915 年)1926 年改组为市场营销学和广告学教师协会;②1931 年,美国市场营销社成立,这是一家由经济学家和企业家共同参加并专门讲授和研究市场营销学的组织;③市场营销学和广告学教师协会与美国市场营销社于 1937 年合并为美国市场营销协会(American Marketing Association,AMA)。这些协会成为推动市场营销理论发展的研究平台和传播途径。

这一时期市场营销学的发展呈现以下三个特点:

(1) 研究内容仍然局限于流通领域,在理论构建思维上并未摆脱推销这一狭窄概念的限制,只是进一步深入地研究了推销方式和广告的制作与使用。

(2) 企业界开始研究有利于推销活动开展的组织机构设置方法。

(3) 产品销售工作逐渐被企业界所重视。

1.3.3　成熟时期

"二战"之后,世界经济在战争废墟上恢复重建。科技进步带动了劳动生产率的迅速提高,使战后世界市场出现新态势:军事技术向民用领域转移;世界不同区域市场之间的分工合作增强;企业生产制造能力普遍得到大幅提升;跨国公司和全球经济组织在带动经济发展中,不仅推动了全球市场的形成,而且使技术、资源、销售渠道等方面的垄断化程度不断加深,全球市场的集中化趋势更加明显。

这种发展态势一方面使全球产品供应日益丰富,另一方面使市场竞争变得更加激烈。在美国,经济发展进入"黄金时代",市场上出现了供需两旺的局面,随着"婴儿潮"的出现,消费者信用支付方式大量增加。20 世纪 50 年代后,营销理论出现重大变革,形成了以市场需求为中心的现代体系。

20 世纪 50 年代是市场营销理论发展的十分重要的时期,以美国学者为主的营销研究者提出了许多重要概念。市场分析、目标市场、市场营销要素(产品、价格、渠道、促销等)及其组合的决策,极大地丰富了营销理论,并为现代营销理论体系的形成提供了框架。同时,学者们不仅注重战术营销,而且注重战略营销;不仅注重对有形产品营销方式的考察,而且开始针对无形产品尤其是服务的营销方式展开研究;不仅注重企业营销活动的微观经济效益,而且注重这些活动对整个社会的宏观层面的影响。

美国的霍华德(J. Howard)、伊·杰·麦卡锡(E. J. McCarthy)和菲利普·科特勒(Philip Kotler)等学者是这一时期的代表人物。比较有代表性的著作包括霍华德于 1957年出版的《市场营销管理:分析和决策》,麦卡锡于 1960 年出版的《基础市场营销学》,以及菲利普·科特勒于 1967 年出版的《营销管理——分析、计划与控制》。这些著作研究和剖析了市场营销现象并提出相关理论,是市场营销发展的重要里程碑。

霍华德主要从管理角度研究了市场营销,他的著作影响了整个营销学术界和实务界的思维方式。首先,它是管理和决策导向的。其次,它应用分析方法,强调经营经验,描述性的东西很少,更多的是操作概念。最后,它引进了行为科学理论,指出市场营销管理的实质就是企业对于动态环境的创造性的适应。[1]

麦卡锡在尼尔·博登(Neil H. Borden)提出营销组合概念[2](由 12 个因素组成,分别是产品计划、定价、品牌化、分销渠道、人员销售、广告、促销、包装、展示、服务、实体处置、事实核查与分析。共含产品线、市场、新产品政策等 27 个子因素)的基础上,进一步将其概括为四个基本要素——产品(product)、价格(price)、地点(place)和促销(promotion),简称 4P,并建立了以管理为导向的营销思想体系。麦卡锡公开发表的文章并不多,其营销思想主要体现在《基础市场营销学》中。该著作理论体系清晰,案例生动,逻辑线路明确,内容通俗易懂,已经过 16 次再版,在世界营销领域具有广泛影响力。他把消费者看作是一个特定的群体,并称之为目标市场。他对 1960 年美国市场营销协会的营销定义进行修改并提出自己的定义。他认为企业应当考虑复杂的市场环境以及各种竞争因素,进而制定营销组合策略来应对各种挑战,从而满足目标市场的需要,最终实现企业的根本目标。

菲利普·科特勒在这一时期的营销思想除了他所出版的著作外,还集中体现在《扩展营销概念》《去营销化,是的,去营销化》《营销的一般概念》《营销管理的主要任务》和《短缺时期的营销》等文章中。[3]　他的观点主要包括:营销经历了分别以商品、机构、功能和管理为中心的阶段,正向以社会为中心阶段转变;所有组织都有顾客和产品,营销是与所有组织相关的一个学科;营销意识经历了聚焦市场交易、聚焦机构——客户交易、不仅聚焦客户而且聚焦所有其他公众三个阶段。他提出"营销是通过向市场提供价值而产生所期望的回应的一种尝试"等四项定理,并对目标市场、产品、营销者的类型进行划分,对营销与营销管理的概念进行区别,提出去营销化的三种具体形式,提出经济短缺时期的营销对策,提出八种需求类型并对其范围逐一进行界定。科特勒的研究方式主要是建立在概念设计上的逻辑推理,其中涉及的数据和模型较少,面向市场和企业的调查结果呈现也不多见,因而尽管概念和体系比较完整,但是缺乏来自市场和企业的数据的有力支撑,在更多情形下是一种主观设想和预见。

20 世纪 70 年代以后,随着能源危机、生态危机、环境污染、经济滞胀等现象不断加剧,从经济效益角度研究企业营销活动已经不合时宜。营销活动在社会、经济、技术、文化

---

① 郭国庆,贾淼磊.营销思想史[M].北京:中国人民大学出版社,2012:80-81.

② BORDEN N H. The Concept of the Marketing Mix[J]. Journal of Advertising Research, Classics, Vol. Ⅱ, Sept. 1984: 7-12. (This Article Appeared as a Chapter in Science in Marketing, George Schwartz (Ed.), New York: John Wiley, 1964).

③ 注:科特勒这四篇文章所对应的英文名称、发表时间及刊物名称分别为:Broadening the Concept of Marketing,1969 年发表于 Journal of Marketing;Demarketing, Yes, Demarketing,1971 年发表于 Harvard Business Review;A Generic Concept of Marketing,1972 年发表于 Journal of Marketing;The Major Tasks of Marketing Management,1973 年发表于 Journal of Marketing;Marketing during Periods of Shortage,1974 发表于 Journal of Marketing.

等领域面临新的挑战。在此背景下,社会大众对企业履行社会责任的呼声更加响亮,绿色营销和伦理营销运动随之兴起。1971 年,杰拉尔德·蔡曼尔和菲利普·科特勒提出"社会市场营销"概念;1973 年吉斯特在《市场营销与社会》一书中,运用社会学概念探讨了市场营销机构的社会责任问题;1977 年,G. 林恩·肖斯塔克(G. Lynn Shostack)提出了服务营销概念,认为服务营销应当摆脱产品营销的束缚。

这一阶段营销研究的特点是,研究方法从静态变为动态,强调供需之间的整体协调;研究范围从流通领域扩展到生产领域,在企业中形成了"以需定产"的经营思想;营销理论成为研究和指导企业经营决策与活动的一门管理科学。

1.3.4 发展时期

20 世纪 80 年代后,西方市场营销理论进入发展时期,先后产生了许多重要的概念与原理,如雷维·辛格和菲利普·科特勒于 1981 年提出的"营销战略"概念、克里斯汀·格罗路斯(Christian Gronroos)于 1981 年提出的"内部营销"概念、西奥多·莱维特于 1983年提出的"全球营销"概念、巴巴拉·B. 杰克逊(Barbara Bund Jackson)于 1985 年提出的"关系营销"概念及原理等。20 世纪 90 年代,劳特朋提出要用新的 4C——消费者的欲望和需求(consumers needs and wants)、消费者获取满足的成本(cost)、购买的方便性(convenience)和沟通(communication)来取代传统的 4P,这是营销观念上的又一次变革。1992 年,美国学者唐·E. 舒尔茨(Don E. Shultz)等人提出整合营销传播理论。近年来,4R 和 4V 等营销组合在企业经营活动中也时有体现。随着社交媒体营销方式的活跃,4P、4C、4R 和 4V 等营销组合方式在内容和形式上都呈现出新的特点。

在这一时期,备受人们关注的还有品牌营销、质量营销、管理营销、战略营销、整合营销、知识营销和文化营销。现阶段比较流行的营销实践模式有细节营销、精准营销、深度营销、口碑营销、社交媒体营销等。其中,理论研究较为成熟、实际应用较为普遍的新理论是绿色营销、人际关系营销、情感营销、互联网营销和全球营销。这些理论的应用与 20 世纪 80 年代以来人们环保意识的增强、信息产业的崛起及经济全球化和信息化进程的加速密切相关。这些内容将在后面章节详细介绍。

1.4　市场营销的内涵

关于市场营销的概念,在现实中仍有许多认识上的误区。许多人将市场营销仅仅理解为生产过程结束后企业面向市场所采用的推销方式或广告宣传。然而,推销方式和广告宣传虽然在市场营销中地位独特,但它们并不是最重要的内容。在生产之前,如果企业能够深刻地了解市场,分析顾客的需求,并开发出超值产品,进行有效定价,那么产品销售就会变得比较容易。因此,菲利普·科特勒认为,营销就是通过创造并交换产品和价值,从而使个人或集体满足欲望和需要的社会管理过程。① 为了全面正确地理解市场营销的含义,我们有必要掌握以下基本概念:市场、需求、产品、价值和关系。

---

① 〔美〕菲利普·科特勒,加里·阿姆斯特朗.市场营销原理:第 7 版〔M〕.北京:清华大学出版社,1997.

1.4.1　市场

市场具有丰富的、多层次的含义。观察角度不同,对市场的解释也就不同。

第一种解释:市场是商品交换的场所,是买卖双方进行商品交换的空间和地点。

第二种解释:市场是商品交换关系的总和。在市场经济条件下,各自独立却又相互依赖的商品生产者和需求者,为了满足各自的需要,通过买卖方式在市场上连续不断地实现着产品和货币的相互转让。

第三种解释:从营销角度来看,产业是卖者的集合,市场是买者的集合。在这两者中间,要有人际沟通、产品和服务的提供以及金钱和信息的流动,这些都属于营销活动。因此,市场是指企业所服务的各种潜在和现实的顾客总称。如果企业的顾客是消费者,市场即是指由人群、购买力和购买意向所构成的统一体。人群既决定市场的有无,又决定市场的大小;购买力既决定企业具体面对的市场类型(如是高端市场还是低端市场),又决定市场规模;购买意向决定企业的市场是否真正存在。这三者相互制约,互为条件,是市场得以存在的基本条件。

综合分析上述三个含义,我们认为,市场的本质就是顾客需求,企业开发市场就是在开发需求。企业进行市场定位,实质上就是进行需求定位,即发现自己应当以何种特定方式服务于某种特定需求。就此而论,市场与需求在概念上是基本相通或等同的。

1.4.2　需求

在现实生活中,广义的需求通常包括三种基本状态:需要、欲望和狭义的需求。

1. 需要

需要(needs)是营销的重要基础,是指人们所感受到的一种不满足或贫乏的生理或心理状态。人类有多种需要,它们随着环境变化而改变,如衣、食、住、行、用,归属和情感,追求知识,自我实现等。一般而言,营销活动并不能创造需要,而只能设法满足各种需要。

除了一般层次的需要,亚伯拉罕·马斯洛还分析了人的高级需要,并与低级需要进行对比。他指出,高级需要是一种较晚的种系的或进化发展的产物,是较迟的个体发育的产物;越是高级的需要,对于维持纯粹的生存也就越不迫切,其满足也就越能更长久地推迟,并且这种需要也就越容易消失;处于高级需要的水平上,意味着更大的生物效能、更长的寿命、更少的疾病、更好的睡眠和胃口等;从主观上讲,高级需要不像其他需要一样迫切,其满足能引起更合意的主观效果,即更深刻的幸福感、宁静感及内心生活的丰富感;对高级需要的追求和满足代表了一种普遍性地趋于健康的趋势,一种远离心理病态的趋势,但是它的满足需要有更多的前提条件,有更好的外部条件;两种需要都得到满足的人通常认为高级需要比低级需要有更大的价值;需要的层次越高,爱的趋同范围就越广,即受爱的趋同作用影响的人数就越多,爱的趋同的平均程度也就越高,因此高级需要的追求与满足对公众和社会有益;高级需要的满足比低级需要的满足更接近自我实现,对它的追求与满足导致更伟大、更坚强以及更真实的个性;需要的层次越高,心理治疗就越容易,并且越有效;低级需要比高级需要更局部化、更切实有形,也更有限度。①

---

① [美]亚伯拉罕·马斯洛.动机与人格:第3版[M].许金声,等,译.北京:中国人民大学出版社,2007:57-60.

2. 欲望

欲望(wants)是需要所派生出来的状态,它是人们对某一种特定物品的渴求。例如,为了满足"行"这一需要,人们想拥有一辆汽车;为了满足"住"的需要,想拥有一套别墅;为了满足情感需要,想拥有更多的友情;等等。欲望的满足通常受社会条件的制约。营销虽不能创造需要,但可以激发(刺激、诱导)欲望,使之呈现出不同的强烈程度(如低度、中度或高度)和不同的指向性(如想得到甲,而不是乙)。

3. 狭义的需求

需求(demands)是指有实际支付能力的欲望。人的欲望是无止境的,而需求却是受局限的。例如,在现实生活中,由于可自由支配收入是相对有限的,因而普通顾客总是将自己有限的支付能力用于物有所值的购买行为上,以最大限度地满足自己的欲望,但是并不能完全满足自己的欲望。营销就是要让顾客感到物有所值,甚至物超所值,即在有限支付能力下获得最大限度的欲望满足。

1.4.3 产品

产品是指能够提供到市场上用以满足人们的需要和欲望的任何事物。可以这样认为,凡是顾客所需要的,或者凡是能够满足顾客欲望的,不论是有形物品还是无形物品,它们都可以成为企业向市场提供的产品。因而,产品除包括有形实体和无形服务外,还包括创意、建议、场所等形式。

从本质上讲,不管是有形体,还是无形物,都只是产品的一种具体形式,或者更准确地说,只是满足需求的一种特定形式。产品的本质应当是顾客所追求的功能利益,也就是说,功能利益是顾客所真正需求的,因而它是企业提供的一种本质产品。

正如市场与需求在概念上基本相通一样,产品与需求在概念上也是基本相通的。市场、需求和产品这三者之间的关系可以简单地描述为,市场=需求=产品。这是市场营销学中非常重要的命题,也是企业必须具备的重要理念。

1.4.4 价值

价值是指一种产品给人们带来的满足感。这种满足程度的高低取决于顾客在某种产品上的获得与在该产品上的付出之间的比较。顾客从产品中所得到的利益,除了产品实体本身所带来的利益外,还可能包括服务利益、人员利益和形象利益;顾客为产品所付出的成本,除了包括货币成本外,还可能包括时间成本、精力成本。

顾客通过比较利益与成本来判断不同产品的价值。顾客并不能总是准确地判断出产品的价值,他们通常是根据自己所理解的价值来行事。也就是说,顾客总是根据自己的价值观念从众多产品中选择最能满足自己需求的产品,他们作出的购买选择是建立在对各种产品所提供价值的理解这一基础上的。

价值是顾客对某一种产品所带来的满足程度的期望或评估。当真正购买了某种产品并进入消费过程后,顾客必然会产生一种真切的感受,即对产品实际使用效果的感知。当实际效果感知超过期望价值时,顾客通常会感到满意;反之,顾客就会感到不满意。顾客满意取决于顾客期望与实际感受之间的比较。市场营销不仅要给顾客很多的承诺以使他们对产品有很高的期望和评价,更重要的是要不折不扣地实现这些承诺,使各种营销活动与顾客的期望相匹配,从而使其实际感受更贴近期望,甚至超出期望,进而深感满意或愉悦。

1.4.5　关系

对于企业而言,从事营销活动的最终目的是获得最大利润。但是,利润的获得必须以满足顾客需求为基本条件,为此,企业在市场活动中必须完成相应的交换过程。因而企业与顾客的关系首先表现为一种交换关系。

交换是指通过提供某种东西作为回报,从别人那里取得所需物品的行为和过程。交换一般包括五个要素:①买者和卖者要同时出现在市场上,二者缺一不可;②交换双方都拥有另一方想要的东西或服务(价值);③交换双方都有沟通能力以及向另一方运送货品或服务的能力;④交换双方都拥有自由选择的权利;⑤交换双方都觉得值得与对方交易。只有上述五个条件都成立时,交换才会真正发生。

交换是一个过程,所有的营销活动都服务于这一过程的实现,包括企业的产前活动和售后活动。也就是说,营销不只限于商品交换,产品的营销活动过程往往比交换过程更长。

从时点这个角度来分析营销中的交换过程,企业与顾客之间的关系也是一种交易关系。交易是指买卖双方等价值的交换,包括货币交易和实物交易。交易是市场营销的度量单位,它与交换是两个不同的概念。交换指的是一个过程,而交易指的是一次性活动,它随着交换协议的达成而产生。

在早期市场营销实践中,企业虽然也是在掌握顾客需求的基础上开发产品、开展营销活动,但它们比较注重交易的达成,总是尽最大努力来达成更多交易,并视交易达成或产品售出为营销终点,而不注重与顾客培养长期合作关系。我们一般把这种做法称为交易营销。交易营销的结果是企业缺乏稳定的客户群。

在现代市场营销实践中,企业与顾客之间的关系逐渐发展为一种长期的合作关系。这种关系超出了交易和交换关系,它以企业的让利、尊重和情感沟通为基础,因而极大地延长了与顾客的关系,并将关系深入到了非交换领域。企业想的是怎样去全方位地有效满足顾客的多种需求,以便维系与顾客的良好关系,进而形成一批稳定的客户资源。顾客也会从满足自身需求的角度出发,尽可能地为企业的产品和服务销售出谋划策。这种合作关系会进一步延伸到其他领域。例如,企业与供应商、经销商、竞争者、政府机构、社区及其他公众保持长期合作关系,从而形成全方位合作网络。这种合作网络的形成,既有利于让顾客更加满意,也有利于企业进一步发展。这种做法,我们称之为关系营销。关系营销的结果是,企业构筑了稳定的客户网络。

1.4.6　市场营销

以上五个概念是准确理解市场营销含义的基础。上述五个概念的基本逻辑关系是,企业要从"市场"出发,发现"需求",开发"产品",增大顾客"价值",进而与顾客建立一种稳定的合作"关系"(见图 1-3)。

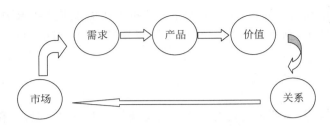

图 1-3   市场营销的基本概念

市场营销不同于推销。推销只是市场营销的一个部分,甚至是一小部分。正如菲利浦·科特勒所指出的,推销不是市场营销最重要的部分,而只是"市场营销冰山"的尖端(人们容易观察到的现象或表象)。推销是企业市场营销人员的职能之一,但不是其最重要的职能。这是因为,如果营销人员搞好研究工作,充分了解购买者的需要,按照购买者的需要来设计和生产适销对路的产品,同时合理定价,搞好分销、销售促进等工作,那么这些产品就能轻而易举地销售出去。

市场营销是一个经营过程,包含生产之前、生产过程、生产之后和销售之后等所有环节。在整个过程中,企业要进行市场调研、需求分析、市场定位、目标客户选择、产品开发、产品质量与特色的维护与保持、产品定价、销售渠道建设与产品分销、广告与推广宣传、售后服务等。市场营销的出发点和目的都是实现顾客需求的满足。

市场营销是一个管理过程。企业需要借助计划、组织、领导和控制职能进行管理,分析市场和需求,作出预测和决策,进行营销战略规划,制订具体营销计划,通过设计组织架构来配备相应人员,并依靠一定的机制来组织实施各种战略规划和计划,通过有效的激励机制和特定的领导与沟通方式,协调各种关系和利益,以及通过评估和调整,达到对营销全过程的控制和管理,从而提高营销效率。

在现代企业中,市场营销处于主导地位,生产、研发、财务、人事等业务活动处于基础或支持地位。从这个角度讲,任何企业都是以市场营销为中心来开展经营管理活动的,营销决策及其效果波及企业的其他活动。从宏观角度来看,市场营销又是一种社会经济活动过程,所有满足顾客需求、追逐利润的微观企业活动,构成了整个社会的营销系统,并最终满足全体社会成员各种各样的需要。

1.5   世界经济剧烈变化对市场营销的影响

进入 21 世纪以后,世界经济发生了剧烈而深刻的变化,当代企业面临巨大的挑战,主要体现在以下三个方面。

1.5.1   经济全球化与反全球化

经济全球化是指以生产要素在全球范围内流动、世界资源在全球范围内配置、世界各国经济在全球范围内相互交融为主要表现形式的经济运行过程。它既是资源在全球范围内配置的过程,也是这种配置结果的具体呈现。经济全球化是一种特征,也是一种趋向,它所反映的是世界各国和地区在资源配置中的取向。经济全球化不以某个国家或地区或少数国家和地区的意志为转移,它是世界经济发展到一定阶段后在运行状态上呈现的一种规律性现象。而反全球化,则是一种含有较强的国家意志或政府主张的资源配置倾向,即一国政府或企业选择了与全球化相反的运营模式,通常表现为提高市场进入门槛,对资源在国际间的正常流动采取限制性措施以保护国内市场。由于经济全球化是大势所趋,或者是大多数国家和地区顺应潮流的做法,而反全球化只有少数国家和地区采用,或者只是一种短暂现象,因此,我们主要解释经济全球化的内涵及其动因。

1. 经济全球化的发展动因

经济全球化是一个动态的过程。自国际贸易产生以来,整个世界的发展就一直处于经济全球化进程中,只是由于一些国家的闭关锁国、保护主义盛行,使这一进程发展缓慢。"二战"以后,由于开放性经济与经济自由化的倡导及相应机制逐步建立,国际贸易和国际投资飞速发展,经济全球化进程不断加快。

经济全球化发展动因主要包括以下四个方面。

(1)以计算机和互联网技术为引领的信息技术革命,极大地改变了世界经济运行的格局,世界各国和地区通过信息媒介紧密地联系在一起。这不仅带动了众多发达国家和地区的快速发展,使其对外投资力度和对外贸易数额得到空前提升,也极大地提升了新兴经济体及众多发展中国家和地区的国际市场参与能力,资源、信息、技术、市场等要素的共享,符合经济全球化理念,受到广泛推崇。

(2)众多发展中国家和地区为发展自身经济,纷纷采取了对外开放和对内改革的政策措施,通过积极参与对外贸易和投资,来不断提升自身国际竞争力,这间接地为发达国家和地区的对外贸易和投资提供了广阔市场。在国际市场上,发达国家与发展中国家之间的投资贸易互动更加频繁,相互依存度也在不断提升。

(3)大量新兴工业化国家和地区在社会治理与经济制度选择方面逐渐走向成熟,一方面表现为独立自主地快速发展的能力不断增强,另一方面表现为在经济、技术发展的一些重要领域具备了与发达国家竞争抗衡的基本实力。在对外贸易和投资方面,这些新兴工业化国家和地区已逐渐成为国际舞台上的一支重要力量。

(4)具有广泛影响力的国际经济组织和机构如世界贸易组织(WTO)、国际货币基金组织(IMF)与世界银行(WB)的努力得到了多数国家和地区的积极响应,国家性和区域性组织的影响力日益增强。旨在促进全球经济、文化交流的各种规则也在不断完善,互惠互利、共同繁荣的合作理念深入人心。一些新兴的投资机构(如亚洲基础设施投资银行)、围绕"一带一路"倡议建立的合作组织,在促进亚洲区域建设互联互通和经济一体化进程以及加强中国与其他亚洲国家和地区的合作中承担着重要任务。这些国家组织和区域投资机构使产品及生产要素的自由化流动具备了更加充分的条件。

2. 经济全球化的主要表现形式

(1)投资全球化。经济全球化最直接、最主要的表现形式就是投资全球化。它的基本呈现形式是,企业既可以通过"引进来"方式寻找到合适的投资合作伙伴在国内进行投资生产,满足国内和国际市场需求;也可以采取"走出去"方式在其他国家和地区开展生产经营活动。近年来,世界各国对外投资总量呈迅速膨胀势头,全球资本流动带动了其他生产要素的国际流动,跨国公司对地区经济增长的贡献和影响力在逐步提升。在全球范围内选择并评估投资环境,进行投资决策的企业逐渐增多。

(2) 生产全球化。在新技术环境下,国际分工正在以新的方式展开。传统生产模式下的国内分工逐渐演变为跨越国界的国际分工与合作,设计环节与生产过程在国际间分离,生产过程与销售过程分离,以及服务外包形式的出现,使全球生产链条更加细化,资源采集和服务延伸范围更加广阔。生产变成了一种全球范围内的统一安排和调配,世界各国的生产活动相互交融,形成了真正意义上相互包容、"你中有我,我中有你"的全球生产一体化。以现代工艺、技术为基础的国际分工模式基本取代了传统上以各国所拥有的自然资源为基础的国际分工。

(3) 贸易全球化。贸易全球化与投资全球化、国际分工紧密结合在一起,三者之间既有区分,又有重叠之处,它们相互影响,左右着世界经济秩序和竞争格局。与投资全球化和国际分工模式变化相适应,世界贸易在广度和深度上也在不断增加。现阶段,世界上既存在由自然禀赋差别所决定的贸易形式,也存在以现代工艺、技术为基础的贸易形式;在层次上既有大到行业间、行业内的贸易形式,也有仅限于企业间、企业内的贸易。世界贸易总体发展趋势是贸易总量迅速扩大、贸易品种快速增多。

(4) 金融全球化。投资、生产和贸易全球化必然会促进金融全球化。金融全球化突出表现在两个方面:①金融机构全球化。它是指各国金融机构在海外广设分支机构和服务网点,实行跨国界金融机构兼并、业务重组,进而形成信息灵敏、结构合理、规模巨大的金融网络渠道。②金融市场全球化。各国国内金融市场与国际金融市场逐步接轨与交融,国内市场已成为国际市场不可分割的组成部分,一国银行所吸收资金可在全球范围内融通。

3. 经济全球化进程中的主要驱动力量

(1) 电子技术和互联网。电子技术和互联网极大地提升了各国之间经济交往的效率,缩短了各国之间信息交流的时空距离。建立在这些基础技术之上的大数据和云平台等先进信息处理方法,既方便了对国际市场信息及时而准确的获取,又方便了人们进行跨越国界的及时沟通,同时也方便了人们跨越国界的贸易和投资。

(2) 跨国公司。跨国公司通过其对外直接投资为主体的经营模式,将所拥有的经营资源优势发挥到极致,在全球范围内建立了巨大的信息采集网络,引领世界技术创新和产品开发潮流,将销售渠道延伸到全球各个角落。这种世界范围内的分工协作及由此形成的资金巨大需求量,直接推动了投资、生产、贸易和金融全球化。

(3) 区域经济一体化。经济全球化使投资、贸易、生产、金融首先在区域内得到完全融合。欧洲联盟、北美自由贸易区、东南亚联盟、亚太经合组织等,都不同程度地加强了区域经济一体化并推动了经济全球化的发展。

对发展中国家企业而言,经济全球化既是机遇也是挑战。面对趋于融合的各国经济、强大的跨国公司、众多世界名牌,如何通过有效的市场营销活动在国际竞争中争得一席之地,已经成为决定企业命运的关键因素。

1.5.2　社交媒体时代互动式体验经济的发展

社交媒体时代,整个社会的发展理念和方式受到了巨大冲击。虚拟空间与实体场景相结合而出现的生产、生活和消费新方式,使经济形态从传统概念为指导的农业经济、工业经济和服务经济,直接发展到以现代技术潮流为核心的互动式体验经济。

1. 互动式体验经济的含义

互动式体验经济是指企业以所服务对象为中心,以商品和信息为媒介,使消费者在消费商品的过程中与企业及时互动,在企业提供信息框架内自主选择商品,在充分体验消费、留下对商品美好印象的同时,对企业生产和销售及时反馈意见和建议,企业通过信息检索跟踪消费者购买过程,对消费者的购买行为及态度进行全方位分析和判断的过程。

互动式体验经济便于企业从根本上培养消费者对所消费产品的品牌忠诚度,因而是一种特别有利于企业有针对性地配置生产和销售资源的经济形态。在这种形态下,人们的生产与消费行为发生了很大变化。在生产方面,厂商主要是以互动式体验为基础通过吸引消费者参与来开发新产品,加强与消费者沟通,触动消费者的情感和情绪,增加产品附加价值,赢得消费者认同。在消费方面,消费符号化趋势越来越明显,追求产品个性化、多样化是互动式体验经济的结果。消费过程不仅是买有用的东西,而且是消费者借以表现自己的手段。人们要买的已不只是商品本身,而是附加在商品上的象征意义。随着互动式体验变成可以销售的商品,这种消费方式开始以符号化形式席卷全球。在服务经济之后,互动式体验经济逐渐占据主导地位。

2. 互动式体验经济的成因

互动式体验经济实质上是一种依托社交媒体技术的以客户为中心的经济形式,它在21世纪之初显露出来。这种经济形态的出现是由下列环境因素促成的。

(1) 日新月异的科技进步。以社交媒体为代表的新媒体技术在互动式体验经济的形成中发挥了重要的推动作用。20世纪末21世纪初的社会生产力迅猛发展是以信息技术快速发展为引领而取得的。互联网、人工智能等新技术手段加快了产品更新换代的步伐,使新产品和各种高科技产品层出不穷,进而推动了消费方式和消费内容的不断更新。

(2) 世界经济一体化和国际市场的形成。新兴经济体和发展中国家市场化进程的加速,发达国家区域联盟的建立,信息、技术、市场的互联互通促进了世界经济一体化和更广泛的国际市场的形成,使国际贸易量激增,商品选择范围扩大到全球各地。

(3) 大量闲暇时间可以自由支配。在工业和农业高度发达的社会,人们不再为衣食住行等基本生活需要发愁,有大量闲暇时间可以自由支配。当今社会,发达国家普遍进入休闲时代,休闲娱乐业产值在许多国家占国民生产总值较大比例。新技术引领的"工作与生活平衡"消费方式使人们从繁重的工作中解脱出来,把生命中更多的时间用于休闲、娱乐。人性解放,物质生活和精神生活的充裕,也使人类的审美情趣和价值取向更加多元化,人们在消费中更加重视内心体验,情感追求在消费体验中所占比例上升,越来越多的人具有自由选择自己生活状态和生活方式的权利。

(4) 现代交通和通信技术日益发达。航空运输的快速发展、高速铁路网建设以及智能通信设施的普及,迅速缩小了地域之间交通交流的时空距离,在促进国内市场发展的同时,也加速了跨国境物质文化交流。便捷的交通、通信使不同国家、民族的文化传统、价值观念、生活方式得到广泛交流、融合,各种新生文化、消费意识、消费潮流不断涌现,并以前所未有的速度在世界范围内广泛扩散、传播。

3. 互动式体验经济中的消费行为变化

在互动式体验经济时代,消费者的消费行为出现了下列趋势。

(1)消费结构逐步升级,情感需求比重增加。消费者在注重产品质量的同时,更加注重情感的愉悦和满足。

(2)消费内容更加个性化。大众化标准产品日渐式微,对个性化产品和服务的需求越来越高。人们越来越追求那些能够促成个性化形象形成、彰显与众不同特点的产品和服务。

(3)价值目标提升。消费者从注重产品本身的单位成本功效转移到单位成本所带来的具体感受。换言之,现代消费者不再只重视结果,而是把消费过程纳入考虑范围。例如,善因营销方式日益成为企业使命宣传的有力工具。

(4)主动参与产品设计与制造。人们已经不再满足于被动接受企业营销过程中的诱导和操纵,而是主动参与产品设计和制造过程,通过"定制式"意见反馈和过程监督表达自己的真正需要。

(5)公益意识提升。消费者公益意识不断增强,希望通过消费"绿色产品"成为"绿色消费者"。人们比以往任何时候都更加珍惜自己的生存环境,反对资源掠夺性开发和使用,追求人与社会、人与自然和谐相处的永续消费。

面对不断变化的环境,企业必须以客户为中心,在获得利润最大化的营销活动中兼顾社会利益。一方面要把客户视为理性客户,对其购买决策过程进行理性分析和评价,提出解决问题的具体办法;另一方面也要学会运用互动式、体验式营销方法,把市场营销焦点放在客户互动式体验层面,从而准确地把握客户感受,为其提供更多值得回味的情感,在内容和方式上丰富社会文化背景中的体验式消费。只有这样,才能增进客户满意和愉悦,保持客户忠诚度。

1.5.3　其他挑战

企业面临的其他市场挑战主要有以下五个方面。

(1)与环境保护、生物多样性等可持续发展理念相适应的绿色经济的推行,对自然环境和生态环境保护提出了新的、更高的要求。

(2)生物技术、材料技术、空间技术的飞速发展,新产品的频繁出现、快速上市及生命周期缩短,使市场竞争变得越来越激烈。

(3)IT 产业的发展、互联网技术和智能通信工具的普及,正在急剧地改变着人们的生产服务方式和生活方式。

(4)人口老龄化趋势加剧以及晚婚晚育和离婚人数增加,导致以家庭为单位的统计人数出现下降。

(5)消费个性化趋势越来越明显,个人生活方式日趋多元化。

由于各国经济发展水平并不一致,因此企业所面临的市场挑战差别较大。对于中国企业而言,除了需要面对上述具有普遍性的市场挑战外,还需考虑以下问题:

(1)在全面过剩经济到来之际,如何在买方市场条件下生存与发展。

(2)伴随着收入水平提高和消费者日渐成熟,如何提高产品和服务质量的维护能力,通过打造品牌来维系顾客忠诚。

（3）面对外来企业强有力的挑战，面对市场竞争不断升级的态势，如何提高产品核心竞争力。

（4）在国际贸易规则更加严格和规范的背景下，如何应对境外市场以贸易保护主义为主的反全球化倾向，进而走向国际市场。

（5）在经济体制逐步完善、法制不断健全的国内市场环境中，如何规范经营、平等竞争。

面临上述挑战，企业应审时度势，积极顺应时代变化及社会发展所提出的新要求，通过开发具有竞争力的产品和服务来拓展市场空间；同时还要积极完善服务措施、提升服务能力和水平，努力满足消费者日益多样化的需求，解决不平衡、不充分发展中的各种问题。

阿里巴巴的商业帝国①

【案例背景信息】　根据阿里巴巴集团公布的 2018 财年报表，阿里巴巴 2018 财年的收入达 2502.66 亿元，同比增长 58%。截至 2018 年 3 月 31 日，集团旗下的第三方支付平台支付宝与其合作伙伴在全球共为约 8.7 亿的年活跃用户提供服务。2017 年，阿里巴巴实现股价翻番，2018 年市值成功突破 5000 亿美元，一度排名全球第六，稳居全球十大上市公司之列。

阿里巴巴已发展成为全球最大的移动经济实体，其业务包括核心电商业务、云计算业务、数字媒体与娱乐业务、创新业务及其他四大板块。阿里巴巴的成功体现了中国互联网的飞速进步，同时展现了当代消费经济的巨大潜力。

一、电商传奇

在全球互联网经济蓬勃发展的吸引下，1999 年阿里巴巴在中国杭州创建，最初形式是 B2B 电子商务。彼时中国计算机技术和通信技术还比较落后，阿里巴巴从发达国家引进了支撑电子商务的先进技术，如服务器、操作系统等。基于 B2B 模式形成的技术优势和相关经验，阿里巴巴开始向 C2C 模式演进，于 2003 年成立淘宝网。由于发现 C2C 模式在个人与个人交流中存在"沟通与信任"的问题，阿里巴巴随后成立了支付宝公司，推出支付宝和阿里旺旺。此过程也使阿里巴巴快速掌握了 SOA 技术平台、缓存技术（Cache）等重要技术。初建时期由于名气不大，阿里巴巴需重点突破的难题是由卖家少引起的有效供给不足。为此，淘宝决定采取平台免费的方法，成功吸引众多卖家成为开放平台的会员。

2008 年，由于具备了较成熟的技术基础和创新体系，且国内市场存在假货问题，阿里巴巴成立了 B2C 业务模块——专注于服务第三方品牌及零售商的淘宝商城（2012 年更名

---

① 本案例主要参考以下资料撰写而成：[1]宋庆.拓展垂直行业：阿里巴巴集团的新动力[J].通信企业管理，2018(2)：34-37. [2]李明惠.京东与阿里巴巴商业模式比较研究[J].山东理工大学学报(社会科学版)，2018，34(1)：26-31.[3]陈慧娟.新零售模式下电商巨头的线下战略布局——以京东和阿里为例[J].商业经济研究，2018(6)：67-69.[4]荆兵，李梦军.盒马鲜生：阿里新零售业态[J].清华管理评论，2018(3)：78-84＋86.[5]张震，王尧.从阿里巴巴谈中小企业流通渠道拓展[J].商场现代化，2010(16)：30.

为"天猫"),以助力平台有效需求和交易质量的提升。至此,阿里巴巴实现了从国外引入电子商务技术到B2B、B2C和C2C三大模式并存的演进过程,平台的交易也呈迅猛发展之势。

阿里巴巴陆续推出了一系列营销活动,促使卖家加大在平台的广告、品牌推广等的投入,不仅使平台的网站流量和会员数量巨幅增加,也显著提升了平台的整体参与率和购买力。在不断发展与创新中,阿里巴巴造就了"阿里模式",取得了傲人成绩,于2016年4月宣布成为全球最大的零售交易平台。

二、扩大版图

随着集团电商业务的崛起和整个电商行业流量红利的逐渐消失,阿里巴巴开始了广泛的战略布局,提出"新零售、新金融、新制造、新技术、新能源"的"五新战略"。阿里巴巴始终致力于用平台基础设施赋能传统行业,不断发展壮大电商、物流、金融、数据计算、国际化等商业基础设施核心要素,并在此基础上实施多元化战略举措,实现以电子商务为核心的四大业务板块协同发展。

2016年10月,马云提出了"新零售"的概念,指出线上线下与现代物流结合在一起,才能诞生新的零售业。其实早在2014年4月,阿里巴巴就入股银泰商业成为第二大股东,尝试打通线上和线下渠道,其后陆续与三江购物、高鑫零售等企业开展合作,整合双方资源,利用大数据、物联网、移动支付等多种手段实现线上线下无缝对接。其间,盒马鲜生超市及APP问世,提供依靠数据能力驱动的线上线下一体化服务,并创造了全球最快的30分钟极速送达零售体验。对新零售模式的探索将继续深入,通过图1可了解阿里巴巴目前线上整合线下的布局。

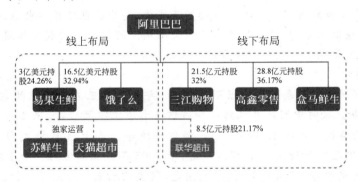

图1 阿里巴巴线上整合线下的新零售布局

不止新零售领域,阿里巴巴还通过自建、收购、合资和战略合作等手段,布局了物流、通信、金融、医疗、文娱、旅游、交通、体育等其他垂直行业。一系列多元化业务拓展举措既创造了客户价值,又赋能了行业,推动了新技术的产生和广泛应用。同时,云计算业务得到持续扩张。2018财年,由于高附加值产品使收入结构改善、付费客户增长强劲等原因,阿里巴巴的云计算收入同比增长101%至133.90亿元。全球化布局方面,阿里巴巴近期承诺向东南亚电商平台Lazada增资20亿美元,以促进其增长并获得更多的市场份额。

三、牢记使命

"让天下没有难做的生意!"——这是阿里巴巴自创立起便许下的承诺。近20年的时间里,阿里巴巴对中国乃至全球的消费格局产生了影响,也成功帮助成千上万人收获财富。

中小企业是受益最大的群体。由于深知中小企业的经营模式和发展难题,阿里巴巴以全球的中小企业买家和卖家为重要目标客户,并坚守"客户第一"的永恒原则(见图2),通过搭建准公共电子商务沟通和交易平台,全力帮助它们克服在流通渠道等方面的信息和力量劣势,低成本高效率地达成交易。

图2　阿里巴巴的"六脉神剑"价值观

图片来源:百度文库网 https://wenku.baidu.com/view/05b679da76a20029bd642d3a.html.

电子商务的发展日益蓬勃,使得大公司无法再垄断信息和渠道。电商平台聚集了更多的信息流、技术流和资金流,让中小企业更容易获得这些资源,也因而拥有了更强劲的前进动力和更大的成长空间。对阿里巴巴现今的目标客户结构进行分析发现,阿里巴巴也使更多现实的消费者成为忠诚客户。现实的需求正是供应商发展的动力,阿里巴巴通过促进需求拉动供给,保证了供应商的广阔市场需求,让中小企业赢得了更多的发展机会。

2017年,创始人马云在给阿里巴巴股东的信中,进一步系统地诠释了阿里巴巴的使命——用好技术和创新的力量,让世界经济更加普惠共享,可持续发展和健康美好。马云说,未来阿里巴巴还要投入大量的精力和资源在普惠全球化的事业上,为社会带来价值。

《福布斯》杂志曾撰文:"马云在全球已家喻户晓,在美国只要一说马云,大家就知道这个人是干什么的,也知道阿里巴巴是干什么的。"实际上,阿里巴巴发展至如今的商业帝国,并非一蹴而就,而是一个依据变化的社会经济环境,结合自身企业的特性和资源,大胆尝试、坚持创新、不断改进且不忘初心的过程。

【案例讨论题】

(1)请结合本章所学理论和案例内容谈谈,世界经济环境是否对阿里巴巴的运营和发展产生了显著影响。

(2)阿里巴巴的愿景是"持续发展最少102年",你认为能实现吗?

复习思考题

1. 市场营销实践的早期形式是什么,有何特点?

2. 销售是怎样向营销转变的?

3. 市场营销学是如何从经济学中分离出来的?

4. 简述市场营销理论的产生和发展过程。

5. 当代中国企业面临的市场挑战有哪些?

第 2 章

营销观念类型与市场营销管理

【本章知识点】
- 营销观念的类别
- 营销观念的演进
- 营销管理的任务
- 营销的组织过程

营销观念是一个不断演进的过程,它是开展营销活动的基本前提,是营销工作的重要出发点。营销观念有广义和狭义之分。广义上,按照时间顺序和基本内涵可以分为传统营销观念和现代营销观念;狭义上,则专门指现代营销概念中的市场营销观念。

2.1 传统营销观念

营销观念是指企业在营销活动中处理自身、消费者和社会环境中其他利益相关者之间关系时所持有的具体态度和指导思想。它是企业制定营销决策、从事营销活动的总体指南和基本哲学。营销观念在特定的历史条件下形成,并随着市场环境的变化而变化。随着营销理论与实践的发展,营销观念经历了漫长的演变过程。传统营销观念包括生产观念、产品观念和推销观念三种基本形式。

营销观念受客观环境中社会、经济、政治、文化等因素的综合影响,其形成也与组织自身的成长历程密切相关。一般来讲,影响营销观念形成的因素主要包括生产力发展水平、社会制度、文化环境、消费者素质和管理者思维判断能力。

2.1.1 生产观念

生产观念是最为古老的营销观念,流行于 19 世纪末 20 世纪初。当时,大多数资本主义国家处于工业化初期,社会生产力水平普遍比较落后,产品供不应求是市场常态。资本主义的发展极大地提升了社会居民的消费需求。企业只要关注生产状况,通过采取降低成本、增加产量的经营方式,就可以获得大量利润。因此,企业主要关心如何提高生产效率,如何建立广泛的分销覆盖面,为市场提供价廉物美的产品。

例如,福特汽车公司发明了流水线生产技术,使生产成本大幅下降,汽车产量迅速增加,从而扩大了市场份额。但是由于市场上产品颜色单一,有人建议增加汽车的颜色来满足消费者的需求。这无疑会增加生产制造成本,因此该公司创始人亨利·福特对这项提议的态度十分明确:"不管顾客需要什么,我们生产的汽车就是黑的。"

　　福特公司的例子尽管有些极端,但是在现实世界中,企业家必须进行成本收益分析。如果企业面对的竞争并不激烈,甚至是环境比较宽松,所提供产品又能在总体上满足消费者需求,那么为什么要选择增加品种来进一步取悦消费者呢? 因此,生产观念虽然在现代社会看起来有些陈旧,但是如果结合历史背景考察,这种观念在提高生产效率、快速满足市场方面是最为有效的。

　　一些曾经实施过计划经济的国家都曾面临严重的产品短缺。市场上除了正品外,一些有质量问题的次品也会以不同等级作为标识进行销售。在这种市场环境中,由于需求得不到有效满足,生产观念成为最好的营销观念。

　　以生产观念为导向的企业,通常在下列市场环境中能够取得成功。

　　(1) 在特定的历史时期,由于生产物资异常短缺,市场上产品明显供不应求,人们在购买过程中没有选择的机会,因而只要企业能够将产品生产出来,就会有消费者前来购买。此时,企业关心的是如何把产品生产出来,消费者关心的是如何把产品买到手。

　　(2) 产品的市场前景被普遍看好。由于产品的市场需求十分旺盛,需求量大于供给量,因此企业只要能够提高生产效率、降低产品成本,就能诱发大量需求,并在市场竞争中获得主动权。

　　(3) 价格竞争是市场竞争的主要形式。为了实现在价格方面的竞争优势,企业必须想方设法降低成本,以低成本来获得更大的市场份额或维持现有的市场份额。

　　(4) 实行计划经济的市场环境。在这种经济体制下,企业依照政府部门计划开展生产,在成本和价格方面没有自主决策权,所获利润也主要由政府部门支配。因此,企业对生产之外的其他经营活动并不十分关心,它们只是根据政府指令来生产并在规定的销售渠道中按指令性计划或指导性计划销售,无须过多地考虑生产之外的其他问题。

　　在生产观念指导下的企业,营销重点在于生产环节。扩大营销范围的主要手段包括产品标准化、降低制造成本、增加产品数量和提高劳动生产率。生产环节既是所有问题的根源,也是解决所有问题的根本出路。因此,企业投入大量人力、物力和财力进行生产研究,从企业自身生产能力出发,研究能够为市场提供的产品类型和数量。在生产什么、怎样生产、为谁生产、何时生产、何地生产等具体问题上,企业通常更加关心怎样生产。由于市场总是处于供不应求的状态,因而其他方面的问题并不重要。

　　生产观念支配下的企业在经营管理方面主要具有以下特点。

　　经营目的:通过大批量生产来获得利润。

　　经营着眼点:以产品生产为重点。

　　经营口号:企业生产什么就卖什么。

　　经营策略:以物美价廉的产品赢得竞争优势。

　　经营方法:等客上门。

　　管理重点:以生产部门为核心,其他部门的功能设置起辅助、服务作用。

　　总体来看,这是一种"以产定销"的营销观念,它适合经济发展水平并不发达、市场竞争不激烈的卖方市场状态。

2.1.2　产品观念

　　产品观念的基本假设是,消费者通常比较喜欢购买高质量、多功能和具有特色的产品。因此,企业应当集中精力生产品质优良、功能多样、特色鲜明的产品,而且要在生产工艺方面做到尽善尽美、精益求精。

坚持产品观念的企业通常认为只要企业的产品质量过硬、功能齐全、特点突出,顾客就会主动找上门来购买。它们认为"不怕不识货,就怕货比货""花香自有蜂蝶来""酒香不怕巷子深"。有时为了把产品做得更好,企业需要投入大量人力、物力和财力,这势必造成产品成本不断上升,以致所定价格超过顾客的接受能力。由于在产品功能设计方面大量增加了新的、辅助的功能,致使产品的主要功能趋于弱化,使用效果反而不理想,进而阻碍了产品的市场推广。奉行产品观念的企业往往过分欣赏自己的产品,陷入"闭门造车"的误区,在设计中过分依赖技术人员,很少有顾客的真正参与,严重脱离了市场需求。

产品观念产生于20世纪20年代,几乎与生产观念在同一个时期流行。当时,资本主义国家的市场正处于由卖方市场向买方市场过渡的时期,虽然产品总量供不应求,但是顾客对产品结构提出了新要求,购买行为也逐渐趋于理性化。在产品同质化竞争压力之下,生产企业关注的中心问题由产品生产总量转为产品质量提升和多功能开发。奉行产品观念易使企业产生"营销近视症",处于"隧道视野"状态,过于关注自身而忽略了市场需求变化,具体表现为:过分迷恋自己的产品,重视自身资源配置,而忽视了市场中的机会和威胁。

1. 营销近视症

在企业生产活动中,由于受制于工作环境,特别是长期生产一种产品,往往会使技术设计人员把精力过于集中在产品技术类型和外观形式上,而忽略了产品应当给消费者带来的核心利益。有时,他们甚至过于专注产品质量的持续改进。有的企业喜欢在自己产品的研究方面狠下功夫,有时甚至走向了完全脱离现实需求的境地。这样的企业就患上了"营销近视症"。例如,经营客运的铁道公司认为,自己的主要工作是改进火车质量和提升火车行驶速度,而把乘客的支付能力、运输需要和安全需要放在了次要位置,甚至不去考虑公路运输、航空运输、水路运输等方式带来的竞争压力。

2. 隧道视野

隧道视野(tunnel vision)是一个从交通领域扩展到经济管理领域的词汇。其原意为,随着汽车行驶速度不断加快,驾驶员的动视野会变得越来越窄。具体到营销领域,它主要是指企业界普通存在的基于产品设计或专业分工而过分注重某方面作用的营销现象。在营销过程中,企业过分强调产品质量或性能,通常会使其与营销工作相关的管理经营活动进入不正确的轨道。企业营销管理者越是专注某方面的工作,对于周围环境变化就越是不关心,因而也就不能根据客观形势的变化对营销策略作出调整。

产品观念适合一般性的卖方市场,并具有以下特点。

经营目的:通过提供优质产品来获得利润。

经营着眼点:以产品生产为重点。

经营口号:企业生产什么就卖什么。

经营策略:以功能齐全和优质的产品取得竞争优势。

经营方法:等客上门。

管理重点:以产品设计部门为主体,其他部门作为辅助和服务部门而存在。

2.1.3　推销观念

推销观念也称为销售观念,其基本假设是,在消费过程中消费者存在不愿意充分购买的倾向,企业只有通过强有力的推销活动才能把产品卖出去。因此,推销工作的关键在于充分激发消费者的购买欲望,并采取相应手段来促使消费者购买行为再次发生。

推销观念适用于未成熟的买方市场。生产非渴求类产品的企业和一些个体商贩通常十分积极地执行这一观念,想方设法地把手中的产品销售出去,至于消费者是否真正实现满意则不在其考虑之列。在推销观念的支配下,企业的经营重点是利用各种推销手段和方法将产品卖出去,这些手段包括大量使用人员促销和频繁地做广告。

在市场处于供过于求、竞争激烈阶段的初期,一些企业通过采用推销方式大幅增加了产品销量,并且激发了不愿意多购买产品的消费者的需求。此时企业认为,除了那些非渴求类产品需要执行推销观念外,即便是顾客所渴求的产品处于过剩状态时,也需要执行推销观念来促使他们更多购买。

推销观念盛行于 20 世纪 30—40 年代。这一时期,随着科技进步、管理方式变革及规模化生产的推广,企业生产能力得到了充分释放,产量迅速增加,人们摆脱了短缺经济约束,进入了产品过剩时代,因而企业之间的竞争日益激烈。

1929 年资本主义世界爆发了严重的经济危机,大量产品卖不出去,许多企业倒闭。这使企业意识到,仅仅集中精力发展生产还不够,只有把产品推销出去,企业才能生存和发展。因此,它们开始把注意力从生产领域转向流通领域,不仅关注产品设计与开发,而且在产品销售上加大精力和资本投入,派出人员向潜在顾客介绍产品功能并劝导其购买。在中国,推销风气流行于 20 世纪 80 年代,大量人员参加了推销活动。至今,这种观念仍然在一些企业中流行。

推销观念的主要问题在于,推销员总是习惯从自身利益最大化出发开展经营活动,而忽略了市场的真正需求特别是顾客的心理需要。他们的行为通常具有三个特点:①不是根据顾客需求提供适销对路的产品,而是盲目地极力向顾客推销一些滞销产品;②不能客观准确地描述产品的具体特点和实际效用,而是片面地夸大产品的使用价值;③对于市场需求状况缺乏认真分析,在工作中着重研究销售方法和技能。

总体来看,推销观念起支配作用的企业,其经营管理具有以下特点。

经营目的:通过扩大销售方式来获取更多利润。

经营着眼点:以产品销售为重点。

经营口号:我们卖什么,就让顾客买什么。

经营策略:质量好,价格合理。

经营方法:设有高效率的销售网点,重视销售渠道选择和销售技术改进。

管理重点:虽然设置了销售部门,但是生产部门仍然是企业核心部门。

2.2　市场营销观念和社会营销观念

现代营销观念包括狭义的营销观念(即市场营销观念)和社会营销观念。狭义的营销观念是以市场需要为导向的营销观念。社会营销观念是以社会需要为导向的营销观念。

与传统营销观念不同的是,这两种观念已经从单纯地关注生产,或以关注生产为主,转向了更多地关注市场和社会。

2.2.1 市场营销观念

市场营销观念,又称以顾客为中心的观念,它的核心思想是企业的生产经营应当以顾客为中心,在准确判断顾客需求的基础上为其提供适销对路的产品。持有这一观念的企业被称为市场营销导向企业,其经营口号是"顾客需要什么,我们就供应什么"。

市场营销观念从根本上改变了传统营销观念的内在逻辑,它要求企业在营销活动中贯彻"顾客至上"原则,将重心放在发现和了解顾客需求上,并尽可能地满足这种需求,通过顾客满意来实现企业经营目标。这与站在企业自身角度思考问题并以传统观念为导向的企业有着本质区别,在制定决策方向上则是完全相反的。以市场营销观念为导向的企业,在制定生产经营决策时会首先进行市场调研,发现市场需求类型并制定对策;而以传统观念为导向的企业则更多地关注掌握自身生产情况。

市场营销观念形成于 20 世纪 50 年代。当时新一轮科技革命兴起,产品技术开发备受重视,新产品种类不断增加,产品供应量迅速上升,许多产品供过于求,市场竞争进一步激化。为此,大多数国家提高了工资福利待遇,制定了鼓励消费政策,社会环境随之迅速变化。

由于消费者的可支配收入和闲暇时间增多,他们对生活质量的要求也随之提高,消费需要逐渐趋于多样化,在产品购买选择上变得更为挑剔。这种形势迫使企业改变自身经营方式,从关注生产转向关注需求。这意味着企业在竞争激烈的市场环境中必须能够发现和掌握顾客需求,并开展有针对性的生产销售,通过有效满足顾客的需要,获得生存和发展的机会。也就是说,企业要从以自身为中心转变到以顾客为中心。1957 年,美国通用电气公司的约翰·麦基特里克(John B. Mckitterick)提出了市场营销观念(marketing concept)。

与传统营销观念相比,以顾客需求为中心是广义营销观念在发展过程中的一次质的飞跃。

传统营销观念与市场营销观念的根本区别表现在以下四个方面。

(1) 赖以存在的前提条件不同。传统营销观念以卖方市场或个别产品供过于求为前提条件;而市场营销观念以买方市场为前提条件。

(2) 思考问题的出发点不同。传统营销观念着眼于企业现有产品,站在企业自身的角度思考和开展营销活动;而市场营销观念站在市场角度,以市场为出发点,根据顾客需求组织和开展营销活动。

(3) 关注重点不同。传统营销观念强调增加产量、提高质量和刺激需求;而市场营销观念则强调了解市场和顾客需求,在充分满足市场需求的基础上,扩大生产规模和提高产品质量。

(4) 设定的具体目标不同。在传统营销观念下,企业通过产品销售来获取利润,顾客需求能否被满足并不重要;而在市场营销观念下,企业必须通过满足市场需求来获取利润,这意味着企业满足市场需求与其获取利润在目标上是一致的。

市场营销观念认为,实现企业目标的关键在于确定目标市场的需要和欲望,并使之得到充分满足。这种观念由"企业生产其有能力生产的产品"转变为"企业生产其顾客所需要的产品"；由以产品、销售、利润为中心，发展到以顾客、市场、需求为中心，因而确立了市场在企业经营活动中的主导地位。

在传统营销观念下，对市场的研究判断通常处于生产过程结束之后，企业依据产品、产量来决定销售活动的安排；而在市场营销观念下，对市场的研究和判断通常放在生产过程之前，企业通过销售调研和订单数量来确定所需生产的产品种类和相应数量。市场营销观念的实施有利于消费者参与企业的投资、生产、研究与开发等计划制订，扩大和强化销售职能，并促使销售部门成为企业核心部门。

市场营销观念的核心思想主要包括以下六个方面。

（1）确定目标市场。企业首先需要选择特定市场作为服务对象，这个市场是由具有特定需求的顾客群体组成的。

（2）以顾客为中心。企业生产经营活动应紧紧围绕顾客需求，并以满足顾客需求为宗旨来拓展自身生存空间。

（3）重视协调工作。企业营销人员应当全面了解顾客的需求与欲望，并迅速反馈有关信息，通过内部各部门之间的有机协作，达到为顾客提供全面服务的目的。

（4）确立竞争优势。企业必须掌握市场信息，充分建立和发挥自身优势，以最好的产品和服务满足顾客需求。

（5）优化营销组合。为了建立竞争优势和满足顾客需求，企业应当设计合适的产品，制定合理的价格，建立科学的分销渠道，并采用有效的促销方式。

（6）利润是最终目的。企业从事营销活动的直接目的是满足顾客需求，而最终目的是获取最大利润。因此，顾客得到满足的程度越高，企业获得的经营利润就越大。

在实践中，人们容易把推销观念与营销观念混为一谈。两种观念的对比如表 2-1 所示。

表 2-1　推销观念与营销观念的比较

	起　点	中　心	方　法	终　点
推销观念	工厂	现有产品	推销和促销	通过销售量获利
营销观念	市场	顾客需要	整合营销	通过顾客满意获利

在营销发展过程中，由于营销部门承担的职能发生了变化，因而其地位也随之改变，如图 2-1 所示。

2.2.2　社会营销观念

20 世纪 50 年代以后，在营销观念执行过程中，企业在经营管理方面出现了一些新情况。

（1）许多企业由于仅强调满足市场需求，缺乏对自身条件和市场环境的客观分析，因而不能科学地配置生产资源，导致产品的资源消耗特征十分明显，继而造成了原材料储备下降，生产可持续能力不断减弱。

（2）相当一部分企业在追求自身利益最大化的过程中，忽视或不愿意承担社会责任，将废水、废气、废渣、噪声、辐射及其他问题直接抛向自然界和社会，致使消费者的长远利益遭受侵害，对于人类自身和其他物种的延续构成严重威胁。

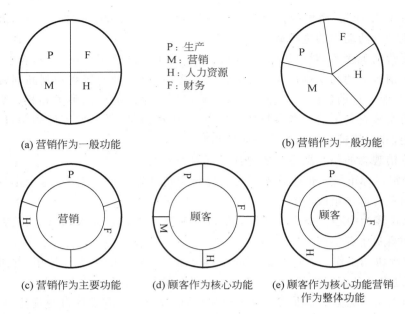

图 2-1　营销在企业中地位的演变

（3）一些产品功能的不断革新,在便利了人们生活的同时,也导致消费者的产品适应能力下降,并增加了人们对这些产品的依赖程度。

因此,20世纪70年代资本主义国家普遍面临能源短缺、通货膨胀、环境污染等问题时,社会营销观念随之产生。这种观念促使人们认真地审视之前的各种营销观念,并在节约能源、保护环境、控制人口等方面发挥了重要作用。

社会营销观念是指企业既要站在自身角度制订营销计划和实施营销方案,还要站在社会角度审视这些计划和方案对社会的影响,并把这种影响的不利方面尽可能缩小或者转化为正面影响。

社会营销观念的核心思想包括以下三个方面的内容。

（1）营销过程中企业承担着双重任务。企业不仅应当确定目标市场,了解顾客群体的需要、欲望和兴趣,还应当维持或增加消费者和社会的福利,这样才能更加有效地满足消费者需求。

（2）企业要协调好自身利益与社会利益之间的关系。企业需要解决消费者短期欲望与社会长期福利之间的冲突,并把企业自身利益与社会整体利益,顾客眼前利益与长远利益紧密、有机地结合起来。

（3）企业必须承担相应的社会责任。企业不仅要考虑当前顾客的需求,而且要考虑未来顾客的需求;在向社会索取的同时,企业还应承担相应的社会责任。这些社会责任包括维护消费者权益、保护自然环境、提高社会人群整体素质、和谐处理与社区的关系、对社区做贡献、提供绿色产品和服务等。

社会营销观念的提出,并不是对其他营销观念的否定,而是在更大程度上丰富和发展了营销观念的体系和内涵。

在社会营销观念支配下,企业的经营管理通常具有以下特点。

经营目的:在满足消费者需求和社会生存发展的基础上追求利润。

经营着眼点:企业经营活动必须承担社会责任。

经营口号:我们的产品对社会形成怎样的影响。

经营策略:考虑企业活动对社会造成的影响。

经营方法:发展整套营销方案,兼顾社会利益和消费者利益。

管理重点:建立经营决策中心,营销部门发挥指挥和协调作用。

在营销活动中,企业社会责任与营销伦理有一定的相关关系。企业在营销活动中表现出的伦理水平是判断企业履行社会责任的重要标准。

伦理通常是指特定社会环境中人们所能接受的道德标准。营销伦理是指专门用于判断企业营销行为道德合宜性的标准。

在对待企业营销伦理问题时,一般需要从如下三个角度进行思考。

(1) 营销伦理是整个社会伦理体系的重要构成元素,也是社会文化的重要组成部分。因此,在分析企业营销伦理问题时,不能脱离整个社会的伦理体系,需要把社会文化等宏观环境要素的影响考虑在内。

(2) 营销伦理基本准则对企业行为的具体要求一般要高于相关法律、法规所制定的条款,它推动着市场经济法制体系逐步趋于完整。因此,营销伦理所涉及的问题,通常是现行法规无法调节的不合乎道德标准的企业行为。一般而言,通过行业协会来调节营销伦理比使用法律、法规更加具有针对性。

(3) 由于不同社会文化制度下营销伦理标准存在一定的差异,企业在营销活动中所需承担的社会责任也应当作出变化和调整。

鉴于企业社会责任和营销伦理在具体内涵和评价方式上的复杂性,倡导企业在营销过程中履行社会责任,主要应从以下方面着手:①完善与营销活动相关的法规;②创建积极健康的企业文化;③从行业角度来规范企业的营销伦理标准;④提高营销活动从业人员的伦理修养;⑤采用适当的奖惩方法。

企业履行社会责任的具体方式有很多种。在经济上,企业完成所追求的经济目标、获得一定的利润,为股东创造价值,为社会缴纳税收,为员工提供工资,就是在履行社会责任;在法律上,企业自觉遵守法律、法规,维护行业内公平竞争秩序,提供安全可靠的优质产品,重合同、守信用,就是在履行社会责任。这些都属于比较基础的社会责任履行形式。从较高的层次来看,企业向社会无偿捐赠款项和物资,积极投资环境保护项目,为贫困地区提供助学金和奖学金,不从生产过程有道德争议的矿山(如雇佣童工、危险作业)、农牧场(如农业生产中大量使用有毒化学原料、饲料中含有危害动物健康的成分、屠宰过程不符合道德标准)采购原材料等,这些经营管理行为都是在履行社会责任。

在营销伦理方面,企业推销产品的过程中不对产品功效进行夸大宣传;在目标人群选择上,不应当专门挑选弱势人群利用其弱点从事营销活动(例如,禁止企业专门针对心智并未成熟、自控力较弱的少年儿童设计容易上瘾的网络游戏;禁止针对老年人群进行功能夸大的营养补品广告宣传);不创造特殊氛围进行压力促销;不利用现代心理学和行为学进行消费者心理防线攻击;不对消费者正确认知和朴素感知进行"拆除式"破坏和

"填充式"更新式"洗脑";不触及民族文化禁忌,遵从当地社会风俗习惯,等等。这些行为通常都被认为在道德层面上符合社会的基本要求。

社会营销观念中三个主体之间的关系如图2-2所示。

图 2-2　社会营销观念中的三个主体

2.3　市场营销管理

2.3.1　市场营销管理的内涵

市场营销管理是指从管理角度出发,利用管理学基本原理和各种方法来制定和实施与市场营销活动相关的各种计划和方案,并对这些计划和方案的实施效果进行控制和评价。

由于管理学涉及的领域极其宽泛,学科体系庞杂,学科交叉现象十分明显,跨学科知识应用比较普遍,因而市场营销管理随着管理学的发展而不断呈现出许多新技术和新方法。以基本原理为基础,市场营销管理的主要职能包括:①市场营销计划;②市场营销组织;③市场营销协调;④市场营销指挥;⑤市场营销控制。

在以上五项职能中,市场营销计划处于指导性地位,为其他四项职能制定了蓝图和行动纲领,因而具有基础性和前瞻性。其他四项职能也十分重要,缺一不可。市场营销的五项职能相互关联,在不间断的循环过程中向前推进。

1. 市场营销计划

一般而言,一项完善的市场营销计划首先需要明确企业所处的历史方位;其次应当提出市场营销的使命、愿景、目标;最后提出具体的战略、决策、策略和方法。所有这些活动都应当建立在分析宏观环境、行业和地区环境及企业微观环境的基础上,通过发现市场中的机会和威胁,来调配企业自身资源,进而实现企业战略目标。

从整个市场营销计划的构成体系来看,其组成要素主要包括以下四个方面:

(1) 依托企业使命、愿景和目标提出市场营销的使命、愿景和目标。

(2) 依托企业总体战略提出市场营销发展战略和业务战略,并构建市场营销战略体系。

(3) 依托企业总体目标提出市场营销部门目标,并在不同市场营销业务单元之间建立相互支撑的目标体系。

(4) 对市场营销进行预测和决策,对市场营销计划的可行性和有效性进行论证,调整过高或过低的计划目标,纠正企业发展方向。

市场营销计划中的预测,通常是针对市场需求状况所作出的基本判断。由于市场需求处于不断变化中,因而通过分析计算过去和现在的生产销售数据,能够推测出未来的变化趋势。大数据技术和云计算的推广应用为及时的市场测报提供了基础。

在市场营销计划中,战略选择和组合至关重要,先行于并导致市场营销组织结构的变化。

2. 市场营销组织

市场营销组织包括市场营销的组织架构和市场营销的组织开展。

(1) 根据市场营销活动设计组织架构。这项内容主要解决的是市场营销在企业中的具体组织框架设计,即一个企业内部究竟有多少个从事市场营销活动的职能部门,这些职能部门之间的关系是怎样的,以及每个部门的人员数量和岗位设计等。在企业中,从事市场营销活动的具体单位应当根据企业所在行业特点、所销售产品特点及所在地区特点来设计组织层次,调整管理层级和跨度。

例如,汽车制造企业销售部门在市场营销活动中通常采用三种组织结构方式。

一是把市场营销部门设计为企业的职能部门之一,通过厂家自营这种方式,由企业自己的员工把汽车直接销往市场。这种模式下,企业总部市场营销管理部门与一线市场营销业务部门分别承担不同的角色,共同接受来自企业高层的垂直领导,因此在组织结构上属于直线职能制。

二是采用代理商模式,即生产企业与代理商签订代理分销协议,把汽车销售代理权转给代理商。代理商以交纳合同定金的方式提车,并从销售收入中提成。

三是经销商模式,即生产企业将产品所有权转让给经销商,经销商在生产企业所制定的价格政策指导下开展自负盈亏经营,生产企业承担产品广告宣传和产品质量维护等任务。

一般而言,产品价值越昂贵,市场营销部门的组织结构越应当清晰,各部门之间的职责划分越明确。但是,这并不意味着产品价格是决定市场营销组织结构的主要因素。例如,对于快速消费品生产企业而言,尽管价格一般不是很高,但市场营销结构设计也非常重要。由于快速消费品市场竞争十分激烈,品牌成为取得市场主导权的重要工具。因此,在市场营销组织结构设计中,品牌事业部处于十分关键的位置。

化妆品生产企业在理论上可以采取与上述汽车企业相同的三种渠道模式,并分别配置市场营销部门。但是,实践证明越来越多的化妆品生产企业转向了直接销售渠道模式。这种模式下市场营销部门组织结构为:直销企业内部设立各大区市场营销总监、各大区设立销售分支机构、各分支机构所在地区配置市场营销服务网点,直销企业统一出台直销员招募政策,并将直销员放在划定区域内开展经营活动。这种市场营销组织结构在马来西亚获得成功,在中国台湾地区也曾得到快速发展。随着互联网技术的普及,与化妆品企业相类似的市场营销组织结构设计正在向线上靠拢。因此,在市场营销组织结构设计中,不少企业划分了线上市场营销和线下市场营销的边界,并增大了线上业务的市场营销管理力度,如加强对微商渠道中社交群体的管理,跟踪消费者网上反馈意见,积极参加网友互动等。

企业在市场营销机构设置方面可以采取直线制、直线职能制、职能制、事业部制、矩阵制、多维立体式结构、有机式结构、合同外包等多种形式。总体趋势是市场营销组织机构设计应当顺应社会人群的消费潮流，以及技术更新步骤。除了上面提及的互联网技术对市场营销组织结构的影响外，经济全球化也加速了市场营销活动国际化，跨国市场营销活动的组织开展变得更加重要，与之相应的是必须设立跨国市场营销组织机构，并进行相应的资源配置。市场营销组织机构的国际化、网络化、扁平化、信息化、智能化成为新的发展方向。

（2）市场营销活动的组织开展。市场营销活动的组织开展主要涉及以下三个方面的内容。

① 市场营销活动主题、内容和方式的设计。在这个过程中，企业首先要明确市场营销活动所要达到的具体目标及所要采取的战略举措。市场营销活动主题选择应当适应消费者人群的购买心理，并突出这些活动所能传递的核心价值。

以"11·11"电商平台市场营销活动为例，其主题就是"双十一"，用"光棍节"这样一个购物情感接触点打折出售商品。在寒冷的日子里，有什么比网上购物犒赏自己更能让"单身一族"驱除心中的寂寞呢？于是不少商家按 5 折优惠价格销售商品，极大地提高了年度销售业绩。例如，2017 年"双十一"活动期间，"京东购物"网页上写着"好货补仓""11·11 购·优惠"标题。"狂欢盛典"的种种促销措施把这个购物节的商业气氛推向高潮。"京东 11·11 排行榜·总榜单"随之揭晓：服装类别中的男装——羽绒服，运动健身类别中的跑步鞋，鞋靴箱包类别中的休闲鞋，珠宝及钟表类别中的男表，内衣童装类别中的保暖内衣，在销售额上分别位居所在类别第一位，而且在这些排在首位的小类中，畅销品牌也排出了位次。而"天猫商城"则用"11·11——天猫全球狂欢节——2017"醒目标语配上红底背景吸引购物者的注意，并打出英语口号"I WISH YOU HAPPY"。当时间定格在光棍节当晚 00：03：01 时，交易额已经超过 100 亿元人民币，整个狂欢节期间成交达到 571 亿元人民币。

② 市场营销活动的组织安排要体现整体性、协同性和一致性。上例中提及的电商平台之所以能够激发出如此巨大的购买力，与互联网经济近年来的整体协同性发展有着密不可分的关系。节日之前的准备与造势，节日之中的大力促销，以及节后的迅速反馈，形成了一个连续而完整的市场营销过程。在线上如此，在线下也是如此。线上与线下的互动配合，形成了共振效应。线上下订单、传输订单与线下配送货物形成了一个完整的供应链。一家从事空运物流的著名国内上市公司的总经理在看到"天猫"交易额高歌猛进后，不无感叹地在微信中留言："买完了就踏实地睡个好觉吧！我们负责送到三大洲！"换个角度思考，如果没有物流强有力的保证，电商平台也不可能把一个普普通通的"光棍节"炒得如此翻天。

在市场营销活动安排的整体性、协同性和一致性方面，主流媒体也发挥着极其重要的传播作用。一家北京主流媒体的总编辑在跟踪购物狂欢节的报道中写道："报社昨夜不少人不眠不休，一类做直播做新闻的，一类持续下单的。"像"双十一"这样的大型市场营销活动的组织，事实上融合了电商平台、物流配送实体、社交媒体、主流媒体、生产制造企业等多方面的力量。从某种意义上讲，它是一个系统集成化的市场营销活动，把马云、刘强东的电商平台、外运发展、顺丰等国内大型物流企业、马化腾的微信以及搜狐、新浪等主流网络传播媒体的及时报道"无缝对接式"地联系在了一起。

③ 市场营销活动的组织安排应当把各个职能部门的积极性充分调动起来，并把市场营销中各个元素的功能发挥到极致。市场营销各个职能部门在具体活动中的角色并不相

同。在这些活动开展之前,除了要明确组织者、设计者、执行者各自的角色和具体分工外,还应当明确每一项具体活动中的人员数量、每一位员工的工作职责以及评价和考核标准。在活动进行过程中,应当以激励措施和约束机制来提升员工效率,奖勤罚懒,营造公平竞争的内部环境。在活动结束后,应当及时反馈业绩信息,对照市场营销计划所制定的标准进行分析和检查。

以一些比较著名的外资企业为例,在进入中国市场初期,它们在树立企业品牌形象、改进与主流媒体的公共关系方面主要采取了如下三种做法。

第一,通过积极参加公益活动来间接达到传播公司正面形象的效果。在这些公益活动中,企业通常会提供资金支持,或者以企业所生产产品为奖品来奖励公益活动中获奖的社会公众。同时,企业积极要求参加公益活动冠名权,把这些活动与企业的使命、愿景和目标结合在一起,从而以市场营销为桥梁搭建起企业与社会互动的平台。在这些公益活动中,企业参加的项目,有些是完全不包含商业目的的纯公益性支持,有些则包含一些营销活动在内,如企业产品品牌的推广与宣传。

第二,积极投身行业协会建设,以提升企业在行业内的影响力和话语权。这些行业协会建设活动,通常是与企业的市场营销活动相互配合的。例如,通过动员各主流媒体参加企业所在行业的正面宣传报道,如行业法规政策执行情况报道及消费者满意度,在整个社会人群中树立行业积极向上的形象,使企业从中受益。当然,在行业协会建设中,企业的单独行动往往很难把协会组织起来,因而必须动员其他企业参加协会建设。

第三,立足企业自身市场营销队伍和产品品牌建设,设立分支机构、配置服务网点、搭建媒体宣传平台、寻找物流合作伙伴、寻找中间商和渠道辅助机构、进行产品质量宣传和促销措施宣传等。在这些市场营销活动及其具体措施中,有些属于暂时应对市场突然变化而采取的,有些则属于中长期发展需要。例如,为了满足年度销售额目标而进行打折式促销,就是一种短期市场营销活动;而那些在主流媒体黄金时段经常播放的品牌故事和宣传口号则属于中长期市场营销活动。

3. 市场营销协调

市场营销协调按不同划分标准可以分为以下三类。

(1) 市场营销活动中的目标协调。在市场营销活动中,目标一致才能取得胜利。在企业内部,由于各个部门子目标与企业总目标在内容和层次上并不相同,因而必须协调目标网络中各个目标的数值与时间节点。例如,在特定环境条件下,对于两个基本条件相同的市场营销业务单位而言,企业总部如果给一个下达的销售任务为 1000 万元人民币,给另一个下达的任务是 500 万元人民币,则显然不能要求它们在同样的时间内完成。又如,尽管在企业整体市场营销目标体系中,每个业务单位承担着各自的分工和角色,有些业务单位以经营中高端品牌为重点,在企业总体战略中所对应目标是从总体上提升企业品牌形象,而另一些业务单位则以中低端品牌为重点,因而所对应的目标是在更大程度上满足消费者需求并尽可能实现较高的销售额。由于所承担的目标不同,这两类业务单位需要在开展市场营销活动方面相互协调。中低端品牌在市场营销中力度过大,会冲击企业整体品牌形象;而企业在中高端品牌中投入市场营销力度过大,目标定位过高,也可能会造成销售额下降。因此,销售量目标和品牌形象目标要匹配。此外,质量目标与数量目标的协调,以及不同区域市场之间的目标协调也很重要。

（2）市场营销活动中的资源协调。市场营销活动中主要涉及人力资源、物质资源、财务资源、信息资源和技术资源。

人是生产力要素中最活跃、最革命的要素。市场营销活动开展的质量如何,与市场营销管理人员配置具有直接关系。先进的市场营销观念、科学的市场营销目标,如果没有高效的管理和业务人员来执行,市场营销活动的实际效果也会大打折扣。因此,如何配置人力资源,是市场营销活动中最根本的问题之一。

市场上的优质资源总是处于稀缺状态。把销售业绩优秀的人员放在领导位置上,还是放在市场营销活动第一线,一直以来都在困扰企业高层管理者。为了解决这个问题,许多企业尝试了让管理者定期到市场营销活动第一线参与具体工作的方法。

关于物质资源、财务资源、信息资源和技术资源,类似问题也会经常出现。因此,就这些资源本身进行协调活动,在市场营销中占用了大量管理时间。更为重要的是,这些资源之间的相互协调问题通常比任何一个单方面问题都更难以处理,因而所需的协调工作力度更大、时间更长。

切斯特·巴纳德把组织比作力量协作系统的观点,如果应用到市场营销活动的具体组织方面也是成立的。在这个协作系统中,除了方向明确、目标一致外,市场营销活动的各个业务单位必须具备的共同努力意愿及充分的信息沟通,在资源协调过程中发挥着不可替代的作用。

（3）市场营销活动中的行为协调。在市场营销活动中,不同业务单位之间的行为可能会出现差异,甚至会引发利益冲突。解决这一问题的一个有效办法就是加强行为协调。

对于业务单位而言,行为协调涉及市场营销活动中的日常决策行为、定价行为、市场营销活动举办中心场景的布置、促销行为、员工管理行为、库存行为、质量检验行为、售后服务行为和信息反馈行为等具体层面。任何有损企业整体利益的提价或降价行为,都不利于企业健康发展。在销售行为层面,能否及时提供售后服务,也是衡量企业竞争能力的重要标尺。

对于业务人员而言,行为协调主要涉及需要、欲望、需求及所表现出的工作态度。例如,许多企业都对从事市场营销活动的人员进行职业操守培训和企业文化教育,一些工作中的礼仪（如表情、语言、姿态、服饰等）被列为重要考察指标。尤其是一些大型跨国零售企业的一线员工在市场营销活动中表现出的高标准、严要求、高效率的工作作风,成为实现品牌形象快速传播的重要途径。

4. 市场营销指挥

实现有效的市场营销活动指挥效果,首先要求做到统一领导和统一指挥的相互协调。市场营销活动一般不会采取多头领导的方式,而且整个活动是按照一套具有指导意义的完整计划进行的。

企业的市场营销总监是市场营销活动整体方案总负责人,而具体落实则由市场营销的各个部门负责。在市场营销活动进行过程中,市场的反应考验着决策者的基本素质和应变能力。对形势的准确把握和客观分析,是采取合理应对措施的前提条件。因此,指挥者的格局和情怀在实践中发挥着重要作用。市场营销指挥者不仅要具有一定的理论水平,还应当具有丰富的实践经验,在具体工作中,具有号召力和权威。

市场营销指挥系统由三个部门组成:战略决策制定部门、决策信息分析部门和决策效果反馈部门。

5. 市场营销控制

按控制类别划分,市场营销活动可以分为区域控制、价格控制、时间控制、目标控制、销售行为控制、预算控制、信息控制、渠道控制、技术控制、文化控制等。

按控制的投入时间节点划分,市场营销活动又可以分为事前控制、过程控制和事后控制。

按控制导向及涉及面划分,市场营销活动可以采取战略控制和战术控制两种方法。

此外,市场营销活动还可以从理念控制、行为控制等角度入手,也可以采取结构控制、总量控制等方法。

不论市场营销活动采取怎样的方式和方法,通常都需要经过以下三个步骤。

(1)确立标准。即要明确市场营销活动的具体考核标准是什么,应当由哪些具体环节和流程组成。

(2)衡量绩效。即要对参与市场营销活动的各个业务单位进行绩效考查,对照所设定的目标和标准,寻找差异,分析原因。

(3)纠正偏差。即对于偏离目标要求的市场营销活动内容和形式,及时予以纠正,让活动处于风险可控、行为规范的范围之内。

2.3.2 市场营销管理中的需求

市场需求通常包括以下八种基本状态。[①]

1. 负需求

负需求是指市场上全部或绝大多数消费者都不喜欢企业所提供的某种产品或服务项目,甚至从心理和情感上产生厌恶,愿意出钱主动回避并设法抵制的一种需求状况。

负需求比无需求更可怕。例如,素食主义者对肉类产品产生排斥和抵制心理;美国消费者对某些动物内脏的消费具有反感情绪;一些患者对牙科手术和打针具有恐惧心理;一些旅行者对乘坐飞机产生心理抵触……

针对这种需求状况,市场营销管理的任务是首先分析消费者为什么不喜欢这些产品类别和服务项目,然后再想出解决办法,重新设计产品和包装,更新服务方式,并通过积极、正面的宣传来改变消费者的态度。

2. 无需求

无需求是指在特定的市场中,消费者对企业提供的产品和服务表现出不在意或没有任何购买兴趣的一种需求状况。

在现实世界中,无需求的市场状态十分普遍。例如,向没有河道和水域的旅游目的地出售船只;在没有犯罪发生的城市销售报警器;向没有穿鞋习惯的人群出售皮鞋;向没有阅读习惯的消费者出售书籍;在长夏无冬的地方销售貂皮大衣……但是,无需求并不

---

① KOTLER P. The Major Tasks of Marketing Management[J]. Journal of Marketing, 1972, 37: 42-49.

等同于无价值。在以下三种情形下，市场通常出现无需求状态。

（1）消费者认为企业的产品和服务不具有价值。

（2）消费者认为企业的产品和服务虽然有价值，但是在当地市场无法实现价值。

（3）消费者对企业的产品和服务不熟悉或不了解。

在无需求情况下，市场营销管理的任务是"市场创造式"地开发需求，即通过市场营销刺激手段来诱发消费者需求，让消费者认识到产品的价值。

3. 潜伏需求

潜伏需求是指消费者对某一类别的产品或服务具有强烈需求，但是市场上现有产品或服务却无法满足这种需求。

例如，绝大多数吸烟者都希望得到一种不含尼古丁的无损于健康的香烟，但是市场上并没有这种产品；许多消费者希望买到一种不会让人肥胖又能迅速增加能量的食品；在相对封闭的经济贸易体系中，消费者通常对一些发达国家和地区的高科技产品和奢侈消费品非常向往，但是国内同类产品由于生产工艺、材料质量和制造技术的差距，根本无法满足这种需求。

在市场存在潜伏需求的情形下，市场营销管理者的主要任务是通过产品开发来创新市场营销方式，即通过开展市场需求调研，预测整个市场的潜在容量，然后开发出有效的产品和服务来满足这些需求。

4. 下降需求

下降需求是指在特定市场环境中某些产品类别或服务项目的需求水平与之前相比出现下降态势，如果不采取补救措施未来下降趋势会更加明显的一种需求状况。

下降需求是市场运行中十分普遍的现象。技术更新、产品过时、市场饱和、消费者群体老龄化等因素，都会造成特定产品类别和服务项目的需求相对减少。

面对市场需求下降，市场营销管理者的主要任务是想方设法地启动市场、恢复销售水平。这需要了解需求下降的原因，采取新的市场营销策略，如加大新产品开发力度、强化产品功能、体现产品特色、寻找品牌差异点。

5. 不规则需求

不规则需求是指消费者的需求在时间节点上存在季节性或易变性，因而造成与企业的产品和服务供给时间节点模式不一致的一种需求状态。许多企业都时常面临因季节、气候、作息时间而产生的对产品类别或服务项目的需求变化，并造成生产能力和商品闲置或过度使用。

与其他行业相比，服务业的不规则需求十分明显。例如，公共交通工具的座位在运输高峰时不够用，而在非高峰时又有闲置。又如，大小旅馆在旅游旺季都十分紧张，供给短缺现象突出，而在旅游淡季，旅馆空闲，人员无所事事。再如，一些大型商场在节假日或周末业务量猛增，而在平时却顾客稀少。

面对不规则的市场需求，市场营销管理者的主要任务是采用价格政策等工具来调节不平衡需求，使产品类别或服务项目的市场供给与需求在时间上协调一致。

6. 充分需求

充分需求是指企业产品类别或服务项目的目前需求水平和时间节点与预期相符合的

一种需求状态。

充分需求是企业最理想的需求状况。因此,企业的市场营销管理方法就是努力维系这种状态,并尽可能地将其延续下去。

7. 过度需求

过度需求是指消费者对企业的产品类别和服务项目的需求超过了企业的供应能力,市场上产品和服务供不应求的一种需求状态。

例如,"刚需"是近年来中国住房市场上的流行词汇,主要指北京、上海等特大型城市住房供不应求的状况。这种现象的成因非常复杂,人口过度集中导致住房资源供应不足是一个重要原因。

在过度需求情况下,市场营销管理者的主要任务是限制需求、增加供给量。

8. 有害需求

有害需求是指企业的产品类别或服务项目具有危害性,但是消费者仍然具有需求的一种需求状态。这种需求的危害性主要体现在对消费者、社会公众或供应商的福利的负面影响上。

例如,酒精,香烟,鞭炮,含有精神麻醉作用的药物,容易让青少年沉溺上瘾的网络游戏,含有色情、暴力、赌博、谎言、骗局、一夜暴富、吸毒情节的影视、文学作品等,都可能在一定条件下成为有害产品和服务,进而诱发有害需求。

对于有害需求,市场营销管理者的主要任务是实施抵制运动,逐步消除消费者的消费偏好。同时,为了平衡社会公众的不满情绪,企业应当更多地参与社会公益事业,积极纳税,在条件具备时进行生产转型。

针对上述八种需求状态,企业在开展市场营销活动时要让顾客感到物有所值或物超所值,使顾客在有限支付能力下获得最大限度的欲望满足。因此,做好市场营销活动应当分三步走:首先,发现消费者的需要;其次,刺激消费者对特定产品的消费欲望;最后,对有购买能力的消费者的需求予以满足。具体过程如图 2-3 所示。

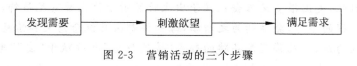

图 2-3　营销活动的三个步骤

蒂芙尼：珠宝界的皇后[①]

【案例背景信息】 全球著名的奢侈品牌蒂芙尼(Tiffany)于 1837 年创立,创始人查尔斯·刘易斯·蒂芙尼是美国康涅狄格州一位磨坊主的儿子。初至美国纽约百老汇的蒂

---

① 本案例主要参考公开数据信息及以下资料撰写而成:[1]张笑,王笑晗.从蒂凡尼与老凤祥之比看百年品牌的构建策略[J].新闻知识,2017(5):37-40.[2]小圈梨. Tiffany:百年"互联网品牌"[N].华夏酒报,2015-09-01(C47).[3]陈改花.从蒂芙尼首饰探寻艺术设计的元素整合[J].美与时代(中),2014(3):74-75.[4]武文龙.顶级珠宝品牌的营销策略[J].艺术市场,2013(24):68-71.

芙尼主要经营文具和织品,之后转战珠宝首饰行业。这一今日的国际顶级珠宝品牌,却在营业首日仅收获了5美元的销售额。然而蒂芙尼却从如此糟糕的起步中开始发展与沉淀,现今已蜕变成长为美国设计的象征,被誉为珠宝界的皇后。

一、独创设计

提起蒂芙尼品牌,消费者几乎都会第一时间联想到"蒂芙尼蓝""六爪钻戒""蒂芙尼的早餐"等相关元素。正因蒂芙尼一直将设计富有惊世之美的原创作品视为宗旨,同时伴以突破性的创新元素,才流传下这些深入人心的品牌传奇。

创始人查尔斯也是一位出色的设计师。他用铅笔绘出造型独特的珠宝款式,并聘请当地最优秀的工匠将其完成。别致的设计和精湛的工艺让蒂芙尼很快在纽约打出了名气。蒂芙尼最经典的标志之一——蓝色包装礼盒在品牌创立不久就问世,且沿用至今。蓝色小盒外层系以高雅的白色缎带,造型精致又简单大方,成为世界包装史上最具辨识度的设计之一。1886年,为了凸显品牌卓越的钻石切割工艺,查尔斯亲自操刀设计了一款名为Tiffany Setting的系列钻戒,开创了蒂芙尼品牌最具代表性的钻石系列。该戒指采用独创的"六爪镶嵌法",将钻石托镶于戒台上,不仅更为牢固,还能最大限度地显现钻石,全方位展现其璀璨夺目的光芒。这款简单隽永的铂金订婚戒指一经推出就引发了巨大的轰动,深受中产阶层和上流社会的认可和喜爱,甚至立刻成为订婚钻戒镶嵌的国际标准。即使是百余年后的今天,六爪镶嵌钻饰仍是众多珠宝爱好者的至爱款式,其经典的皇冠造型任时光流逝也魅力不减。20世纪初,蒂芙尼再次展现出不流于俗的独特眼光,首次采用银色的不锈钢首饰盒,成功引领了又一个时尚潮流。1999年,蒂芙尼重磅推出历经数十年创作的全新钻石切割法及镶嵌法,引起巨大反响。进入21世纪,Tiffany Keys、蒂芙尼黄钻等系列相继问世,简约明朗却令人惊叹的形象设计,不断为消费者制造惊喜。

二、情感寄予

"它将一生永随"是蒂芙尼的情感诉求,意味着一件蒂芙尼商品并不仅仅起装饰作用,更是饱含力量和情感内涵的"陪伴者"。蒂芙尼将永伴你和你挚爱的左右,共同经历余生的喜怒哀乐。因此,美国很多父母会在孩子出生时便赠予他们蒂芙尼吊饰,随着他们年岁的增长和人生历程的丰富,会继续为之增添,每一件都极具纪念意义和情感价值。

与此相呼应的是,专属蒂芙尼品牌的颜色"蒂芙尼蓝"也被赋予"爱""忠诚""祝福"的含义。美国的婚俗中,要求仪式上一定要"Something old, something new, something borrowed, something blue."(一样是旧的,一样是新的,一样是借的,还有一样是蓝色的。)因而在西方,蒂芙尼蓝常被用作婚礼的主题色,衬托出幸福浪漫的氛围,这也是蒂芙尼得以占领婚恋市场多年的一大原因。

以蒂芙尼品牌命名的电影《蒂芙尼的早餐》,堪称一部家喻户晓的佳作。实际上蒂芙尼品牌并未对此电影进行任何赞助或广告投入。电影之所以选用蒂芙尼而非其他品牌,或许也正暗示着主人公霍莉对"幸福"的追求和渴望。片中主演赫本驻足蒂芙尼橱窗前,一边吃着早餐一边满目向往地观赏的镜头让无数观众铭记,同时深深留存于人们心中的,还有蒂芙尼蕴含的那份高贵优雅与浪漫情怀。

三、激流勇进

然而珠宝业作为一个古老行业,如今不得不面对"消费升级"带来的冲击。蒂芙尼近年来的市场表现不甚理想,一度出现持续低迷的现象。在 2017 年 10 月奢侈珠宝行业老将 Alessandro Bogliolo 出任蒂芙尼 CEO 时,蒂芙尼包含同店和线上在内的可比销售已连续 12 个季度无增长,业绩和品牌影响力都呈现萎缩态势。面临如此严峻的挑战,蒂芙尼选择积极应对,对品牌营销策略进行深度系统的调整,开始了全新的"进化阶段"。

Alessandro Bogliolo 表示,蒂芙尼现阶段将优先执行六大战略:扩大品牌影响力;更新产品并加强门店展示;建立全渠道销售体系;进一步巩固品牌在关键性市场的领导地位;建立更高效的经营模式;加强团队的团结和灵活度。他认为,相较其他珠宝品牌,蒂芙尼更为低调、年轻、有趣,这是品牌的特性,也正是蒂芙尼的机遇所在。由此,推动珠宝市场增长的中坚力量——千禧一代将是蒂芙尼重点关注的客户群体。

基于以上部署,蒂芙尼快速展开行动。2017 年 11 月 10 日,蒂芙尼倾情打造的咖啡厅在美国纽约第五大道的旗舰店正式开业。店内大面积采用品牌经典的蒂芙尼蓝,环境幽雅,并提供早餐、午餐和下午茶套餐,让梦想"在蒂芙尼吃早餐"的消费者如愿以偿。咖啡厅开业后人头攒动,众多明星都前去体验,仅 4 天蒂芙尼品牌的市值就上涨了 2.6 亿美元。同年 11 月起,蒂芙尼还陆续推出全新的高端家居精品,如 450 美元的直尺、650 美元的乒乓球拍、1500 美元的别针、9000 美元的毛线球……迅速在社交媒体上夺得广泛关注,引起网友的激烈讨论。蒂芙尼品牌的微信搜索指数一度飙升至 245.42%,制造了"网红"咖啡馆之后的第二个峰值。此外,蒂芙尼还翻新门店,邀请当红艺人为品牌宣传,打通线上销售渠道,推出典雅又充满新鲜感的新珠宝系列……一步步升级消费体验,在短时间内创造出高销量。种种迹象表明,蒂芙尼已大展回暖势头,重新活跃于年轻消费者的视野中。

根据蒂芙尼发布的财报信息,2017 财年第四季度销售额同比增长 9% 至 13 亿美元,全年销售额同比增长 4% 至 42 亿美元。2018 财年第一季度,销售额同比增长 15%,以中国为代表的亚太地区增速超过了 28%。初入品牌进化期,蒂芙尼便收获了这个超出预期的成绩,无疑为自己打了一针强心剂,也向世界彰显了这个百年品牌的韧性与活力。

【案例讨论题】

(1) 案例中蒂芙尼陷入困境时的做法体现了哪些营销知识?

(2) 你认为蒂芙尼的经营之道是否对中国的珠宝品牌有可借鉴之处?

复习思考题

1. 简述市场营销观念的演变过程。

2. 传统市场营销观念与现代市场营销观念有何不同?

3. 扩展后的市场营销观念有哪些具体内容?

4. 如何进行市场营销管理?

第 3 章

市场营销环境分析

【本章知识点】
- 现代企业与社会环境之间的关系
- 市场营销环境的含义和基本特征
- 影响企业市场营销环境的主要因素
- 市场营销微观环境和市场营销宏观环境的构成要素

市场营销环境(marketing environment)是指对企业的生产、销售、服务等能力产生影响的各类因素及其相互关系的总和。依据这些影响因素所处的不同层次,市场营销环境可以分为微观环境和宏观环境。市场营销环境构成如图 3-1 所示。

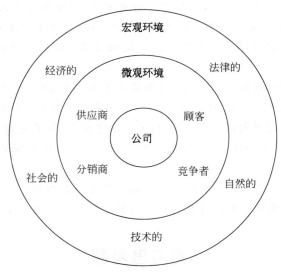

图 3-1 市场营销环境

3.1 市场营销微观环境的构成要素

市场营销微观环境(microenvironment)是指与企业的市场营销关系相对紧密的外在参与者及其相互关系的总和。供应商、分销商、顾客和竞争者是市场营销微观环境的构成主体。

3.1.1 供应商

供应商是指向企业供应能源、原材料、零部件、劳动力、资金、技术、信息、交易交换平台等要素的各类组织。一般而言,选择供应商时应当考虑以下标准:

第一,供应商的经营资质要符合国家规定和企业要求。

第二,供应商提供的各种生产要素要符合国家规定和企业所要求的具体规格。

第三,供应商承诺的产品交货期、信贷和担保条件要符合企业要求。

由于供应商处于营销渠道上游,因而它对企业生产经营活动具有重要影响。因此,企业应当妥善处理与供应商的关系,既不应当频繁地变更供应商,也不应当守着少数几个资质一般的供应商而不去寻求其他进货途径。一般而言,当货物供给过剩时,供应商依赖企业的需求安排生产;但是当能源、原材料、零部件短缺时,供应商会控制供货数量和节奏,这将明显影响企业的成本。

例如,世界零售巨头沃尔玛在进入中国市场后,对供应商提供的产品和服务越来越挑剔。它已经不再简单地根据产品最终检验结果来确定是否允许其上架,而是把质量要求设置在供应商所提供产品的生产过程是否符合绿色环保要求这样一个高标准上。这样高的质量要求尽管使符合条件的供应商大幅减少,但从根本上保证了上架货物的安全性和品质可靠性。

3.1.2 分销商

分销商是介于生产企业和最终用户之间专门从事市场营销活动并把产品分销给其他营销渠道成员的中介单位,具体指在职能上协助企业推广、销售和分配产品给最终买主的商业单位。分销商的形式多种多样,如中间商、实体分配公司、营销服务机构和金融机构等。关于分销商的范围及功能将在第 12 章详细阐述,此处仅简要说明其在环境中的作用。

1. 主要分销机构——中间商

中间商是指协助企业寻找客户或直接将从生产企业那里获得的产品与顾客进行交易的企业。中间商分为两大类:一类是商人型中间商,主要从事商品购销活动并对所经营的商品拥有所有权,如批发商和零售商;另一类是代理型中间商,主要是指负责协助买卖成交、推销产品但对所经营的商品不具有所有权的中间商,如经纪人和制造商代表。

2. 辅助分销机构——实体分配公司

实体分配公司是指协助企业储存产品、把产品从原产地运往销售地,并为商品交换、流通提供便利但不直接经营商品的企业和机构。实体分配公司通常有仓储公司和运输公司两种形式。

实体分配公司属于企业开展营销活动的辅助代理机构。在现代市场经济条件下,生产、分配之间的分工比较经济且效率较高,生产企业通常通过实体分配公司进行产品储存和运输。

仓储公司是指在货物运往下一个目的地之前专门储存和保管商品的机构。

运输公司是指从事铁路、公路、航空、水运等运输活动,负责把商品从一个地方运往另一个地方的机构。

3．辅助分销机构——市场营销服务机构

市场营销服务机构是指具体从事与市场营销直接相关的研究、咨询和广告等业务活动的组织机构。这些机构协助企业选择最恰当的市场并帮助企业向目标市场推销产品。

4．辅助分销机构——金融机构

金融机构包括各类银行、信贷机构和保险公司以及为货物购销提供融资和保险的公司。企业必须发展与金融机构的密切关系。

3.1.3　顾客

按照中文字面含义："顾"是拜访、光顾的意思；"客"是来宾、客人，还有以客礼相待的意思。顾客是指到企业购买东西的人或要求服务的对象，包括组织和个人。顾客有时也被称为最终用户，通常包括一般顾客和企业用户两大类，它们都是企业的服务对象。

顾客是产品或服务的采购者，既可以是最终消费者，也可以是代理人或供应链内的中间人。在传统意义上，顾客专指时常探访某店铺的人，他们常在该处购买，并与店主维持良好的关系。现代意义上的顾客范围已经扩展，如国际标准化组织(ISO)将顾客定义为：接受产品的组织或个人。

企业生产的最终目的是获得利润，而获得利润的前提是满足顾客的需要。企业营销活动以满足顾客需求为中心而展开。营销理论通常依据顾客特征及其购买目的划分市场类型。这种做法的目的是深入了解不同市场的特点，以便更好地满足市场需求。依据顾客划分的市场类型主要有以下五类。

1．消费者市场

消费者市场是为了满足个人与家庭消费需求而购买产品和服务的消费者群体的总称。消费者市场通常由个人和家庭构成，它是一般意义上的市场。同时，消费者市场也是所有市场的最终归结点，即所有其他类型的市场都是最终为这个市场的有效运行而存在。

2．生产者市场

生产者市场是为了增加盈利或达到其他目的而购买产品或服务，然后再生产其他产品和服务的组织的总称。生产者市场通常由各种类型的企业组成，它们既购买产品和服务，也出售产品和服务。这个市场的特点是产品采购和销售量大，对产品价格的影响较大。

3．转卖者市场

转卖者市场是为了获利而购买产品并转售的组织的总称。这是一个由不生产产品而仅转卖产品的企业组成的市场。转卖者的存在能够从专业分工的角度方便消费者购买，但是也会在一定程度上增加交易成本。

4．政府市场

政府市场是为了提供公共服务或将产品、服务转给所需之人而购买产品和服务的政府部门的总称。政府市场主要是为了提供公共利益和公共服务。政府部门购买产品和服务，主要是为了解决生产企业和商业企业所不能解决的社会公平问题。政府市场主要考虑的并不是效率，而是社会公平和福利改进。

5. 国际市场

国际市场是由国外买主构成的市场,具体包括国外的消费者、生产者、中间商和政府部门。国际市场的存在是一个国家经济社会国际化程度的重要标志。积极发展国际市场可以转移剩余劳动力和产品,加强技术经济交往和合作,对提高国内市场效率有重要带动作用;但是如果关系处理不当,也可能使国内市场成为国际市场的附属。

3.2　宏观环境的构成要素

宏观环境(macroenvironment)是企业开展生产经营活动的重要外部条件。一般而言,宏观环境具有较难预测、不可控制等特点,企业通常需要顺应宏观环境的变化调整其生产方式和经营策略。

宏观环境非常复杂且构成要素较多,包含许多子环境。与企业市场营销直接相关的宏观子环境主要有自然环境、人口环境、经济环境、技术环境、社会环境、文化环境和政治环境。

3.2.1　自然环境

自然环境是社会环境的基础。它是指环绕人们周围的各种自然因素的总和。这些自然因素包括大气、水、植物、动物、土壤、矿物等,它们是人类赖以生存的基础。通常把这些因素划分为大气圈、水圈、生物圈、土壤圈、岩石圈五个自然圈。人类是大自然的产物,而人类活动又影响着自然环境。

自然环境恶化是全球关注的问题。这种恶化以温室效应和水资源短缺等形式表现出来。

1. 能源、原材料的短缺

自然界所蕴藏的能源、原材料正在变得越来越稀缺。工业化、城市化的快速推进改变了人类的生产生活方式,人们对能源、原材料的需求量不断增长。过度开发、生产和消费导致了能源、原材料的大量消耗,也使世界环境污染问题日趋严重。环境问题已经引起了政府和公众的广泛关注,它直接影响当代人口和未来人口的健康与福祉。

早在 1972 年,在瑞典召开的联合国第一次人类会议就发表了《斯德哥尔摩人类环境宣言》,向世界发出了"人类只有一个地球"的呼吁;1992 年,联合国在巴西里约热内卢召开了有 183 个国家参加的会议,发表《21 世纪议程》,提出了"生态与经济协调发展"的思路,可持续发展问题成为全球关注的战略问题;2009 年年初,在哥本哈根召开了全球气候环境大会,讨论北冰洋融化、南极冰川移动、物种消失等全球气候变暖所引发的问题,会上广大发展中国家提出发达国家转让已经相对成熟的控制二氧化碳排放技术的要求,但这一合理要求并没有得到发达国家的积极回应,自然环境保护形势也因此变得更加严峻。

2. 能源、原材料的成本增加

能源、原材料稀缺也在一定程度上造成了世界性的生产、交易成本上升。因此,开发新能源、新材料成为保持世界经济可持续发展、控制环境污染、维持生物多样性的关键举措。开发核能、太阳能、风能,使用清洁能源,强调原材料重复利用并建立循环经济,是人类在保持经济增长、社会发展的同时与自然界其他物种和谐相处的重要保证。因此,自然环境中能源、原材料成本的增加既是挑战又是机遇。企业应当对能源、原材料成本上升早做准备,在能源、原材料技术开发方面走在前面。

3.2.2　人口环境

人口环境与市场营销关系紧密。人口环境是指人口在年龄、性别、民族、收入、受教育程度和职业等特征方面呈现的总体状况。人口环境从人口总量和人口分布两个方面具体影响营销活动的开展。

1. 人口总量和人口分布

世界人口到 2025 年将达到 79 亿人以上。如果世界是一个由 1000 人组成的村庄,那么世界人口按性别、年龄、受教育程度等标志划分,具体构成如下。[①]

性别构成:男性 480 名,女性 520 名。

年龄构成:儿童 330 名,老人(65 岁以上)60 名。

受教育程度:大学生 10 名,成人文盲 335 名。

地理分布:北美人 52 名,俄罗斯人 55 名,拉丁美洲人 84 名,欧洲人 95 名,非洲人124 名,亚洲人 584 名。

所讲语言:165 人讲中国普通话,86 人讲英语,83 人讲印度语,64 人讲西班牙语,58人讲俄语,37 人讲阿拉伯语,其余人讲其他 200 多种语言中的一种。

2. 人口增长和年龄组合

除了需要关注上述人口分布外,研究人口环境还需要关注人口环境与经济发展的关系。欠发达国家经济水平较低,人口增长对改善社会福利构成挑战。

例如,从人口年龄组合变动趋势来看,2030 年之前,中国处在人口转变的“人口红利”时期,庞大的劳动者队伍是保持低成本优势经济竞争力的重要原因,甚至有经济学家认为,正是这个因素导致了中国经济快速增长。而 2030 年之后,中国社会老龄化特征更加明显,建立在这种人口红利基础上的以劳动密集型、低劳动成本扩张的经济发展方式存在不可持续性。中国企业必须正视这一发展趋势,在技术创新、高附加值产业加工、主导经济发展潮流的行业发展上寻求突破。

除人口特征之外,每个国家都有自身的种族、民族情况,这对企业的市场营销活动也有一定影响。不同种族、民族的消费习惯以及经济发展水平和收入均存在一定差异,营销者需要有深入了解。受教育程度也是一国人口的重要特征之一。

家庭类型和人口迁移也是人口环境的重要影响因素。家庭小型化和人口大规模迁移是现代社会的重要特点。不同类型的家庭有着各自的消费特点,例如,单身家庭需要小型电器、家具和简单装饰品,有的甚至喜欢旅游和时尚产品;而婚后二人家庭则喜欢购买一些耐用品,对家具、电器、厨房设备、床上用品等消费品有比较大的需求;婚后三口之家是中国家庭中居于多数的一种类型,这类家庭的消费特点是更加关注教育和生活必需品方面的需求。企业在营销活动中需要更加关注家庭结构变化。人口迁移与经济发展和社会

---

① 菲利普·科特勒,凯文·莱文·凯勒,卢泰宏.营销管理[M].卢泰宏,高辉,译.北京:中国人民大学出版社,2009:62.

进步有关,中国实行改革开放政策以来,在大量农村人口进入城市生活的同时,一些长期生活在城市中心的市民也在向附近郊区迁移,这给企业营销活动提出了新课题。另外,节假日期间人口流动也对企业营销活动产生重要影响。人口迁居和迁移事实上形成了在时空上发生位移的顾客群体,即以顾客为主要构成部分的市场是移动的。现代企业市场营销活动应当紧跟这种消费时空变化,表现出更强的应变能力。

3.2.3　经济环境

影响市场营销的宏观经济因素主要有收入水平、储蓄倾向、信贷条件、通货膨胀、税收政策、利息率和汇率变化。

1. 收入水平

衡量消费者收入的指标主要有人均国民收入、家庭收入、个人收入和个人可支配收入。

人均国民收入是国民收入与总人口的比值。它反映国内居民收入的平均水平。

家庭收入是家庭内所有家庭成员个人收入的总和。它是衡量家庭购买能力的重要指标。

个人收入是个人各项货币收入的总和,包括工资、奖金、津贴、助学金、退休金、红利、租金、赠与等。它是衡量个人购买能力的基础指标。

个人可支配收入是指在个人收入中扣除直接支付税款后所剩余的收入。它是个人购买能力的决定因素,也是企业开展营销活动必须研究的重要指标之一。

除了研究上述各种收入形式外,企业还应该重点考虑这些收入实现的形式和时间。例如,在实现形式上,有货币收入与实际收入的区分;在实现时间上,有过去收入、现在收入和未来收入的区分。

研究收入水平对企业营销活动的影响,除了考虑人均收入水平和个人收入水平外,还要考虑消费者所在地区的贫富差距和社会参照对象的影响。人均收入水平事实上掩盖了个人收入差距。因此,在分析一个特定社会群体的消费意愿时,还应当把个人消费倾向、群体消费倾向、贫富差距、经济发展阶段等考虑在内。恩格尔系数、基尼系数都能很好地反映这些差异。

2. 储蓄倾向和信贷条件

关于储藏倾向及其对经济生活的影响,凯恩斯曾作出如下论述:"社会越富有,其实际产量与可能产量之间的差别就越大,因而经济体制的弱点就会暴露得更明显,甚至令人感到愤慨。对于一个贫穷的社会来说,其产品的大部分都用于消费,因而只要有小量的投资就可以形成充分就业。反之,在一个富庶的社会中,如果富人的储蓄倾向与穷人的就业量不发生冲突,那么投资的机会就要比在贫穷的社会中多得多。"[1]"储蓄乃是收入超出用于消费支出的那部分。"[2]"储蓄＝收入－消费""储蓄＝投资"。[3] 因此,从这个意义上讲,

①　[英]约翰·梅纳德·凯恩斯.就业、利息和货币通论[M].宁韵声,译.北京:华夏出版社,2005:24.
②　[英]约翰·梅纳德·凯恩斯.就业、利息和货币通论[M].宁韵声,译.北京:华夏出版社,2005:47.
③　[英]约翰·梅纳德·凯恩斯.就业、利息和货币通论[M].宁韵声,译.北京:华夏出版社,2005:49.

消费者的消费能力或购买能力受储蓄影响。在消费者的个人收入中,总会有一部分转化为各种形式的储蓄,它是一种推迟的、潜在的购买力。个人储蓄形式比较多,有银行存款、公债、股票、保险、不动产和其他财产等。这些储蓄是购买大额商品所需资金的重要来源。每个人的储蓄动机并不相同,如后备动机、持币待购、获利增收、安全保险、习惯影响、经济约束、理财专用及诱发储蓄和冲动储蓄等。储蓄动机往往影响消费者的潜在需求量、消费模式、消费内容和消费发展方向。市场营销人员应在调查、了解消费者储蓄动机的基础上,制定营销策略,为消费者提供有效的产品与服务。

消费者可以通过借款来增加购买力,这就是消费信贷。"在资本主义社会中,信贷使经济体系进入了新的渠道,使资本主义生产手段以特殊方法服务于新的生产目的。这种体系与非交换经济中只由领导机构行使权力、发布命令的方法截然不同。信贷使经济生活中富有才智的个人,能在某种程度上不依靠继承财产而独立行事,'跨过负债而走向成功'。"[1]"在资本主义经济体系中,信贷的作用至关重要。可以说,没有信贷就没有现代工业体系的创立。现代工业体系只有依靠创新才能建立,而信贷对于实现创新又是至关重要的,因为信贷作为首要因素,正是以新组合为契机进入循环流转的。"[2]信贷不仅对生产和创新至关重要,对消费也非常重要。现代社会中相当一部分消费都是通过信贷完成的,没有一定规模的信贷需求,就不能形成丰富的市场购买力。但是,如果信贷发放过度,也会过度刺激经济增长,使市场购买力过于强劲,从而引发通货膨胀和社会不稳定。

亚当·斯密在论述贷出取息资产时指出:"借钱消费的人不久就会破产,而借钱给他的人常常会后悔自己的愚蠢。在没有重利盘剥的情况下,在任何场合为消费目的而借贷对于双方都没有益处。虽然,人们有时的确会做这两种借贷,但是从所有的人都会考虑自己的利益这一点来看,这种借贷发生的次数不如我们想象的那么多。"[3]

实质上,信贷既是一种预支的购买力,也是一种经济杠杆,可以调节积累与消费、供给与需求之间的矛盾。当生活资料供过于求时,通过鼓励消费信贷,可以刺激需求;当生活资料供不应求时,通过紧缩消费信贷,可以适当抑制需求。消费信贷是促进经济增长的一个因素,它使消费者超越现有收入和储蓄限制去购买更多的商品和劳务,为社会提供更多的就业机会。但是,如果信贷利率过高,就会阻碍住房、耐用消费品等大类商品的消费。

3. 经济周期

经济周期对于企业市场营销活动有着重要影响。"经济周期是指经济运行中周期性出现的经济扩张和经济紧缩交替更迭循环往复的一种现象,包括繁荣、衰退、萧条和复苏四个阶段。经济危机就是经济周期中'深度萧条'的阶段。"[4]当经济处于繁荣阶段时,市场营销活动比较容易开展,消费者的消费信心很足,市场商品交易活跃,信贷规模也比较大,因而人们对于未来消费的预期进一步增强;而当经济处于危机阶段时,市场营销活动比较难以开展,消费者的消费信心不足,市场商品交易清淡,信贷规模也比较小,因而人们

---

① [美]熊彼特.经济发展理论[M].孔伟艳,等,编译.北京:北京出版社,2008:39-40.

② [美]熊彼特.经济发展理论[M].孔伟艳,等,编译.北京:北京出版社,2008:40.

③ [英]亚当·斯密.国富论[M].唐日松,等,译.北京:华夏出版社,2005:256.

④ [美]熊彼特.经济发展理论[M].孔伟艳,等,编译.北京:北京出版社,2008:134.

进一步减弱了对于未来消费的预期。

凯恩斯认为:"所谓的周期性变动,即为经济体制向上发展时,促使其上升的各种因素最初积聚力量,相互推动直至某一点。在该点之后,为相反方向的力量所取代,而这些相反方向的力量又在一段时期中积聚力量相互推动直至达到最高峰,然后,逐渐衰落并且让位于作用相反的力量。我们所说的周期性的变动,并不仅仅指上升或下降趋势,它们一旦开始,就不会在同一方向上一直持续下去,最终是会把方向逆转回来的。此外,向上变动或向下变动在时间顺序上和持续性上都具有明显的规律性。"[①]他甚至认为,经济危机的真正起因并不在于利息率上升,而在于资本边际效率突然崩溃。凯恩斯认为,资本边际效率大幅下降常常会影响消费倾向[②]。

通货膨胀和通货紧缩是经济周期中容易出现的现象。通货膨胀间接导致了消费者的购买力下降。它在形成市场虚假繁荣的同时,恶化了市场营销环境,引发大量恐慌性购买,甚至出现大量不真实购买信息,从而增加了企业的经营风险。由通货膨胀引起的各种生产要素价格上涨,造成产品成本增加,利率提高,并对企业的资金周转、投资组合、营销组合形成冲击,因而也就增加了企业市场营销的难度。通货紧缩与通货膨胀的情形正好相反,它在一定程度上使经济失去发展动力,从而造成企业营销环境恶化。

除了经济周期及其各个阶段出现的通货膨胀和通货紧缩之外,与市场营销紧密相关的经济因素还包括税率、利息率、央行储蓄存款准备金率和汇率等政策的变化。例如,个人所得税调整中起征点提高会使低收入群体的消费能力增强,而相应地使高收入群体的消费能力减弱;大幅提高居民储蓄存款利率,通常会导致银行存款大量增加,吸引国际热钱不断涌入,并间接减少居民即期购买力;如果人民币升值,将增强人民币的实际购买能力,从而有助于中国居民出国旅游消费和在国内更多地购买进口产品,而不利于中国企业的产品的出口和销售。

3.2.4　技术环境

改变人类生活最引人注意的因素之一是技术。技术作为一种主要的环境力量,是指从应用科学和工程研究中所获取的发明和创新。技术环境为经济环境提供了基础,技术能力和设备影响企业将经济资源转为产出的方式,技术以新产品和新过程来影响营销活动。[③] 新技术能带来产品的突破性进展,但同时也是一种"创造破坏"的力量。[④] 例如,汽车的大量生产伤害了铁路、水运公司的经济利益;电视的出现则损害了报纸、杂志发行商的经济利益;个人计算机的普及造成电视节目收视率下降,特别是随着互联网的广泛使用,曾经为大多数中国家庭所喜爱的一些电视节目也面临收视率下降的状况。在以自媒体为引领的新媒体时代,年轻人更喜欢在春节、中秋节等传统节假日期间上网"冲浪",而

①　[英]约翰·梅纳德·凯恩斯.就业、利息和货币通论[M].宁韵声,译.北京:华夏出版社,2005:241-242.

②　[英]约翰·梅纳德·凯恩斯.就业、利息和货币通论[M].宁韵声,译.北京:华夏出版社,2005:245.

③　PERREAULT W D Jr, MCCARTHY E J. Basic Marketing: A Global-Managerial Approach: 15th Edition [M]. Boston: McGraw-Hill, 2005.

④　[美]菲利普·科特勒,凯文·莱文·凯勒,卢泰宏.营销管理[M].卢泰宏,高辉,译.北京:中国人民大学出版社,2009:70.

不是守在电视机前被动地接受一些并不能互动的节目。这些技术环境变化引起的消费习惯和行为的改变，引起了各类工商企业的广泛关注。特别是20世纪80年代以来，随着技术变革步伐的不断加快，消费习惯的改变更加迅速，因此，如何适应技术环境变化对营销活动作出调整成为需要企业认真研究与破解的难题。

技术环境对企业营销活动的影响主要体现在以下几个方面。

1. 技术改革步伐加快，导致产品生命周期缩短

技术进步在提高劳动生产率、缩短新产品研发与生命周期的同时，也促进了产品数量和品种的增多，给广大消费者提供了更大的产品选择范围。但是，技术进步也使一些传统产业受到冲击，甚至被淘汰。

2. 技术进步给企业带来新的市场和营销机会

新技术、新材料、新能源是引领未来世界经济发展的重要技术领域。新技术使传统原材料发挥出新效用，同时也使产品用途更加广泛。新材料在替代旧材料的同时，也使整个世界经济发展建立在可持续的基础上，特别是可再生资源的循环利用使世界环境问题得到一定程度的缓解。而新能源的广泛使用在淘汰一大批传统产业的同时，也会使新产业中的企业面临空前的发展机遇。

例如，以电动汽车替代以燃油为动力的汽车，不仅可以节省石油资源，还有利于环保。然而，电动汽车的生产技术并不成熟，且制造成本高昂，这是妨碍其迅速推向市场的主要阻力。为此，采用新材料，使电动汽车在轻便的同时并不降低安全性和舒适性，是汽车生产企业在未来发展中面临的新的市场机遇和营销机会。

技术进步对于改善企业经营管理也有着巨大的推动作用。例如，随着互联网的广泛使用，企业经营管理变得更加直接与高效。网络会议、电子邮件、电子商务等，使企业管理环境变得更加便利。例如，一些大型金融机构在内部办公业务中设立了专门的CEO电子邮箱，员工可以把起草的文件发到邮箱内，与CEO在共同的网络平台上进行交流，这样既省时又节约成本，真正实现了"信息不落地"和"无纸化办公"。但时，新技术、新设备的使用也对企业领导者的素质提出了更高要求，促使他们不断更新观念，主动掌握现代管理理论与方法。

技术进步使企业必须更加重视新产品开发，更加关注相关领域中出现的科技新成果，并争取采用新技术、新工艺、新材料以加速产品更新换代。在价格策略上，企业要运用现代信息系统掌握各种价格信息，运用各种定价技巧做好定价工作。在分销策略上，企业要紧随科技发展建立现代化流通渠道，更多地采用顾客自我服务和各种直销方式，在商品实体分配中采用集装运输和自动库房等。在促销策略上，顺应科技进步和广告媒体多样化趋势，企业应采取更为灵活的促销方式来加快信息传播速度。

3. 技术进步间接改变了消费者的购买习惯

电子通信技术的飞速发展、个人计算机的普及，使传统购买方式面临严峻挑战。网上购物、电视购物、电话购物等新型购物方式已经在购买份额中占据较大比例。这些新方式在一定程度上提高了市场交易透明度，在提高信息传递速度的同时，也使买卖双方之间的信息沟通更加直接有效。这些市场交易方式在给人们的生活和工作带来极大便利的同时，也直接导致了人们购物心理状态的相应改变。例如，"刷卡"消费和互联网上付费省却了人们在银行排队取现金的烦恼。这种以电子货币为基础的世界范围内快速支付手段的出现，也在较大程度上改变了人们的工作方式和生活方式，甚至使社会大众对财富的理解发生了一定程度的改变。

3.2.5　文化环境

文化环境是影响社会基本价值、感知、偏好和行为的制度及其他力量。在某一特定环境中成长起来的人们形成了自己的价值观和信念。[1] 文化把同一类人的价值、思想、态度综合在一起代代相传。[2] 价值观念、信仰、风俗习惯、行为方式、社会群体及其相互关系是一个国家、地区或民族的传统文化的核心内容，也是影响人们欲望和行为的重要因素。

消费者总是生活在特定的文化环境中，因而其购买行为必然受文化环境的影响。生活在不同文化环境中的人所遵循的行为规范、观念和信仰并不相同，因此企业从事市场营销活动时必须认真研究消费者所处文化环境的特点。企业只有全面了解这些特点，才能准确掌握消费者的行为模式，进而把握市场需求的总体特征并制订切实可行的营销方案。

文化主要分为核心文化、亚文化和从属文化。例如，在一些人群中，相信人应当结婚是一种核心文化观念，而相信人应当早一些结婚则是从属文化观念。语言、文字、符号、文学、颜色、图案、服饰、器具、形态、形状、味道、行为习惯、交往方式、对美的理解、共同感兴趣的事物（如历史、故事、传说、人物等），都是文化的重要表现形式，它们对企业市场营销活动有着不同程度的影响。

文化价值观一般包括对自己的看法，对他人的看法，对组织的看法，对社会的看法，对自然的看法和对宇宙的看法。[3]

（1）对自己的看法是指人们自我满足的重点各不相同，每一个消费者都有自我认识。不同文化环境中的消费者对"我是谁""我应当承担哪些责任""指导我的行为的标准是什么，我应当做什么""我的人生目标是什么"等问题有着不同的体会。在许多情形下，人们对自己的看法是形成对其他事物看法的一个重要前提。消费者对企业营销活动所表现出的不同态度和反应模式，往往与对自己的经济收入和社会地位的判断有直接关系。研究表明，东方文化情景下，消费者更容易把自己看成是群体中的一员，因而具有较强的从众心理和集体观念；而西方文化情景下，消费者通常把自己视为独立的个体存在，因而具有较强的自主性。

（2）对他人的看法是指人们在对待安全、犯罪和其他社会问题时所表现出的具体态度和关注程度。不同文化环境中的消费者对于与他人保持持久的关系有不同程度的需要。例如，中国消费者通常比较注重与他人交流，并渴望与周围人群保持比较和谐的人际

① ［美］加里·阿姆斯特朗，菲利普·科特勒.市场营销学[M].何志毅，赵占波，译.北京：中国人民大学出版社，2007：84.

② KERIN R A, BERKOWITZ E N, HARTLEY S W, RUDELIUS W. Marketing: 7th Edition[M]. Boston: McGraw-Hill, 2003.

③ ［美］菲利普·科特勒，凯文·莱文·凯勒，卢泰宏.营销管理：第13版·中国版[M].卢泰宏，高辉，译.北京：中国人民大学出版社：69.

关系。因此,企业在市场营销活动中就可以开发一些能够促进人际交流的产品和服务,如关爱宠物组织和老年健康俱乐部。

(3)对组织的看法是指特定文化环境中的个人对所在组织或影响自己切身利益的其他组织的关注程度与忠诚度。"我为什么服务于这个组织""这个组织能够给我带来满足吗""这个组织值得我忠诚吗",都体现了一个人对某个组织所提出的疑问。通常而言,比较有代表性的个人对组织的看法,就是员工对所在工作单位的看法。例如,有的员工认为工作并非是获得满足的来源,只是享受业余活动的赚钱工具而已;也有的员工认为,组织是一个"大家庭",能够带来许多意想不到的情感支持。

(4)对社会的看法是指特定文化环境中的人对所在社会的具体态度。一般而言,人们对所在社会的态度各不相同:有人保卫它;有人管理它;有人接受它;有人想要改变它;有人深入探寻;有人想要离开它。消费方式通常反映了消费者的社会态度。例如,针对所在社会普遍面临诚信缺乏的问题,不少企业向消费者郑重作出诚信承诺,这种行为事实上就表明它们试图改变社会不良状况。

(5)对自然的看法是指特定文化环境中的人对于自然资源和生态环境的态度。有的人感受到自然界的统治力量;有的人觉得应与自然和谐相处;还有人正在寻求控制自然界的方法。追求健康与自然的生活方式是现代人的基本理念,不少企业正是利用这一点,通过获取自然元素来生产产品而开辟了新的市场。一些经营管理完善的企业在营销活动中大力提倡爱护环境和珍惜自然资源的消费行为,在保护环境的同时,得到了广大消费者的积极支持。

(6)对宇宙的看法是指人们对宇宙起源及人类在宇宙中所处地位的认识。

以上六种看法分别属于不同的层次,它们是文化核心价值观的具体表现。

文化价值观具有以下两个特点。

(1)文化中的核心价值观具有持久性。在特定文化环境里长期生活的人所持有的核心价值观念往往是继承得来的,这些观念通常具有相对稳定性和持久性。核心价值观由父母传给子女,并被社会主要机构——学校、公司、政府加以强化。

(2)从属价值观比较容易发生变化。尽管核心价值观相当持久,但文化的转变确实存在。中国改革开放以前,广大消费者对外面的世界并不是很了解,因而在服饰、饮食方面也显得比较"一致"。改革开放以后,广大消费者,不论是城市的,还是乡村的,都或多或少地受到了外来文化的影响,这些影响在一定程度上改变了人们的消费观念。例如,西式的餐饮、服饰、家具一度成为消费市场的时髦商品。这说明中国普通大众的审美观念发生了变化,对外国产品和服务采取了更加接纳的态度,世界流行音乐组合、电影人物形象、重要政治名人对于年轻人的发型、衣着和生活方式产生了一定影响。市场营销人员应充分认识从属价值观念容易发生变化这一特点。

3.2.6　政治环境

政治环境是指与国家体制直接相关并对购买力提高、消费需求增长、市场营销决策有重要影响的一种客观环境。人们的态度和反应、社会评论以及政府都会影响政治环境。强调一个国家的利益高于一切的强烈民族主义情绪影响宏观营销体系的运行方式。民族主义情绪会降低销售额甚至在一些国际市场中阻碍所有的营销活动。[①]　政治环境由国内政治环境和国际政治环境组成。在该类环境中,与市场营销密切相关的要素有政局和政治事件、国家政策等。

1. 政局和政治事件

政局即政治局势,是对一个国家的政治制度、外交政策、战争状态、执政党情况、政府稳定性等的总体概括。一国政局不稳定通常会间接影响其经济社会状况,造成社会治安恶化、罢工、暴乱、压力集团活动频繁、民族矛盾尖锐和社会动乱等。一个国家的政局如果长期安定团结,则会为企业营销活动创造有利条件。国际政治环境通常比国内政治环境要复杂得多,因此企业在国际市场营销中要充分考虑国际政治环境的复杂性,认真分析和判断他国政局及政策状况。意外的政治事件和突然的政策调整是影响企业国际市场营销活动的主要因素。这些变化通常都会导致一些意想不到的后果。

一般而言,每一种产品都有其主要功效,不同产品的功效存在一定差异。因此,就满足各类消费者需求而言,不同产品对政治环境的敏感性并不完全相同。鉴于政治局势、政治事件对市场营销活动组织的重要影响,企业在开拓国际市场时应对容易受政治环境影响的产品进行政治敏感性分析。产品生产与消费所涉及的政治敏感性包括:是否会引起当地社会的政治辩论;是否关系国计民生;是否会影响农业、国家基础设施和国防能力;是否会带动上游工业与相关产业的发展;是否与大众传播媒体有关;是否会引出大量同类产品的制造商;是否会对使用者构成潜在威胁;是否会造成外汇短缺;是否必须遵循某些法规,等等。

2. 国家政策

市场营销活动必须在国家政策范围之内开展。在国家政策调整时,企业应当对政策变动给营销造成的影响进行客观分析,并随之调整营销活动目标与策略。经济政策分析是制定营销策略的基础,也是企业管理者必须完成的工作。

国家政策分析具体包括以下三项内容。

(1) 政策构成分析。与营销有关的政策主要包括产业政策、财政政策、税收政策、金融政策、外汇政策、投资政策、价格政策、国有化政策、对外经济贸易政策等。

(2) 政策倾向分析。具体分为鼓励倾向分析和限制倾向分析。鼓励倾向性政策是企业的一种机遇,如取消关税壁垒、低关税、税收减免、低技术含量规定、放宽外资投资领域和持股比例等;而限制倾向性政策则是企业的一种风险,如进口限制(高关税、非关税壁垒)、市场控制、价格控制、税收管制、外汇管制、资本管制、引进技术要求、外资投向限制、持股比例限制、投资期限规定、利润汇出限制、没收、征用、国有化等。

(3) 政策持续性分析。主要研究两项指标:政策稳定性和政策一致性。企业营销管理人员要对这两项指标进行合理预期,以便在国家政策许可范围内开展营销活动。

3. 法律、法规

(1) 建立健全法律、法规体系。在市场经济条件下,法律、法规在保护促进经济发展

[①]　PERREAULT W D Jr, MCCARTHY E J. Basic Marketing:A Global-Managerial Approach:15th Edition [M]. Boston:McGraw-Hill,2005.

中具有不可替代的作用。市场经济本身就是法制经济,经济越发展,法律、法规越完善;同时,人们的守法意识越强,依法办事水平越高,市场竞争环境就越公平。没有法制而只有行政干预或其他管理措施的经济运行状态,通常是一种非常不健康的经济形态。即使这样的经济已经进入市场经济阶段,也是一种不健全的市场经济初级形式。在所有法律、法规中,与经济活动相关的法律、法规与人们的生产生活关系最直接,因而一个国家的法律、法规,尤其是经济方面的立法,是其政治、经济、社会发展的基本评价尺度。同时,这些法律、法规也是规范本国企业、外资企业生产行为,促进消费需求数量、质量和结构发生变化的重要依据。

例如,在我国现行法律、法规体系中,涉及保护消费者利益不受损害的法律已经形成体系,相关法律、法规主要有《产品质量法》《消费者权益保护法》等。保护企业利益不受损害的法律主要有《公司法》《经济合同法》《反不正当竞争法》《广告法》《商标法》《专利法》《价格法》等。涉及保护社会利益不受损害的法律、法规主要有《宪法》《食品卫生法》《环境保护法》等。鼓励企业积极参与国际经济活动、对外开放的法律、法规主要有《中外合资经营企业法》《中华人民共和国进出口关税条例》《中华人民共和国外汇管理条例》等。市场营销人员必须具有较强的法制观念,熟悉与本职工作相关的法律、法规,适应复杂多变的市场营销环境。

(2) 公众利益团体力量增强。在市场经济条件下,仅仅依靠政府力量来推动经济发展是不够的,因为政府有时也必须借助由群众自发形成的公众利益团体。这类团体是一种不可忽视的社会力量。在西方国家,公众利益团体被称为"压力集团",它对立法、执法和舆论都有较大影响。

我国于1985年成立了中国消费者协会,它是消费者了解和维护自身合法权益,对不合格产品进行投诉,对不法牟利者进行防范与制裁的重要组织机构。随着我国市场经济体制与体系的进一步完善,类似的消费者组织会逐步健全。因此,企业营销管理人员要积极应对消费者保护运动带来的挑战,同时要善于捕捉该项运动带来的市场机遇。

从脂粉香艳到英雄气概:万宝路的重生①

【案例背景信息】　万宝路(Marlboro)是由奥驰亚集团和菲利普·莫里斯公司于1854年创立的品牌名称。当年为了感谢马尔博罗公爵长期的帮助与支持,菲利浦·莫里斯公司将其封地名称"Mariborough"作为香烟商标的名称。菲利浦无意间看到挂在墙上的美国地图,其中有一个似曾相识的地名"Marlboro",与"Marlborough"几乎同名。于是,就把它选为新推出的香烟商标名称。万宝路经过一百多年的发展,成为世界上最畅销

---

① 本案例主要参考以下资料撰写而成:[1]邓嘉琳.以个性设计打造成功品牌[J].苏州职业大学学报,2003(11).[2]李如意.从万宝路牛仔看大卫·奥格威的品牌形象理论[J].经济师,2005(9).[3]郭雯.《皮袄子故事集》VS万宝路广告——浪漫主义色彩下的生态"回归"[J].盐城工学院学报(社会科学版),2011(1).[4]睿雪.独特的19支装[N].中国花卉报,2011-08-10.[5]2018年BrandZ全球最具价值品牌百强榜[R].

的香烟品牌之一。

一、面对控烟保证销量

随着公众吸烟危害意识的增强,各国纷纷立法限制香烟的电视广告,万宝路也采取了应对的促销推广方式。20 世纪 80 年代起,万宝路开始赞助汽车越野拉力赛、足球赛等公众娱乐活动。通过这些竞争激烈的男性化运动,使人们联想到其包装上的红色 V 字,而 V 又代表成功(victory),这正好无言地映衬并提升了品牌形象,万宝路的品牌忠诚度大幅增加。资料显示,即使在控烟期间,万宝路依然保持销量前 10 的地位。

二、19 支装名利双收

20 世纪 80 年代,德国经历了数次通货膨胀之后,一位叫沃尔夫冈的烟草商发现,原来卖 4.2 马克一盒的万宝路香烟已经无利可图。为了扭转这一局面,沃尔夫冈曾想过提高烟草的零售价,但又怕顾客一时难以接受。后来他在一次逛超市的经历中得到了启示:在价格和数量这两个问题上,消费者似乎更愿意买数量少但价格低的商品。如果在价格不变的情况下,直接减少万宝路的包装数量,消费者也可能愿意接受。沃尔夫冈马上将自己的想法付诸实践。他联系了烟草生产厂家,希望他们把万宝路的包装数量由原来的 20 支装改成 19 支装。此外,沃尔夫冈还特别嘱咐厂家在香烟的外包装上注明:吸烟有害健康,本包装采用独特的 19 支装,为您减去"1 支"。果然,19 支装的万宝路上市后,不但没有引起消费者的不满,许多烟民还说改得不错,因为他们在无形中少抽了许多烟。而对于沃尔夫冈来说,减少一支烟之后,他的利润又恢复了。烟草商们见 19 支装的万宝路如此受欢迎,急忙效仿。短短几个月,德国市场上的万宝路都变成了 19 支装。

三、从粉脂香艳到钢铁男汉

MARLBORO 其实也是"Man Always Remember Love Because Of Romantic Only(男人只因浪漫而牢记爱情)"的缩写,其广告口号"像五月的天气一样温和",也意在争当女性烟民的"红颜知己"。但是由于女性爱美的天性,在吸烟方面较男性烟民要节制得多,万宝路的命运逐渐趋于暗淡。经历了 20 世纪 30 年代经济危机带来的"大萧条岁月",它的名字更是鲜为人知。虽然在"二战"爆发以后,万宝路紧随时代潮流,给香烟配上过滤嘴以减少尼古丁的摄入,但烟民对万宝路的反应始终很冷淡。为此,菲利普·莫里斯公司请李奥·贝纳广告公司为万宝路做广告策划,以期打出名气。"让我们忘掉那个脂粉香艳的女士香烟,重新创造一个富有男子汉气概的举世闻名的万宝路香烟。"李奥·贝纳广告公司的创始人对一筹莫展的求援者说。这个理想中的男子汉集中到美国牛仔这个形象上:一个目光深沉,皮肤粗糙,浑身散发着粗犷、豪气的英雄男子汉,在广告中袖管高高卷起,露出多毛的手臂,手指夹着一支冉冉冒烟的万宝路香烟。这种洗净女人脂粉味的营销策划于 1954 年问世,给莫里斯公司带来巨大的财富。

万宝路当初作为一种女士烟,知名度仅仅局限在很小的一部分女性烟民中而几乎不为男性烟民所知,因此,当李奥·贝纳以美国西部牛仔为形象代言人大张旗鼓地重新塑造万宝路散发男性粗犷、野性的英雄形象时,在广大男性烟民看来几乎是全新的。从根本上讲,万宝路的成功绝不是起死回生,而是一种全新产品的横空出世。也就是说,万宝路并非是由"女"变"男",因为作为"女性"的万宝路早就死了。从客观上讲,李奥·贝纳策划的万宝路更像一种没有"前世"的崭新品牌,他创造了一个全新的品牌,至于它的名字是"万宝路"还是"路万宝"是无关紧要的。正是因为视角的不同,构成了万宝路独有的"神话"。李奥·贝纳既没有改换香烟的口味和品质,甚至没有更换"万宝路"这个充满脂粉气的名字,就在竞争极为激烈残酷的烟草业中独占鳌头,使"万宝路"成为英雄、浪漫和性感的代名词。

　　正是基于上述应对市场营销环境变化有力的措施,万宝路在 20 世纪 70 年代迅速占领美国市场并不断向海外市场扩张。如同麦当劳、可口可乐等世界知名品牌一样,在全世界百余个国家都可看到"欢迎来到万宝路的世界,享受真正的香烟口味"的统一的广告标识。万宝路香烟连续 14 年成为全美香烟销售冠军。从近十多年国际权威机构调查得出的最有价值品牌结果来看,万宝路始终名列前茅。《2018 年 BrandZ 全球最具价值品牌百强榜》中,万宝路在烟草行业第一的位置仍然不可撼动。

　　【案例讨论题】
　　(1) 根据案例信息阐述万宝路面临的市场营销环境。
　　(2) 万宝路采取了哪些措施应对变化的市场环境? 如果你是李奥·贝纳,你会怎么做?

复习思考题

　　1. 市场营销微观环境与市场营销宏观环境分别包括哪些内容?
　　2. 人口变化对市场营销有什么影响?
　　3. 简述个人可支配收入与个人可随意支配收入的差异。
　　4. 政治、法律环境对市场营销活动有哪些制约?
　　5. 分析科技环境对市场营销的影响。

第 4 章

行业与竞争者分析

【本章知识点】
- 行业竞争分析
- 识别竞争者的方法
- 各类竞争者的竞争战略
- 竞争者的反应类型

市场竞争是经济运行的常态。企业只有积极地参与市场竞争，才能不断提升经营实力。行业环境是企业赖以生存的重要条件，同一行业内的企业，既有共同利益，又会发生激烈竞争。选择正确的竞争战略，是企业实现经营目标的关键。在激烈的行业竞争中，企业应当认真分析竞争环境，根据竞争对手的情况有针对性地制定经营战略。

4.1 行业竞争分析

行业是提供具有高度需求交叉弹性产品的生产企业的集合。这类产品通常被称为密切替代产品。

4.1.1 行业竞争类型

行业竞争类型的主要影响因素包括：销售商数量和产品差异程度；进入与流动障碍；退出和收缩障碍。

1. 销售商数量及产品差异程度

根据销售商数量和产品差异程度，行业竞争分为完全竞争、完全垄断、寡头垄断和垄断竞争四种类型。

（1）完全竞争。完全竞争又称纯粹竞争，是指竞争不受任何阻碍和干扰的市场状态。在这种市场状态下，参与竞争的企业数量很多且规模较小。这些企业是价格的被动接受者，提供价格相同、无差别的产品，都不能影响和控制价格。在完全竞争条件下，企业能够掌握产品价格信息，并根据行业发展状况自由选择进入或退出行业。

这是一种理想化的市场状态。这种状态下企业资源配置和资源利用最为合理，而且生产效率最高。但是，这种状态在现实生活中并不存在，因而只能将其作为衡量现实市场的一个基本标准。

（2）完全垄断。完全垄断是指在一个特定区域或行业内只有一个企业提供不存在或缺少替代品的产品的市场状态。企业依据自身利益为市场提供产品，并通过垄断价格获取垄断利润,顾客只能被动接受这些产品。理论上,完全垄断企业可以自主决定产品数量和价格,并通过设置技术或资金障碍防止出现新的竞争者和替代品。

(3)寡头垄断。寡头垄断是指一个行业的生产和销售通常由生产差别化到标准化产品的少数几家大企业控制的市场状态。这是一种较为常见的市场竞争类型。

① 纯粹寡头。该类行业由产品本质没有明显差别的几家垄断企业组成。企业通常只能按现行价格定价,获得竞争优势的唯一办法是通过大量生产来实现垄断、降低生产经营成本。

② 差别寡头。该类行业由产品质量、特性、款式或售后服务方面存在差别的几家企业组成。竞争参与者可在产品的一种主要属性上寻求突破,吸引和巩固顾客对于该属性的偏好,并实现较高的市场定价。

(4)垄断竞争。垄断竞争是指行业内各个企业生产销售有差别的同类产品,既垄断又竞争的一种市场状态。在这类行业中,企业能够获得较完全的信息,也能较自由地进出市场。产品差别化形成垄断;产品共同点又促成竞争。

2. 进入壁垒

市场经济中,参与行业内部竞争受许多条件的限制,行业进入壁垒主要有:①企业缺乏达到规模经济要求的足够资本;②生产经营不被政府许可;③缺乏场地和原材料,转换成本高昂;④难以找到合适的分销渠道;⑤产品信誉难以建立,品牌识别困难;⑥预期的反击情况。

即使一家企业克服上述障碍进入了某一行业,当它要进入具有吸引力的细分市场时,又会面临流动性障碍。

进入障碍还包括销售渠道限制、资源短缺限制和行业中已有企业的抵制。

3. 退出障碍

企业从一个行业全面退出时会遇到退出障碍,主要表现在以下三个方面。

(1)企业必须承担相应的社会责任。在一些特定区域、特殊时期和特殊行业,企业退出行为受政府限制,有时甚至需要应对来自舆论和媒体的责难。

(2)企业对股东、员工、合作者负有法律和道义上的责任。退出行业受感情因素困扰,包括员工对行业的感情、员工之间的感情、员工与顾客之间的感情等。

(3)企业退出行业后,原有专业化设备和生产技术可能面临价值再评估,并因此造成资产无形损耗。

4.1.2　影响行业竞争、演变的力量

这些力量主要来自以下五个方面。如图4-1所示为行业竞争结构波特模型。

1. 新进入者

新进入者会加剧行业内部竞争,从而降低行业吸引力。激烈的市场竞争使行业内已有企业对新进入者异常敏感,并想方设法排斥和遏制其进入,这些企业会迅速联合起来,采取一致行动控制生产和销售。对于任何一个新企业来说,竞争格局在其尚未进入之前就已经改变。行业进入壁垒中的各项条件都会限制新进入者进入行业。

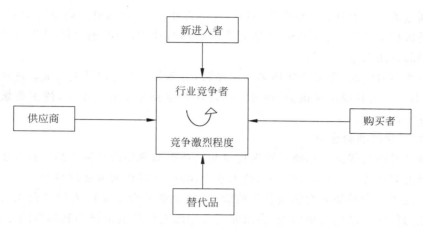

图 4-1　行业竞争结构波特模型

资料来源：PORTER M E. Competitive Strategy[M]. New York：Free Press,1985：4.

2．行业内企业

这些企业既相互依存又彼此竞争。没有外力作用时，它们之间主要是竞争关系。激烈、频繁竞争的结局通常是行业内企业数量逐渐减少，企业规模相应扩大。此时剩余企业会选择适当方式开展竞争，所考虑因素也比之前增多。

行业内竞争主要考虑下列因素。

（1）竞争结构：当存在大量小规模竞争者或一些势均力敌的竞争者时，内部竞争会更激烈；而当存在一个明显的行业领导者（市场份额至少比第二名多50%）并拥有很大的成本优势时，内部竞争会趋于缓和。

（2）成本结构：较高的固定成本会鼓励通过降价来充分利用生产能力。

（3）差异化程度：日用品更容易导致竞争加剧，而高度差异化难以模仿的产品通常意味着较缓和的竞争。

（4）转换成本：产品是专门化的，或顾客已经投入大量资源学习如何使用该种产品，或已经进行了投资，如果更换成其他产品或供应商，该投资将丧失价值，这种情况下产业竞争就会被削弱。

（5）战略目标：当竞争者实行创立战略时，行业内竞争会比实行维持战略或收获战略时要激烈。

（6）产业退出壁垒：当由于其他行业缺少机会、高度垂直整合、情感障碍或关闭厂房花费较高而造成退出行业壁垒升高时，产业内部竞争比退出壁垒较低时强烈。[①]

行业内部竞争主要有份额竞争、均衡竞争、差别竞争和多元化经营四种形式。

份额竞争是指企业为了扩大自身市场份额而与其他企业展开竞争，从这些企业的市场份额中获取一部分。

均衡竞争是指行业中各个企业的竞争力量比较均衡，每一个企业都不具有明显优势，在此情形下，企业往往通过开发新技术、新产品来增强竞争能力。

---

① ［英］大卫·乔布尔.市场营销学原理与实践[M].北京：机械工业出版社,2003：455.

差别竞争主要表现为：在产品同质性强的行业中，企业通过提高品牌知名度、服务质量和降低价格来争夺顾客；而在产品同质性弱的行业中，企业通过增加产品属性或其他体现差别的方法来争夺顾客。

在主业不景气时，企业应实施多元化经营，将部分资金转向其他行业。这样既可维持主业，又不会失去其他市场机会，还可以用辅业获益补充主业资本金，待主业景气时再决定是否返回该行业。

3. 生产替代品的企业

一种产品的替代品是指能给顾客提供相同或类似效用的其他产品。行业属性决定了产品之间的替代程度。产品的专业、技术水平越高，被替代的可能性越小。

企业的主营产品如果面临被替代的威胁，该企业就会承受巨大的经营压力。具有充分竞争能力的替代品的大量出现，会限制行业中已有产品的价格和利润空间。因此，企业必须改进产品功能，提高产品质量，降低产品生产成本。

决定替代品威胁的条件包括：购买者对替代品的接受程度；替代品的相对价格和性能；购买者重新选择供应商和选择替代品所需的转换成本。

4. 供应商

供应商提高供货价格、降低供货质量，或者对供货进行总量控制，都会对企业经营活动造成影响。

供应商对行业竞争的影响主要体现在以下六个方面：

（1）行业与供应商之间的供求关系。当行业需求大于供应商供给时，供应商占据优势地位。

（2）行业与供应商之间竞争结构的差异。当行业垄断程度低于供应商垄断程度时，供应商占据优势地位。

（3）供应商与替代品生产商之间的力量对比。当不存在替代品或替代品力量较小时，供应商拥有一定的经营优势。

（4）供应商总业务中行业所占据的份额。如果所占业务比重较小，行业就会具有一定的主动权。

（5）供应商在行业生产中的地位。如果供应货物为行业必需品，则供应商居于优势地位。

（6）供应品差别及其转换成本。如果供应产品已经差别化，且不同产品之间的转换成本较高，则行业处于优势地位。

5. 购买者

购买者议价能力是影响行业竞争格局的又一重要因素。购买者议价能力过强，会减弱行业对企业的吸引力。购买议价行为会导致行业内企业竞争加剧，并使行业总体利润水平下降。如果购买者在地理区域或人数上比较集中，则其议价能力就会大为增强。此时对供应商而言，维持竞争格局最有效的方法，一是选择议价能力最弱的购买者进行交易；二是向购买者提供其在价格上无法拒绝的优质产品。

下列条件可以提高购买者的议价能力：①有大量供应商存在，而购买者只有几个且具备支配能力；②产品标准化；③购买者威胁向后整合进入供应商行列；④供应商不能威胁向前整合进入购买者产业;⑤该行业并非购买者的主要供应市场。

总之,购买者对企业的影响主要在于议价能力,即购买者的议价意愿是否强烈以及能够实现压价的能力。压价能力的强弱,受品牌选择余地、购买数量、购买成本、产品同质性、质量关心程度、产品理解能力和收集处理市场信息能力等因素的综合影响。

4.2 竞争者分析

制定营销战略时,企业首先要认真收集市场信息,对行业竞争状况进行分析,即对竞争者的战略、目标、优劣势和反应模式等进行判断,并制定应对措施。

4.2.1 识别竞争者

确定竞争者时常见的问题是竞争近视症。这种症状表现为,对竞争者的定义过于狭隘,从而以一种非常有限的视角去界定竞争者范围。企业的竞争者范围较广。一般而言,可以从产业和市场两个角度理解。在产业上,竞争者是指提供同一类产品或可相互替代产品的其他企业;在市场上,竞争者是指满足相同市场需要或服务于同一目标市场的其他企业。

在竞争中,企业不仅要掌握顾客信息,而且要识别竞争者。企业的竞争者范围由宽到窄,一般分为以下四个层次。

1. 争夺目标顾客购买力的竞争者

竞争者用自己的产品满足企业目标顾客的不同愿望,其目的是争取企业目标顾客的购买力,因此它与企业之间的竞争是一种广义竞争关系,又称为愿望竞争。

2. 提供部分或全部替代功能产品的竞争者

竞争者用替代产品去满足企业目标顾客的同一愿望,这种产品的替代功能越强,竞争者与企业之间的竞争就越激烈。这种竞争关系又称为类别竞争或平行竞争。

3. 提供相同或类似产品的竞争者

竞争者用生产不同档次、型号、价格的产品满足企业目标顾客的某种愿望。这种竞争关系具有普遍性,竞争一般局限于同一行业内的企业之间,也被称为行业内部竞争。

4. 提供相同产品,且产品形式、价格也相同的竞争者

竞争者与企业处于同一个经营类别,竞争能力与企业相近。竞争者通常采用与企业基本相同的营销战略,且主要依靠产品品牌优势展开竞争,争夺企业的目标顾客。这是一种狭义竞争关系,也是最为直接的竞争关系。这种竞争形式称为品牌竞争。

4.2.2 对竞争者的分析

在识别竞争者的基础上,企业需要进一步分析竞争者的战略、目标、优劣势、反应模式等,并制订相应对策。竞争者分析一般包括五个步骤①:确定竞争者,即确定同形产品、产品替代品、同类产品和新进入者;审计竞争者能力,即评价竞争者的财政能力、技术能力、管理水平、营销资产及其优劣势;了解竞争者的目标和战略重点,包括竞争者的发展战

---

① [英]大卫·乔布尔.市场营销学原理与实践[M].北京:机械工业出版社,2003:456.

略、保持战略、收获战略和发展方向;推断竞争者的战略手段,即推断竞争者的目标细分市场、差别优势、竞争范围和成本领先水平;预测竞争者的反应模式,具体包括判断竞争者究竟是报复型、自满型、被包围型、选择性反应型还是不确定反应型。

对上述五个步骤中的内容进行细化,可以把竞争者分析归结为以下四个方面。

1. 识别竞争者的战略

在同一目标市场中推行相同战略的组织通常是企业最为直接的竞争者。战略群体(strategic group)是指在一个特定行业中推行相同战略的一组企业。战略群体内部竞争是最为激烈的竞争之一,一个企业要想进入某个行业,首先要认真识别该行业内的战略群体,准确把握竞争者所属战略群体的类别。企业应当充分掌握同属一个战略群体的竞争者的信息,尽可能了解它们的产品、价格、技术、研发、制造、采购、财务和营销方案。这有助于企业在分析竞争者战略的同时,不断完善自身的战略设计。

每个竞争者在市场上实施战略的内在动力不同。一般而言,竞争者都会努力追求利润最大化,并据此确定战略方案和行动计划。但是,也有一些企业追求的并不是最大利润,而是目标利润,并将与之相应的经营战略视为切实可行方案,而对于能够使利润最大化的战略则不予重视。由于追求的目标不同,在经营战略选择上,不同竞争者之间存在较大差异。

在选择进入某个战略群体时,企业需要重点关注以下两个层面的问题。

(1) 各个战略群体的准入程度不同。竞争实力弱的小型企业适合进入投资和声誉门槛比较低的战略群体,而竞争实力强的大型企业可考虑进入投资和声誉门槛比较高的战略群体。

例如,当一家企业准备进入家电市场时,它可以从竞争角度以"服务质量"和"纵向一体化"两个维度,将家电市场分为 ABCD 四类战略群体。战略群体 A:产品线狭窄,生产成本较低,服务质量高,价格高;战略群体 B:产品线全面,生产成本低,服务良好,价格中等;战略群体 C:产品线中等,生产成本中等,服务质量中等,价格中等;战略群体 D:产品线广泛,生产成本中等,服务质量低,价格低。

(2) 企业在决定进入某一战略群体时,首先要明确主要竞争对象,然后制定竞争战略。要想进入竞争能力强的战略群体,企业必须具有战略优势,否则很难吸引同一市场的目标顾客。

竞争不仅存在于战略群体内部,在战略群体之间也有竞争。每个战略群体都希望得到更大的市场份额,特别是在群体之间规模和实力大致相当时,这种争夺市场份额的愿望表现得更为强烈。其原因在于:①不同战略群体可能具有相同的目标顾客;②顾客有可能分不清战略群体之间的产品差异;③属于某个战略群体的企业可能改变战略进入另一个战略群体,如提供低档产品的企业可能转而生产高档产品。

2. 识别竞争者的目标

对竞争者的目标进行一定的理论假设,是企业确立自身目标的前提条件。追求利润最大化和追求市场占有率,是对竞争者的目标的两个最为常见的假设,此外也有一些其他方面的假设,如竞争者并不仅限于追求单个目标,而是追求一组目标,且有不同层次的目标体系。

为了准确识别竞争者的具体目标,企业首先要对竞争者的目标作出合理假设,掌握和了解竞争者的目标组合,分析竞争者对目前的财务状况是否满意,以及对各种类型竞争攻势的反应。同时,企业必须监视竞争者的业务扩展计划,并据此预测竞争者将如何改变经营战略。

竞争者的目标由经营规模、企业文化、管理水平和经营状况等因素综合决定。每个竞争者都会有侧重点不同的目标组合,在这些组合中,通常包括利润率、业务增长率、市场占有率、社会责任、员工福利、产品质量和服务、研究和开发、多元化经营、生产效率和稳健的财务等。这些通常是竞争者对外宣称的目标,而竞争者的实际目标,企业只能通过仔细的市场调查获悉。在目标组合包含的各项内容中,企业需要掌握每个竞争者的重点目标,以便针对不同的竞争者采取正确的应对措施。

竞争者的经营目标是其市场行为的重要影响因素。例如,如果竞争者是一家上市公司,它就会把每股收益作为一项重要的经营目标,并努力向全体股东提交一份令其满意的年报。因为股东通常比较关心年末每股收益,年报中该项指标的数值越高,股东投资信心就越足,企业也就越容易取得直接融资。而能够直接从银行取得信贷资金的企业则只要能够保持这种融资渠道畅通,就没有过多必要从股市直接融资,因而短期内对企业的年度业绩并不十分关注,除非融资机构对企业年度业绩有特别要求。因此,同一时期的不同企业或处于不同时期的同一企业,在目标组合排序上不一定完全相同。有的企业以利润最大化为主要目标,有的企业则以市场占有率为主要目标,还有一些企业以承担社会责任为主要目标。

3. 评估竞争者的优劣势

对竞争者优劣势的评估,首先要收集每个竞争者的近期业务数据,尤其要关注销售总额、市场占有率、边际利润率、投资收益率与现金流量、固定资产投资、生产能力利用率等指标。为了评估这些指标,通过正式、非正式渠道获取竞争者的信息至关重要。

除了以上指标外,心理占有率、情感占有率对企业市场份额和盈利能力具有重要影响。在分析竞争者劣势时,应注意分析其所做的业务和市场假设是否成立。为了正确估计竞争者的优劣势,企业应当发现竞争者对市场和自身判断的错误。尤其是在企业面对拥有雄厚资本、领先技术的竞争者时,更需要研究竞争者的优劣势,扬长避短、避实就虚,制定有效的竞争战略。企业能力分析如图 4-2 所示。

4. 估计竞争者的反应模式

为了准确估计竞争者的反应,企业要深入了解竞争者的经营思想和理念。企业采取某些挑战性措施和行动后,不同竞争者的反应可能并不一致。在反应模式上,竞争者可分为以下四类。

(1)从容不迫型竞争者。一些竞争者坚持认为顾客会忠于本企业的产品,并认为自身业务会取得良好绩效,因而对其他企业的挑战反应不强烈,表现为行动较为迟缓。该类竞争者在应对挑战和变化时往往不会立即采取反击行动。对于此类竞争者,企业应慎重分析其不予应变的原因。

(2)选择型竞争者。选择型竞争者对挑战作出有所侧重的反应。竞争者通常依据自身业务受威胁程度作出有所侧重的反应,即仅对某些挑战作出回应,而对其他挑战则不予

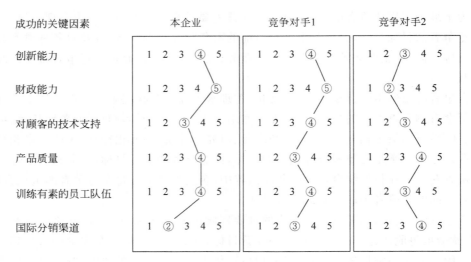

图 4-2　企业能力剖析图

资料来源：[英]大卫·乔布尔.市场营销学原理与实践[M].北京：机械工业出版社,2003：457.

理会。例如,在促销方式选择上,如果企业采取降价营销,有些竞争者可能予以强烈反击；但是如果企业换一种方式,如增加广告预算、加强促销活动,竞争者可能不予更多理会,因为它们可能认为这种做法对自己威胁并不大。在竞争中,企业应了解这类反击者的反击侧重点,以免引发不必要的直接冲突。

（3）强劲型竞争者。强劲型竞争者对来自任何方面的进攻都会作出迅速反应,一旦自身的业务范围受到挑战,就会立即组织并发起猛烈的全面反击。由于同处一个行业,企业通常会避免与该类竞争者直接交锋。该类竞争者发动反击的主要目的在于向率先发动攻势的企业表明自身的竞争实力和市场地位,即自身业务领域不容其他企业介入,并提醒进攻企业不要继续向其发动攻势,否则反击行动会进行到底。

（4）随机型竞争者。随机型竞争者应对挑战的反应模式难以确定,没有固定方法和路径可循。作为主动进攻一方的企业,一般无法预料竞争者将会采取何种行动。由于该类竞争者的反击方式极不明确,处于进攻方的企业即便掌握了它们经济、文化或其他方面的信息,也无法准确预见它们可能采取的反应措施,因此还需要做好应对各种反击的准备。

4.2.3　设计竞争性情报系统

（1）为了及时准确地掌握竞争者情报,企业需要建立竞争情报系统,具体步骤如下。

① 建立系统。明确企业所需情报并确定情报信息来源；建立竞争者情报系统使之正常运行,并为其提供技术服务。

② 收集数据。在符合法律与道德的前提下,企业应制定获取竞争者信息的具体方法。销售员、经销商、代理商、咨询机构、行业协会及报纸杂志等都是重要的情报来源。竞争信息主要包括促销战略,价格政策、条款和折扣,细分市场份额和发展趋势,分销和服务战略,产品线、绩效、产品质量和服务水平,技术能力,管理技能,企业伦理,财政力量,销售

队伍规模和发展状况以及如何组织销售等。[①]

③ 评价分析。对所收集的信息资料进行分类整理，检查数据的真实性和有效性，并对信息进行认真分析和解释。

④ 传播反应。通过电话、报告、备忘录、电子邮件等形式，将情报资料送达企业有关部门。关键信息要送到企业决策者手中，并解答决策层关于竞争者的询问。

（2）竞争定位。在市场分析之后，企业应当明确自己在竞争中的位置，并依据自身经营目标、资源状况和环境条件制定市场竞争战略。根据在市场中的竞争地位，通常可以把企业分为四种类型：市场主导者、市场挑战者、市场跟随者和市场补缺者。

4.2.4　选择应攻击或回避的竞争者

在已有竞争情报的基础上，企业应明确主要竞争者并选择进攻对象。可通过下列方式选择进攻对象。

1. 依据竞争者力量强弱选择

以较弱竞争者为进攻目标，可以节省时间和资源，起到事半功倍的效果。但这种选择方法的缺点是，企业获取的市场份额较少，不利于提高自身竞争力。以较强竞争者为进攻目标，重点攻击它们的薄弱环节可以提高企业自身的竞争力，且通常获利较大。

2. 依据与本企业相似性选择

企业选择与自身实力相似的竞争者开展竞争，但同时要避免摧毁这些竞争者。如果企业摧毁了实力相近的竞争者，即使它在行业内部竞争中赢得了优势，也会引来一些更难对付的竞争者，竞争结果可能并不利于企业自身发展。

3. 依据竞争者表现进行选择

这种选择的指导思想是，企业应当支持好竞争者并攻击坏竞争者。好竞争者通常遵守行业规则，制定与产品成本相符的产品价格，自身业务限定在行业的某个范围之内，推动其他企业降低成本或提高差异化，能够接受正常市场份额和利润，并设法维护行业安全运行。坏竞争者往往通过收购其他企业的方式获得市场份额，在竞争中的表现与好竞争者正好相反。

4.3　竞争战略

竞争战略的重点可以用 3C 表示，即顾客（customer）、竞争者（competitor）和企业（company）。3C 之间的关系如图 4-3 所示。

4.3.1　竞争优势的三种体现形式

竞争要具有一定优势，这些优势可以体现在许多方面。对于企业竞争优势的描述主要体现在成本、价值和市场份额三个方面。

---

① ［英］马科姆·麦当那，马丁·克里斯托弗.市场营销学全方位指南［M］.北京：经济管理出版社，2008：74.

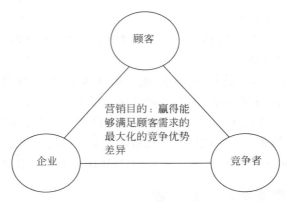

图 4-3　市场营销和 3C

资料来源：［英］马科姆·麦当那，马丁·克里斯托弗.市场营销学全方位指南［M］.北京：经济管理出版社，2008：68.

1. 成本优势

从成本优势来看，许多行业都存在一些典型的低成本生产者，它们往往创造着该行业最高的销售业绩。大量研究表明，当一个公司具有成本优势时，大的就是好的。这是因为规模经济能使固定成本分摊到更高的产量上。波士顿咨询小组创立者 Bruce Henderson 认为，所有成本，而不仅仅是生产成本，随着产量增加而下降。经验曲线描述了实际单位成本与累积产出之间的关系，见图 4-4。

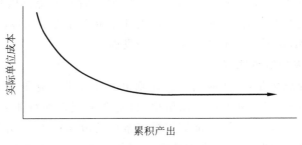

图 4-4　经验曲线

如果一个企业的相对市场份额高于其竞争对手，而在其他方面无差异，那么它的经验曲线将会下降。换言之，企业会拥有成本优势。成本优势既有利于制定较低价格的决策，又可以据此对竞争对手施加压力，还能够保持同竞争对手一样的价格，这样就可以获得更高的利润回报。除了受经验影响外，成本还受其他因素的驱使，如图 4-5 所示。

2. 价值优势

从价值优势分析，顾客不是在购买产品，而是在购买利益。企业必须保证向市场提供的产品能以某种方式区别于竞争对手，即向顾客交付的产品在某些功能上优于竞争对手。当一个企业仔细观察市场时，通常会发现明显的细分价值。也就是说，在整个市场中每一种利益对不同客户群具有不一样的重要性。

因此，竞争优势不仅来源于低成本，而且来源于价值优势，这种价值优势主要体现为功能差异化和附加价值。企业可以把成本与价值综合在一起考虑，制定相应战略，如图 4-6 所示。

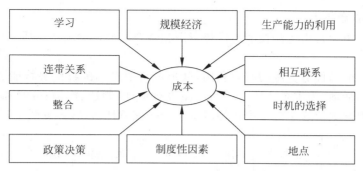

图 4-5　成本驱动因素

资料来源：［英］马科姆·麦当那，马丁·克里斯托弗.市场营销学全方位指南［M］.北京：经济管理出版社，2008：467.

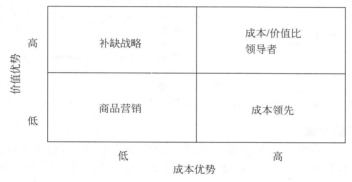

图 4-6　竞争优势的主要体现

资料来源：［英］马科姆·麦当那，马丁·克里斯托弗.市场营销学全方位指南［M］.北京：经济管理出版社，2008：70.

3. 市场份额优势

市场份额和投资回报之间有着密切关系。然而，并非有着高市场份额的企业都一定盈利。这是由于市场份额可以通过购买方式获得，可以通过降价、加强营销努力和产品开发而"购买"。市场份额优势尽管也可以形成对竞争对手的压制，但并不是一个可以完全依赖的优势，因此企业要对这种优势有正确认识。

竞争是行业发展进程中的一种常态。具体到一个特定行业，作为竞争主体的各种类型企业在行业发展中分别扮演着不同角色，如市场领先者、挑战者、追随者和补缺者。与所承担的角色相适应，各类企业制定了不同的竞争战略。分析不同竞争主体的竞争战略有助于更好地了解和掌握市场运行规律。

4.3.2　竞争优势的主要来源

1. 优势技能

优势技能是指企业拥有关键人员，这些人员具有与众不同的能力。优势技能可以体现在新产品开发上，也可以体现在市场营销方面，还可以体现在组织管理方面。

2. 优势资源

优势资源是对优势更加具体的要求，通常包括销售人员数量、促销费用、经销商数量、研发经费、生产设备先进性、财政资源、品牌权益、知识资源等。

3．企业核心竞争力

企业核心竞争力是由优势技能与优势资源相结合而形成的独特本质。

4．价值链

对于优势技能与优势资源的有效利用,就形成价值链。围绕优势技能和优势资源设计一系列行为与活动,为本企业所生产的产品进行审计、制造、推销、分销和服务,就是价值链的具体表现形式。这个链条中包括基本活动和支持性活动,详见图 4-7。

图 4-7　价值链

资料来源:PORTER M E. Competitive Strategy[M]. New York:Free Press,1985:37.

5．差别优势的创造

虽然技能优势和资源优势是企业获得竞争优势的源泉,但是只有在顾客认为企业提供的价值高于其竞争对手时,这种技能和资源优势才能转化为差别优势。因此,企业需要把生产某一种产品时的技能优势和资源优势与顾客要求产品应具有的关键品质相结合,才能创造出差别优势,见表 4-1。

表 4-1　利用营销组合差别优势为顾客创造价值

营销组合	创造的差别优势	为顾客创造的价值
产品	性能	低成本,高收入,安全性,愉悦,身份
	耐用性	更长的寿命,更低的成本
	可靠性	更低的制造成本和维护成本;更少的故障
	款式	外观漂亮,可以彰显身份
定价	低价位	更低的购买成本
	赊销政策	更低的成本,更好的资金流动
	低息贷款	更低的成本,更好的资金流动
	高价位	价格—质量匹配
分销	位置	方便,低成本
	迅速/可靠的交货	低成本,更少的故障
	分销商支持	营销更有效,供应商—购买者关系更密切
	交货保障	使购买者放心
促销	创造性广告	优异的品牌个性
	创造性促销手段	直接增值
	联合促销	低成本
	训练有素的销售队伍	优异地解决问题的能力

资料来源:[英]大卫・乔布尔.市场营销学原理与实践[M].北京:机械工业出版社,2003:463.

4.3.3　主要竞争战略类型

竞争优势与竞争范围相结合而构成竞争战略。竞争战略主要有差异化战略、成本领先战略、集中差异化战略和集中成本领先战略四种形式。

1. 差异化战略

差异化战略是指在一个产业中,企业从广大购买者的各种选择标准中选取一个或几个,然后将生产经营完全定位在满足购买者这些方面的需求上并体现出差异化。

2. 成本领先战略

成本领先战略是指企业旨在获得一个产业内的最低成本,因此常常推行标准化产品。该战略的目标是保证竞争中的成本优势不受价格战的影响。

3. 集中差异化战略

集中差异化战略是指企业把目标确定在一个或几个细分市场上并取得差别优势。

4. 集中成本领先战略

集中成本领先战略是指企业寻求在目标市场的一个或几个细分市场上取得成本领先优势。

4.3.4　不同竞争主体的竞争战略

1. 市场领先者的竞争战略

市场领先者是指在一个行业中,市场份额、产品生产、产品开发、价格制定、分销与促销等处于主导地位的企业。不论一个行业在国民经济中的地位如何,其内部通常都存在一个处于市场领先者地位的企业。市场领先者主导了行业内部竞争格局的演变,在行业发展中发挥着重要的引领作用。有时行业内的其他企业并不完全认同其经营方法,但是通常都会承认其统治地位,并依据自身经济实力和所处环境采取适当方式与其进行合作或展开竞争。

一般来讲,市场领先者的经营规模比较大,因而其应变能力并不是很强。其他企业会充分利用这一弱点,在条件成熟时展开目标明确、方向一致的进攻,甚至采取联合对抗措施以改变市场竞争格局、争夺市场领先地位。在未设准入限制的行业中,为了维护自身市场形象、行业地位和市场份额,市场领先者总是想方设法维持既有利益和行业格局,应对来自各个方面的压力和挑战,并积极准备为此付出必需的各种资源。因此,主动应对挑战并寻求巩固优势的方法,是市场领先者必须具有的战略思维。

(1)扩大总市场。在行业内部产品结构基本不变的条件下,市场领先者通过扩大市场总规模可以开辟新的盈利空间,巩固其相对优势地位。通过该方法,它可以在新增的市场份额中获得与过去相当的比例。扩大总市场有寻找新用户、开辟新用途和更多的使用三种途径。

寻找新用户是扩大市场总规模最便捷的途径。市场领先者可以通过挖掘产品的内在潜力、利用定价变革和营销创新等方式,使潜在购买力转变为现实购买力。

市场领先者需要努力发现并推广产品的新用途,以扩大市场对产品的总需求。这种方式对工业产品和日用消费品同样适用。开辟新用途需要企业改进产品性能,投入资金引导顾客消费行为。一旦原有产品开发出了新用途,市场对其的需求就会大量增加,因而市场领先者优势地位也会更加稳固。

市场领先者需要提高顾客使用本企业产品的数量。定期进行产品升级换代是常见的做法。另外,推出与主要产品配套的一些辅助产品,也有助于提高企业产品的销售总额。强化产品功能的独特性,提高顾客对产品的依赖程度,是企业巩固市场领先地位、遏止竞争对手攻击的重要举措。

(2)保护市场份额。在市场领先者周围必然存在伺机进攻的竞争者。因此,市场领先者还必须确保现有市场份额不受侵犯。为了兼顾未来经营规模扩展和现有市场份额维护,市场领先者有必要采取适当的防御措施,做到既可不断进取,又可维持现有经营规模。市场领导者必须认真分析防守重点,尽可能降低主营业务受到攻击的可能性,并设法减弱竞争者的进攻强度,使竞争导致的损失降至最低。市场领先者可以采取先发制人的防御、反击式防御、阵地防御、侧翼防御、收缩防御和运动防御。

先发制人的防御是一种比较积极的防御战略,是指市场领先者为了保持市场优势地位,在竞争者发动进攻之前主动向竞争者发动进攻,使其无法组织有效进攻或丧失攻击能力。市场领先者有多种先发制人的防御方法:既可以在市场竞争中开展游击战,使每个竞争者都有可能受到攻击;也可以采取连续不断的价格攻击,重创竞争者的经营能力;还可以采取攻心战术,使竞争者不敢轻易进攻;有时甚至可以充分利用所占有的市场资源,引诱竞争者进行代价高昂的进攻。

反击式防御是指在竞争者已经发动攻击时,市场领先者不是采取单纯防御措施,而是采取主动进攻策略,以争取整个营销战役的主导权和控制权。在反击竞争者时,市场领先者既可以攻其侧翼,也可以给予迎头攻击,还可以包抄进攻。

在竞争者采取削价、迅速促销、产品改进或侵占市场时,市场领先者不应保持被动,而应采取有效的反攻措施,例如:侵入竞争者的市场范围,迫使其撤回自己的领域;用经济或其他手段打击竞争者;对竞争力不足的产品实行低价策略以削弱竞争者的攻击能力。

阵地防御是指市场领先者投入巨大财力巩固现有市场份额,防止竞争者入侵的防御形式。这是一种被动、静态的防御行为,也是一种比较保守的竞争手段。比较常见的做法有:向市场提供尽可能多的产品品种;采用较宽的分销渠道扩大业务覆盖面;在行业中尽可能采取低价策略。这种防御方式的特点是:在受到竞争者攻击时,不集中力量进行反击,而是将全部经营资源用于防卫。对于企业而言,这种做法不具有可持续性。

侧翼防御是指市场领先者在侧翼或易受攻击之处建立防御阵地,向发动攻击的竞争者显示其经济实力和反击意向。发动侧翼进攻的竞争者往往需要具有独特而又富有远见的主张,因为在一次真正的侧翼进攻中,新产品或服务项目并不具有现成的市场。因此,发动这种攻击确实存在一定难度。市场领先者通过在一些侧翼或前沿阵地建立防御措施,不仅能够使正面阵地得到保护,而且可以有效保护一些薄弱的前沿阵地,在必要时甚至可以将其作为反攻出击基地。

收缩防御有时也被称为战略撤退,是指市场领先者在面对多个竞争者的攻击时,如果业务范围较大且力量分散,应该暂时放弃弱势业务,将力量集中在优势业务上以应付各方竞争威胁和压力。这种主动收缩防御是依据一定的组织和计划进行的。通过有计划、有组织的收缩,市场领先者可以增强在主要市场上的竞争实力,并集中经营资源于核心产品生产和营销,以便把握时机重新掌握竞争主动权。

运动防御是指市场领先者将业务活动范围扩大到与现有业务相关的新领域,并使这些领域在将来可以成为防守和进攻中心。市场拓宽和市场多样化是把业务活动范围扩大到新领域的有效方法。市场拓宽是指市场领先者将注意焦点从现行产品转移到主要基本需要及其相关技术研发。市场多样化是指市场领先者进入其他行业。

(3)扩大市场份额。扩大市场份额是指在市场总规模不变的条件下,市场领先者根据市场变化调整自身营销组合,通过进攻达到防御目的,努力扩大自己的市场份额。例如,一项关于营销战略对利润影响的研究发现,盈利率与市场份额之间存在一定的相关性,但并不是市场份额越大越好。因此,企业不能认为提高市场份额就会自动增加盈利。盈利主要取决于企业提高市场份额所采取的战略,通常应该考虑以下三个因素。

第一,引起反垄断的可能性。如果市场领先者进一步侵占市场份额,那么其他竞争者很可能诉诸反垄断法规。

第二,提高市场份额的成本。市场份额在达到某个水平时,如果继续增长,企业盈利能力可能下降。维持超过最佳份额的市场份额,对于企业而言可能意味着更大的成本支出。

第三,竞争方法的采用。在争取较高市场份额时,企业可能采用削价和购买等错误做法,而非采用赢得竞争者市场份额的方法,从而并不能增加企业的实际利润。

扩大市场份额的具体做法主要有产品更新、质量策略、多品牌战略、大量广告策略和强力销售促进五种。

市场领先者通过产品创新,可以有效地扩大市场规模,保持现有领先地位。这是市场领先者应当采取的主要竞争策略。

市场领先者通过生产高质量产品,可以在获得质量差价的同时,保持优质品牌形象,吸引更多顾客,扩大市场份额。

在销路较广的产品项目中,市场领先者针对顾客差别进行品牌定位,扩大同种产品品牌系列,开展多品牌营销。

市场领先者通过高强度、高频率广告,促使顾客长期保持品牌印象,增加它们对品牌的熟悉程度,并产生较强的品牌偏好和依赖心理。

强力销售促进主要是通过改进销售工作来维持市场份额,如不断加强售后服务、提供更可靠的质量保证、建立更多的销售网点和顾客服务中心等。

2. 市场挑战者的战略

市场挑战者是指在市场占有率方面仅次于市场领先者的企业。在向市场主导者和其他竞争者挑战时,市场挑战者首先必须确定自己的战略目标和挑战对象,然后再选择适当的进攻战略。

(1)市场挑战者的战略目标。夺取更大的市场份额,争取市场领先地位,是大多数市场挑战者的战略目标。也有一部分市场挑战者仅将战略目标定位于固守已有市场地位,确保业务不受其他竞争者攻击。

一般来讲,在市场竞争中,作为挑战者可作出攻击市场主导者、攻击实力相当者和攻击地方性小企业三种决策。

攻击市场主导者是一种高风险、高收益的战略目标。市场挑战者通过降低成本、提高管理水平、开发新产品等方式,攻击市场领先者,以夺取市场主导地位。

攻击实力相当者是指市场挑战者选择经营不善、发生亏损的实力相当者作为进攻对象,并设法夺取它们的市场份额。

攻击地方性小企业是指市场挑战者选择一些经营不善、财务相对困难的地方性小企业作为进攻对象,夺取它们的顾客,甚至将它们逐出市场。

(2)市场挑战者的进攻战略。在确定了战略目标和进攻对象之后,市场挑战者需要选择适当的进攻战略,如正面进攻、侧翼进攻、包围进攻、迂回进攻和游击进攻等。

正面进攻是指集中全力向对手的主要市场阵地发动进攻,攻击其真正实力之所在,而不是其弱点。进攻的胜负结果取决于双方实力与持久力。在这种情形下,进攻者必须在产品、广告、价格等方面超过对手。竞争中具有较强资源优势的一方通常会取得胜利。进攻者也可以改变正面进攻方法,用减价方式与竞争对手展开竞争。

常用的正面进攻方法有产品对比、攻击性广告和价格战。产品对比是指采用合法形式将自己的产品与竞争者的产品进行对比,使竞争者的顾客更换品牌。攻击性广告是指使用与竞争者相同的广告媒介,针对竞争者的广告形式和内容,拟订有对比性的广告文稿,对竞争者展开攻击。价格战有两种方式:一是直接调低产品价格,或者采取措施降低成本,然后向对手发起价格攻击;二是通过改进产品质量、提供优质服务以实现相对降价。

侧翼进攻是指在正面进攻受阻或难以实施时,市场挑战者集中力量攻击对手的弱点。进攻者用正面力量牵制防守方的精力,而在防守方侧翼或后方发动真正的攻势。侧翼进攻又分为地理性和细分性两种。地理性侧翼进攻是在同一地理区域市场范围内,找出竞争者力量薄弱的领域,然后在这些领域向竞争者发起进攻。例如,在竞争者经营的市场内,建立更强有力的分销网点,或者在同一市场内,在竞争者尚未覆盖区域建立经营网点。细分性侧翼进攻是寻找市场领先者尚未涉足的细分市场,利用其产品线缺乏或营销组合定位单一所造成的市场空缺机会,采取措施迅速填补这些细分市场。

包围进攻是一种全方位、大规模的进攻战略,通过在几条战线上同时发动快速进攻,达到深入竞争者领地、争夺市场份额的目的。与竞争者相比,采取该方式的挑战者向市场提供了种类更为齐全的产品,因而顾客更倾向于购买挑战者的产品。这种战略的实施条件是竞争者留下的市场空白不只一处,同时,挑战者拥有优于对手的资源,并能提供比竞争者更多类别的产品,使消费者愿意接受且迅速采用。

迂回进攻是最为间接的进攻战略,即设法避开对手的正面阵地,尽量避免正面冲突,在对手没有防备或不能防备的地区组织进攻,以扩大自己的市场份额。主要有三种方法:经营无关联产品,推行产品多元化;以现有产品进入新地区市场,实现市场多元化;以新技术为基础,用新产品代替老产品。

游击进攻是适用于规模较小、实力较弱、短期内没有足够财力的挑战者的进攻战略,其目的在于针对对手的经营领域,进行小型的、断断续续的进攻,从而打击竞争者的士气,逐渐削弱竞争者的市场力量,最终占领稳固的市场领域。

游击进攻的主要方法包括有选择的减价措施,密集促销活动和偶尔采取的法律行动。游击战通常是由小企业针对大企业发起的,攻击目标主要指向锁定大企业的一些领域。市场挑战者策划营销游击进攻,需要详细的进攻前准备工作。虽然业界普遍认为游击战比其他攻击方式花费少,但事实上推行一连串游击战役的代价是十分昂贵的。另外,如果挑战者希望彻底击败对手,仅靠该方式是行不通的,必须组织强有力的进攻。

20 世纪 80 年代,杰伊·康拉德·莱文森(Jay Conrad Levinson)出版了他关于这一主题的第一本书后,游击战营销开始流行。最初,游击战营销者必须创造性思考如何以最小的投入吸引最多的顾客注意力并实现营销目标;然后在内部或当地寻找潜在的问题和机会,以便在推向全国市场之前予以改进。在计划时,游击战营销者必须预测利益相关者对有争议的方法或信息的反应,并对法律和道德问题保持敏感。"游击战营销不意味着缺乏社会责任感和破坏做生意的规矩。"莱文森强调说。它们必须计划如何衡量结果,并在实施中密切跟踪进展。最后,它们必须迅速行动,修正或终止效果不佳的游击战活动。[①]

3. 市场追随者战略

大多数公司喜欢追随市场领导者,而不是直接向市场领导者挑战。例如,在资本密集、产品同质化的行业,由于产品差异化和形象差异化的概率很低,各个企业对价格敏感的程度又比较高,形成了产品和服务经常被模仿的局面。鉴于调整价格随时都可能引起行业内部冲突,并可能招致更为猛烈的报复行为,因此在该类行业内部大多数企业通常反对这种做法,在定价上它们之间往往互不侵犯。它们经常效仿行业中的市场领导者,为顾客提供相似的供应产品,市场份额显示出高度稳定性。

但是,这并不意味着市场追随者是没有战略的。作为市场追随者的企业,必须掌握留住现有顾客和争取新顾客的基本方法,并设法争取一个满意的市场份额。每一个市场追随者都要在其目标市场上显示经营特色。由于追随者往往是挑战者的主要攻击目标,因此追随者必须保持经营业务的低成本和高质量。追随者必须确定一条不会引起竞争性报复的成长途径。

市场追随者战略主要有紧紧追随、距离追随和选择追随三种类型。

紧紧追随是在尽可能多的细分市场和营销组合中,最大限度地仿效市场领先者,并尽量避免与其发生直接冲突。由于未从根本上触动市场领先者的地位,因而追随者不会妨碍或威胁市场领先者的既有利益。追随者常用的做法是,在产品功能上与市场领先者保持一致,而在品牌声望上与市场领先者保持一定差距。

距离追随是在目标市场、价格水平、产品创新、分销渠道、促销力度等方面都追随市场领先者,但又总是和市场领先者保持一定距离,不使市场领先者觉得市场追随者有侵入的可能。这样做可以在不受攻击的环境中不断积蓄经营资源和竞争实力,在不被关注的情形下发展壮大,逐渐成长为市场主导力量。

选择追随的企业具有一定的产品创新能力,不仅能够仿制市场领先者的产品,而且能对这些产品进行技术改进,满足市场领先者所占市场之外其他市场的需求。例如,在产品策略与营销组合策略的某些方面,这些企业紧跟市场领先者,而在包装、广告、价格等方面,它们另辟蹊径,充分发挥创造力。

4. 市场补缺者战略

市场补缺者是指专业服务于总体市场中某些细小部分的企业。由于缺乏竞争实力和

---

① 菲利普·科特勒,凯文·莱恩·凯勒,卢泰宏.营销管理[M].北京:中国人民大学出版社,2009:216.

竞争经验,该类企业通常不与行业中的主要企业展开竞争,仅通过顾客、产品或分销渠道等方面的专业化分工占据有利的市场位置。这些小企业获得较高盈利能力的关键,是它们能够在一个较小领域内获得较大的市场份额。这个市场份额的特征为:有能够获利的足够市场需求潜力或购买力;有利润增长潜力;对主要竞争者不具有吸引力;企业具有能够为顾客提供合格产品和服务的条件;企业可以靠建立信誉吸引顾客,以对抗竞争者。

市场补缺者不仅能够盈利,有时其盈利水平甚至高于大型企业,这主要是由于补缺者更了解顾客需要。市场补缺者有三项基本任务:创造补缺机会、扩展补缺领域和保护补缺市场。市场补缺者承担的主要风险是补缺机会可能会耗竭或者补缺行为会遇到攻击。补缺中的主要理念是专业化,在有替代产品出现时,高度专业化的企业可能变得没有价值。由于补缺者往往是弱小企业,因此该类企业的经营不能仅局限于一个市场,必须连续不断地培育新的补缺市场,在更多的补缺市场中求得生存和发展的空间。

 例

小米生态①

【案例背景信息】　自2010年成立以来,小米作为一家以手机、智能硬件和IOT平台为核心的互联网公司,始终坚持做"感动人心、价格厚道"的好产品,以厚道的价格持续提供超过用户预期的最佳科技产品和服务。

一、智能手机行业现状分析

2010年以来,全球和中国智能手机市场增速持续下降。数据显示,2016年第一季度全球智能手机出货量与上年同期相比仅增长0.2%,创下历年来最小同比增幅,而2017年的全球出货量则出现自1996年智能手机诞生以来首次同比收缩。中国智能手机出货量的变化趋势如图1所示。

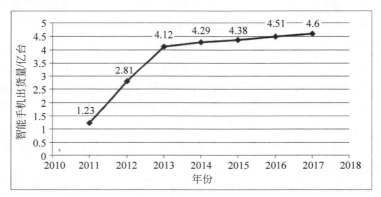

图1　中国智能手机出货量的变化趋势

---

①　本案例主要参考以下资料撰写而成:[1]小米官网.[2]2018年手机行业三大趋势分析　行业前景依旧看好[R].前沿产业科学院,2017.[3]2018年中国手机行业现状和市场前景分析　4G手机红利消退,5G有望给行业带来第二春[R].前沿产业科学院,2018.[4]国内智能手机行业现状分析[R].中国报告大厅,2017.

2017—2022 年《中国 4G 智能手机行业细分市场研究及重点企业深度调查分析报告》数据显示,截至 2016 年 6 月,中国网民规模达 7.10 亿,互联网普及率达 51.7%,而中国的手机网民在上半年达 6.56 亿。中国的智能手机市场已经由增量市场变为存量市场,智能手机品牌竞争的压力也逐渐增强。

智能手机行业的格局瞬息万变,各手机厂商市场份额之争仍然在如火如荼地进行。据报道,苹果已经汇集了超过 1000 名设计师,投入巨资开发 AR 技术。iPhone 系列将融合 AR 技术,通过相机与用户交流,使用户体验更加丰富。而华为则宣布推出第一款人工智能概念手机——荣耀 Magic。锤子手机发布的 One Step 和 Big Band 等应用也正处于人工智能进入手机终端的初级阶段。

二、小米"铁人三项式"商业模式

小米在这场激烈的争夺战中,发挥自身优势,创立了独特的"铁人三项式"商业模式(见图 2)。该商业模式由三个相互协作的支柱组成:创新、高质量、精心设计且专注于卓越用户体验的硬件,销售产品的高效新零售以及丰富的互联网服务。

图 2　小米"铁人三项式"商业模式

1. 硬件

小米或自主或与生态链企业共同开发专注创新、质量、设计和用户体验的硬件产品,制定广大用户可接受的价位,以确保小米产品广泛的接受程度和高留存水平。小米设计研发了包括智能手机、笔记本电脑、智能电视、人工智能音箱和智能路由器等在内的一系列先进的硬件产品。另外,小米通过投资和管理建立了由超过 210 家公司组成的生态系统,其中超过 90 家公司专注研发智能硬件和生活消费产品。截至 2018 年 3 月 31 日,小米已经连接了超过 1 亿台设备(不包括智能手机和笔记本电脑)。这些产品互通互联,既改善了用户的生活,又为小米的互联网服务提供了专属平台。

2. 新零售

高效的全渠道新零售分销平台是小米增长策略的核心组成部分,使其能在高效运营的同时,扩展用户覆盖范围并增强用户体验。自小米集团成立以来,该公司始终专注产品的线上直销,提升销售效率,并与用户建立直接的数字化互动关系。根据 IDC 统计,2017 年第四季度小米在中国内地和印度的线上智能手机出货量均排名第一。另外,小米在 2015 年通过其自营的小米之家门店完善线下零售直销网络,在实行线上线下同品同价的同时,保持了与线上渠道同样高的运营效率。这一举措不仅扩大了小米产品的覆盖范围而且为小米用户提供了更加丰富的用户体验。

3. 互联网服务

小米通过提供丰富的互联网服务让用户拥有完整的移动互联网体验。小米基于安卓的自有操作系统 MIUI 与安卓生态系统充分兼容,能够提供包括内容、娱乐、金融服务和效能工具等在内的一系列互联网服务。另外,小米开发爆款应用程序的能力也是有目共睹的。据小米官方数据显示,截至 2018 年 3 月 31 日,小米共开发了 38 个月活跃用户超过 1000 万的应用程序和 18 个月活跃用户超过 5000 万的应用程序,包括小米应用商店、小米浏览器、小米音乐和小米视频等。

　　小米"铁人三项式"商业模式的运作流程大致为：小米致力于提供高质量、高性能和精心设计且定价厚道的爆款产品,这些产品将客流量引入小米的新零售渠道,小米又通过高效率的新零售渠道(如电商平台和小米之家)以厚道的价格向用户交付产品。另外,小米的互联网服务使其能够与用户密切互动,在增加用户黏性的同时,也为小米带来了庞大且高度活跃的全球用户群。截至 2018 年 3 月,小米月活跃 MIUI 用户超过 1.9 亿,拥有 5个以上小米互联产品的"米粉"数超过 140 万。

【案例讨论题】

　　(1) 阐明小米所处的智能手机行业的概况,以及各个竞争者的应对措施。

　　(2) 小米的"铁人三项式"商业模式有何意义?

复习思考题

1. 行业竞争的主要类型有哪些?

2. 影响行业竞争与演变的力量有哪些?

3. 竞争关系分为哪几个层次?

4. 分析对比市场领先者、挑战者、追随者和补缺者的竞争战略。

第 5 章

营销信息管理与市场调查

【本章知识点】
- 营销信息系统
- 市场调查的基本类型
- 市场调查的步骤
- 市场营销预测

营销信息管理与市场调查是营销工作的两个重要方面。营销信息管理工作必须建立在大量调研的基础上,形成可靠和有效的信息资源。充分、准确、及时地获取市场信息,是企业管理者进行营销决策的前提条件。

5.1 营销信息管理

营销环境复杂多变,企业管理者必须对变化的营销环境进行认真分析与研究,全面、准确、及时地收集、整理、分析和分配相关信息。基于数据采集形成有价值的市场信息,是企业获得竞争优势的关键路径。在互联网经济时代,信息技术飞速发展,管理者采集信息的途径不断增加,科学地采集、管理并使用信息是现代企业实力提升的必由之路。因此,企业必须建立规范、完善的营销信息系统来应对日趋激烈的市场竞争。

5.1.1 营销信息系统

营销信息系统是由人员、设备和程序等要素构成的综合系统。该系统具有收集、整理、分析、评估、报告和分配营销信息的功能,其主要任务是具体处理信息资料并确定数据流向。

为了向企业管理者提供有价值的营销信息,营销信息系统必须具有及时、准确地收集和汇总市场数据的功能。在信息资料加工的基础上,营销人员可以根据环境变化有针对性地进行营销计划和规划。营销信息系统的建立也便于对企业相关计划的执行情况和营销活动开展效果进行全面评估。企业管理者通过分析营销数据,能够及时调整工作部署,积极应对市场环境变化。

营销信息系统构成要素及各要素的运行方向如图5-1所示。

一个完备的营销信息系统的主要任务之一就是为企业管理者提供进行营销决策所需的信息。营销信息系统工作流程大致可分为三个步骤:评估企业管理者(主要是营销决策者)对于营销信息的需求状况;收集和分析与上述决策相关的营销信息;将收集到的营销信息向有关部门和主管领导汇报,并在不同部门和业务单位之间分配这些信息。

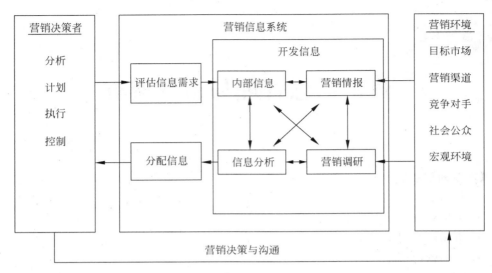

图 5-1   营销信息系统构成要素及各要素运行方向

5.1.2   评估营销信息需求

营销信息系统是企业营销决策的重要支持系统之一。评估决策者信息需求时,企业通常应考虑以下四个方面的因素。

1. 企业决策的具体类型

企业营销管理人员每天都要作出大量营销决策,有的比较宏观,属于战略层面;有的比较微观,属于战术层面。有些信息直接提供给企业高层管理者,有些信息则提供给营销部门主管。但是,不论是战略决策还是战术决策,都需要建立在营销信息的基础上。例如,营销实践中的市场细分和目标市场选择,或者新产品开发和促销活动的设计,都需要企业管理者在全面、准确、及时地掌握营销信息的前提下作出决策。在评估企业对不同层次、不同数量营销信息的需求时,负责营销信息系统正常运转的工作人员首先必须明确向谁提供营销信息,提供什么样的营销信息,这些营销信息会形成怎样的决策,以及在控制营销信息扩散方面需要采取怎样的保护措施等问题。同时还要密切关注环境变化,并根据不同人群的营销信息获得方式和传播方式进行必要调整。

2. 分析决策过程中所需的具体营销信息

不同类型的决策对营销信息需求量及准确性的要求是存在一定差异的。为了提高营销信息利用率,营销信息系统工作人员应当在明确了解企业营销决策类型的基础上,与营销决策人员共同讨论、分析每一项决策所需具体信息的内容和数量。例如,在新产品决策中,决策人员所需营销信息可能不仅包括新产品开发成本,还包括市场上同类产品的功能特征及价格和成本信息,以及不同收入水平的消费者群体对新产品的需求状况。在评估这些营销信息需求时,认真听取营销决策人员的意见和建议十分重要,营销信息系统工作者应该鼓励营销决策者从内容和结构等角度详尽阐述自己所需的各种信息的数量和质量水平。

3. 分析获取营销信息的主要渠道

通常情况下,决策者所需营销信息和企业所能获得的营销信息存在一定差异。出现这种情形的原因是多方面的。理想与现实之间总是或多或少地存在差别。管理者想要的营销信息并不容易得到,而不想要的信息却总是出现在营销信息系统中。因此,营销信息获取渠道的选择对营销信息质量具有重要影响。同样的营销信息或同一类型的营销信息,其获取途径可能有许多种。考虑到信息的时效性和准确性,选择便捷、可靠的渠道是营销信息系统管理人员的职责所在。但是实践中信息获取方式和技术具有局限性,加上一些营销信息并不容易被授权披露,因而企业管理者所需决策信息的获取通常比较困难。在大数据时代,获取营销信息较之以往更为便利。例如,对竞争对手经营信息、消费者购买行为及心理偏好信息的获取,有时可以从一些专门做市场调查的公司的研究报告中获得。在掌握了决策所需营销信息之后,企业还应对这些信息的可用性和可靠性进行客观评价。

4. 评价市场营销信息获取的成本、效用

市场营销信息可获得性在某种程度上受限于成本和效用。过度的成本投入会减弱营销信息系统人员主动获取某种信息的积极性,同时也会使营销信息成本/效用之比下降,因而不利于营销系统的正常运转和维持。维持营销信息系统的正常运行,除了需要考虑信息获取全面性、准确性和及时性等技术层面因素外,还有必要考虑获取这些营销信息所需投入的人力、物力和财力等经济性因素。因此,对于企业管理层下达的一项营销信息采集计划,营销信息系统人员首先要向管理层提交获取这些信息的总成本及可能发生的具体支出项目,以便企业管理层或决策机构对营销信息需要的总量和结构进行适当的控制。

5.1.3　市场营销信息收集与分析

企业管理人员所需的市场营销信息通常有三种类型:企业内部信息;市场营销情报信息;通过市场营销调研获得的信息。这些信息在内容和结构上都存在一定差异,通常不能直接进行汇总,必须事先予以调整,因而信息整理工作十分重要。

1. 企业内部信息

企业在日常经营活动中会形成大量数据资料,其中相当一部分与市场营销活动相关,对于管理决策具有重要的参考价值。但是这些信息通常分布于企业的各个部门,并没有形成整合性信息资源,因而在考虑利用这些信息时,事先应当有所准备,如对所需信息的格式、具体内容、传递途径、存放方式等都要作出相关规定。在数字化信息时代,企业内部信息处于动态管理过程中,并通过不同的应用软件呈现出多种多样的数据形式。过程信息和结果信息在传输运算中产生大量数据,这些数据通常以内部信息的形式存储于企业数据库中。市场营销人员可以有条件地利用这些信息,如从财务部门获取月度销售款项入账情况、从生产部门获取产成品存货情况、从人事部门获取各部门工作绩效等,进而判断市场营销工作的重点和方向。

与通过其他渠道获取营销信息相比,企业内部信息一般比较容易快速获得,同时无须花费高额成本,而且信息质量较为安全可靠。随着信息技术在企业经营管理中的应用更加广泛,很多企业都在日常经营活动中存储了大量信息,但是这些信息可能比较分散,受限于每个业务部门的工作需要,因而需要把这些分散的信息资源集中起来,通过信息集成方式使这些处于信息"孤岛"的重要资源充分发挥潜在价值。从这些信息中提取出管理决

策所需的重要信息,是企业营销管理者面临的一项重要任务,也是营销信息系统工作人员的职责。在这方面,数据挖掘技术和数据仓库技术发挥了重要作用。营销信息系统工作人员的主要任务就是将各种内部信息经过深度加工之后,以管理者和决策者能够明白的方式呈现出来。

2. 营销情报信息

营销情报信息是指能够反映和揭示营销环境发展变化规律的具体信息。这些信息既包括来自经济、技术、法律、社会等领域的宏观层面环境信息,也包括涉及竞争对手、顾客和合作伙伴等市场主体的微观层面环境信息。不论这些情报信息来自宏观层面还是微观层面,它们对企业管理者和决策者的管理决策行为都可能产生重大的战略性影响。由于企业面临的营销环境不断发展变化,因而营销信息系统工作人员必须时刻关注市场环境变化引起的各种信息变化,并及时、准确、全面地识别营销环境中的各种机会和威胁,在此基础上形成信息报告,从而为制定管理和营销决策提供科学依据。在激烈竞争的市场环境中,有实力的企业通常会设立营销情报中心,专职收集各种情报,并将分析和汇总结果呈送企业管理和决策部门。

企业可以通过以下五种途径获取营销情报信息。

(1)企业的员工。普通员工的信息获取渠道在某种情形下会比管理人员的信息渠道多。员工处于社会网络的不同节点上,更容易从不同的社会层面获取其他企业或者整个行业的经营信息。尤其是在企业中工作时间较长,或者具有某种特殊信息来源的员工,对企业的帮助会更大。但是通常意义上的员工提供信息,是指员工从所在工作岗位中获取的信息,尤其是与消费者打交道的一线员工,他们所获取的信息更具参考价值。

(2)合作者和顾客。合作者和顾客所接触的对象与企业有所不同。合作者接触的有些信息可能是企业无法接触到的,因而对于企业发展具有重要的参考价值。例如,对于一家想要拓展海外市场的中资企业,与其合作的海外企业在信息提供方面就具有独特的优势。同理,顾客从多个角度比较产品和服务的质量,因而他们反馈的信息对企业也具有一定的参考价值。

(3)竞争对手。从竞争对手处获取营销信息是难度较大的一项工作。但是,有时竞争对手会无意中泄露自己的市场动向,比如新产品上市前的测试活动,就会为其他企业了解这些新产品所采取的技术、面向的目标人群及价格区间提供有效的参照标准。一些竞争对手会在网站上公布产品、价格、促销等相关信息,这为企业提供了具有参考价值的市场情报。竞争对手在某些情形下为了行业的整体发展,也会主动向企业提供一些帮助,但是以不损害自己的利益为前提。因此,企业对从竞争对手处获取市场信息应当采取客观务实的态度,不能抱过高期望。

(4)政府、中介机构和媒体。政府通常会定期披露一些具有政策导向性的信息,这对企业收集市场信息具有重要的参考价值。一些中介机构专门负责市场信息加工和整理汇总,通过向企业有偿提供相关信息而生存。它们多是一些咨询公司,具有广泛的信息获取渠道,也有强大的数据分析能力,同时善于发现信息背后的价值。也有一些中介机构的主营业务并非提供信息,它们是基于业务关联与企业进行信息交流,这些信息对于企业了解市场动向也有一定的帮助。在互联网时代,各种媒体也是企业获得营销情报的重要途径。企业通过各种强大的搜索引擎,可以十分方便、快速地找到所需信息,而且获取成本比较低廉。企业还可以从各种在线消费论坛、消费节目中获取有关顾客和主要客户的信息。

3. 营销调研

营销调研是获取市场信息的重要途径之一。在分析工具越来越先进的当代社会,企业通过营销调研获得所需信息的愿望与日俱增,消费者群体通过分析市场信息进行消费选择的主动性也逐渐增强。营销调研方法和途径有许多种,它们针对的具体问题及其解决程度也有一定差异。市场营销调研是一项系统化的工作,强调科学性和务实性。由于涉及调研成本预算,通常在有必要调研时,企业管理层才会作出针对某些特定决策问题的调研安排。对市场情况比较熟悉时一般不需要进行市场调研。但是,如果企业要在现有市场上推出一款新产品,就需要进行有针对性的调研活动。调研内容通常包括消费者对新产品的关注程度,如技术特点、功能特征、价格范围、服务水平等。企业还可以对这款新产品的消费者规模和利润水平进行预测,甚至对竞争者反应及利益相关者态度进行判断。如果条件允许,企业还可以对这款新产品的人员推销、广告形式及其他促销方式进行比较分析。总之,营销调研工作对于新产品投向市场尤其重要。当然,营销调研也不完全局限于新产品投放市场这一领域,而是涉及营销活动甚至企业管理活动的各个方面。只要企业管理活动和营销活动是面向市场开展的,营销调研活动就有必要进行。

4. 营销信息分析

企业收集来的原始信息通常并不能直接使用,还需要经过分析加工,在将信息按照可识别符号编码和进一步解读后,才能向上、向下或横向传播。由于信息的传播渠道不同,因此信息分析加工要求并不完全一致。尤其是分析过程,应当根据信息内容和目标接受者的认知水平进行编译。企业从内部信息、营销情报、营销调研等途径收集到的营销信息,经过细致整理、分析加工和解释后,进一步分配给营销部门及相关决策者。分析对象的复杂性、分析人员的能力水平及分析工具的先进性,决定了分析工作的效率和效果。将营销信息以形象化或数字化的形式呈现,是营销信息分析中比较现代的方法。例如,营销人员可以先对营销信息进行筛选和清理,再进一步将数据以表格或图形形式呈现出来,这比直接罗列数字或文字更直观。然后再进行简单的描述性统计分析或变量之间的相关分析,了解主要营销变量的集中程度和变化趋势。普通统计方法中的均值和中位数以及反映离散趋势的方差和标准差,是揭示各种营销信息之间内在规律的常用的统计指标。在数据样本足够大的情况下,通过计算两个或多个变量之间的相关系数,可以有深度地挖掘营销信息背后的规律。

在营销信息系统中,营销信息的进一步加工处理通常是在营销决策支持系统的帮助下完成的。营销决策支持系统包括相关数据、数据分析处理技术及相关软硬件设备,其主要任务是处理、分析和解释各种复杂信息,为营销行动提供决策依据。通常情况下,当面对结构化程度比较高的问题时,营销人员可以把相关数据信息输入该支持系统,得出经过分析和汇总的结果。这种信息处理方法使信息输入、输出与决策联系在一起,服务于决策目标,因而更具有现实针对性。在信息时代,把零散信息集中起来,通过营销决策支持系统分析和处理,能够得出有助于企业科学决策的各种方案。

5.1.4　营销信息的报告与分配

在信息变得越来越重要的当代社会,营销信息的报告与分配实质是一种有价值的管理资源的流动过程。对营销信息进行分类识别,并以不同的形式进行报告和分配,是发挥营销信息作用的重要前提。一般而言,截留营销信息并不利于企业发展。因此,营销部门应尽可能充分地向主管部门汇报信息,并按不同职能部门需求进行分配。例如,企业主管领导可能对主要产品的销售量感兴趣,而产品研发部门负责人则对新产品的市场反馈感兴趣,这就需要两份不同的报告。但是,涉及对外营销宣传时,一些过细的营销信息并不便于披露,总括性的传播信息更不容易引发争议。因此,如何准备信息和分配信息,事实上涉及组织运行效率与效果。营销信息报告的形式和内容应符合信息需求者的阅读习惯,反映和揭示市场变化动向和规律。

保证营销信息在报告、分配过程中的及时性和准确性,是营销信息管理的一项重要原则。在充分考虑成本和资源约束的条件下,形成营销信息报告并进行合理分配,是营销部门的一项日常工作。在互联网时代,随着信息采集和汇总分类技术的提升,营销信息会自动形成报告文本并按照管理者设定的分配路径输出。这简化了营销信息报告与分配过程,但也增加了信息自动扩散的风险。在信息大量涌现的新经济、新媒体时代,营销部门在报告和分配信息时,要重点做好四项工作:突出信息传播的针对性和有效性,以接受者容易理解的方式报告、分配营销信息;在报告中突出重点,指出营销信息的具体内涵及应用方式;全面收集信息接受者的意见和建议;在收集营销信息之前,认真细致地分析信息需求类别与紧迫程度,以及可用报告模式和信息分配渠道,然后再进行信息发送。在营销信息的整个流动过程中,营销人员要及时把握各个节点的信息扩散条件,并重视信息存储和备份工作,加强对营销人员的保密工作教育。

5.2　营 销 调 研

营销调研是企业开展所有营销活动的基础工作。没有市场调查,就不能准确掌握市场动向。营销调研是指调查者围绕特定目标,根据自身依托的资源和环境条件,针对企业设定的营销问题,运用合理的方法和手段,有组织、有计划地识别、采集、分析和汇总有关信息的活动过程。

营销调研的行为主体是营销部门及其相关人员,被调研对象是能够揭示所研究问题的客观事物及其内在关系。市场调研是一种主观认识客观事物的过程,在某种程度上既受调研者受教育水平、知识结构、生活环境、价值观念等主观因素的影响,也受市场环境中被调研事物基本属性的可呈现性的影响。调研过程中所使用的基本方法和技术手段以及调研活动的组织管理,也会影响整个调研结果。不同调研者对于同一事物的调研结果可能完全不同。即使是同一事物,由于其生命周期不同阶段的发展变化形态并不完全一致,不同观察时间段所取得数据结果通常也存在一定差异。

营销调研中可能出现的问题并不能否定这种方法的科学性和重要性。对这些问题的重视,有利于在调研过程中帮助企业制定切合实际的营销信息采取、汇报、分配方案,提高营销决策过程的效率和效果。营销信息管理的主要作用是通过信息把营销活动中的各类主体,即企业自身及各个下属单位与机构、消费者、供应商、中间商、社会公众紧密地联系起来。营销信息主要用于界定和描述营销过程中出现的各种问题、机遇和挑战,并以此为基础来规划、实施和评价营销活动。营销信息有助于适时监测企业营销活动的整体绩效和局部效果,进而改进全体员工对营销活动过程的目的、意义以及所秉承的企业使命、愿景、宗旨的理解。营销调研是一个体系化的准备、实施、反馈过程,在设计上首先应当是科学的,其次必须使用恰当的手段来客观、公正、诚实地测量信息,尽量避免人为因素的干扰,特别是要排除影响调研正常进行的不利因素。

5.2.1 营销调研的基本类型

市场营销调研由于所针对的对象不同,以及调研目的和重点有差别,可以采取不同类型的调研方式。营销调研类别可以依据调研目的、调研性质、调研时间等指标进行划分。

1. 根据调研目的的差异,营销调研大致可以分为探索性调研、描述性调研和因果调研

(1)探索性调研。探索性调研是比较常用的营销调研方法,通常是指市场调研者对所研究问题的范围和概念并不是很清晰,对研究对象的内在关系不是十分清晰的条件下进行的研究活动,主要表现为定义问题性质、进行追踪调查和发现市场机会。从活动方向上看,既可以是针对过去问题的寻根活动,也可以是面向未来的对未知事物的研究,还可以是针对现状的探究。因此,它主要是针对客观世界中某一具体问题或事物一般性质进行的探索活动。具体到市场营销,就是针对这一客观事物一般性质所开展的探索活动。探索性调研活动的目的是揭示一些不为人知的内在规律,收集营销决策所需的背景信息,进一步界定和明确所研究的营销现象或市场行为的边界和内涵。在此基础上,营销者寻找可以解决现实中问题的基本思路和方法,提出一些有价值的假设,并为未来研究指明方向,确立研究重点。探索性调研是营销调研者逐步揭示营销现象或活动真相的过程,或逐步接近真相的过程。它的价值在于开创性和探路性。探索性调研具有广泛受益性的特点。这种营销信息调研方式的一个基本特征就是对可能发现结果的未知性,有时甚至不能揭示和发现任何现象或规律。通常情形下,当企业对一些市场问题并不是十分了解和掌握时,就需要组织市场营销人员开展探索性调研。探索性调研在方式上比较灵活,事前无须制订周密的计划,对样本量大小也没有特别要求。文献研究法、经验调查法、深度访谈法、专题座谈法和案例研究法是比较常用的方法。

(2)描述性调研。描述性调研是指调研者对市场中存在的客观情况进行如实评价和反映的调研方法。这种调研方法主要揭示客观事物具体是什么样、具有怎样的特点,以及与其他事物之间的关系是什么等。它在报告形式上类似于说明文,即把现状形象具体地呈现给阅读者。由于不同调研者的观察角度存在差异,客观事物的呈现方式和内容并非一成不变,因而描述性调研所形成的结论并不总是一致的。从正面对客观事物进行描述是一种调研方法,从反面对客观事物进行描述也是一种调研方法。但是,分别从正面和反面进行观察可能得出完全矛盾的结论。因此,保持描述性调研客观性的一个重要方法是对客观事物从正反两个方面进行描述,尽量少掺杂调研者的个人情绪、偏见等主观因素。描述性调研通常是针对一些基本指标的调研,如产品销售价格、购买人群特征、企业所占市场份额、消费者购后评价都可以作为描述性调研的内容以统计图表显示出来。在市场调研报告中,被调查对象的人口统计特征构成描述性调研的重要内容。描述性调研也可以应用到具体的营销活动中,直接对相关活动的具体内容和组织过程进行描述。纯粹使用文字进行概括的描述性调研，尽管在报告撰写方面所用工具相对简单，但是在结论呈现上往往缺乏生动性和可比性。因此，描述性调研通常是图文结合式，用简洁的统计图表把复杂的文本内容呈现出来。描述性调研的重要原则是客观性、明确性和生动性。

（3）因果调研。因果调研是指调研者针对两个或多个事物或现象之间的因果关系进行的研究方法。这种调研方法在现代市场营销分析中应用十分普遍。与探索性调研和描述性调研不同，因果调研是寻找问题成因，即回答"为什么"。在变化万千的市场中，导致某一营销结果的原因可能有许多个，因此因果调研比探索性调研和描述性调研更复杂。一些经过分析验证相互之间存在关联性的事物，并不一定存在内在因果关系。因此，较高的相关系数并不表明具有因果关系。例如，苹果价格下降与其销量增加具有相关性，但是苹果销量增加的真正原因可能是中秋节临近。又如，手机价格下降与其销量增加也具有相关性，但并不是促成手机畅销的真正原因，而是支付方式改变直接导致手机更畅销。因此，在观察两个或多个事物之间是否存在因果关系时，通常需要观察是否还存在其他事物的影响。因果调研能够发现事物成因并通过改变这些因素有针对性地提出解决方案。因果调研首先应当确定事物间的关系，然后明确事件发生的时间顺序和逻辑关系，最后才是通过对变量和场景的控制进行排除式研究，进而发现影响事物的真实原因。实验法是在营销领域进行因果关系验证时常用的方法。

2. 根据调研性质不同，营销调研可以分为定性调研和定量调研

定性调研是指调研者判定市场中客观事物的性质的研究方法。定性调研往往依据调研者的经验和知识得出判断性结论，它往往与事物属性和类别判定联系在一起。由于无须数量指标来揭示和反映客观事物，或客观事物本身并不是以数量形式呈现的，因而这种调研方法通常没有标准格式要求，或数量判断标准。当信息呈无序状或主要目的在于识别事物的基本特征时，定性研究有着重要作用。定性研究者可以采用历史回顾、文献分析等方法，通过直接访问、观察和参与等形式，依靠经验来获取市场中的资料，并运用非量化工具对这些资料进行分析，进而得出结论。定性研究通常是针对一个规模较小、经过调研者认真挑选的样本个体来研究，这种研究并不要求得出具有统计意义的结论，而主要是依靠研究者的经验、感知及相关技术，对市场现象进行分析和洞察。小组座谈会、面对面访谈是比较常见的定性调研方法。有时，针对企业市场营销活动的案例分析，以及根据经验对市场某种现象的判断都属于定性研究。定性研究的优点是调研者在调研过程中对工具和方法的要求并不十分苛刻，其缺点是往往容易受调研者经验和判断力的影响。

定量调研是以数量、数值和数据为基础对营销信息进行加工的一种方法。定量研究的最大优点是以数据说话，既具有精确性和准确性，又便于纵向和横向对比。作为一种结构化调研方式，定量调研通常会生成标准化的报表格式，通过常用的统计、会计、技术指标反映市场信息包含的具体内容。定量调研尽管方法多种多样，但其基本步骤大致相同。面向市场收集数据通常是定量调研的第一步，接下来利用分析工具把所获数据资料转为量化指标，最后才是对指标进行解释。在数字经济时代，复杂的经济现象和市场活动在不同场景下以数字信息呈现出来，这就使定量分析有了重要的社会技术前提。大数据技术和统计挖掘技术对于营销中的数据处理具有重要的推动作用。定量调研使营销决策具有数据支撑，比起单纯依靠经验来判断更能获得认同。但这种调研方法也有缺点，容易使调研者过于相信数据和数字,走入数据形成的误区,而忽略数字背后的基本规律和被数据掩盖的真相。由于定量调研中所涉及的各种统计分析方法或多或少都具有一些假设条件,因此在数据深度挖掘过程中,有时分析过程越深入细致,变量和模型越复杂,得出的结论与市场真实情况的差别就越大。定量研究的主要方法有调查法、相关法和实验法。名义尺度、顺序尺度、间距尺度和比例尺度是该研究类型的主要测量方法。

3. 根据调研时间不同,市场营销调研可以分为横截面调研和纵向调研

横截面调研是指在一个特定时点或一个较短时间内对目标总体进行调研的方法。由于该方法在时间上具有一定的非持续性特征,因而其信息数据获取往往并不能反映目标总体全部生命周期阶段的运行状况。根据需要调研的次数及频率,该方法分为一次性横截面调研与多次横截面调研。该方法所采用的数据由于属于时点数据,在时间序列呈现上具有局限性,即单次调研并不能揭示目标总体的动态发展趋势和运行规律。多次横截面调研由于是在两个或两个以上的时点对同一目标总体进行信息收集,因而容易获得市场现象变化的动态特征。例如,企业可以在某个年份不同月份的某个时间节点,针对企业所经营的品牌产品进行销售额调研。将这些时间节点所获取的调研数据以统计指标值形式绘成图示,就可以比较直观地反映该年不同品牌产品的销售量与品牌偏好特征。在这种调研方式下,为保证不同时间节点指标值的可比性,企业应针对同一目标人群进行调研,但每次抽出的样本应当是独立的。

纵向调研是企业营销人员在调研过程中针对目标总体中的一个固定样本进行重复调查的方法。在该调研方式下,营销人员在每次调查中所履行的程序和设计内容基本相同,或者根据市场变化适当地调整调查内容。这种调研方式所选择的样本也被称为固定样本组。由于调研人员需要定期采集样本组成员的相关数据信息,所以样本选择和维持对调研结果有效性具有重要的意义。作为调研组织单位的企业,通常可以提供一些物质奖励来保证样本组成员在整个调研观察期内的相对稳定性。与横截面调研相比,纵向调研能够针对固定样本群体向纵深处研究,并且能够在信息采集上提供动态且连续的时间序列数据,这对于全面揭示同一被调查对象在某一个较长时间段内的发展变化有重要帮助。但是这种调研方法比较花费时间和精力,还需要被调查对象全程参与和积极配合。它的主要优点是能够弥补横截面调研所无法提供的数据信息。对媒体中特定对象内容的集中性收集、分析、反馈的监测式调研,以及针对家庭购买行为中的固定样本组调研都是比较常见的纵向调研方法。

5.2.2　营销调研的主要内容

营销活动在企业经营管理中地位的提升,使营销调研工作变得更加重要,因而所涉及的内容也越来越广泛。从类型上划分,营销调研可分为问题识别式调研和问题对策式调研。前者主要是帮助企业了解所面临的营销问题是什么,究竟是源于企业管理自身的问题,还是市场环境变化所引发的问题。这样的调研活动有助于企业正确认识自身优势和劣势,了解并掌握环境中的机会和威胁,进而明确企业营销工作的重点和方向。后者主要是指针对问题而寻找对策的调研,这类调研能够帮助企业改进正在实施的营销策略,提高营销活动的效率和效果。

1. 问题识别调研

问题识别调研主要有三种类型：行业与市场调研、竞争对手调研和购买行为调研。这些类型涵盖了市场环境中的三个不同方面。

(1) 行业与市场调研。行业与市场经常被混为一谈。但是不论是在理论上，还是在实践方面，它们都是两个具有不同含义和边界的客观存在。从市场营销的角度来观察，行业主要是指一个类型或多个相关类型企业的集合体；而市场是指具有相同或相似需求的消费者人群或购买力集合。因此，针对行业的调研主要是了解企业或企业群体的生存发展状况，概括出共性特征和要求。针对市场的调研则主要是了解消费者或消费者群体的需求状况和变动趋势。由于市场有最终消费市场和生产要素市场之分，因而市场调研所面对的主体可能存在较大差异。行业调研主要是针对企业所处的行业结构、行业发展趋势的调研，可能涉及政府与企业的关系、企业与消费者间的关系、行业中的就业情况、上下游企业之间的关系等。市场调研主要是市场需求状况、不同产品的市场份额的变动等方面的研究。行业调研可能更加侧重生产能力和供给水平，以及技术和信息等方面的变化，即主要关注与企业生产经营行为相关的各种环境条件；而市场调研则更加关注消费和购买力变化，围绕消费者的消费和购买行为进行研究，更多地侧重产品、价格、服务、收入等指标。行业和市场调研是营销决策的基本前提。

(2) 竞争对手调研。企业在制定营销战略或策略之前，必须了解竞争对手的情况。竞争对手调研的重要性丝毫不亚于行业和市场调研。但是，竞争对手调研由于种种主观和客观条件限制，往往很难取得预期效果。由于涉及商业伦理和竞争关系处理，这种调研更需要讲究方式和方法，否则容易引发竞争对手的反感，或招致行业的一致抵制。竞争对手调研主要包括市场进入方式调研、投资收购方式调研、生产运营标准调研、人力资源管理方法调研、营销体系调研、专利技术调研和供应链调研等。收集竞争对手的情报，如产品种类、价格区间、市场份额、消费者群体、促销活动安排、财务状况、技术水平、管理团队、盈利能力、投资项目、合作伙伴等，对于企业营销活动具有重要的参考价值。竞争对手调研既可以直接学习观摩竞争对手，也可以通过参加行业组织的各种会议来收集竞争对手的经营发展情况，还可以通过中间商或其他研究咨询机构获得相关信息。

(3) 购买行为调研。在种类繁杂的市场中，消费者购买行为千差万别，因此了解不同消费者的消费行为，或同一消费者在不同时期的消费行为，比较好的办法就是进行购买行为调研。购买行为调研能够识别的问题包括顾客的品牌产品偏好、购买频率、功能价值选择、满意度和排他性选择意愿等。购买行为背后的因素是动机，而动机背后的因素是需要。从需要的发现到动机形成，既是一个自觉自然的过程，也是一个可以通过外界刺激加速的过程。研究从动机向购买行为的转化，必须对需要向动机转变的方向作出判断。需要所引起的感觉越强烈、越迫切，越容易转化为动机。而从动机向购买转化则需要营销人员介入和引导。这时，对于购买行为的调研就有助于把购买动机转化为购买行为。这种调研过程有助于识别消费者购买行为中所表现的问题集中在哪个领域，或出现在哪些节点，进而通过营销方案设计逐一解决问题。有时，识别问题的性质和发展方向比解决问题更重要。因此，购买行为调研是一项过程十分复杂，结论可能偏差较大的工作。

2. 问题对策调研

营销信息的作用主要表现在它有助于解决问题。但是,解决问题可能有许多种路径和方法,因此针对问题进行与之相对的对策调研,具有重要的意义。不进行任何形式的调研而直接作出营销决策的案例并不少见,但是成功率并不高。这是由于决策者个人的主观性代替了科学的工作方法。因此,面对复杂现象时,尽可能进行问题对策调研就十分理性和必要。问题对策调研一般包括四种基本类型,每一种类型分别针对营销组合策略的一个具体方面。

(1) 产品调研。产品调研是针对市场对产品的需求状况所做的调查,其主要目的是依据消费者的实际需求推出适销对路的产品款式、功能、利益点,其中包括对已有产品销售状况的掌握和对新产品需求的调查。在这里,产品是一个广义范畴,既指具有物质形态的一般意义上的产品,也包括并没有物质形态的服务品种。产品调研通常涉及一些比较细致的环节,如产品种类与需求种类的对应程度、产品概念先进性、品牌产品数量及市场地位、包装设计风格及安全性等。由于产品质量与品牌忠诚、市场份额、生产成本等要素具有一定的直接或间接关系,因此在产品调研中,消费者对产品的感知质量是一项重要内容。产品调研一定要结合行业和市场环境形成结论,既要反映产品自身的发展变化,也要以竞争性产品为参考,反映所调研产品在市场中的地位。深入细致的调研可以为企业制定有竞争力的产品策略提供决策依据。

(2) 定价调研。价格既是产品质量的体现,也是品牌优势的体现,同时还是企业在行业中地位的体现。定价调研事实上就是了解和掌握企业产品的合理价格区间及可调整方向。由于价格中反映了企业经营管理方面的诸多信息,因而对价格进行调研对于改进企业的各项工作具有重要的参考价值。但是,在价格调研过程中,由于受市场供求的影响,以及行业环境和竞争者相关价格策略的牵制,单纯了解企业自身的价格执行情况并不具有广泛的指导意义。企业的价格政策既受产品质量的影响,也受行业生命周期的影响。定价过程中一般会体现企业经营管理的战略目标。以品牌塑造为导向的定价策略和以利润最大化为目标的定价策略通常并不是一种价格水平。以利润最大化为目标的定价策略,又与以获取市场份额为目标的定价策略有所不同。因此,在定价调研中一定要先明确企业的战略目标是什么,然后再调查目前的价格政策是否与企业目标和市场环境相匹配。制定合理的价格策略以及在适当时机进行价格调整,是价格调研需要得出的结论。定价调研中通常涉及对消费需求的价格弹性分析、对竞争性产品的价格分析和对产品成本的分析等。

(3) 分销调研。分销调研是针对营销渠道系统中所涉及的代理、批发、零售等中间商、物流配送系统以及金融保险等机构在执行企业产品分销任务时表现的效率和效果的调研。这其中既包括对渠道成员的调研,也包括对非渠道成员的调研。调研内容可以涉及渠道的所有权流、信息流、谈判流、收益流、文化流等的传递情况,也可以涉及渠道经营模式选择,如电商模式、直销模式、双重渠道等。由于分销是一个十分繁杂的系统,既涉及产品分发,又包括产品销售,因而调研工作通常点多面广。比较好的办法是选择调研的重点和主要领域,例如,在渠道商业模式中专门针对渠道之间价格不统一问题的调研,或者针对产品在不同地区之间窜货问题的调研。分销调研中涉及的渠道层次及成员、渠道间冲突、渠道覆盖产品和地域范围、渠道成员工作态度以及经营策略和经济实力等,都是比较常见的调研内容。在物流配送日益发达的今天,随着信息技术不断完善以及社交媒体中供需互动加强,分销调研的研究侧重点已与传统工业经济时代不同。网上分销和实体分销的优势互补,以及多种渠道模式的深度融合,都使分销调研在制定营销策略中扮演着越来越重要的角色。

（4）促销调研。促销作为一种营销刺激方式,其实施效果如何,需要经过调研才能获得相关数据。调研内容主要包括不同促销方式带来的市场反应,以及对企业品牌形象、利润和市场份额带来的增加值。对企业所执行促销措施效果不了解,或需要增加促销工具时,面向市场进行调研,或直接对竞争对手的促销方式进行调研是比较有效的方法。例如,在电视上登广告通常被视为具有广泛接触度的促销方式。但是在新媒体时代,随着互联网和智能手机的普及,人们对从电视、报纸等传统媒体获取信息的需求大幅下降,而对智能手机等可以直接获取及时数据的通信工具的依赖性增强,如果企业仍坚持使用传统媒体进行广告促销活动,那么其主要受众就会与社会中的高收入人群不一致。促销调研除了需要发现符合技术潮流和产品属性的促销模式外,还需要符合社会人群消费习惯。促销调研能使促销决策中的预算和活动安排更加合理化。企业促销调研的内容主要包括不同媒体促销功效研究、广告测试及效果评估、竞争性促销措施研究、企业公共形象研究、销售人员绩效研究、促销活动效果测评等。

5.2.3 营销调研的步骤

营销调研是一项面向市场、服务于营销目标实现的工作,要顺利完成各项调研任务,营销人员必须有计划、有步骤地安排好各个阶段的工作内容。具体而言,应遵循以下五个基本步骤。

1. 确定研究问题

确定需要研究和解决的问题,是做好营销调研工作的第一步,也是最基础的一步。企业营销部门及其人员只有清楚所面对的问题,才能有针对性地设计出调研方案。这一步骤所要完成的主要任务就是把营销管理者在营销决策中思考的问题逐项转化为所要调研的营销问题。在确定要研究的问题时,营销人员要准确领会决策者的意图及所要求的数据信息,并就调研可能遇到的问题和难点与决策者进行交流。超出调研能力的承诺并不利于营销决策。营销人员应全面汇报调研可能发生的费用、技术工具可行性等。有时,企业决策人员并不知道需要怎样的信息,或者认为信息越多越好,这反而不利于营销调研工作的开展。营销调研人员应当就开展探索性研究的必要性,以及咨询有关专家和分析二手资料等工作进行论证,然后再明确正式调研的工作方向和活动重点。

2. 拟订研究方案

研究方案是指与营销调研工作相关的各项活动的事先安排,具体包括活动的内容、时间、地点、人员配备、技术条件、经费支出、预期效果等。缺乏认真准备的研究方案,通常不会取得预期的调研效果。营销研究方案事实上是一个关于调研活动目标、路径、内容的全景式计划,其中有重点内容,也涉及一些辅助项目,还可能包括与第三方的合作。但是,研究方案中最关键的内容之一是调研内容、方法和工具。通常可以在方案中设计两个获取调研数据的途径:一手数据和二手数据。前者通常需要花费大量时间和精力来获取,且在一些情形下效果不一定比二手数据好;而后者则比较简便且容易获取,但是需要进行结构改进和再加工。一手数据的优点是可以按照调研者的思路采集,这对于最终形成调研报告具有重要帮助。二手数据的优点是来源渠道比较正规,数据真实性所能揭示的客观现象具有一定的普遍性。在互联网时代,一手数据的获取可以通过在线调研来实现,而二手数据也可以通过浏览一些政府网站、上市公司网页、咨询公司的数据库而获取。

3. 收集数据

营销调研方案确定之后,即正式转入方案实施阶段。按照营销调研计划所设计的方案来收集原始数据或二手数据,是一个体现执行力的过程。营销人员此时需要做的工作是全面了解各项调研内容所包括的数据要求和指标含义。有时,由于对数据指标概念的理解不一致,会导致信息失真现象。有时,通过实地调研获取的数据信息经不起抽样检验的验证。此时就需要客观地反映调研中的问题,保证数据的真实性和完整性。对真实数据出于某种目的进行虚假处理,是数据采集过程中应当禁止的事项。因此,组织好营销数据收集工作,对每一个可能存在虚假呈现的节点加强监管,是确保信息数据质量的重要前提。在数据采集过程中,营销人员的主要任务包括:对数据收集人员进行招募和培训,使符合要求的人员进入数据采集环节;对数据收集过程进行严格的监督和指导,发现问题及时纠正。

4. 处理和分析数据

在完成一手数据或二手数据收集后,营销人员要将数据交给专门机构进行处理和分析或自主进行处理和分析。在从事这项工作时要有专业、认真的态度。有时,对于同一批次的数据信息,不同的处理与分析机构可能会得出相反的结论。出现这种现象的原因可能是数据分析过程中因果关系倒置或采用了不同的分析工具和计算方法。

(1)对定性调研数据的处理和分析。通过营销定性调研所得到的数据,通常并没有标准化格式和程式化语言,因此其处理和分析过程较为复杂。营销人员可以先区分整个数据信息的类别,将同质化信息放在一起归纳出基本逻辑关系,然后再把各个类别的信息联系在一起,研究其中的规律。在概念上理解准确和对不同概念之间的逻辑关系掌握得比较清晰,是对营销定性调研所取得的数据进行处理和分析的基本前提。排除概念重叠,填补关键信息缺失,是定性研究的重要一环。同时,在工作中还应当借助简单的统计分析方法来呈现数据背后的内在关系。

(2)对定量调研数据的处理和分析。通过营销定量调研所获得的数据,一般都具有标准化的数据结构,因而在处理过程中便于分析和汇总。处理和分析定量数据时,首先应该对数据的质量进行检验,剔除不合格的数据信息,然后将各类数据信息进行编码,计算出可以量化的各种指标值。现行的统计技术工具比较多,常用的分析软件如 Excel、SPSS等都包含频数分析、列联表分析、相关分析、回归分析、因子分析、聚类分析等统计方法,能够把营销信息从可量化数据转化为统计指标值并计算出不同指标之间的关系。

5. 报告调研结果

营销调研报告有各种呈现形式,但其基本结构却有许多相似之处。调研报告通常由题目、摘要、正文和附录(如图片、表格、调研过程证明、文字记录、问卷模板)等要件组成。

在撰写调研报告时,营销调研人员需要做好以下三个方面的工作,把内容有力地呈现出来。

(1)使用简洁、规范的语言描述调研过程,用清晰、易懂、直观的方式总结调研成果,做到重点突出、内容丰富。

（2）在涉及对策建议的表述时,应当依据调研结论,用词准确,语义完整,尽可能做到客观、准确,经得起实践检验。

（3）指出调研可能存在的统计偏差或认识局限性,以及调研未涉及的领域,并对未来的调研工作提出方向性指引。

5.2.4　营销调研方法

1. 抽样方法

在营销调研中,不同企业所面对的总体在规模上可能存在差别。对于规模较大的总体,全范围覆盖的调研方式显然并不现实,因此必须选择其他可行的方法。抽样方法是专门针对总体规模较大情形的常用调研方法,其主要优点是通过从样本数据来推断总体可以节约人力、物力和财力。从总体中抽取的样本量是否足够多以及样本是否具有代表性,是该方法能否取得预期效果的关键。常用的抽样方法有概率抽样和非概率抽样两种。

（1）概率抽样。概率抽样也称为随机抽样,是指调研者按照事先确定的非零概率从总体中抽取一定数量的样本单位。在这种抽样方式中,目标总体中每一个个体都有被抽到的可能性,且这种可能性(概率)彼此相等。概率抽样由于是随机的,因而所获取的样本代表性比较好。在样本数据的基础上,调研人员可以用统计方法来推断总体特征,并估计这种推断可能出现的误差范围。按照抽样方法的差异,概率抽样又可以分为简单随机抽样、系统抽样、分层抽样和整群抽样。

简单随机抽样是将研究总体中每一个个体都赋予唯一编号,通过制成纸制编码表,用手工随机点击方式选择样本,或是制成电子表格输入计算机,由软件进行随机抽样。前者在方法上比较传统,已经较少使用;后者是现代社会统计调查普遍采用的方法。

系统抽样又称等距抽样或机械抽样法,是指调研者在总体中随机抽取出第一个样本单位,然后根据样本量来确定获取所有样本数目所需的抽样间隔,再根据所确定的间隔来抽取剩余的样本单位。

分层抽样是指调研者按照某些重要特征把总体分为若干个不同层次,各个层次之间既不能重叠也不能有空白区域,然后用简单随机抽样或系统抽样方法从每个层次中抽取一定数量的样本。

整群抽样是指调研者将总体分为若干个群组,然后随机抽取一定数量的群组作为样本。

（2）非概率抽样。非概率抽样也称为非随机抽样,是指调研者在抽样过程中依靠主观判断而非随机原则抽取样本。这种方法的最大优点是操作十分简便,能够体现调研者的主观判断。但是,由于总体中每一个个体被抽作样本单位的概率不一致,因此所选样本的代表性可能比较差,甚至无法有效地推断总体情况,更无法计算出抽样过程存在的偏差。非概率抽样包括便捷抽样、判断抽样、配额抽样和滚雪球抽样。

便捷抽样是选择容易接触的个体作为研究对象的样本单位,如在营销中经常采用的商场购物者拦截访问和在社交媒体群中的态度调研。

判断抽样是由调研者根据主观判断来选择样本单位,样本代表性与调研者的判断能力密切相关。

配额抽样与分层抽样比较类似,是指调研者先把总体按照一定特征分成不同类别,然后再根据每一类别在总体中所占比例来确定该类别样本单位的个数(配额),最后按照规定个数在类别中抽样。这种方法的优点是可以保证所选样本的构成与总体构成在所设定的特征下尽可能接近。例如,在收入调研中,可以先依据职业或行业对社会人群进行分类,然后再进行配额,最后形成样本来推断整个社会的总体收入水平。

滚雪球抽样是指调研者先抽取一定数量的样本单位,然后沿着与这些样本单位相连的线路找出下一层样本单位,以此类推,逐层往下抽取,直到所抽到的样本数量达到要求。这种方法类似于几何级数增长。例如,从 6 个个体中选中 2 个作为样本单位,然后由这 2 个样本单位各推荐 6 个个体,分别从中选取 3 个个体作为样本单位,以此方式继续往下或往外扩展,直到所获取样本数量达到调研要求。由于该方法在结构上类似于金字塔,因此被称为滚雪球式操作。

2. 调研方法

调研方法主要有三种:调查法、观察法和实验法。

(1)调查法。调查法是指调研人员根据事先拟定的调查项目或问题向被调查者了解和掌握营销信息。它是营销调研中使用最普遍的一种数据收集方法,既包括深度访谈、专题组座谈等定性调研方法,又包括使用调查问卷进行的面访调查、电话调查、邮寄调查和媒体调查等定量调研方法。例如,在家庭收入和消费支出调查中,调研人员一般要根据统计表的问题项和指标设计向样本中的家庭单位提出问题并逐项填写,然后再汇总样本的各个问题项和统计指标,进而推断总体指标值。

(2)观察法。观察法是指调研人员通过观察和记录方式对被研究对象的行为、态度、外在特征变化等进行描述。在这种方法下,观察者一般是作为旁观者,并不影响被观察事物的运行状况,不进行卷入式提问或干扰事物的自然状态。这种方法的优点是由调研人员自己观察来获得调研数据,而不是由被调研对象提供数据,因此客观性和真实性比较高。其缺点是花费时间长,费用比较高。在营销行为调研方面,观察法容易忽略动机、态度或意向等因素。同时,观察者的认知力和情绪也可能影响观察结果。

(3)实验法。实验法是物理学、化学、生物学领域常用的方法,在营销中也得到了大力推广。该方法是指在控制条件下对营销所研究的现象进行观察。实验法可以在环境条件有严格控制的实验室进行,也可以在现实环境中进行。在实验室进行的营销研究,能够对被测试对象进行有效操纵和控制,保证实验过程和结果的可靠性。其缺点是人工环境可能与现实环境有较大差异,因而研究结果的可信度存在疑问。现实环境中的实验的优点是被测试对象由于对实验并不知晓,因而表现比较真实客观,而缺点是干扰影响因素较多,不易获取想要的数据信息。

3. 问卷设计

问卷设计是调研人员的一项基本业务技能。一般来说,问卷设计应遵循以下五个步骤。

(1)确定问题的内容。按照内容划分,营销调研问题包括事实性问题和主观问题两大类。前者是指反映个人经历、家庭背景、行为、偏好等客观信息的问题项;后者是指反映信念、态度、感觉等主观信息的问题项。

(2)确定问题的类型。问题类型一般分为两种:开放式问题和封闭式问题。前者由调查对象自己组织语言填写,没有备选答案可以参考;后者则是调研人员提供答案由调查对象从中选择填写。

（3）确定问题的措辞。在问题措辞方面，一般要做到语义明确、简洁易懂。措辞不仅包括正确地使用文字和语法，还包括问题提出的具体方式。

（4）确定问题的顺序。问题顺序设计应当有利于调查对象顺利地填写、完成问卷。过滤性问题应设置在问卷开头，调查对象的背景信息应放在问卷最后。问题之间应具有一定的逻辑顺序，同一类问题应尽量放在一起，避免问题之间的跨度太大。

（5）问卷试填与修改。在正式调查之前，调研人员应选择小样本试填设计好的问卷，以便发现可能存在的问题并加以修改。

5.3 营销预测

营销预测是指建立在营销调研基础上的对营销发展变化趋势的判断。营销调研与营销预测是营销决策的重要基础。没有对营销进行深入细致的调研工作，或者没有对营销发展趋势进行预测，都很难形成科学有效的营销决策。

5.3.1 营销预测的程序

1. 明确营销预测目标

这是营销预测的首要步骤，即营销人员首先要知道预测什么，通过预测想要解决的具体问题是什么。预测目标需要根据企业和营销人员的能力设定，同时也应紧跟营销发展形势。

2. 收集、分析数据

历史与现实数据是预测的基础。营销人员应当把预测工作建立在占有充分数据的基础上，用数据信息预测未来比单纯地使用主观推理方法要可靠和客观。在收集、分析数据方面，应当保持数据信息的真实性和时效性。

3. 选择模型和方法

模型和方法是定量预测的重要工具。由于所有模型和方法都有一定的假设条件，因而在选择时要判断不同模型对预测对象的适用性。例如，市场定价模型、销量预测模型、分销配送模型、广告效果预测模型等在营销方面都有大量开发与应用。预测模型有效的基本特征是能够在数据需求和预测目标上与企业实现高度匹配。

4. 确定营销预测结果

由于企业所使用的数据并不是唯一的，所用预测方法可能有许多种，因此需要对比不同的数据和预测模型所得出的预测结果，同时也要考虑预测过程中发现的一些新因素的影响，并分析这些因素对最终结果的影响程度。市场预测需要充分考虑各种可以识别的影响因素，从而确定可能出现的误差范围及最终预测结果。

5.3.2 营销预测方法

1. 定性预测

定性预测也称为判断预测或调研预测，是指预测者通过调查研究，在了解实际情况的基础上，依据自己的工作经验和专业知识水平，对经济和社会现象的发展前景及其性质、方向和程度作出判断。其准确程度主要取决于预测者的工作经验、专业知识水平以及对实际情况的了解和掌握程度。预测者的分析判断能力也是一个重要方面。

在历史数据资料比较有限、缺乏准确性或主要因素无法用数字描述时,定性预测是一种较为有效的预测方法。常用的定性预测方法有用户调查法、销售人员意见法、经理人员意见法、专家会议法和专家意见法(德尔菲法)。

2. 定量预测

定量预测是指预测者根据调查统计资料和经济信息,运用统计方法和数学模型对营销现象的发展趋势所进行的测定。除了常用的简单平均法、加权平均法和移动平均法,还有回归分析法和时间序列法等方法。

雀巢咖啡在中国的崛起①

【案例背景信息】　雀巢公司于 1867 年成立,创始人是亨利·内斯特,公司总部设在瑞士日内瓦湖畔的韦威(Vevey),在全球拥有 500 多家工厂,是世界上最大的食品制造商。雀巢公司的愿景是为消费者提供营养、健康、安全、美味的产品,帮助人们生活得更健康、更幸福。

公司最初生产的是一种可以替代母乳的奶制品。20 世纪初,随着公司规模的扩大,雀巢开始实行多元化战略,除了育儿奶粉,公司还生产速溶咖啡、炼乳、乳酪、巧克力制品、糖果、速饮茶等数十种产品,成为世界上规模最大的食品制造商。

雀巢咖啡是速溶咖啡的缔造者,也是世界上第一个速溶咖啡品牌。起初是为了解决咖啡库存问题,在维持咖啡香醇不变的条件下保存较长时间,速溶咖啡由此诞生。

一、咖啡市场需求的增大

20 世纪 80 年代,雀巢咖啡进入中国市场。在绝大多数中国消费者习惯喝茶的时候,雀巢咖啡以一则"味道好极了"广告进入中国市场,渐渐深入人心,在中国咖啡市场份额竞争中赢得了主动权。30 多年来,雀巢咖啡在中国始终占据了很大的市场份额。我国咖啡消费增长迅速,且以速溶咖啡为主。调查发现,大城市中,喝速溶咖啡的人数占被调查总人数的比例高达 90%。数据显示,我国喝咖啡的消费者集中在 20~45 岁的中等收入人群,主要包括白领工作者或学生。这些消费者的受教育程度较高,有一定的消费能力。一方面,喝咖啡可以缓解他们的工作或学习压力;另一方面,他们年轻、时尚,敢于尝试新鲜事物,比较在意生活品质,很会享受生活。

随着中国社会经济的发展,人们的生活水平在不断提高,生活习惯也在不断改变,我

---

① 本案例参考以下资料撰写而成:[1]杨明刚."雀巢"何以筑巢中国——雀巢公司在中国的营销策略[J].中国广告,2001(9):57-61.[2]肖力.雀巢的筑巢之道[J].企业改革与管理,2004(7):54-55.[3]水木.八大速溶咖啡品牌介绍[J].农村实用经济,2012(10):61.[4]熊菊花.雀巢中国公司多品牌策略改进[D].北京:北京交通大学,2016.[5]政雨.雀巢 VS 麦斯威尔:数十载王位之争,看咖啡江湖沉浮[EB/OL].http://www.sohu.com/a/120252036_350514(2016-11-30)[2018-08-21].[6]梁柱.雀巢咖啡中国营销策略研究[EB/OL].http://www.docin.com/p-1477373979.html(2012-12-02)[2018-08-21].[7]明少.咖啡行业市场需求分析,咖啡厅市场规模不断扩大[EB/OL].https://bg.qianzhan.com/report/detail/459/180731-4b4d7975.html(2018-07-31)[2018-08-21].

国对于咖啡的需求在逐年增加,咖啡市场经历了快速增长的阶段。2014—2017年,咖啡行业的市场规模以平均45%的增长率增长。据有关机构预测,到2025年,我国的咖啡行业市场规模将达到10 000亿元。咖啡行业的高速增长吸引了许多咖啡企业的目光,雀巢、麦斯威尔、UCC等品牌纷纷涌入中国市场,增加了中国咖啡市场的多样性。

二、对竞争者的反击

在中国,麦斯威尔咖啡是雀巢咖啡的主要竞争者。麦斯威尔咖啡最早进入中国市场,目标消费群体是精英阶层。随后,雀巢咖啡进入中国市场,将目标消费群体定义为普通大众。麦斯威尔咖啡的特点是口味香浓,且在国外进口咖啡豆生产,成本高昂。雀巢咖啡在进入中国市场后,在云南建试验田,种植咖啡豆,降低了咖啡成本,迅速扩大了市场份额。麦斯威尔咖啡在咖啡味的基础上增加了不同口味,如香草味、卡布奇诺味、奶茶味等。但是从产品的种类、产地、包装等方面,雀巢咖啡为消费者提供了更多的选择,如三合一、摩卡咖啡的罐装和组合装。雀巢咖啡的品牌形象是温馨、休闲,给人一种明朗的感觉,尤其是在疲劳之后,能够让人放松片刻。麦斯威尔咖啡则更加注重温馨、人情,更多的是营造一种诗意的意境。

雀巢咖啡在与麦斯威尔咖啡的竞争中,逐渐处于领先地位,占据了中国咖啡市场的最大份额。

三、雀巢咖啡的发展

雀巢在进入中国市场后,并没有选择一成不变的产品进行营销,而是进行了本土化,根据中国消费者的需求、习惯和文化,研发了许多口味。雀巢在中国设立了许多研发工厂,不断研发新产品,保证产品的质量安全和创新。它很善于把握市场机会,针对市场变化积极作出反应。例如,雀巢咖啡在进入中国时以"味道好极了"的广告语形容咖啡的口感,吸引消费者的注意力,强化咖啡提神、令人兴奋的效果,同时根据中国消费者逢年过节送礼的传统文化习俗,推出了礼品包装的咖啡,宣传咖啡可以作为送礼佳品,从而迅速打开了中国市场。20世纪90年代,中国年轻人的生活方式发生了变化,雀巢咖啡将广告的主题改为"好的开始",以长辈对晚辈的关怀为纽带,喻指年轻人开始走向工作岗位,开始新的生活,雀巢咖啡的主要消费群体是这群年轻人。雀巢在开拓市场时注重对品牌的宣传,采用了不同形式的媒体,包括电视广告、平面广告、地铁广告、公共关系等。在广告中也注重本土化,结合中国消费者的消费习惯,在广告中反映了各地的生活方式。

【案例讨论题】

(1) 雀巢在中国的发展具有哪些优势和劣势?

(2) 雀巢进入中国市场比麦斯威尔晚,为什么能超过麦斯威尔占据较大的市场份额?

复习思考题

1. 简述营销信息系统的基本构成。

2. 什么是营销调研? 如何对营销调研进行分类?

3. 企业营销调研的内容有哪些?

4. 营销调研有哪些方法?

5. 市场预测的主要方法有哪些?

第 6 章

市场购买者及其购买行为分析

【本章知识点】
- 消费者、消费者市场、组织、组织市场的概念
- 消费者行为模式及影响消费者购买行为的主要因素
- 消费者购买决策的主要类型及购买决策过程
- 组织市场的构成

市场购买者分为两类：一般意义上的购买者——个人消费者和家庭消费者，统称消费者；购买数量巨大、决策过程复杂的组织购买者，其中政府购买者是比较特殊的购买者。市场营销过程从本质上讲，就是不断满足这些不同类型的购买者的需要。而要想满足这些需要，首先要对他们的行为进行分析。

6.1 消费者及其购买行为分析

在国民经济核算体系中，个人消费和家庭消费是最终消费的重要组成部分，可以说一个国家的整个经济活动基本上是围绕这两部分展开的。因此，个人消费者和家庭消费者是大多数企业尤其是普通消费品生产企业的重要购买者，他们的消费心理和购买行为在很大程度上影响并决定了这些企业的营销活动的成败。

6.1.1 消费者及其购买行为模式

分析消费者这一类型的购买者，首先需要理解消费者与消费者市场这两个概念。

1. 消费者

作为主要购买群体的消费者，是相对组织购买者而言的。在一般意义上，消费者是指为了满足生活消费而购买商品或服务的人。生活消费活动往往是以个人或家庭为单位进行的，因而消费者包括个人消费者和家庭消费者。这些最终消费者的集合构成了消费者市场。

2. 消费者购买行为模式

消费者几乎每天都要作出购买决策，对于如此频繁的购买行为，企业通常会思考这样一些问题：谁是决定购买的重要人物？他们如何购买？他们购买选择的标准是什么？他们在何处购买？他们在何时购买？如图6-1所示。

通常情形下，消费者总是受外部环境影响，而且在行为上表现出"刺激—反应"模式，即消费者在一定外界刺激物的作用下，会产生一些与消费有关的反应。

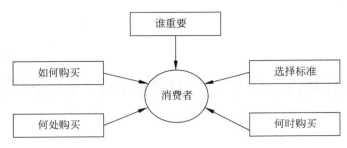

图 6-1　了解消费者

资料来源：[英]大卫·乔布尔.市场营销学原理与实践[M].胡爱稳,译.北京：机械工业出版社,2003：50.

该模式的主要内容如下。首先,消费者总是处在一定的外界刺激之下,这些外界刺激可分为两类：一类是来自企业的营销刺激,即企业所提供的产品、价格、分销和促销；另一类是来自外部环境的刺激,由消费者所在的政治、经济、技术、文化等外部环境引起。其次,上述两方面刺激必然会对消费者产生一定的影响,导致消费者作出某种最终反应,这些最终反应体现在消费者对产品、品牌、经销商、购买时机及购买数量的选择方面。通过这一系列选择,消费者最终实现购买行为。

尽管营销刺激和其他刺激都是可见的,而且消费者应对这些刺激的最终反应也是可见的,但是试图敏锐地观察到消费者内心深处作出这些反应的心理过程,显然不是一件容易的事。因此营销人员把隐藏在消费者内心深处的判断过程视为不容易被直接观察到的部分,并称之为"购买者黑箱"。对于同样的外部刺激,不同的消费者可能作出不同的反应。

事实上,消费者行为理论的核心问题是如何关注并探究隐藏在可见刺激和反应背后的深层次心理因素。营销人员的主要任务之一,就是研究"购买者黑箱",即影响消费者对外部刺激作出反应的因素,了解特定刺激将引发消费者的何种反应,揭示消费者的行为规律,从而制定有针对性的、行之有效的营销策略。

一般而言,消费者对外部刺激的反应(即购买决策)取决于两方面的因素。一是消费者特征,它受多种因素的影响,并进一步影响消费者对刺激的理解与反应；二是消费者购买决策过程,它影响最后的结构状态。

作为购买者的消费者,其行为模式如图 6-2 所示。

6.1.2　影响消费者购买行为的主要因素

影响消费者购买行为的因素有很多,主要包括文化因素、社会因素、个人因素和心理因素。图 6-3 列出了影响消费者购买行为各种因素的详细内容。

1. 文化因素

文化因素是对消费者购买行为影响最为广泛和深刻的因素之一。这种影响主要表现在文化、亚文化和社会阶层三个方面。

(1)文化。文化从总体上讲是指人类文明进化的过程,既有"文明成果"的展现,又有在这种成果基础上的"进化"演进；而从个体上讲,则是作为社会成员的个人对于文明规范、道德标准、知识技能的理解和掌握程度。广义文化是指人类创造的一切物质财富和精

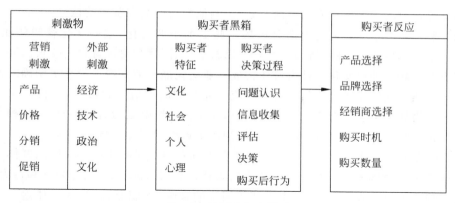

图 6-2　购买者行为模式

资料来源：根据[美]菲利浦·科特勒,洪瑞云,梁绍明,陈振中.市场营销管理：亚洲版·第 2 版[M].梅清豪,译.北京：中国人民大学出版社,2001：169；[美]菲利浦·科特勒,加里·阿姆斯特朗.市场营销原理：第 11 版[M].郭国庆,等,译.北京：清华大学出版社,2007：123 的相关图表整理而得.

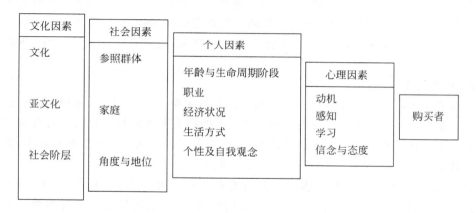

图 6-3　影响消费者购买行为的主要因素

神财富的总和；狭义文化是指人类精神活动所创造的成果。从消费者行为的角度来理解,文化是由一个社会群体里人们行为中所蕴含的态度、信念、价值观、规范、风俗、习惯等元素构成的复合体。

　　文化是形成一个人或一个社会群体的需要和行为的最基本动因之一。文化总是与社会历史发展紧密地联系在一起。文化既是人类社会发展历史的传承和积淀,同时又在不断地吸纳人类现代文明中的优秀成果。文化可以通过"继承"和"习得"两种方式获得。一个社会的文化并不是固定不变的,它总是在吐故纳新、向前发展。不同历史时期、不同社会背景下的文化差别较大,因而文化又是动态的。文化具有历史性、社会性和阶级性,它是社会全体成员共有的理想、信念的基础。

　　例如,中华文化源远流长,博大精深,文化子流众多,内涵丰富,但其主流文化是儒家文化。在这种主流文化中,人们倡导接近自然、友好相处的生活方式；在品行培养中崇尚淡泊高雅；在人际交往中,讲究行为有度；在对待物质利益方面,不追求急功近利,而是提醒人们应该有"义""利"之区分。这一文化对中国消费者具有潜移默化的影响,它造就、影响和支配着中国广大消费者的生活方式,影响他们对产品和服务的认同。

(2)亚文化。每一个文化中都会包括一些更细小的文化,这些文化就叫作亚文化。亚文化包括人口特征、地理位置、政治信仰、宗教信仰、国籍和伦理背景等要素。许多细分市场都由处于同一种亚文化的社会群体构成。亚文化能够为其成员带来更明确的社会认同感和集体感。其群体成员不仅具有与主流文化相同的价值观念,还具有自己独特的生活方式和行为规范。就消费者购买行为而言,亚文化的影响更为直接和重要,这种影响甚至是根深蒂固的。对企业来说,亚文化群体构成了重要的细分市场。

(3)社会阶层。社会阶层是指在一个社会中具有相对同质性和持久性的群体。社会阶层一般是按等级排列的。每个阶层的成员都有相类似的价值观、兴趣爱好和行为方式。社会阶层划分不仅受收入的影响,也受其他因素的影响,如职业、教育和居住地。社会阶层差别主要体现在吃、穿、用、住、行等方面,此外也体现在语言表达方式、娱乐爱好和政治观念等方面。处于不同社会阶层的人在生理、安全、社交、尊重和自我实现等需要层次上表现出的具体需求有较大差异。

在人类社会发展的各个具体形态中,普遍存在社会阶层。社会阶层的极端表现就是社会等级。在这种社会状态下,不同等级的人很难进行沟通和交流,但是这些不同层次的人在社会中都担当了一定的角色。社会阶层一经确定,通常具有相对稳定性,并趋于结构化。

2. 社会因素

消费者购买行为还经常受到一系列社会因素的影响,如参照群体、家庭、角色与地位。

(1)参照群体。参照群体是指对消费者个人的购买态度和购买行为具有直接或间接影响的所有群体。它可能是一个团体组织,也可能是某几个人;可能是正式群体,也可能是非正式群体。一般而言,参照群体主要有以下两大类。

第一类,归属群体。这类群体主要由消费者个人的家庭成员、亲戚、朋友、同事等组成,这些人与消费者学习、生活和工作的关系相对紧密,而且他们的意见对消费者购买决策的影响也比较大。消费者客观上需要从这些群体中获得感情寄托和社会认同感。

第二类,崇拜群体。这类群体的成员与消费者的关系并不紧密,甚至没有直接交往,但是消费者在购买方面很欣赏他们的选择与判断。他们通常是影视明星、体育明星、社会杰出贡献者、成功者、企业家、专家、学者、政治人物等,消费者在心理上欣赏这样的群体,把他们作为学习和行动的榜样,并十分渴望加入此类群体。

在商品种类越来越多、"核心产品"被"形式产品"和"附加产品"层层包围的市场中,由于缺乏购买经验和消费知识,缺少评价商品的基本标准,普通消费者有时很难准确地知道自己究竟需要什么。为此,选择一个参照群体确实是一件既省力又能获得社会认同的好办法。在青少年消费者群体中,购买明星所倡导消费的品牌,似乎就是过上了与明星一样的生活。虽然这种感觉并不真实,但是消费者往往很相信自己崇拜对象的一言一行。

例如,凭借玛丽莲·梦露经典的广告语——"唯一的晚装",香奈尔成为当时世界上最畅销的香水品牌;"洋快餐"代表麦当劳进入中国市场后,充分发挥"参照群体"这一营销概念,邀请了大量年轻、靓丽或帅气的体育明星、影视明星作为产品代言人,使其市场开拓取得了非常好的效果;同样,可口可乐、百事可乐、肯德基等品牌也通过精选明星代言人这种营销方式吸引了一大批中国消费者。

对参照群体影响力的判断主要依据两个重要标准：产品是公共消费还是个人消费；产品是奢侈品还是必需品。参照群体对公共品和奢侈品的购买更具影响力，因为这类商品在社会上具有高度可见性，容易引起他人的关注。需要指出的是，在影响人们消费行为的整个过程中，专家、偶像很多时候发挥着"意见带头人"的作用。

（2）家庭。家庭是以婚姻、血缘和有继承关系的成员为基础形成的一种社会单位。一般而言，每一位消费者在其有生之年都会有两个家庭，即婚前家庭和婚后家庭。事实上，个人购买行为与其家庭成员关系极为密切。市场中的大部分消费行为是以家庭为单位进行的。在一个典型的现代家庭中，父母和子女是家庭的基本成员。

作为消费者，每个人的购买习惯都或多或少地受其家庭成员的影响。例如，父母的购买习惯和消费偏好会直接影响子女。作为家庭成员的丈夫、妻子以及子女在购买决策中的角色各不相同。例如，传统的中国家庭中，妻子是家里各项消费的总管家；而在印度，丈夫有更大的决策权。[①] 家庭消费决策权主要由谁掌握？消费支出主要是为了谁？这不仅取决于家庭成员的劳动分工和经济地位，而且取决于家庭生活观念和生活习惯。在现代社会中，随着家庭成员经济独立性增强、生活品质提高和生活观念改变，越来越多的家庭消费项目是由每个成员自主决策的。

（3）角色与地位。消费者在一生中会成为许多组织的一员。这些组织既包括家庭、工作单位，也包括因个人爱好而自愿加入的机构。消费者在这些组织所处的具体位置，就是其地位；而所从事工作的内容就是其角色。例如，在婚前，约翰在家里的角色是儿子；婚后在自己家里，他在妻子面前是丈夫，在儿子面前是父亲；而在单位，他是部门经理，他要遵循上级指令行事并要求下级积极工作；在一些自愿组织中，他与其他人是一种伙伴关系。在不同的场合，由于角色不同，地位也就不同。事实上，消费者购买习惯与其角色和地位有直接关系。

不同消费者由于角色和地位不同，在购买行为上也会展现出不同的特点。即使是同一位消费者，由于承担着多种不同的角色，并在特定时间里具有特定的主导角色，且每种角色都代表不同的地位和身份，因此往往会不同程度地出现与其个性存在差异的购买动机和行为。

3. 个人因素

消费者购买决策还受个人特征的影响，这些特征包括年龄与生命周期阶段、职业、经济环境、生活方式、个性及自我概念等。

（1）年龄与生命周期阶段。从消费者个人年龄段来考察，其购买行为与所处年龄段密切相关。从幼年到老年，随着年龄增长，人们对产品的喜好也在不断改变。例如，幼年时喜欢吃零食，喜欢玩具；而在老年阶段，出于对健康问题的关注，则增加了保健品和医药品的需求量。消费者在一生中的不同阶段所购买的产品和服务种类是不完全相同的，企业可以把产品和服务定位于一个或多个特定年龄群。

---

① ［美］菲利浦·科特勒，洪瑞云，梁绍明，陈振中.市场营销管理：亚洲版·第 2 版［M］.梅清豪，译.北京：中国人民大学出版社，2001：174.

从家庭生命周期的角度考察,处于不同阶段的家庭之间,消费选择也有所不同。企业可以把目标市场定位于某个阶段的家庭群体,例如,一对没有小孩的夫妇在外出就餐和度假上的花费可能在生育了小孩之后转移到与之前完全不同的购买上。家庭生命周期和购买行为如表 6-1 所示。

表 6-1 家庭生命周期和购买行为

家庭生命周期阶段	特 点	购买和行为模式
1. 单身阶段	年轻,不住在家里	几乎没有经济负担,新观念的带头人,娱乐导向。购买厨房用品、家具、汽车、游戏设备、度假
2. 新婚阶段	年轻,无子女	经济比下一阶段好,购买力最强,耐用品购买力高。购买汽车、冰箱、耐用家具、度假
3. 满巢阶段一	最年幼的子女<6 岁	家庭用品采购的高峰期,流动资产少,不满足现有经济状况,储蓄一部分收入,喜欢新产品,如广告宣传产品。购买洗衣机、电视机、婴儿食品、玩具
4. 满巢阶段二	最年幼的子女≥6 岁	经济状况好,对广告不敏感,喜欢大包装商品,配套购买。购买食品、清洁用品、自行车、音乐课本、钢琴
5. 满巢阶段三	年长的夫妇和未独立的孩子	经济状况仍然较好,一些子女有工作,对广告不感兴趣,耐用品购买力强。购买新颖别致的家具、汽车、旅游用品、非必需品、杂志
6. 空巢阶段一	年长的夫妇,有工作,无子女同住	大多拥有自己的住宅,经济富裕,有储蓄,对旅游、娱乐、自我教育尤感兴趣,愿意施舍和捐献,对新产品无兴趣。购买度假用品、装修用品、奢侈品
7. 空巢阶段二	年老的夫妇,无子女同住,已退休	收入锐减,赋闲在家。购买有助于健康、睡眠和消化的医用护理保健用品
8. 老年单身阶段	退休	需要与其他退休群体相仿的医疗用品,收入锐减,特别需要得到关爱、情感和安全保障

资料来源:[美]菲利浦·科特勒.营销管理:新千年版·第 10 版[M].梅汝和,等,译.北京:中国人民大学出版社,2001:202.

(2)职业。一个人所从事的职业在一定程度上代表他的社会地位,并直接影响他的生活方式和消费行为。不同职业的消费者的购买模式各不相同,如公司经理与普通工人、社会公众人物的消费行为存在显著差异,企业可以依据特定职业群体的消费特点,为其提供所需的产品和服务。

又如,你很少会看到一名政府工作人员参加正式会议的着装会像商人那样特别注重价值和品牌,并看重与之配套的装饰品的奢华程度。因为这些品牌服装和修饰品向他人传递的信息仅是财富,而这并不利于塑造一个公正廉洁的行政人员形象。但是,衣着太差又会影响所在政府部门的对外形象并使别人觉得他在故意表现清廉。因此政府工作人员与其身份相符的服装就是干净整洁的工作装。对于教师而言,其角色和地位主要通过知识和科研成果体现,因此他们往往很少在意外在的东西。

(3)经济状况。消费者个人的经济状况与其所面临的经济形势有直接关系。经济繁荣时,消费者购买支出增加,对自己的收入预期看好;经济不景气时,消费者对价格变得敏感,购买行为趋于谨慎。因此,经济状况对消费者的消费选择具有重大影响,在很大程度上决定着消费者可用于消费的支出水平、对待消费与储蓄的态度以及借贷能力等。因此,企业在开展营销活动时,应关注个人收入、储蓄和利率的变化趋势,根据不同的消费环境确定相应的营销策略。

(4) 生活方式。由于每个消费者对生命价值和生活意义的理解并不完全相同,因此他们在购买行为上表现出各自的特点。生活方式是个人生活的模式,具体包括消费者的活动(工作、嗜好、购买行动、运动和社会活动)、兴趣(食品、服装、家庭、休闲)和意见(有关自我、社会问题、商务和产品等),即消费者 AIO(activities, interests, opinions)模式。[①]消费者 AIO 模式可以由消费者的消费心态表现出来。从经济学角度看,一个人的生活方式表明了他所选择的分配收入方式及对闲暇时间的安排。一个人对产品和服务的选择实质上是在声明他是谁,他想拥有哪类人的身份。消费者选择这样而不是那样的一些商品、服务和活动,是由于他们把自己与一种特定的生活方式联系在一起。企业应注意寻找特定产品与特定生活方式群体之间的联系。

一些公司对生活方式进行研究和分类,其中应用广泛的是 SRI 咨询公司 VALS(Value and Lifestyle)分类方法。这种方法按照人们对时间和金钱的花费方法划分生活方式,依据"主要动机"和"资源"两个标准把消费者分为八组(见图 6-4)。其中,主要动机包括理想、成就和自我表达;资源包括收入水平、受教育程度、健康状况、自信心、精力及其他因素。

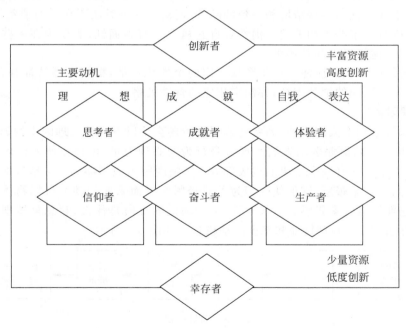

图 6-4　VALS 生活方式分类

---

① ［美］菲利浦·科特勒,加里·阿姆斯特朗.市场营销原理:第 11 版［M］.郭国庆,等,译.北京:清华大学出版社,2007:130.

按照 VALS 方法,在动机方面,主要受理想激励的消费者会将知识和原则作为指南;主要受成就激励的消费者会购买能向同辈显示其成功的产品和服务;主要受自我表达激励的消费者渴求在社会或自然界的实践和冒险。而有着非常多或非常少资源的消费者不按照其主要动机进行划分,前者属于创新者,后者属于幸存者。创新者可以不同程度地展现所有三种动机,而幸存者不能较强地显示任何动机。

(5)个性与自我概念。个性是指个人独特的心理特征,这种心理特征能够使其对环境作出相对一致和持久的反应。描述个性的词汇通常有自信、自控、情绪化、自尊、自卑、社会性、顺从、保守、积极、进取等。霍兰德模型描述了不同个性与各类职业的相互关系。该模型把不同性格特点的人划分为现实型、研究型、社会型、传统型、企业型和艺术型六种类型,分别对应不同的职业范围。例如,传统型性格的个性特点是顺从、高效、实际、缺乏想象力、缺乏灵活性,因而对应的工作是会计、业务经理、银行出纳、档案管理员等。

当代消费已经进入个性化时代,因而企业必须充分了解不同个性的消费者的购买差异。例如,有的消费者稳健而保守,具有比较高的品牌忠诚度;有的消费者具有冒险精神,好奇心很强,愿意尝试新产品。还有一些消费者对于自己的喜好并不是很清楚,往往受环境和他人影响,喜欢看广告并按他人的意见选择商品。

营销人员使用的另一个与个性相关的概念是自我概念。它是指一个人对自己的看法,因此有时也被称为自我形象。一个人实际的自我概念——现实中对自己的看法,与其理想中的自我概念——理想中对自己的看法,可能存在较大差异。此外,与他人对自己的看法——他人自我概念,也有一定区别。例如,对于他人的看法比较敏感的消费者,通常在购买中会选择个性与消费情境一致的品牌,而对于此类看法不在意的消费者,可能会按照理想中的自我来购买和消费。消费者自我概念具有多面性,表现为在一些场景中严肃认真,而在其他场景中却和蔼可亲。

在营销活动中,企业应注意赋予产品一定的个性化特征,根据个性特征和自我概念,把消费者划分为不同的细分市场,并制定相应的营销策略。

4. 心理因素

除文化、社会和个人因素外,消费者购买决策还会受以下几种心理因素的影响。

(1)动机。动机既是驱动人们实现自身行为的心理力量,也是驱使人们对目标物体作出行为的力量。它有两个重要的组成部分:一是内驱力或引唤力;二是目标物体。内驱力是内在的一种紧张感,它促使人们为了减轻紧张感而采取行动。目标物体是外界的某物,获得它能够减轻紧张感。一般而言,不论动机的方向是什么,它总是体现在五个方面:需要、情感、投入、心理特征和态度。动机过程如图 6-5 所示。

图 6-5　动机过程

亚伯拉罕·马斯洛在其《动机与人格》一书中,举例说明了动机的内容。当一个人感到饥饿时,他不仅在肠胃功能方面有所变化,而且在许多方面,或许在他所具有的大部分功能方面都有所变化。他的感知改变了(他会比其他时候更容易发现食物),他的记忆改变了(他会比其他时候更容易回忆起一顿美餐),他的情绪改变了(他更倾向于考虑获得食物,而不是解一道代数题)。这些现象可以扩展到生理和心理方面的所有其他官能(faculty)、能力(capacity)、功能(function)。换句话说,当约翰·史密斯感到饥饿时,他被饥饿所主宰,他是一个不同于其他时刻的人。[①]

需要是人们想达到的状况与现实状况的差距,它容易对认知意识和评估产生作用。情感和情绪是独立的,能产生更多的个人经验。投入是个人对产品、活动或服务表示兴趣的一种测量,它能决定动机的程度。心理特征结合了驱动动机的个人心理及行为特征。态度是经常影响消费者动机的认识倾向。[②]

每个人在每个时刻都有许多需要,其中有生理的(如口渴、饥饿等),也有心理的(如尊重、归属等),需要只有强烈到一定程度时才会转化为动机。动机是一种上升到足够强度的需要,它能及时引导人们去探求满足需要的目标。

(2)知觉。知觉是个人选择、组织并解释信息投入,以便创造一个有意义的个人世界图像的过程。知觉不仅取决于物质的特征,而且取决于刺激物与周围环境的关系以及个人所处的状况。

不同的人有时对同样的情况会产生不同的知觉。这是由于人们是通过视觉、听觉、味觉、嗅觉和触觉这五种感官来感知刺激物的。每个人由于自身感官功能的差别,感知、解释信息的方法和结果各不相同。

此外,人们对同一刺激物产生不同的知觉,还因为人们经历了三种知觉过程,即选择性注意、选择性扭曲和选择性保留。

选择性注意是指消费者在购买时,通常会筛选掉那些对自己没有意义或与自己的经历和信念不一致的刺激过程。例如,人们进入商场后,可能会面对各种各样的促销信息,但是由于时间和精力限制,他们通常只选择一部分感兴趣的信息进行分析和识别。选择性注意对广告业有重要意义。

选择性扭曲是指消费者在购买时可能曲解与自己现有观点不一致的信息,认为自己听错了信息,或者怀疑信息的来源。对此,营销者应当尽可能提供证明材料说明商品的性能和价值,这有助于减少消费者选择性扭曲的范围。

选择性保留是指消费者会忘记他们所知道的许多商品信息,但他们通常会保留一些有助于支持自己信念和态度的信息。例如,消费者会把一些品牌产品的优点及其形象代言人的推荐语深深地留在记忆中。对此,营销者应当把产品促销活动与购买者的生活信念以及价值判断联系在一起。

(3)学习。学习是指由于经验而引起的行为改变。它是长期记忆中内容的变化。学习的机制包括认知学习(机械记忆和解决问题)、经典性条件反射、工具性条件反射和模仿。

由于市场营销环境不断变化,新产品、新品牌不断涌现,消费者必须多方收集有关信息之后,才能作出购买决策,这本身就是一个学习过程。同时,消费者对产品的消费和使用同样是一个学习过程。营销人员可以通过把产品与强烈的驱使力联系起来,利用刺激性诱因并提供正面强化等手段,来建立消费者对产品的需要。

---

① ［美］亚伯拉罕·马斯洛.动机与人格:第 3 版[M].许金声,等,译.北京:中国人民大学出版社,2007:4.

② ［美］迈克尔·R.辛科塔,等.营销学:最佳实践[M].李占国,译.北京:中信出版社,2003:37.

(4) 信念与态度。信念是指一个人对事物所持有的描述性思想。通过实践和学习，人们获得了自己的信念和态度,它们又反过来影响人们的购买行为。企业非常关注人们在头脑中对其产品和服务所持有的信念,它们树立起企业产品和品牌的形象。[①] 人们是根据自己的信念行动的。例如,对于产品和服务的错误信念会阻碍消费者的购买行动。企业应通过促销活动来纠正这种信念,使消费者树立对产品和品牌的正确信念。

态度是一个人对物体、人和事件等客观事物所做的评价性陈述,无论他是否喜欢这一客观事物。态度由认知、情感和行为三个要素构成。态度表现为人们喜欢或不喜欢某些事物,往往形成之后就成为一种相对固定的模式。营销者应使产品尽可能适应消费者既有的态度。在必要时,尽可能想办法改变消费者的购买态度。

消费者的购买选择是文化、社会、个人和心理等因素综合作用的结果,企业及其营销人员在制定营销策略时,必须综合考虑这些因素。

6.1.3　消费者购买决策过程

除文化、社会、个人、心理等因素外,购买决策过程同样影响消费者的判断与选择。因此,市场营销人员不仅要了解影响消费者购买的各种因素,还要了解消费者是如何作出购买决策的。

1. 购买决策的角色划分

不同的消费者在购买决策中扮演着不同的角色。在每一项具体购买行为中,其决策可能受许多人的影响。这些人在购买活动中可能扮演了以下五种角色。

(1) 发起者:开始考虑购买的人,通常乐于收集信息以帮助决策。

(2) 影响者:试图说服小组内其他人接受决策的人,通常收集信息,试图根据自己的选择标准作出决策。

(3) 决策者:最终决定购买哪些产品的掌权者或掌管财权的人。

(4) 执行者:进行交易的人,给供应商打电话,去商店,付款,把产品运回家。

(5) 使用者:产品实际的消费者或用户。[②]

这些对购买行为产生影响的人,有时一人扮演多个角色。

了解消费活动的主要参与者及其扮演的角色,有助于企业有针对性地制订营销计划。营销人员首先应分析和确认消费者可能扮演的角色,然后开展相应的产品设计和广告促销活动。

2. 购买决策的基本类型

同一个消费者在购买价格、效用等方面差别较大的不同产品时,其购买行为有较大差异。复杂的、花费较多的购买决策往往需要多人参与,并经过反复权衡。例如,人们在购买住房和汽车等对其工作、生活和学习有重要影响的大类商品时,往往非常慎重,因为一不小心就可能落入缺乏营销伦理道德的营销者精心设计的消费陷阱。

---

① [美]菲利浦·科特勒,洪瑞云,梁绍明,陈振中.市场营销管理:亚洲版·第 2 版[M].梅清豪,译.北京:中国人民大学出版社,2001:186.

② [英]大卫·乔布尔.市场营销学原理与实践[M].胡爱稳,译.北京:机械工业出版社,2003:50.

根据消费者参与程度和品牌间差异程度，可将购买行为分为四种类型（见图 6-6）。

品牌差异 \ 消费者参与度	高	低
大	复杂的购买行为	寻求变化的购买行为
小	减少失调感的购买行为	习惯性购买行为

图 6-6　消费者购买行为类型

（1）习惯性购买行为。习惯性购买行为的特点是消费者参与程度不高、品牌间差异不大。对价格低廉、经常购买的产品（如白糖、大米、面粉等）的购买就属于此类购买行为。这种购买方式下，消费者购买行为比较简单，不会花很多时间精挑细选，只是被动地接受各种广告信息，选择品牌也只是出于品牌熟悉，而非出于品牌信念。对此类购买行为，优惠价格、电视广告、营业推广等手段的促销效果较好，能达到鼓励消费者试用、购买和续购的目的。

（2）寻求变化的购买行为。寻求变化的购买行为的特点是消费者由于品牌差异大而参与程度低且经常改变品牌选择。消费者不愿意花费更多时间进行选择且不断变换所购产品品牌，主要是为了寻求变化，而不是对所购产品不满意。对此，市场领导者可通过占领货架、提示性的频繁广告等方式，鼓励对其品牌产品的习惯性购买行为；而市场挑战者则应通过低价、优惠、免费样品及新产品试用等方式，鼓励寻求变化的购买行为以推销品牌产品。

（3）减少失调感的购买行为。这种行为的特点是尽管品牌间差异不明显，但消费者参与程度较高。这是因为产品价格昂贵、购买不频繁且存在一定的购买风险，如质量风险和功能不全风险，这种缺陷通常只有通过认真检查才能发现。由于这种购买的品牌差异并不大，因此只要价格合理、购买便利，消费者就会迅速作出购买决策。但是购买之后由于发现了产品缺点或了解到同类产品的优点，消费者往往会有心理不平衡的感受。对此，营销人员应使用各种促销手段，向消费者提供相关产品评价信息，以化解消费者的不良感受，使其相信自己的决策是正确的。

（4）复杂的购买行为。这种购买行为的特点是，由于品牌间差异显著，因而消费者参与程度很高。当产品价格昂贵、购买不频繁且有风险时，消费者往往会认真仔细地购买。此时，消费者对产品类型不太熟悉，往往需要经历一个学习的过程，然后在广泛了解产品信息的基础上，慎重地作出购买选择。此类购买行为包括以下步骤：首先，购买者对产品产生信念；其次，购买者对产品形成态度；最后，购买者作出慎重的购买决策。营销人员应采取措施帮助消费者了解产品的性能及其重要性，介绍产品优势及能给购买者带来的实际利益，从而影响消费者的最终选择。

3. 购买决策的主要步骤

如图 6-7 所示，购买决策过程一般包括五个步骤：确认需要、收集信息、评价方案、购买决策、购买后行为。

图 6-7 消费者购买决策过程

（1）确认需要。确认需要也被称为认识或发现问题，是购买过程的起点。这些问题通常有四种类型：一是熟悉的问题，如存货短缺；二是不寻常的问题，如找到工作、结婚、晋升等引起需要的改变；三是明显的问题，如空的米缸；四是潜在的问题，如肥胖可能引起的病症。这些问题有些是交叉的，如存货短缺，既熟悉又明显。所有这些问题事实上都会引发需要。需要是推动消费者从事购买活动的驱使力，消费者的大部分需要是由于外部刺激而产生的。

（2）收集信息。产品信息主要来自个人来源、商业来源、公共来源和经验来源。

个人来源包括家庭、朋友圈、邻居和熟人。商业来源包括广告、推销员、经销商、包装和展览。公共来源包括主流传播媒体、新媒体和消费者权益组织。经验来源包括处理、检查和使用产品。

消费者对产品的认知信息大多来源于商业渠道，而这些信息通常控制在营销人员手里。许多时候，与产品有关的最有价值的信息是来自个人渠道。企业应了解和掌握消费者的信息来源，并在此基础上设计有效的传播途径，使企业与目标消费者更好地沟通。消费者对品牌信息的收集及作出品牌选择的过程如图 6-8 所示。

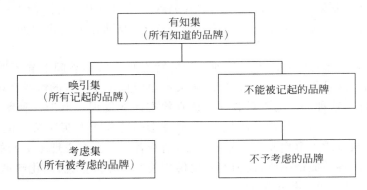

图 6-8 消费者品牌信息的获得与品牌选择

资料来源：[美]迈克尔·R.辛科塔，等.营销学：最佳实践[M].李占国，译.北京：中信出版社，2003：147.

有知集包括消费者知道的所有品牌。唤引集包括一个产品种类中消费者在决策时能记起的品牌。唤引集中的品牌并非每一个都符合消费者的要求，排除那些被认为不符合的，剩下的品牌才被纳入考虑集。考虑集是指消费者会考虑购买的品牌。

（3）评价方案。在收集到所需的产品信息后，消费者就会对以此为基础形成的购买方案进行分析比较和综合判断。消费者购买某一产品的主要目的是寻求特定的利益，尽管不同消费者在评价购买方案时所使用的方法和标准差别很大，但是他们通常把产品属性作为一项重要的评价指标，把一类产品视为一些特定属性的组合，并根据偏好对这些属性给予不同的权重,然后再对列入备选方案的产品进行打分和排序。由于消费者感兴趣的属性因产品而异,且不同消费者对各种属性的重要性的认识也有不同,因而企业应采取有针对性的措施来影响消费者的选择。

(4)购买决策。购买决策是购买过程的关键阶段。消费者只有作出购买决策后,才会产生实际的购买行为。在这一阶段,消费者受两种因素的影响:一是他人的态度,其影响程度取决于他人反对的强度和消费者遵从他人愿望的程度;二是意外情况,事先未预料的情况会影响和改变消费者的购买意向。例如,在即将购买时,家庭收入、产品价格等方面的意外变化会改变消费者的购买意向,并使消费者推迟或取消原来的购买决定。

(5)购买后行为。在购买产品后,消费者往往将自己使用产品的情况与他人进行比较,对自己购买选择的正确性进行检验,或者把所体验到的产品实际性能与购买前对产品的期望值进行比较,进而产生一定的购后感受,如满意、一般或不满意等。这些感受最终会通过各种各样的行为表现出来,形成购买后行为。

如果产品的实际表现达到了消费者的期望值,消费者就会感到满意;反之,则会感到不满意。同时,这种满意程度还会影响消费者日后的购买行为。如果感到满意,消费者很可能会再次购买该产品,并向他人宣传其优点。如果感到不满意,消费者则会设法减轻不平衡感,如向卖主退货、向熟人和亲友抱怨、向消费者协会投诉等。

6.2 组织市场和组织购买行为分析

除以个人和家庭为单位的消费者外,企业的重要顾客也来源于组织市场。企业的营销对象不仅包括广大个人和家庭消费者,也包括生产企业、商业企业、政府机构、社会团体等各种类型的组织。这些组织构成了提供原材料、零部件、机器设备和服务的庞大市场。企业必须了解组织市场的购买行为特点及购买决策过程,以便更好地满足这部分市场的需要。

6.2.1 组织市场的基本特点

1. 组织与组织市场的含义

(1)组织的含义。组织是指为了实现共同目标而组成的协作体。切斯特·巴纳德指出,组织的形成需具备三个要素:一是共同的目标;二是相互合作的意愿;三是沟通的条件和手段。现实世界中有各种类型的组织,如工厂、商店、政府、社团等。这些组织的购买行为是为了完成经营活动或履行社会职能。它们不仅以生产者或供应者的角色出售或提供产品和服务,而且以购买者或需求者的身份购买大量的产品和服务。

(2)组织市场的含义。组织市场是指由各类组织基于购买行为构成的顾客市场。组织市场的参与者主要有两种类型:营利性组织和非营利性组织。营利性组织是以经济利益为导向,从事生产和经营活动的组织。它们提供各类产品和服务,主要履行经济职能。非营利性组织以社会利益为导向,在提供各种服务的基础上,履行各种社会职能。它们是以维持社会秩序和促进社会发展为己任的组织。由营利性组织构成的市场,具体包括产业市场和中间商市场,其主体是各类工商企业。由非营利性组织构成的市场,具体包括政府、学校、医院、图书馆、军队和监狱等各类机构。

组织市场由产业市场、中间商市场和以政府为代表的非营利性组织市场三个部分共同组成。

产业市场又称生产者市场,是由所有购买产品和服务并将其用于生产其他产品和服务的各类组织构成,具体包括农、林、渔、采矿、制造、建筑、运输、通信、金融和保险等行业。

中间商市场又称转卖者市场,是指通过购买产品和服务并将之转售或出租给他人以获取利润的各类组织构成的市场。中间商市场由各种形式的代理商、批发商和零售商构成。

政府市场是指由为履行政府各种职能而购买产品和服务的各级政府机构构成的市场。基于日常政务开展、社会经济发展、必要的物资储备等原因,政府机构经常会采购大量的物资和服务。政府市场是非营利组织市场的典型代表。

其他非营利性组织市场是指除政府以外的其他各类非营利性组织构成的市场。通常情况下,这些组织为了履行各自承担的社会服务职能,需要购买一定数量的产品和服务作为运营的基础条件。

2. 组织市场的特点

(1)组织市场的总体特点。与一般消费者的购买活动相比,组织市场具有以下总体特征。

① 目标多样化。购买活动所要达到的目标较多,如获取利润、降低成本、满足员工需求、承担法律义务、履行社会职能等。

② 决策参与者众多。在各种购买项目尤其是在一些重大购买项目中,决策参与者来自不同的部门,并使用不同的标准进行决策。

③ 产品范围广泛。小到笔墨纸张等普通办公用品,大到飞机、轮船、火车、导弹、火箭,都属于组织购买范围内的产品。而且在购买实体产品的同时,往往还附带提供配套服务的要求。

④ 资金额大,产品项目多。无论是产业用户还是政府用户,其购买往往是大宗产品的批量购买,需要耗费大量资金。

⑤ 受政策、采购要求的限制。在购买活动中,采购人员必须遵守组织所制定的各项政策、限制和要求,使用报价单、建议书、购买合同等复杂的采购工具。

(2)产业市场的特点。营利性组织是组织市场中数量最为庞大的群体,而产业市场又是这一群体中最为典型的一种类型。与消费者市场相比较,产业市场具有以下四个特点。

① 在市场结构方面,产业市场的购买者数量较少,购买规模较大,地域分布较为集中。

② 在需求方面,产业购买者的需求是最终消费者需求的衍生产物,这种需求缺乏弹性,短期内较少受价格波动的影响;而从长期来看,产业购买者对产品和服务的需求比消费者需求更具波动性。

③ 在购买性质方面,产业购买所涉及的购买决策参与者人数更多,其购买活动涉及许多专业知识。

④ 在购买决策方面,产业购买者的决策通常更为复杂,决策过程更加规范化,决策的速度受与供应方合作关系紧密程度的影响。

6.2.2 组织购买者行为

与消费者类似,组织购买者也会对不同的营销刺激及其他刺激产生不同的反应。组织购买中,营销刺激主要由产品、价格、分销、促销等因素引起,其他刺激则主要由经济、技术、文化、竞争等因素引起。上述刺激一旦进入组织内部,就会带来购买者的一系列反应,如产品或服务的选择、供应商选择、订货数量、配送服务、付款条件等。环境刺激和组织反应是可见的,营销者所研究的问题是如何将环境刺激转化为购买反应。

在组织购买者内部,购买活动包括两项内容:一是购买中心,它由购买决策过程的所有参与者构成;二是购买决策过程,除环境因素外,组织、人际关系、个人等因素都会对购买中心和购买决策过程产生影响。

1. 组织市场的购买决策类型

根据购买复杂程度,组织购买决策分为以下三类。

(1)直接重购。直接重购是指组织购买者按照以往惯例重复订货。这种类型的购买最为简单,购买者所做的决策也最少。采购部门根据以往采购的满意程度,从认可的名单中选择供应商。被选中的供应商将尽力保证产品服务质量,并采取相应措施提高产业购买者的满意度。

(2)修正重购。修正重购是指采购部门为更好地完成组织购买任务,对产品规格、价格、发货条件及其他方面的要求作出适当调整的一种购买情形。与直接重购相比,这种购买方式涉及更多的决策参与者。被认可的供应商会产生危机感并全力保护自己的份额,未被认可的供应商则努力推出新产品或改进买方不满意的环节,以争取组织购买者。

(3)全新采购。全新采购是指组织购买者的采购部门首次购买某种产品或服务的一种购买类型。在组织购买的全部三种类型中,这种采购类型最为复杂。组织购买者必须在供应商、产品规格、价格限制、付款条件、订购数量、交货时间和服务约定等方面分别作出决策。供应商应采用不同的传播工具尽可能多地向组织顾客提供市场信息,并帮助其解决疑难问题。

2. 组织购买过程的参与者

采购中心是组织用户购买决策的制定单位,由所有参与采购决策过程的人员构成。在组织购买中,购买决策的参与者分别承担不同的角色,一些重要的采购项目尤其如此。如表 6-2 所示,采购中心的成员分为五种角色:使用者、影响者、决策者、购买者、信息控制者。

表 6-2　组织购买过程的参与者

按角色划分	主 要 作 用	举　　例
使用者	在界定产品规格方面起重要作用	具体用户单位
影响者	协助决定产品的规格,并提供所需的评价	技术人员
决策者	决定或批准最终供应商名单	组织中的高层领导
购买者	选择供应商并就购买条件进行谈判	采购部门高层经理人员
信息控制者	控制信息流向	采购代表、技术人员

3. 影响组织购买的主要因素

组织购买者在制定决策时会受到四类因素的影响,即环境因素、组织因素、人际因素和个人因素。

(1)环境因素。环境因素是对影响组织购买行为的相对重要的各种外部因素的统称。在这些要素中,经济因素对组织购买的影响通常最为直接,因而是最重要的因子。当前和预期的经济因素对组织购买行为的影响非常明显。例如,在经济萧条时,组织购买者通常会降低对厂房、设备、存货的投资。此外,组织购买者还受资源供应、技术进步、政策法规、竞争环境、文化习俗等其他外在因素的影响。

(2)组织因素。每一个组织都有自身的目标、政策、程序、结构;组织中的每一位购买者都有自己的特点。营销者必须尽量掌握的信息包括:购买决策参与人员的组成,组织对采购人员的政策和限制,主要用户的管理结构变化及其对未来购买可能产生的影响等。例如,在设有多个事业部的产业组织里,通常既可以由各事业部分别行使采购权,也可以由总部统一集中采购,但是这两种做法对供应商营销策略的影响程度有所不同。

(3)人际因素。组织购买中心一般是由相互影响的众多成员组成的。由于这些成员在组织中的地位、职权及相互关系并不相同,因而对购买决策的影响力也有差异。有时,地位最高的购买中心成员并非组织中最有决策影响力的人。组织中的人际关系因素非常微妙,营销人员必须认真对待。

(4)个人因素。个人因素对组织购买行为的影响也不可低估。由于购买中心是由多个感性的人组成的,因此个人情感将不可避免地体现在购买决策和行为中。每位参与购买决策的组织成员都会带有一定的个人动机、理解和偏好,他们又受自身年龄、收入、受教育程度、专业、个性特征和风险态度的影响。在多个供应商的供货条件较为接近时,采购人员的个人情感因素对组织购买的影响尤其显著。

4. 组织市场的购买决策过程

在全新采购的情况下,组织购买者的采购过程共分为八个阶段,如表 6-3 所示。

表 6-3　购买决策类型与组织购买阶段

采 购 阶 段	购 买 形 式		
	全新采购	修正重购	直接重购
(1)认识需要	是	可能	否
(2)确定需要	是	可能	否
(3)产品描述	是	是	是
(4)寻找供应商	是	可能	否
(5)征求意见	是	可能	否
(6)选择供应商	是	可能	否
(7)选择订货程序	是	可能	否
(8)评价合同履行情况	是	是	是

(1)认识需要。组织购买过程是从认识需要开始的,即首先意识到对某种产品或服务的需求。这种需求可能源于两个方面:一是组织内部因素,如企业决定购买新设备、新零件等;二是组织外部因素,如展销会、广告的刺激。

(2)确定需要。组织成员必须明确地知道自身的需求问题应当如何解决,即要进一步明确所需产品的一般性能和数量。相对而言,标准化产品的需求较易确定,而复杂产品的购买则应由采购人员、技术人员和实际使用者共同确定产品的一般特征。

(3)产品描述。产品描述包括对所需产品更详细、更精确的说明,并可以立刻将其传达买卖双方。其内容主要包括产品的价值分析和技术要求。

（4）寻找供应商。组织购买者一旦确定了要购买的具体产品,就会挑选合适的供应商。对供应商的评估一般随着购买情况的变化而改变。如果所建议的产品对组织客户的业绩产生重大影响,组织成员会花大量时间和精力评估供应商。

（5）征求意见。对一些复杂产品,组织购买者通常在听取许多建议之后才决定是否购买。例如,在一项技术复杂、价格高昂的产品采购中,提出这种建议的人员可能包括采购经理、工程师、顾问及具体使用者等相关人员。

（6）选择供应商。在选择供应商阶段,购买中心通常会制作一个表格,列出满意的供应商的主要特征,如产品质量、技术服务、交货及时性、价格竞争性、企业信誉等,并对待选供应商进行分类评估之后作出最终选择。

（7）选择订货程序。在这一阶段,供求双方要正式签订合同或订单,并在其中详细规定交货数量、技术规格、交货时间、退款保证等具体细节。

（8）评价合同履行情况。采购者对特定供应商的合同履行情况进行检查和评估。组织购买者可以直接向实际使用者了解其对所购产品的满意度,并在此基础上设计不同的评估标准,再通过加权计算方法评价供应商。

6.2.3　公共机构与政府市场

公共机构与政府市场是组织市场中比较特殊的组成部分。作为非营利性组织,公共机构与政府市场的特点是,在进行购买时不像营利性产业采购者那么关心利润,而是更多地考虑社会利益和利润以外的问题。

1. 公共机构市场

公共机构市场由学校、医院、疗养院、监狱和其他机构组成。它们通常提供私人企业无法提供或不愿提供的公共产品,具有事业性和社会性特点。这类机构通常以低预算并受一定控制为特征。安全、质量、价格是这一市场中较受关注的问题。

例如,一家生产社会公共福利食品的企业,不仅其产品质量要满足最低标准,而且价格不能太昂贵。质量要有保障,成本又不能过低,价格必须控制在一定限度内,是该类市场的基本特点。

2. 政府市场

政府是大宗产品和服务的主要购买者之一。与一般民间购买不同,政府采购的主要特点体现在以下四个方面。

（1）政府采购要求供应商竞价投标,并选择标价低的供应商。政府采购往往带有指令性计划性质,受预算约束。

（2）政府采购往往倾向于惠顾本国公司。因此,许多跨国公司总是与东道国的供应商联合投标。

（3）政府采购要接受公众监督。政府采购的目的是履行社会职责,其原则是公平、公正、公开。为此,政府经常要求供应商提供大量书面材料,并遵守一些特定的规则。

（4）在政府采购中,通行的营销手段的作用很小。由于采用公开竞标方式,削弱了广告、人员推销的影响。

宜家的营销秘籍①

【案例背景信息】 宜家家居于1943年在瑞典成立,主要为顾客提供种类丰富、价格低廉、美观实用的家居装饰产品。公司的经营宗旨是为尽可能多的顾客提供他们能够负担的家居用品。宜家不仅提供产品销售,而且参与产品设计、采购、包装、运输等环节,以此将企业经营理念贯穿整个生产运营流程。

宜家家居的业务覆盖全球36个国家和地区,开设了300余家商场,其中在中国大陆有10家。为了降低产品成本,宜家采取全球采购模式,在世界各地设立采购贸易区域。

宜家与顾客的互动对业务拓展起着十分关键的作用。宜家的产品很多需要消费者自行组装,而不是由宜家负责组装。由于未经组装的家具比组装好的家具体积小,宜家通过这样巧妙的设计,能使运输更为便捷,同时减少了相关费用。

宜家公布的财务数据显示,2014—2017年,其销售额呈逐年增长态势:2015年比2014年增长11%,2016年同比增长12%。

一、以消费者群体为中心

宜家的经营理念最初是为大众提供经济实惠的家居产品。在营销方面,主要以顾客为中心开展相关活动,在产品的设计、定价,卖场的布局等方面综合考虑消费者的需求。例如,采取低成本策略来满足消费者的需要。

宜家的消费者虽然遍布全球,但是其主要消费者人群集中在欧洲、北美洲、亚洲等地。宜家针对处于不同地理位置的消费者采取了不同的策略。在经济发达的地区,宜家将目标定位于中低收入家庭,为他们提供经济实惠的产品。例如在美国,宜家部分店铺选址在大学城附近,将大学生作为主要消费者,他们在美国属于收入较低阶层。在发展中国家,大城市中较为富裕的家庭则是宜家的主要顾客,例如在中国,宜家的消费者大多为白领阶层。而从年龄层次来看,宜家将儿童、年轻人、中年人定位为主要市场。

宜家的产品一直继承北欧瑞典的家居文化风格,强调简约、精良、自然。在产品设计上为满足不同消费者的需求,宜家的产品涉及系列广泛,产品通过适当的调节可以满足不同风格的消费者的需求。例如,宜家沙发床的设计,不仅满足了消费者对沙发的需求,而且满足了对于床的需求。在小户型居室中,沙发床可以满足客人来访留宿的需求。

二、体验式营销

在中国传统的建材、家具市场,不同的家居材料是分离的。例如,家电、布艺、装饰、地板等,消费者需要在市场上自行寻找搭配,需要花费时间和精力,购物体验并不理想。宜家比较好地解决了这一问题。它不仅是在销售家具,更是为消费者带来全新的购买感受,将家具行业的体验式营销引入中国。宜家给消费者传递的是"家居"的理念,主要是以

---

① 本案例参考以下资料撰写而成:[1]李治江.案例分享:宜家的营销策略(3)渠道及促销策略[EB/OL]. https://www.sohu.com/a/143581933_650634.(2017-05-25)[2018-08-21].[2]萧寒.宜家是如何把"体验式营销"做到极致的?[EB/OL].http://www.managershare.com/post/341961?from=timeline.(2017-05-15)[2018.08-21]. [3]宜家中国官网.https://www.ikea.cn/cn/zh/.[2018-08-21].[4]百度百科.https://baike.baidu.com/item/宜家/182700?fr=aladdin[2018-08-21].

"家"的方式呈现不同的产品。它不仅是适合消费者休闲购物的场所,更是体验时尚家居的场所。体验式营销以消费者为中心,注重消费者的感官感受,主要是通过一些感官的刺激、场景的安排和布置,营造不同的氛围,使消费者融入情境中,产生情感上的共鸣,给消费者带来精神上的愉悦享受。

宜家的体验式营销主要从以下五个方面展开。

第一,宜家给消费者提供了一个全新的购物和使用环境。宜家的家居产品不是按类别摆放,而是营造了不同的产品使用环境,给予消费者直观的产品使用感受。消费者可以直接观察到产品在家中的摆放效果,并且方便考虑产品的搭配。宜家卖场的展示区按照普通家居住宅的格局设计,包括会客厅、餐厅、卧室、卫生间等。背景墙的高度、灯光、走廊的宽度等都是按照普通住宅的格局设计,家具的颜色搭配等也是依照人们的日常习惯,充分考虑了不同材料、颜色的产品的搭配效果。每个展区还标注了实际面积,给消费者展示了整体的装饰效果,并且方便消费者按照展区整体装饰连带购买。宜家的样板间的展示也为消费者装修设计自己的房屋提供了参考。

第二,与其他卖场相比,宜家更注重消费者的体验。所有在展示区的产品,消费者都可以触碰和感受,在宜家可以看到消费者躺在床上体验产品,坐在沙发上观看电视等现象,宜家认为消费者的美好体验可以促进他们购买产品。在宜家,消费者可以自由选择购买的产品,不会有销售人员紧跟在身旁推荐。销售人员在消费者需要时才会出现,他们帮助消费者了解产品。因此,宜家提供了一种轻松、自由的购物氛围。

第三,宜家的样品展示采取交叉展示的方式。例如,在餐桌上可以看到酒杯、茶杯、餐具、瓷盘等;在床上可以看到被子、枕头、抱枕。在一般情况下要分不同商店购买的产品,在宜家可以一次性买到。例如,在购买床、沙发时,也可以搭配样板间的灯具、柜子等。

第四,宜家的产品主张自己动手组装。宜家根据中国消费者的生活方式和日常习惯,设计了不同的产品搭配风格,同时它也鼓励消费者根据所选产品自己进行搭配,还可以教消费者如何搭配。对于单品的组装,宜家也是鼓励消费者自行组装。宜家的大件产品都是可以拆装的,消费者可以自行组装,宜家会提供相关的工具帮助安装,并提供指导手册和宣传片。

第五,宜家一直倡导娱乐式购物。在商场的布局和设计上,尽量自然、舒适。商场内简约风格的家居设计、欢快的儿童乐园、温馨的餐厅,伴随着典雅的音乐声,带给消费者精神上的愉悦享受。

【案例讨论题】

(1) 消费者在宜家购买产品时,哪些因素会影响其购买行为?

(2) 在宜家购买产品的消费者有哪些特点?

复习思考题

1. 影响消费者购买行为的因素有哪些?
2. 消费者购买决策有哪几种类型?
3. 简述消费者的购买决策阶段。
4. 什么是组织市场?它由哪几部分组成?
5. 简述影响产业购买者的主要因素。

第 7 章

营销战略规划与客户关系建立

【本章知识点】
- 营销战略规划的概念
- 企业使命、营销使命的含义
- 业务组合的含义
- 战略业务规划步骤与 SWOT 分析方法
- 顾客价值、顾客满意的含义
- 客户关系建立的相关知识

营销战略规划是企业在战略层面对发展中起重要导向作用的营销任务及相关活动所做的统一部署和具体安排。科学制订并认真实施营销战略规划是企业确保其市场地位与经营方向的重要前提和基本保障。在营销战略规划中,客户关系的建立发挥着关键的作用。稳定可靠的客户群体是企业营销战略规划得以实施的重要基础。

7.1 营销战略规划

营销战略规划是指企业为了实现经营目标,在充分考虑自身经营资源条件、各种优势和制约因素的基础上,通过全面分析外部环境中的机遇和风险,对本企业营销活动所做的面向未来的长远安排。

现代企业的组织结构较为复杂,认清组织结构特点及与之相关的战略运行层面,对于开展营销活动非常有帮助。不同类型的企业组织的目的尽管有所区别,但是其战略运行的层面基本相同,如图 7-1 所示。

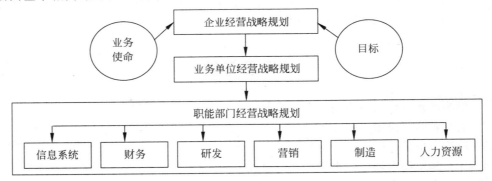

图 7-1　企业经营战略规划的三个层面

营销战略规划是企业经营战略规划的重要组成部分,是企业经营指导思想在营销领域的集中体现,通常由企业最高决策层制定。如图 7-2 所示,营销战略规划的主要内容包括:定义以市场为导向的使命,设定企业营销目标,明确战略业务单位,配置战略业务单位资源和制定企业新业务战略。

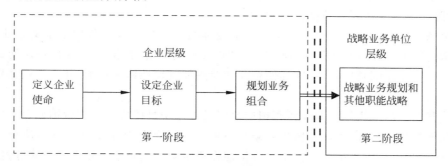

图 7-2　营销战略规划的阶段和步骤

7.1.1　定义以市场为导向的使命

企业的存在就是为了完成特定的任务或者完成一件具体的事情。在企业成立之初,这个特定的任务或者具体的事情应当是非常明确的。但是,随着企业的成长、环境的变迁,企业需要完成的具体事情越来越多,面对的环境越来越复杂,企业内部成员对企业为什么而设立,在认识上往往越来越不清晰。

使命是指企业设立之初所要实现的根本目的。一个清晰的使命陈述通常应当能回答以下四个问题:①我们的业务是什么?②谁是我们的顾客?③顾客看重什么?④我们的业务应该是什么?

企业使命是一个企业区别于其他同类企业的持久声明。企业使命模式如图 7-3 所示。

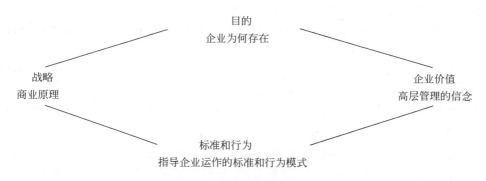

图 7-3　阿什里奇使命模式

资料来源:[英]大卫·乔布尔.市场营销学原理与实践[M].胡爱稳,译.北京:机械工业出版社,2003:30.

企业使命所涉及的上述问题看似简单,但在现实中却很难回答。成功的企业总是能够不断地提出这些问题,而且能够让所有员工都认真、完整地理解和回答它们。有时,一些顾客也能从自己的购买行为中理解并体会到企业使命。

清晰的使命能使企业员工在复杂的环境中认清目标，把行动统一到一致的方向上。许多企业专门制定正式的使命陈述来回答关于使命的问题。使命陈述是对组织目标的准确而精练的表述，这一表述用文字形式表明了组织在宏观环境中所要努力完成的事情。在传统社会中，由于生产力并不发达，企业的使命陈述往往立足技术和质量；在现代社会中，使命陈述更多是从顾客角度出发的。

以市场为导向的使命陈述主要是从满足顾客的基本需求这一角度来定义企业业务。市场营销的根本任务就是实现企业使命。因此从本质上讲，营销使命就是企业使命。营销使命是企业使命的具体化，它往往使企业使命更加直接地体现出来，并为广大消费者所理解。

企业营销人员应当尽量避免将营销使命定义得过于具体或空泛。营销使命中应当有一定的理想与追求，同时也应当体现必须具备的实践精神与合作态度。营销使命要着眼于市场，即应当充分考虑消费者需求。营销使命通常会指出企业营销活动的实际意义，即它对广大消费者应具有的价值。

企业使命和营销使命越是显得符合广大消费者的理解能力与配合能力，企业营销工作就越容易开展。营销使命不仅在于实现企业的目的，而且在于连接企业与消费者，并使二者能够在一个共同点上理解营销活动的真谛及其所涉及的产品和服务的内在价值。

7.1.2　设定企业目标

设定企业目标是一项复杂而又系统的工作，主要应当从以下六个方面考虑。

（1）提出明确的总目标。总目标应具有战略性、前瞻性、引导性和可实施性，同时能够对营销战略规划的设计提供方向性指引。

（2）设计支持性子目标。各类子目标构成目标体系，子目标从属于总目标，分别属于不同层次和不同部门，应当能够相互衔接、互为补充。

（3）综合考虑各类因素的影响。在建立目标体系时，企业应充分考虑自身资源状况、发展历史、人员构成状况、市场环境、行业状况等因素。

（4）兼顾不同主体的利益。企业的总目标和子目标应与员工切身利益相结合，同时应能够从营销角度出发满足顾客利益。

（5）注重员工的参与程度。企业不同层次的管理者在制定企业目标方面发挥不同的作用，所有员工都应当参与目标的管理与制定过程。

（6）强调目标调整的必要性。企业应明确目标之间的关系及其重要性，并依据企业发展情况对目标及其重要性作出必要调整。

在企业这样的组织协作系统中，目标设计应科学化和具体化，指明企业发展方向。目标能够把不同的利益追求统一起来，凝聚共识，形成正能量，因而有助于企业获得成功。真正的目标应当是一种平衡的体系。

7.1.3　设计业务组合

企业在明确自身使命并设定与之相关的目标之后，应对业务组合（business portfolio）作出相应安排。

业务组合是指构成企业的业务和产品的集合。好的业务组合设计能够充分发挥企业优势,使企业规避劣势从而把握营销环境中出现的各种有利时机。

在设计业务组合之前,企业首先必须分析当前业务组合的特点及其适用性,并对应当增加投资或减少投资甚至停止投资的业务进行分类。在此基础上,再对有发展潜力的业务制定成长战略,对不具有发展前景的业务进行压缩,最终形成面向未来的业务组合。

1. 分析当前业务组合

企业战略计划的一项重要任务就是业务组合分析。企业管理者一般都是利用这种工具对构成企业的各项业务进行评价。企业通常会选择盈利水平高的业务作为投资重点,而逐步减少盈利水平低的业务投资,有时甚至停止对这些业务的投资。

企业管理者首先要识别对企业发展具有决定性影响的关键业务。这些业务通常被称作战略业务单位(strategic business unit,SBU)。该类业务通常具有独立于企业其他业务的性质和特点,因此它们能够与其他业务进行区分,同时这些业务又在本质上从属于企业发展的根本战略。

通常情形下,一个SBU既可以是企业一个独立的产品生产线,也可以是事业部制组织结构中一个独立的业务部门,还可以是一个独立的已经具有一定竞争能力和市场形象的品牌。在为不同的SBU设计相应的营销策略时,企业应依据这些SBU的吸引力和发展潜力,在人力、财力投资等资源配置方面给予重点关注。

SBU的选择在理论上应当与企业的使命和目标相一致。但是,在特定情形下,二者之间并非完全一致。这主要是由企业外部的经济环境和行业条件决定的。企业主要从两个维度评价各个SBU:一是SBU在所在市场或产业的吸引力;二是SBU的优势在这一市场或产业中的地位。波士顿矩阵是分析企业战略业务的一种比较流行的方法。

波士顿矩阵(BCG Matrix)是用来分析和规划企业产品组合的一种方法。这种方法的核心思想在于将企业有限的资源有效地分配到合理的业务结构中。该方法认为市场吸引力与企业经营实力是决定产品结构的两个基本因素。销售增长率是反映市场吸引力的最主要的指标,是决定企业业务结构的外在因素。市场占有率是反映企业经营实力的最主要的指标,是决定企业业务结构的内在因素。

波士顿成长—份额矩阵(如图7-4所示)中的10个圆圈分别代表企业10个现有的SBU。这个企业有2个明星业务、2个现金牛业务、3个问号业务和3个瘦狗业务。这些圆圈的面积和战略业务单位的销售额成正比。从图中可以看出,该企业的运营状态还不错,虽然还算不上很好。

在波士顿成长—份额矩阵中,有四种不同性质的产品类型。

(1) 明星业务(stars)是处于高增长率、高市场占有率象限的业务群。这类业务的特点是增长速度快,获利能力高,但维持其市场地位所需的投入也比较多。这类业务在未来有可能成为现金牛业务,但需要加大投资。

(2) 现金牛业务(cash cow)是处于低增长率、高市场占有率象限的业务群。这类业务的特点是:由于所占市场份额比较高,因而获利能力较强;相关业务已进入成熟期,因而对投资的需求比较低。

(3) 问号业务(question marks)是处于高增长率、低市场占有率象限的业务群。由于

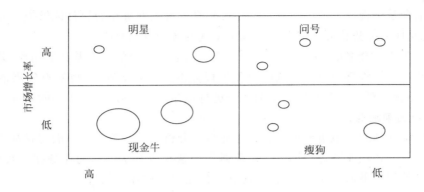

图 7-4　波士顿成长—份额矩阵

处在资源匮乏市场的弱势位置,这类业务有很高的现金需求,使企业处于一种"要么继续大量投入,要么选择退出"的境地。这类业务的特点是利润率较低,所需资金欠缺,负债比率高。

(4) 瘦狗业务(dogs)是处在低增长率、低市场占有率象限的业务群。其特点是利润率低、处于保本或亏损状态,负债比率高,无法为企业带来收益。

波士顿矩阵分析方法的主要问题在于:市场增长不足以描述行业的整体吸引力;市场份额也不足以代表相对竞争力;对市场的界定方式高度敏感;模型假设各业务单位是独立的。此外,该分析方法还受企业业务复杂程度和市场环境的综合影响。一是并不是所有企业的业务都可以进行细分,对于一些业务较为单纯的企业而言,这种分析方法不具有发挥作用的基本条件。二是企业的各种业务都不同程度地受经济周期的影响,在经济繁荣时,企业的所有业务都可能有非常不错的盈利机会,都可能成为明星业务,因而企业没有向外转移业务的必要;而当经济萧条时,企业的所有业务都可能处于困境,并成为瘦狗业务,其他企业对这些业务并没有多少兴趣,即使有兴趣也可能没有收购能力。

业务组合分析主要有三种基本用途。第一,企业可以评价其业务组合是否均衡;第二,业务组合为战略市场计划的制订提供了基本框架;第三,每一个战略业务单位都应有一个适合其业务组合位置的明确目标。

2. 建立基于价值的计划模型

企业可以依据波士顿矩阵分析方法对业务进行归类和重新设计,并在此基础上从为股东创造价值这个被普遍接受的企业目标着手,建立基于价值的业务计划模型(如图 7-5 所示),分别考察各个战略业务单位的运行情况。

战略业务单位创造的股东价值通常由三个因素决定:它所产生的现金流、企业的资本成本(用它将未来流入的现金折成现值)、业务单位所负债务的市场价值。该模型的核心是战略业务单位产生的现金流。这由六个价值驱动因素决定:战略预期产生的销售增长率、运营利润率、所得税税率、运营资本投资、固定资本投资和价值增长的期限。价值增长的期限表示决策层估计战略预期产生的回报超过资本成本的年限。

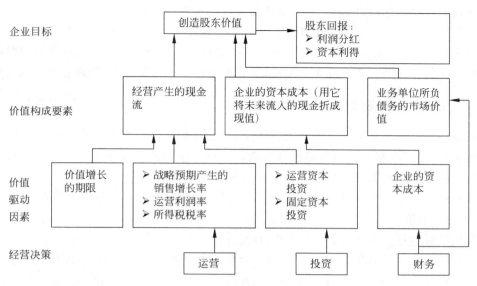

图 7-5　SBU 价值计划模型

3. 增加和精简业务组合

除了在价值方面评价现有业务并对其进行重新归类和组合外,企业在设计业务组合时还应考虑面向未来的新的产品和业务。

营销的主要目标是帮助企业获得盈利,并尽可能扩大企业在自己产品领域的市场份额。盈利不仅能为企业的持续发展提供动力,而且能为股东提供最大的回报。市场份额是获得竞争优势的基础条件和前提,没有一定的市场份额,企业将很难在竞争中立足。因此,企业应当根据自身经营特点和所面临的行业形势,确定与新业务相适应的市场战略,如图 7-6 所示。

	现有产品	新产品
现有市场	市场渗透	产品开发
新市场	市场开发	多元化

图 7-6　产品—市场扩张矩阵

产品—市场扩张矩阵也称为安索夫矩阵,具体包括以下 4 种战略。

市场渗透(market penetration)战略是指在现有市场上扩大已有产品的销售额。通常有三种方式:在基本产品或所服务市场都不发生变化的情况下,增加销售额;采用更好的促销方式或分销渠道,销售更多的产品;以较高的价格向现有顾客销售同等数量的产品。

市场开发(market development)战略是指在新的市场上销售现有产品。该战略也是一个可供选择的合理战略。但是,在把产品推向一个新的销售市场时,可能会遇到一些新问题,如当地居民收入水平较低,或者企业所生产的产品不具有吸引力等。

产品开发(product development)战略是指将一种新产品在现有市场中推广。企业可以利用现有产品的品牌影响力,生产新产品并进行销售。但是这种战略也有风险,它要求新产品与原产品之间具有技术关联性。

多元化(diversification)战略是指开发新产品销往新的市场。这是一项潜在风险很高的战略。生产企业既无新产品生产经验,又无在新市场的营销经验,因而容易导致失败。

7.1.4 战略业务规划

战略业务规划是战略单位作出的具体业务规划,是营销战略由企业层面向战略单位层面的转换,即由战略思维向战略执行转换。这是一个把战略构想落到实处的过程。每一个战略业务单位都需要分析所面临的环境和自身资源条件。

战略业务规划包括计划、执行、控制三个阶段,每个阶段又包括不同的步骤。

1. 计划阶段

计划阶段包括三个步骤:分析形势,确定市场,制订营销方案。

(1) 分析形势。SWOT分析是对形势分析的有效概括。SWOT是评估战略业务单位内部优劣势(strength and weaknesses)、外部机遇与威胁(opportunities and threats)的4个英文单词的首字母的缩写。

SWOT分析包括:识别战略业务单位所在行业的发展趋势;分析战略业务单位的竞争对手;评估战略业务单位本身的实力;研究战略业务单位的现有顾客与潜在顾客。如图7-7和图7-8所示。

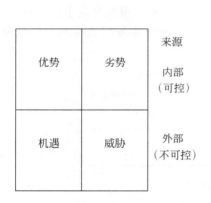

图 7-7　SWOT 分析

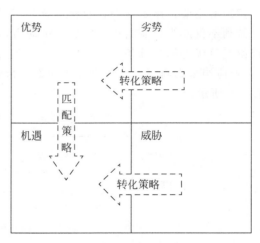

图 7-8　SWOT 分析和策略转化

SWOT分析有助于一个战略业务单位识别这四项内容中能够对本业务单位产生重大影响且关乎战略的因素。进行SWOT分析的目的是将分析结果应用于具体行动,以帮助战略业务单位实现成长并取得成功。这种分析的最终目的是识别战略业务单位的决定性影响因素,然后确立关键优势,弥补明显劣势,进而避开灾难性威胁,把握市场中的有利时机。

(2) 确定市场。确定市场主要进行两项决策:战略业务单位为哪一类型的顾客生产? 战略业务单位生产何种类型的产品? 这些决策是制订有效营销方案的前提条件与关键步骤。

第一项决策主要解决目标顾客定位问题。战略业务单位通常是在市场细分(将潜在购买者分成若干具有共同需求并会对某种营销活动采取相似反应的群体)的基础上作出该决策,通常希望利用市场细分确定努力的对象——目标市场,并制订一个或多个营销方案来满足这一市场。

第二项决策主要解决产品定位问题。战略业务单位通常采用寻找产品差异点(一种产品所具有的超越同类替代品的特点)的方法进行产品定位。

(3) 制订营销方案。按照一般理解,一个战略业务单位的整体营销规划方案所涉及的营销组合要素应当包括四个方面,即产品、价格、分销和促销,且每个方面都由特定的子要素构成,如图 7-9 所示。构成营销组合的各种因素及子因素,都是根据目标顾客的需要层次和具体需求内容而发生变化的。因此,战略业务单位的战略规划必须建立在目标顾客定位的基础上。

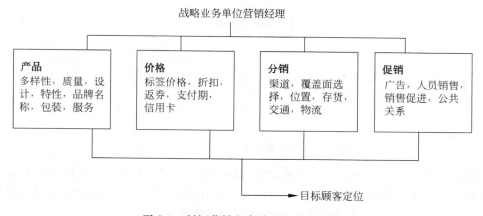

图 7-9　制订营销方案涉及的主要因素

在确立使命、明确目标后,战略业务单位就应该开始设定自己的营销组合。从一定意义上讲,营销组合是指一系列可控制的战术性营销工具,每一种工具既可以单独发挥作用,也可以组合在一起发挥作用。通过营销组合或其中的工具,这些业务单位能够得到目标市场不同消费者群体的反馈信息。营销组合从广义上包括战略业务单位可以从事的影响顾客购买产品需求的一切工作,几乎涵盖这些单位面向市场的所有活动内容。但是,从狭义角度理解,它只是由通常所称的"4P"(产品、价格、分销和促销)构成。

现实中,营销组合各项工具的内容比上述所列要丰富一些。不同战略业务单位所对应的营销组合工具,在重要性上也并不完全相同。即使是同一种工具,它在不同时期对同一业务单位的重要性也并不完全一样。因此营销组合是一种动态组合,它随着业务单位本身的发展状况及所处具体环境的变化而改变。

以 4P 来概括营销组合在某些情况下会束缚人们对营销及营销组合真正内涵的理解,因此应当尝试从其他途径研究营销和营销组合。现有营销组合中缺乏一些在营销工作或企业管理工作中非常重要的东西,如服务、经营理念等,因此需要把这些要素内化在产品、价格中,并在促销、分销环节予以充分体现。

总的来看,4P 作为营销组合的内涵尽管有不尽全面之处,但是这种概括性表述确实便于人们理解并把握营销的主要内容。

2. 执行阶段

执行阶段包括四个步骤:获取资源;设计营销组织;制定进度表;执行营销方案。

(1) 获取资源。战略业务单位在经营中通常会面临一些新问题、新任务,而解决这些问题、完成这些任务,通常是同一个事物两个不同的侧面。当企业所面临的一些问题已经变得非常严重时,它将不得不作出重要变革。通过各种方式获得必要的资源,特别是资金支持,对变革的成功具有重要作用。

(2) 设计营销组织。营销方案需要营销组织来具体操作、执行。战略业务单位典型的营销组织结构如图 7-10 所示。

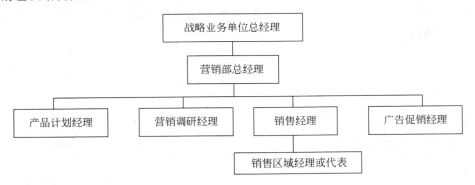

图 7-10 战略业务单位内部营销组织结构

组织及其结构是一种重要的资源,职位数量、层次分布、职能划分等因素直接影响营销战略执行效果。营销部门在组织中的地位、部门内部职能分工是否清晰、营销人员数量的多少,都是影响战略业务单位营销工作计划完成情况的重要因素。

在如图 7-10 所示的营销组织结构中,从事营销活动的 4 个经理都要对营销总经理负责;各个销售区域经理或代表又要对销售经理负责。营销组织结构设计、运行乃至变革的主要任务就是将营销计划转变为现实。

(3) 制定进度表。营销计划的实施必须以进度表为支持。进度表在时间上保证计划的执行,同时明确了不同部门在营销计划执行过程中的协作关系,以及在不同时间点的具体任务。这样,各种计划任务能够在时间上相互衔接,使整个营销计划的完成时间最小化,从根本上提高任务的完成效率。

(4) 执行营销方案。营销计划必须得到有效执行,否则将失去意义。执行营销方案需重视营销策略。

有时,要想成功地执行一个营销方案,必须作出成千上万的细节决策,这些决策都属于营销战术(marketing tactics),即为了营销战略成功实现而作出的日常运营具体决策。

3. 控制阶段

在这个阶段,战略业务单位要让营销方案朝着预期的方向发展。要实现这一目标,营销经理必须做好两项工作:比较营销方案的运行结果与书面计划目标,识别偏差;采取相应措施,纠正负向偏差,利用正向偏差。

战略业务单位的营销业绩与营销计划制订是否合理有直接关系。沿着以往业绩发展趋势通常可以判断出未来年份的业务增长率，但与计划增长率可能并不一致。战略业务的原计划目标、目前发展趋势、新增长目标之间可能存在一定差别。因此，使目前发展趋势更接近新增长目标，就要求识别偏差，即探明这三项指标之间的关系。

战略业务单位营销方案的最终目标，是"填补"原计划目标与新增长目标之间的"计划缺口"。如果偏差识别结果显示实际绩效未达预期效果，营销经理应采取纠正措施。如果实际结果优于计划目标，营销经理应充分利用这种良好态势。针对与目标相比而出现的正向或负向偏差，战略业务单位可以采取相应的行动在计划实施的中期阶段进行业务修正。一是利用正向偏差，二是修正负向偏差。

7.2　顾客价值和顾客满意

企业的各项工作通常是围绕创造顾客价值和实现顾客满意展开的。围绕顾客开展营销工作，需要有正确的目的、执着的精神、真诚的态度、合作的思想和灵巧的方法。美国著名营销专家金克拉在论述以寻找顾客为中心的企业营销时，提出"把目标写在钢板上，把方法写在沙滩上"的口号，就是对这种工作特点的精准概括。事实上，企业在明确了使命、目标、战略业务单位及其战略规划之后，接下来最重要的一项工作就是寻找顾客、创造顾客价值并实现顾客满意。

7.2.1　顾客价值及相关概念

彼得·德鲁克指出："利润不是原因，利润是结果——是企业在营销、创新和生产力方面的绩效结果……企业的首要任务是求生存……企业是通过营销和创新来创造顾客，因此企业管理者必须具备企业家精神……'我们的事业是什么'并非由生产者决定，而是由消费者决定；不是靠公司名称、地位或规章来定义，而是由顾客购买产品或服务时获得满足的需求来定义。因此，要回答这个问题，我们只能从外向内看，从顾客和市场的角度，来观察我们所经营的事业。时时刻刻都将顾客所见所思、所相信和所渴求的，视为客观事实，并且认真看待……企业管理层必须设法让顾客真实地说出他们的感受，而不是企图猜测顾客的心思。"[①]在其著作中，他回答了"谁是顾客""顾客购买的是什么""在顾客心目中，价值是什么"等问题。

1. 顾客价值

顾客价值（customer value）是指消费者从某一特定产品或服务中获得的利益总和，它给消费者带来利益和满足感。

以市场为导向的企业，其目的是通过为目标顾客提供优质产品和服务来创造顾客价值，目标是通过比竞争对手更好地满足顾客需求来吸引和保留顾客。

2. 顾客成本

顾客成本（customer cost）是指消费者为了获得某一特定产品或服务中的顾客价值而

---

① ［美］彼得·德鲁克.管理的实践［M］.齐若兰，译.北京：机械工业出版社，2008：35-38.

必须支出的成本和费用。

在利益与成本的比较中,顾客判断出不同产品的价值大小。顾客并非经常能准确客观地判断产品价值,他们总是依据自己所理解的价值行事。也就是说,顾客总是根据自身所持价值观念从众多产品中选择最能满足自己需求的产品。对各种产品所提供价值的理解是他们的购买依据。

3. 顾客让渡价值

顾客让渡价值(customer delivered value)是指顾客价值与顾客成本之差。消费者购买某一产品的必要条件是顾客让渡价值大于零,即顾客价值与顾客成本之差大于零。

例如,麦当劳在全球范围内取得成功就是因为为顾客创造了附加值:它不仅出售食品,而且提供送餐服务。他们在 QSCV——质量、服务、清洁和低价上实行高标准,并承诺顾客可以在世界上任何一家分店享受同等服务。

顾客价值取决于顾客如何看待购买后所获得的好处和购买时所付出的代价。用公式表示:顾客价值=感知利益—感知付出。顾客价值创造如图 7-11 所示。

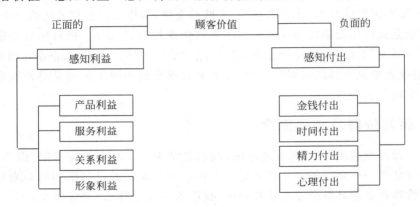

图 7-11　顾客价值创造

7.2.2　顾客满意

在价值上创造出超过竞争对手的产品,是企业取得营销成功的关键。顾客通常依据对供应商所提供产品和服务的价值判断来决定是否购买。

顾客满意(consumer satisfaction)是指企业产品和服务的实际功效达到或超过顾客期望水平时顾客的心理感受状态。如果产品的实际功效低于顾客期望值,顾客就会感到不满意。

顾客满意与产品和服务所拥有的具体属性有直接关系。这些属性为:①搜寻属性,即能够在购买前被决定的属性,如价格、大小、感觉、颜色等;②经历属性,即仅仅能够在生产过程中和生产之后被评估的属性,如餐馆的一顿饭、一次剪发的质量等;③那些在刚刚得到产品后不能被确切地评估的属性,如产品质量承诺、保修承诺等。

一般而言,顾客期望产生于之前的购买经历、与别人的讨论以及供应商的营销活动。企业促销活动应当尽量避免使用夸大其词、过分抬高顾客期望值的手段和方法。如果事与愿违,产品和服务不如想象中好,顾客就会产生不满意。

顾客终止与企业的关系,原因可能有很多种。"80/20 法则"或称帕累托效应指出:80％的顾客是因为 20％的相同原因而离开企业。企业在吸引顾客方面失败的关键因素一般包括:产品与承诺不符;劣质服务(如长时间排队等候,员工未经训练,送货质量无保证且时间不确定等);价格不合理(如感知利益与感知成本不符)。顾客不满的表达形式主要有两种:一是投诉;二是"用脚投票"。

顾客对企业感到满意的原因也很多。关键因素有:所销售产品值得信赖且持久耐用;良好的服务(如训练有素且灵活的员工、顺利的交易、投诉的解决、对先前惠顾的记忆和奖励、适宜的沟通等);有效性(如无断货、便于了解信息和便利的销售渠道等);容易与企业进行沟通;与顾客沟通的信息能够保持一致性;产品能够迎合顾客对形象和生活方式的需求;货真价实;能够满足顾客对具体产品和服务的其他方面需求。[①]

顾客满意如何强调似乎都不过分。没有顾客,企业的产品和服务就没有存在的理由。国外学者的研究表明[②]:①平均而言,96％不满意顾客的反馈企业得不到;②每有一个顾客的投诉,实际上就有另外 26 个顾客有同样的问题;③平均而言,人们会把他们遇到的问题告诉 9～10 个人,其中 13％的顾客会告诉超过 20 个人;④平均而言,投诉被满意地解决了的顾客会把他们的经历告诉 5 个人;⑤投诉者比未投诉者更有可能与企业再次做生意,如果他们的问题最终解决了,54％～70％的投诉者会继续与企业做生意,如果很快地被解决了,这个比例将达到 95％。

在当今激烈的市场竞争中,产品性能仅仅满足顾客期望通常是不够的。要获得商业成功,企业必须超出顾客的期望值,使顾客面对更为满意的结果。

卡诺(KANO)模型将导致不满、满意和高兴的特点进行分离来帮助理解顾客满意这一概念。如图 7-12 所示,该模型包括三项指标:"必须有""多多益善"和"开心果"。[③]

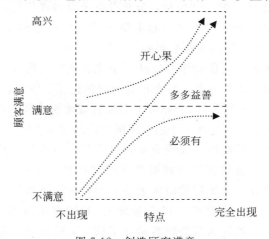

图 7-12　创造顾客满意

①　[英]马科姆·麦当那,马丁·克里斯托弗.市场营销学全方位指南[M].张梦霞,等,译.北京:经济管理出版社,2008:252.

②　[美]迈克尔·R.辛科塔,等.营销学:最佳实践[M].李占国,译.北京:中信出版社,2003:292,293.

③　[英]大卫·乔布尔.市场营销学原理与实践[M].胡爱稳,译.北京:机械工业出版社,2003:10.

"必须有"衡量的是顾客期望一项产品应具有的一些基本特点,它们通常被认为是产品理应具有的。例如在正常情形下,顾客会期望一家星级饭店具有标准化的接待服务水平和干净整洁的房间。不具有这些特点或者欠缺其中一部分内容,顾客就会感到不满意。而全部具有这些特点,顾客的感觉就会介于满意与不满意之间。

"多多益善"衡量的正是这种介于不满意与满意之间的中间状态。该指标提醒企业服务如何朝着满意的方向发展。即在具备基本特点的基础上,增加一些与产品相关的其他特点,以功能或服务附加形式提供给顾客。例如,饭店房间里设有电话会方便顾客的生活和工作,但是,如果电话转接时无人接听就可能导致顾客不满,而马上有人接听则会让顾客感到满意和高兴。

"开心果"衡量的是超出满意水平之后,新增的一些特点所引起的顾客评价。这些特点通常超出顾客的预期,给顾客带来惊喜。而缺少这些特点也不会导致顾客不满意。

例如,位于新加坡莱福士广场的费尔蒙特酒店是一家以优质服务赢得顾客好评的五星级酒店。他们每天都要打扫两次房间,把客人的衣服叠放得非常整齐,晚上房间里自动播放舒缓的乐曲,枕边被单折起一个小角,上面放一朵紫色的兰花,这些特色让顾客倍感温馨。

营销人员应当注意:"开心果"时间一长就会成为人们期望之中的东西。例如,早期的汽车制造商出于竞争考虑总是为顾客提供一些意想不到的小物件:硬币盒、笔筒、鞋盒、伞槽、收音装置、内部灯等。现在这些东西成了大多数汽车"必须有"的特点,它们是顾客期望中的东西。这就意味着营销人员必须不断发现新方法来赢得顾客。这样一来,创新的想法和聆听顾客心声就成为主要构成部分。

创造顾客满意的环境与条件,具体有以下五种方法[①]。

(1) 建立有形维度。有形维度是二维的:一维集中在机器设备方面;另一维集中在人员与交流方面。与之相关的问题包括:企业看起来有很现代化的设备吗？企业的建筑设备看起来很吸引人吗？员工的外表看起来整洁吗？与服务相关的材料(如宣传单与账单)看起来吸引人吗？顾客明白这些东西吗？

(2) 建立可依赖维度。可依赖维度反映了企业表现的一致性与可靠性。顾客把这个维度视为五个维度中最重要的一个。与之相关的问题包括:当企业承诺某些事情时,它会遵守这些承诺吗？当顾客有问题时,企业员工会很真诚地解决问题吗？企业第一次就提供了正确的产品和服务吗？企业是在承诺的时间提供产品和服务吗？企业记录正确无误吗？

(3) 建立反应维度。反应维度反映企业提供产品和服务时在及时性方面的表现。其主要内容包括:明确地告诉顾客产品和服务何时被提供;及时向顾客提供产品和服务;对顾客永远热情;即便在非常忙碌的时候也愿意为顾客提供帮助。

(4) 建立保证维度。保证维度是指企业能力、对顾客的友善态度以及业务安全性。具体内容包括:企业员工的行为帮助顾客树立了信心;顾客购买企业产品和服务的安全感;企业员工对顾客保持礼貌;企业员工能够回答顾客的问题。

(5) 建立移情维度。移情维度是指企业总是能像自身经历的那样体会顾客的感受。其主要内容包括:关注顾客的个性化需求;提供产品和服务的时间应设定在对所有顾客

---

① [美]迈克尔·R.辛科塔,等.营销学:最佳实践[M].李占国,译.北京:中信出版社,2003:296-300.

都方便的时段；雇用能够关注顾客个性化需求的员工；每天的服务都要以顾客需要为基础；理解顾客最根本的需求。

7.2.3 顾客忠诚度与顾客保留战略

奥利弗将顾客忠诚定义为：深刻持有未来再次购买或者再次惠顾某个所偏好的产品或服务的承诺，而不受会引起行为变化的客观情况和营销努力等因素的影响。① 顾客忠诚度是营销策略的主要目标。顾客忠诚度就是顾客与企业保持业务往来的持久程度。图 7-13 描述了顾客忠诚度梯度。

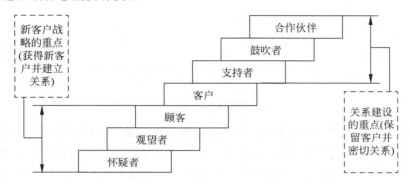

图 7-13 顾客忠诚度阶梯

创造顾客满意有助于培养忠诚的顾客；而顾客忠诚又会带来员工满意，进而提升员工对企业的忠诚度。顾客忠诚与员工忠诚之间的关系如图 7-14 所示。

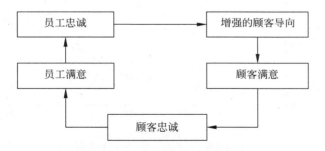

图 7-14 员工满意带来顾客忠诚

顾客对于企业的价值是随着时间而变化的。营销实践表明，留住顾客往往比发现新顾客更有利可图。因此，企业应当采取顾客保留战略。顾客保留时间越长，企业盈利的机会通常也就越多。但是，这二者之间的关系并非成直线比例的。

留住的顾客比新顾客更有利可图的原因有三个。第一，新业务获得新顾客的订单需要成本，通过新顾客获得利润需要一定的时间。第二，新顾客对双方关系越满意，越有可能向该企业购买更多的产品，甚至将该企业作为"唯一的供应商"。第三，企业更容易以较低的成本向被留住的顾客出售产品。顾客利润随时间变化的规律如图 7-15 所示。

---

① HAMEL G. Strategy as Revolution[J]. Harvard Business Review，July-August ，1996：69-82.

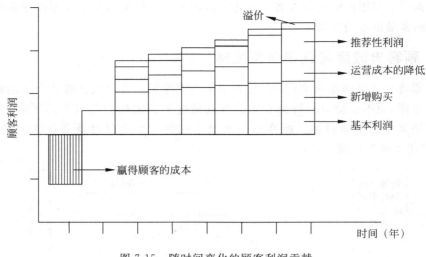

图 7-15　随时间变化的顾客利润贡献

　　顾客保留率与保持顾客关系的时间有直接关系。例如，如果顾客保留率是每年 90％（每年损失 10％的现有顾客），则企业平均与每个顾客保持 10 年的关系。而如果顾客保留率提高到 95％（每年损失 5％的顾客），则企业平均与每个顾客保持 20 年的关系。换言之，要使顾客与企业往来的时间延长，则需要提高顾客保留率。[①] 图 7-16 说明了顾客保留率与保持顾客时间之间的关系。

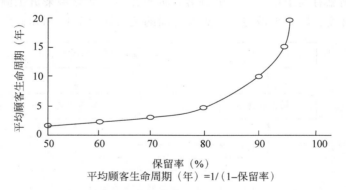

图 7-16　顾客保留率对顾客生命周期的影响

　　顾客忠诚期价值是对保留顾客的企业资本价值的评估。它是一个不常被估测的重要统计指标。在度量该项指标时，需要估算在整个忠诚期顾客可能提供的现金流量。例如，与某一个顾客交往的账户开了 10 年，那么企业应当计算在此期间从该顾客得到的利润净值。按照这个方法，企业不仅能计算出延长顾客忠诚期的价值，还能计算出顾客保留率的提高对盈利能力的影响。

---

　　① ［英］马科姆·麦当那，马丁·克里斯托弗.市场营销学全方位指南［M］.张梦霞，等，译.北京：经济管理出版社，2008：244-245.

有的企业通过计划顾客终身价值的方法对顾客保留这一问题作出决策。顾客终身价值是指顾客生命期内的预期购买产生的未来利润的净现值。有利可图的顾客就是使企业不断产生收入流的个人。企业可以通过两种计划，即频次计划和俱乐部营销计划，避免顾客转换(顾客流失)以提高顾客忠诚度，进而增加企业的顾客资产(企业所有顾客终身价值的现值总计)。顾客盈利能力分析如图 7-17 所示。[①]

顾客

产品	C1	C2	C3	
P1	+	+	+	高盈利产品
P2	+			盈利产品
P3		−	−	亏损产品
P4	+		−	无利润产品
	高盈利顾客	无利润顾客	亏损顾客	

图 7-17　顾客—产品盈利性分析

企业究竟从哪一部分顾客中获得最大利润？这显然是一个复杂的问题。有观点认为，"二八现象"在顾客利润格局中也存在，即 20％的顾客创造了企业 80％的利润。尽管这种观点并不一定正确，但是确实存在一些利润分布非常极端的例子。有时最有利可图的 20％的顾客贡献了利润的 150％～300％，而最无利可图的 10％～20％的顾客实际上却使企业利润降低了 50％～200％，中间的 60％～70％的顾客是盈亏平衡的。

顾客是企业收入和利润的来源，因而尽可能留住每一位顾客是较常见的做法。它符合传统经营理念，如顾客就是上帝，顾客总是对的，等等。但是也有观点认为，留住顾客并不总是明智的做法，比如以下情形：①已经没有利润可言的时候；②销售合同规定的条件不再被满足了；③顾客的抱怨已经到了有辱员工士气的地步；④顾客的要求已经超出理性，如果满足了这个顾客就会影响对其他更多顾客的服务；⑤顾客的信用太差，如果继续与其保持关系将会影响企业的自身形象和声誉。[②]

企业通常通过计算顾客终身价值来判断是否有必要继续保留某一类顾客。具体计算方法如下。如果一家企业从一名顾客身上获得的年顾客收入为 1000 元，顾客光顾企业的平均年限为 10 年，企业的利润率为 20％，则对企业而言该顾客的终身价值为 2000 元。

如果这家企业把该顾客从潜在顾客发展为真正顾客所投入的成本(如工资、佣金、福利和费用)低于 2000 元，则企业是盈利的；如果高于这个数值，则企业是亏损的。

总之，顾客保留战略就是要将企业的营销重点集中在现有顾客基础上。第一，要保持正确的态度，即对不同顾客都能保持应有的服务水准，充分认识每名顾客都会有其特殊需求这一特点，并注意到顾客满意通常取决于顾客的预期，而不是员工的想法。第二，要在

---

① [美]菲利普·科特勒，凯文·莱文·凯勒，卢泰宏.营销管理：第 13 版·中国版[M].卢泰宏，高辉，译.北京：中国人民大学出版社，2009：104.

② [美]迈克尔·R.辛科塔，等.营销学：最佳实践[M].李占国，译.北京：中信出版社，2003：294.

销售之后仍然想着顾客,通过真诚的态度和个性化的方法表达对顾客的谢意和关爱。第三,要与顾客建立信任关系,以正直、诚实、可靠的品质,赢得顾客信任,保护顾客的个人信息,不贬低同行竞争者,告诉顾客完整的产品服务信息。第四,要监督产品服务提供过程,多与顾客沟通,多渠道收集顾客的反馈意见。第五,关注产品的正确使用与培训,以免引起顾客对服务的担忧和对产品的错误使用。第六,企业在顾客最需要帮助的时候出现,倾听顾客的意见,并积极采取行动解决问题。第七,在条件具备时提供额外的服务,并提供服务担保。

7.3　客户关系建立

客户关系是企业营销工作的重要内容。客户关系通常分为一般客户关系和关键客户关系两个层次。这种划分的依据是企业为每个客户计算出的客户资产。

7.3.1　客户资产

客户是企业在顾客基础上所选择的对自身利润具有显著影响的购买者个人和组织。客户资产是企业所有客户的终身购买价值的总和。企业的购买者通常可以分为一般消费者(consumer)、顾客(customer)和客户(account)三类群体。客户可以从两个角度来理解:广义上,客户是指与企业发生购买业务往来的任何组织和个人;狭义上,客户仅指已经与企业建立较为稳定的关系的购买组织和个人。本节所指的是狭义的客户。

与一般购买者不同,企业对客户的信息比较了解。企业的客户群体越大,其利润来源通常越稳定。对于企业而言,客户比一般购买者更加忠诚于它所提供的产品和服务,他们能够包容企业的一些失误,对企业的困难处境能够给予一定程度的谅解;反过来,为了表达对这个购买群体的感激之情,企业往往会给予他们一定的价格优惠或提供一些其他方面的便利。

上一节提到的"二八现象"事实上是不少企业把客户与普通购买者区分开来的重要依据。尽管所有的购买者都可以被称作客户,但是真正的客户是那些购买频次较多,甚至加入企业购买俱乐部的组织和个人。企业可以通过区分不同类型的顾客,有时甚至区分不同类型的客户,刺激一般购买者向客户发展。

值得注意的是,"客户"一词通常被生产企业和中间商大量使用,主要用于描述原材料供应商与生产企业、生产企业与批发企业、批发企业与零售企业的关系,或者用于描述这些企业与一些拥有重要资源和购买能力的个人的关系。这个词语很少用于零售企业对普通消费者的关系描述。例如,超市和商场一般称其购买者为"顾客"而不是"客户",而批发企业作为供货商则称这些超市和商场为"客户"。

7.3.2　客户关系层次与工具

在一些经营规模比较大的企业,客户关系层次非常复杂。这种关系可以借助潜在利润率与预期忠诚度的关系反映出来,如图 7-18 所示。

(1)"蝴蝶"型关系。客户与企业之间的关系不稳定,他们像蝴蝶飞在花丛中一样,总是愿意在不同的花枝上停留,但很快又会飞向下一个目标。这类客户的交易数额虽然很大,但具有投机性,他们喜欢利用企业的一些优惠政策,但又不愿意与企业建立持久的合

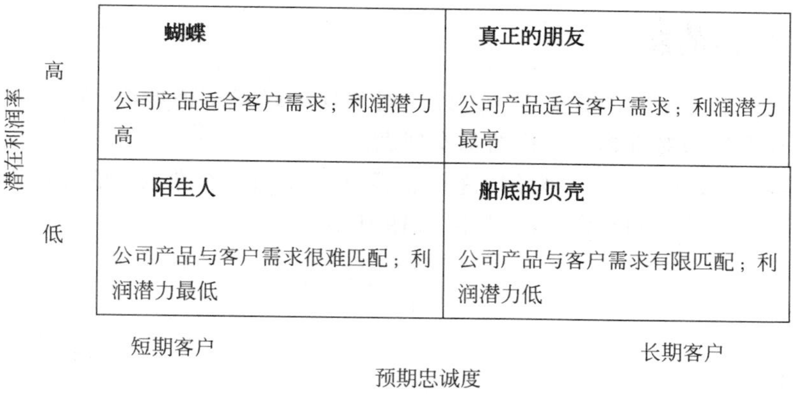

蝴蝶	真正的朋友
公司产品适合客户需求；利润潜力高	公司产品适合客户需求；利润潜力最高
陌生人	船底的贝壳
公司产品与客户需求很难匹配；利润潜力最低	公司产品与客户需求有限匹配；利润潜力低

（纵轴）潜在利润率　高 / 低

（横轴）短期客户　　长期客户

预期忠诚度

图 7-18　客户关系群组

资料来源：［美］加里·阿姆斯特朗，菲利普·科特勒.市场营销学［M］.何志毅，赵占波，译.北京：中国人民大学出版社，2007：28.

作关系，因为这并不利于他们赚取更多的利润。对于这类客户，企业不能过多地投入资金和情感，而应利用其弱点，通过闪电式促销方式把他们迅速地吸引过来，在企业获得应得的利润后，立即停止投入。

（2）"真正的朋友"型关系。客户与企业具有稳定持久的合作关系，愿意成为企业的忠实伙伴，企业也愿意进行持续的关系投资以取悦他们。这类客户的需求与企业的产品之间有非常好的匹配。他们通常是企业真正的利润来源，也是企业的关键客户。企业应按照关键客户营销战略来维持与促进此类合作关系。

（3）"船底的贝壳"型关系。客户对企业具有高度忠诚，但企业从这些客户身上所获利润很小。就如贝壳粘在船底——它们的数量太多会影响船行的速度一样，企业在应对这类客户时会处于一种进退两难的境地。比较好的做法是，以提高产品价格和服务费用的方式，提高这类客户带来的利润率；如果受到抵制，则应该减少对这类客户的产品供给种类和服务种类。

（4）"陌生人"型关系。客户与企业的关系比较生疏，且对企业的利润贡献也比较低。这种关系的成因是企业的产品和服务与这类客户的需求很难匹配。改进方法有两种：一是提供与这类客户需求相适应的产品和服务，使双方关系更为紧密；二是在不具备提供客户所需的产品和服务时，减少对这类客户的投入，或者在经营战略上完全放弃这类客户。

在实践中，与客户联系的工具和方法有很多种，常用的是数据库管理工具。企业可以把重要且关键的客户资料放在数据库中，对其购买情况进行分析，研究其兴趣特点和主要需求类别。建立会员制、客户分类制（如一般客户、中型客户、大型客户、VIP 客户等），并在此基础上为其提供相应的设备和服务。联系方法可以是通过邮寄信函、礼品等方式送去节假日的关心和问候，也可以是通过电子邮件等既省时间又节约成本的方式来保持联络。但是，对于 VIP 客户，如果企业仅采用 E-mail、手机短信、电话等方式表示关心和问候，显然不仅有失体面，而且缺乏对客户应有的尊重。有些时候，对于一些非常重要的客户，营销人员可以通过举办答谢会或邀请本企业高层管理者亲自前往拜访的方式，进一步密切彼此的合作关系。

因此，在与不同客户保持联系时，应区别对待，认真思考表达感激的言语和方式。

7.3.3　与客户的联系

与客户联系的方法和工具是否先进以及对于这种联系是否重视,在一定程度上体现了企业的经营思想和对待客户工作的基本理念。

以关键客户(key account)为例,这种联系可以分为五个阶段,即探索阶段、基础阶段、合作阶段、依赖阶段和整合阶段,如图7-19所示。

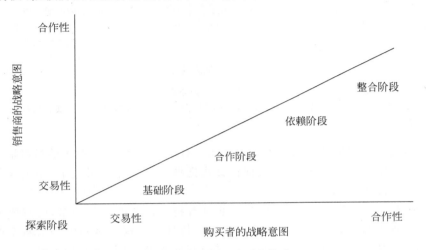

图 7-19　关键客户关系的推进

资料来源:[英]马科姆·麦当那,马丁·克里斯托弗.市场营销学全方位指南[M].张梦霞,等,译.北京:经济管理出版社,2008:208.

(1)探索阶段。买卖双方都会发出信息、交换信息,然后决定是否合作。在这一联系过程中,产品服务质量是决定合作成立与否的重要前提。谈判组织工作也很重要。该阶段的主要特点是以沟通和交流为主,以卖方的关键客户经理与买方的采购经理的沟通和交流为主。

(2)基础阶段。供需双方已发生贸易活动。供应商的工作重点转移到寻找机会深入开发客户方面。

(3)合作阶段。买卖双方已经拥有基本的信任关系。双方越来越多地共享信息资源。

(4)依赖阶段。买方企业视卖方企业为外部战略资源提供者,双方共享一些敏感信息,各自都愿意对方从合作中获利,因而价格保持长期稳定。

(5)整合阶段。买卖双方的关系十分紧密和深入。它们在市场上共同创造的价值远非单独一方企业所能比拟。买卖双方的边界变得很模糊,甚至为了共同利益而组成产品和服务研发机构。

与这五个阶段相对应,企业的营销重点也有所不同,如图7-20所示。

图7-20对关键客户的潜在利润增长率和企业与客户关系的成熟度进行了综合评判。

方格①:低潜力、高优势;应采取保留战略。

方格②:高潜力、高优势;所有投入直接用于开发联合信息系统和合作伙伴关系。

方格③:高潜力、低优势;对投资对象进行区别对待,选择关键的具有潜力的客户进

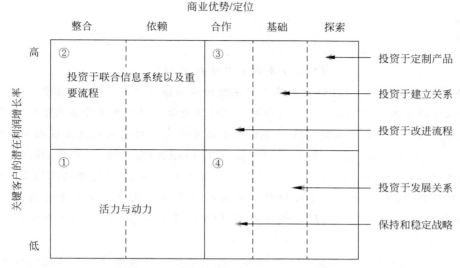

图 7-20 确定关键客户、目标和对应战略

资料来源：［英］马科姆·麦当那，马丁·克里斯托弗.市场营销学全方位指南［M］.张梦霞，等，译.北京：经济管理出版社，2008：215.

行投资，让选定的目标客户与企业之间的伙伴关系逐渐发展过渡到整合关系阶段，而对企业无力更多投入的客户，则采用右下角方格的战略。

方格④：低潜力、低优势；处于这一区域的客户一般不值得占用企业更多的资源，对于其中仍有利可图且可以带来现金流的客户，可以将其中一部分客户由分销商管理，另一部分客户由企业的销售人员管理。

在与客户建立联系的过程中，企业应当对客户管理队伍进行培训，同时授予他们相应的职权。在管理队伍中建立汇报与责任制度，实行客户开发与维持的业绩评估，并依据工作绩效实施奖励。建立与维持客户关系的基本流程如图 7-21 所示。

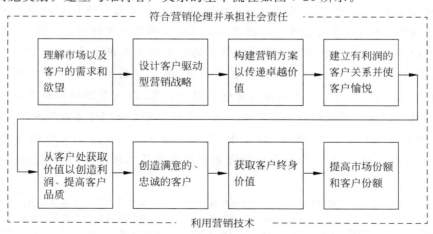

图 7-21 客户关系建立与维持过程

资料来源：［美］加里·阿姆斯特朗，菲利普·科特勒.市场营销学［M］.何志毅，赵占波，译.北京：中国人民大学出版社，2007：37.

OPPO手机的"崛起之路"①

【案例背景信息】 OPPO的全称为广东欧珀移动通信有限公司,成立于2004年,是一家全球性的智能终端和移动互联网公司。OPPO原核心团队来自步步高集团的试听电子事业部。另一国产手机品牌VIVO是由步步高原音乐手机团队成立发展而来,两家公司股权独立、互无从属。2011年8月12日,OPPO Find X903上市,标志着OPPO正式进军智能机领域。2011年至今,OPPO经历了多次变革和创新,最终凭借精准的市场定位、高频的品牌推广、完善的渠道建设和时尚精美的产品设计赢得了消费者的青睐。截至2018年第二季度,国内手机品牌的保有率中,OPPO手机以19.40%的市场份额跻身第二,仅次于华为。

2012年起国内智能手机全面普及发展。由于缺乏互联网运营的企业文化和先发优势,并且品牌定位较为模糊,OPPO在一线城市相比苹果、华为、小米等品牌缺乏竞争优势。所以2013年开始,在各大手机品牌纷纷效仿小米的网络销售模式削减中间商渠道时,OPPO改变市场运营策略,基于原步步高集团的渠道资源继续开拓线下渠道,深入二三线城市甚至县和乡镇市场。OPPO有着超过20万的终端门店、960家官方的客户服务中心、850家服务站,几乎全面覆盖地级市,以及约50%的县城[1],紧密的服务网点为消费者提供全面的售前和售后服务,不断创造更多的附加价值,提升消费者的购机体验。OPPO和终端合作伙伴通过交叉持股的方式建立了持久的利益共享机制,有效防范了终端伙伴被其他品牌厂商挖走的风险,并保证了终端伙伴和厂商的利益一致,维护了渠道的稳定性。实践证明,OPPO早期的渠道建设为后来的爆发式增长奠定了坚实的基础。根据美国IDC公布的数据,2016年OPPO总销售出货9940万部,全球排名第四,国内排名第三,全年增长率132.9%[2]。此外,通过2018年第二季度国内市场智能手机的保有量可以看出OPPO的成功很大程度上归因于在二三线及以下城市的出色表现。

OPPO留给消费者的印象不仅是随处可见的销售网点和服务中心,还有铺天盖地的线上宣传推广活动。数据显示OPPO手机用户中40.40%的用户为16~25岁,47.90%的用户为26~35岁,OPPO将年轻消费者作为目标顾客,深入了解这部分用户的消费特征,并进行针对性的广告宣传和产品设计。基于年轻消费者的偶像崇拜特征,OPPO邀请众多当红明星(如TFBOYS、杨幂、杨洋等)作为代言人,利用其强大的媒体影响力为OPPO手机进行宣传,将粉丝经济在年轻消费者中发挥到极致,并斥巨资赞助王牌节目。

---

① 本案例主要参考以下资料撰写而成:[1]"消费升级时代,手机厂商如何打好手中品牌营销这张牌?",http://tech.ifeng.com/a/20180327/44920993_0.shtml.[2]周德明,刘金.国产智能手机的核心竞争力初探——以OPPO和VIVO为例[J].现代管理科学,2017(9):94-96.[3]姚楠.OPPO手机摄像头技术专利状况分析[J].科技展望,2017(27):134-135.[4]OPPO全球第二家超级旗舰店落户深圳,以零售终端升级持续助力品牌提升[EB/OL]. https://www.oppo.com/cn/blogs/192.html.[5]"未来旗舰OPPO Find X正式发布,OPPO海外业务扩至欧洲"[EB/OL].https://www.oppo.com/cn/blogs/188.html. [6]2018年Q2智能手机行业研究报告.

巨额的广告投入和推广活动让 OPPO 获得了大量的曝光,电视节目的粉丝群无时无刻不在了解 OPPO 的最新动向。

赢得目标顾客关注只是第一步,产品的质量和用户体验仍是核心竞争力。OPPO 深入了解年轻消费者对智能手机功能的需求,并有针对性地进行产品设计和推广宣传。"这一刻,更清晰""充电五分钟,通话两小时"等独特的宣传点深入人心。拍照功能是消费者最关注的功能之一,OPPO 在手机摄像头相关技术方面的专利申请量逐年增加,截至2016 年,共申请手机摄像头领域专利 1456 件,其中发明专利申请量 1296 件,占比89.0%[3],位居智能手机品牌前列。不同于其他品牌厂商增大电池容量以提高手机续航时间的做法,OPPO 提出闪充的创意,解决用户快速充电和续航的两大痛点,获得消费者的高度认可。此外,OPPO 产品的外观设计始终追求时尚精美、以人为本,在工艺、色彩等方面不断完善,为年轻消费者带来美的体验。OPPO 手机为了增加用户的品牌黏性和忠诚度,扩大品牌影响力与知名度,还在官方论坛中推出了以用户为中心的"拍客"平台,OPPO 用户可以在平台分享手机拍照作品、交流互动等,很好地提升了用户体验。

近来,消费升级成为智能手机行业的整体发展趋势,人们对于品牌的认知和认可越来越重要,OPPO 也开始在零售终端、研发能力等方面进行品牌升级。

目前,OPPO 的首家和第二家超级旗舰店先后在上海和深圳建成并开业。在 OPPO超级旗舰店内,消费者的行走轨迹、音乐律动、充电过程、产品信息都通过智能设备得以视觉化呈现,触发消费者的探索欲望,带来深度空间体验感。正如 OPPO 副总裁吴强所说:"超级旗舰店蕴含着我们对于零售终端升级、品牌升级的思考。"从上海超级旗舰店到深圳超级旗舰店,OPPO 正在探索一套完整、独特的零售终端系统,并且以超级旗舰店为核心内容,推进零售终端形象升级和运营提升,包括售点优化和加强大型综合购物中心进驻策略的落地[4]。

除零售终端形象升级和运营提升外,OPPO 也在产品研发端持续发力。2018 年 4 月在深圳成立 OPPO 研究院总部,并在北京、上海、深圳、东莞、日本(横滨)和美国(硅谷)设立研究所,在软件、硬件及标准三大领域展开研究工作,旨在全面提升公司的技术创新和研究能力,为未来产品的竞争力创造技术条件。OPPO 于 2018 年 6 月发布的未来旗舰Find X 将多项创新科技与突破性设计理念融于一体,全面体现了 OPPO 对未来智能手机的追求和探索。

在市场布局方面,OPPO 进一步拓展了海外市场业务。2018 年 6 月,在 OPPO FindX 全球发布会上,OPPO 宣布正式进入欧洲市场,首批进入的欧洲市场包括法国、意大利、西班牙和荷兰[5]。在营销上,OPPO 不断探索更具创新的方式,加强与年轻人的情感沟通和价值观共鸣,从而持续推动品牌提升,不断提高 OPPO 品牌的认可度与美誉度。

过去的十多年,OPPO 凭借独特的营销战略规划崛起成为国产手机品牌的新秀,未来在消费升级、产品市场竞争更为激烈的情况下,OPPO 会在技术研发、市场推广等方面继续发力,提升核心竞争力,努力实现"成为更健康、更长久的企业"的企业愿景。

【案例讨论题】

（1）OPPO 手机是如何进行营销战略规划的？具体的营销战略是什么？

（2）OPPO 手机是如何与客户建立关系的？

复习思考题

1. 卡诺模型能给企业营销活动带来何种启示？

2. 顾客忠诚与顾客保留之间有何联系？

3. 客户关系建立主要经历哪些阶段，如何建立？

第 8 章

市场细分、目标市场和市场定位

【本章知识点】

- 市场细分的标准
- 市场细分的原则和程序
- 细分组织市场应采取的方法
- 目标市场策略
- 影响目标市场策略选择的因素
- 市场定位的策略、原则及步骤

　　营销实践活动在经历了大众化营销、多样化营销阶段后,已进入目标市场营销阶段。从大规模销售向目标市场营销转变,是一种必然趋势。其原因在于,营销的基础是满足消费者需求,而消费者的期望和需求越来越高且各不相同,因此企业不可能满足所有消费者的需求,它们需要通过市场细分找到产品的目标市场,进行目标市场营销,而不是在整个市场上竞争。

　　目标市场营销主要分为三个步骤,如图 8-1 所示。

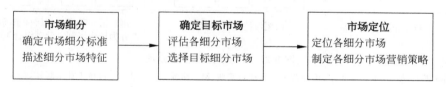

图 8-1　目标市场营销的三个步骤

　　在营销理论中,市场细分(market segmentation)、目标市场选择(market targeting)与市场定位(market positioning)是营销战略的三个基本要素,简称"STP 战略",与之相关的理论被称为"STP 理论"。

8.1　市　场　细　分

　　市场细分概念于 20 世纪 50 年代中期最早由美国营销学者温德尔·史密斯(Wendell R. Smith)提出。由于市场上有各种各样的购买者,其购买需求、购买力、地理位置、购买态度和行为各不相同,因而企业不可能为所有的购买者提供服务。通过市场细分,企业可以将巨大的市场划分成小的市场,从而为满足购买者的独特需求提供相应的产品和服务。

8.1.1 市场细分的内涵与层次

1. 市场细分的内涵

市场细分是指根据购买者的不同偏好,将整个市场划分成较小又相对同质化的市场的过程。市场细分的基础是顾客对同类产品需求所呈现的多种多样的偏好。对于同种产品,不同顾客有不同的偏好。例如,有的顾客偏好价格便宜、效果较好的洗衣粉;有的顾客偏好效果很好、价格稍贵的洗衣粉;有的顾客偏好价格适中、效果较好的洗衣粉。洗衣粉市场可以据此分为三个细分市场,同一个细分市场中消费者的偏好非常相似。

市场细分是一个分类的过程,但它并不是市场分类和产品分类,而是顾客分类。其基本原理是先在分散的市场中划分出细分市场,然后在细分市场中找出最有吸引力的市场,即目标市场,如图 8-2 所示。市场细分的基本依据主要包括:购买者的需求与动机,购买行为的多元性和差异性。

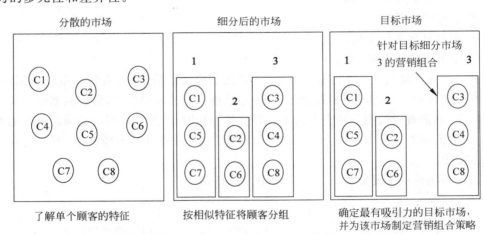

图 8-2　市场细分的基本原理

资料来源:[英]大卫·乔布尔.市场营销学原理与实践[M].胡爱稳,译.北京:机械工业出版社,2003:145.

市场细分的优点主要体现在四个方面,如图 8-3 所示。

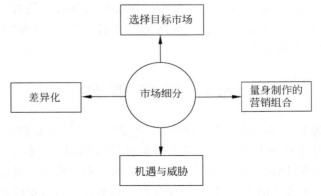

图 8-3　市场细分的优点

资料来源:[英]大卫·乔布尔.市场营销学原理与实践[M].胡爱稳,译.北京:机械工业出版社,2003:144.

（1）为目标市场选择提供依据。市场细分之后所确定的目标市场，其顾客之间有类似的特征，因而采用一种营销战略便可以满足细分市场的需求。富有创造性的细分，可以发现新的供不应求的细分市场，从而开发更有吸引力的目标市场。

（2）为顾客提供量身制作的营销组合。各个细分市场的特点不同，通过市场细分，企业可以准确地掌握目标市场的特点，结合其他情况，制定有效的营销组合策略，提高市场占有率。同时可以帮助企业掌握市场动态，及时调整营销策略以适应不同的需求。

（3）便于企业实施差异化营销战略。通过把一个市场划分为几个不同的子市场，企业可以对这些子市场实施差异化营销战略，分别为其提供区别于竞争对手的产品和服务，进而创造出差别优势。这种战略适用于一些竞争能力并不是很强的中小企业，在面对大企业强有力的竞争时，它们有必要在一些子市场上获得差别优势，获取市场份额和利润。

（4）有利于企业把握机遇，避开威胁。市场细分可以提高企业的资源利用率和竞争能力。企业的人力、物力、财力是有限的，通过市场细分，企业可以把握市场机遇，避开经营风险，把有限的资源集中在目标市场上，扬长避短，有的放矢地进行管理，提高资源利用效率和市场占有量，最终达到提升企业利润率和竞争实力的目的。

2. 市场细分层次

市场细分是有层次的，企业通常针对不同层次的细分市场开展不同的营销活动。

（1）大众市场营销。大众市场营销（mass marketing）也称为无市场细分营销。这个层次的细分市场是由整个市场组成的，虽然购买者的需要、地理位置、购买力、购买习惯、购买态度、生活方式等都不相同，但企业没有对其进行细分，也不会生产不同的产品去满足其需要，而是大批量地生产一种产品，并希望它能吸引所有的顾客。

20 世纪 60 年代以前，企业主要奉行这种营销观念，这是因为它们认为大众市场营销可以吸引最多的顾客，创造最大的潜在市场，并使成本最小化，从而带来更多的收益。但是随着社会的发展，消费者的需求增多，生产同类产品的企业也逐渐增多，这种营销方式已经不能适应市场环境的变化。许多企业都从大众市场营销转变为细分市场营销。

（2）细分市场营销。细分市场营销（segmentation marketing）是指企业将整个市场划分成几个较大的细分市场，并根据这些细分市场的消费者需求来设计产品和服务。例如，服装生产企业通常根据不同年龄段的消费者的身体特征、颜色偏好和款式要求生产不同的服装。这种层次的营销能更有效地满足消费者的需求。由于细分市场中竞争者比较少，企业面临的竞争相对较小，这对企业开展各种活动比较有利。

（3）补缺市场营销。补缺市场营销（niche marketing）所涉及的层次，一般是从较大的细分市场中分离出来的比较狭窄的市场。这些小市场容易被其他企业所忽略，如果提供产品满足这些市场的需求，也可以获得丰厚利润。较大的细分市场吸引的竞争者较多，而较小的补缺市场往往吸引着一个或少数的竞争者。利用补缺市场营销，中小企业可以将有限的资源集中在补缺市场上，更容易深入了解该市场上消费者的需求，从而生产出更适宜的产品去满足他们。

（4）微市场营销。微市场营销（micromarketing）也称为完全市场细分，是市场细分的极限层次。在这种营销方式下，企业通常按照个人或特定地区的特点调整产品及其营销策略。微市场营销可以分为当地营销和个人营销。当地营销是根据当地消费者的特殊需求来调整品牌和营销计划的营销方式。例如,在北方城市开设重庆火锅店,餐馆经营者可能会考虑北方人没那么能吃辣而降低辣的程度。个人营销是针对每个人的特点、需求和偏好来调整产品的营销方式,又称为"定制营销""一对一营销"或"单人营销"。例如,裁缝为每位顾客量体裁衣,就属于定制营销。

8.1.2 市场细分的标准

市场包括消费者市场和组织市场两种类型,这两类市场细分采用的标准并不相同。

1. 消费者市场细分

影响消费者购买行为的因素有很多,生产企业不仅要关注产品的发展趋势,而且要关注居民收入水平和消费方式,以便成功地销售产品。市场细分的目的就是找到对某种产品具有类似需求的购买者群体,但企业往往很难找到完全同质的市场,目标消费者群体中成员之间总是存在或多或少的差异。

消费者市场细分的标准大体可分为四类:地理因素、人口统计因素、心理因素、行为因素。有的学者将这些因素归为行为变量、心理变量和概括变量,其影响因子及相互关系如图 8-4 所示。

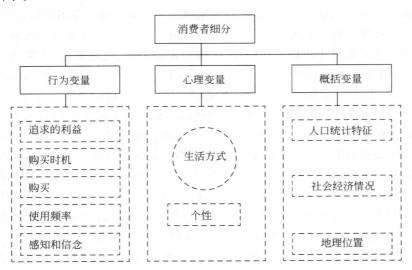

图 8-4 细分消费者市场

资料来源:[英]大卫·乔布尔.市场营销学原理与实践[M].胡爱稳,译.北京:机械工业出版社,2003:146.

(1)地理因素。地理因素细分是指按照地理位置、自然环境的不同来细分市场。划分所依据的因素主要有四种:地区因素、消费水平、城市规模和气候条件。

按地区划分,我国可分为南方和北方、东部和西部,如南方人的主食以米饭为主,北方人则以面食为主。

按消费水平划分,城市和农村的消费差异很大,如选择衣服时,城市消费者偏好新潮时尚,农村消费者则偏好美观耐用。

按城市规模划分,可分为特大型城市、大型城市、中型城市和小型城市。特大型、大型城市的汽车需求量可能相对高一些。

按气候条件划分,中国北方省份冬天寒冷干燥,南方省份夏天潮湿炎热。例如,加湿器在冬天可能更受北方消费者的喜爱,空调在夏天是南方消费者的重要购买选项。

虽然地理因素是一个很重要的细分标准,但企业不能只把地理因素作为市场细分的手段,因为同一个地理区域内消费者可能还有很大差异,不同区域内的消费者也可能有相同的偏好。例如,南方人迁移到北方,主食吃米饭的习惯可能被保留;气候变暖使夏季南方、北方市场空调都畅销。因此,企业还要结合其他标准进行市场细分。

(2) 人口统计因素。人口统计因素是最常见的市场细分标准,常用指标包括性别、年龄和家庭等。

性别不同,消费者的需求偏好也有所差异。例如,对于汽车这一消费品,男性可能更喜欢经典大气稳重的车型,而女性可能更喜欢小巧时尚靓丽的车型。

许多企业依据消费者年龄来细分市场,并主要满足特定年龄群体的需求。

家庭类型也是一个很重要的消费影响因素。随着社会发展及家庭可支配收入增多,旅游和购买奢侈品成为家庭消费的重要项目。

除上述指标外,还可以按收入、受教育程度、民族、家庭生命周期、宗教信仰等指标进行细分。不同类型消费者的价值观念、消费方式和生活习惯存在差异,因此要使用一些特殊的细分标准。

(3) 心理因素。心理因素细分是指把消费者总体划分成具有相似的心理特征、价值观和生活方式的群体的过程。[①] 心理因素包括个性、生命周期、价值观念、生活方式、社会阶层等。了解群体心理特征最常用的方法是进行大规模调查。明确在一定市场上哪个心理因素最重要,对企业制定正确营销策略非常重要。为了弄清楚消费者在具体细分市场上的需求和欲望,美国 SRI 国际公司开发了心理因素细分系统 VALS(values and lifestyles,价值观及生活方式)。该系统已被 200 多家公司和广告代理商运用于营销实践,现在更新为 VALS2。

(4) 行为因素。行为因素细分是指根据对某一产品的了解、态度、使用情况和反馈等特征将消费者划分成不同群体的过程。行为因素主要包括消费者个人情况、购买或使用产品时机、所追求利益、产品使用率、品牌忠诚度和待购阶段等。例如,柯达集团用购买时机细分来设计和营销一次性相机。许多人认为行为因素能最直接地体现消费者需求的差异,因此根据行为因素细分是进行市场细分的最佳起点。

2. 组织市场细分

组织市场细分可依据组织是否营利这一标准分为营利性组织细分和非营利性组织细分。较为典型的例子是,前者中的产业市场细分,后者中的政府市场细分。消费者市场细分的许多标准同样可以运用于组织市场细分,如地理特征、追求的利益和产品使用率等。此外,组织市场也有许多特有的细分变量,如用户规模、最终用户、用户的地理位置等,如图 8-5 所示。

---

① ［美］路易斯·E.布恩,大卫·L.库尔茨.当代市场营销学[M].赵银德,等,译.北京:机械工业出版社,2005.

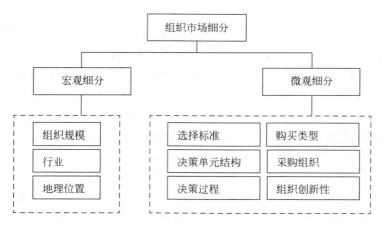

图 8-5　组织市场细分

资料来源:[英]大卫·乔布尔.市场营销学原理与实践[M].胡爱稳,译.北京:机械工业出版社,2003:154.

组织市场细分所使用的方法如表 8-1 所示。

表 8-1　组织市场细分方法

变　　量	举　　例
宏观细分	
组织规模	大、中、小
所在行业	工程、纺织、银行
地理位置	地区、全国、欧洲、全球
微观细分	
选择标准	使用价值、交货方式、价格、身份表现
决策单元结构	复杂、简单
决策过程	长、短
购买类型	直接重购、修正重购和新购
采购组织	集中采购、分散采购
组织创新性	创新型、跟随型、落后型

资料来源:[英]大卫·乔布尔.市场营销学原理与实践[M].胡爱稳,译.北京:机械工业出版社,2003:156.

尽管组织市场细分有以上诸多变量,且每个变量都有相应的内涵,但简便起见,组织通常采用三项主要指标:用户规模、最终用户和用户地理位置。

(1)用户规模。用户规模大小不同,其购买力和购买行为也存在较大差别。这个细分标准来源于营销中的"重要的一半(heavy-half)"假设和"二八理论"。这些假设、理论认为,市场上的大部分产品是由少数顾客购买的。例如,据调查美国市场上 80% 的啤酒是由 20% 的顾客消费的[①]。因此,组织可以按照用户规模进行市场细分,一般分为大量用户市场、中量用户市场和小量用户市场。

---

① [美]菲利浦·科特勒,加里·阿姆斯特朗.市场营销原理:第 9 版[M].赵平,王霞,译.北京:清华大学出版社,2001.

（2）最终用户。按最终用户细分市场是常用的方法。不同的最终用户常常寻求不同的利益，他们购买产品有着各自的要求。例如，飞机、火车、轮船、卫星的制造商对原材料采购所涉及的环节都制定了非常严格的标准，而一般工业用户则主要要求质量可靠、供货及时。因此，组织市场可按照最终用户进行市场细分，然后针对不同市场采取相应的营销策略组合。

（3）用户地理位置。用户地理位置细分主要是根据用户地理分布和地理位置进行市场细分。例如，我国市场可以分为东北市场、华北市场、华东市场、华南市场、西南市场、西北市场等。

以上各种细分标准既可以单独使用，也可以组合使用，这主要取决于组织的营销需要。通过有针对性地为细分市场提供服务，组织更容易向顾客传递价值，密切关注客户需求，维系长期顾客，从而获得最大的利益。

8.1.3　市场细分的原则

市场细分的标准多种多样，但并不是所有的市场细分都是有效的，因此市场细分必须遵循下列原则。

1. 可测量性

可测量性是指细分市场的规模、购买力和基本情况是可以识别的，即有关数据资料是可以衡量和测算的。例如，在高档服装市场上，有多少人更关注品牌，有多少人更注重价格，有多少人更注重款式等，这些数据的收集过程比较复杂，需要借助科学的市场调查方法。选择细分变量要注重实效，有一些细分变量难以测量，以它们为依据细分的市场没有实际意义。

2. 可进入性

可进入性是指进入细分市场的难易程度。有些细分市场的进入门槛很高，如太空船、航天飞机、客用飞机、磁悬浮列车、电动汽车等产品的生产市场，进入企业必须具备足够的人、财、物和技术资源。企业必须根据自身条件，通过适当的营销策略进入市场。

3. 可盈利性

可盈利性是指细分市场的规模必须足够大并且能带来盈利。在细分市场时，企业必须考虑细分市场的顾客数量及购买力。如果顾客规模太小，购买力很弱，企业不能盈利，该细分市场就没有价值。因此，市场细分并非越细越好，而应当适度、有效。

4. 相对稳定性

相对稳定性是指市场细分所依据的主要标准在经营周期内应保持相对稳定。如果细分市场的主要标准经常变化，则企业难以有效地开展生产经营活动。

8.1.4　市场细分的程序

市场细分必须遵循一定的程序。市场细分的程序如图 8-6 所示。

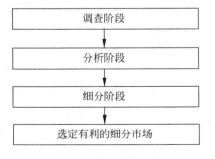

图 8-6　市场细分程序

1. 调查阶段

企业应根据经营产品的特性、经营目标和消费者需求初步确定有潜力的市场范围。要避免陷入"营销近视症",即片面地以产品特性来确定市场。产品的市场范围最终应由消费者决定,企业不能过分迷恋自己的产品。

2. 分析阶段

选定产品市场范围后,营销者应该了解消费者的一般特征,包括生活方式、品牌态度、人口统计特征、产品使用习惯等。在明确了市场特征后,企业要结合市场机会对市场潜力作出预测。市场潜力与市场份额的乘积决定了企业的最大潜在销售量。

3. 细分阶段

划分不同的消费群体,即各类细分市场,并估计这些市场的成本。为了明确企业的最大潜在销售量,企业必须预测出每个细分市场的份额。这就需要对竞争对手进行分析,然后针对这些细分市场制定营销策略和目标。同时,应当确定实现目标所需的资源,即企业要投入的成本。

4. 选定有利的细分市场

在经过大量调查分析后,企业根据自身情况选定有利的细分市场。其中也要注意各种政策、环境因素,比如企业已经拥有 50% 的市场份额,再扩大市场份额就有可能被起诉为垄断经营。

8.2 确定目标市场

确定目标市场是市场细分的目的。通过评估各个细分市场,企业根据自身条件选择应服务的市场,即确定目标市场。

8.2.1 目标市场的含义与选择标准

1. 目标市场的含义

美国学者麦卡锡提出应该把消费者视为一个特定的群体,即目标市场。通过市场细分来明确目标市场,通过营销策略的应用来满足目标市场的需要。

目标市场是指在市场细分的基础上被企业选定的、准备以相应产品或服务去满足的市场。目标市场选择直接关系到企业营销成果和市场占有率,其优点是在商品宣传推销上能做到有的放矢,分别满足不同消费者群体的需求,进而扩大市场占有率;同时可使企业在细分市场上占据优势,从而提高自身竞争力,在消费者中树立良好形象。

2. 目标市场的选择标准

目标市场一般由一个或多个市场区隔组成。企业可根据以下标准选择目标市场。

(1) 市场上尚有潜在需求未得到满足。这是选择目标市场的首要条件。满足消费者的需求,不仅要关注现实需求,更要关注潜在需求。

(2) 市场上有足够的购买力,可以实现企业的营业额。

(3) 市场尚未被强有力的竞争者完全控制;即使市场已被竞争者控制,只要企业自身的实力可与其抗衡,仍可以设法进入。

（4）企业有能力经营这个（些）市场。这种能力既包括主观条件，也包括客观条件。

8.2.2　目标市场范围选择

企业在对细分市场进行评估后，必须选择其中一个或几个作为自己的目标市场。企业选择细分市场的常用策略有五种，如图 8-7 所示。

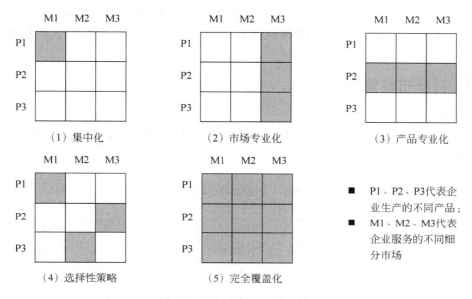

图 8-7　目标市场范围选择策略

1. 集中化

集中化是最简单的一种策略，企业只生产一种标准化产品，并只选择一个细分市场进行营销。由于企业只选择一个细分市场营销，对这个市场的需求了解得比较透彻，因而容易生产出受人欢迎的产品。这种策略适用于资源比较匮乏的中小企业，很多大型企业最初创业时也选择这种策略，因为专业化生产有助于提高生产率。如果目标市场选择得当，企业通常可以获得不错的利润；但是，一旦市场发生变化，企业就会受很大的冲击。

2. 市场专业化

市场专业化是指企业根据某一细分市场的需要生产所有产品。采取这种策略的企业通常致力于服务一类顾客。多种产品生产不仅可以分散企业的经营风险，而且能够为顾客提供更全面的服务，在客户群中建立良好的企业形象；但是一旦客户群体决定缩减经费、减少器材购置数目，就会对这类企业的业务形成较大冲击。此外，满足一类客户群的所有需求，对企业的人力、物力、财力等方面的要求也比较高。

3. 产品专业化

与市场专业化恰好相反，企业不再满足一类消费者的所有需求，而是只生产一种产品向各类顾客进行营销。企业专注一种产品的开发与生产，既有利于形成技术优势、提高竞争能力，又有利于树立良好的品牌形象、扩大销售规模。

4. 选择性策略

选择性策略是指企业生产不同性能和规格的产品,选取几个具有吸引力的细分市场作为目标市场,其中每个细分市场与其他细分市场的联系较少。与集中化策略相比,该策略的优点是分散了经营风险,缺点是分散了企业经营资源。

5. 完全覆盖化

完全覆盖化是指企业生产各种各样的产品来满足不同顾客群体的需要。与其他策略相比,这种策略对企业各个方面的要求程度最高,但是它可以增加经营弹性、降低经营风险,因而适用于大型企业。

8.2.3 目标市场策略

1. 目标市场策略类型

企业在确定了目标市场之后,就要选择营销策略。目标市场策略主要有三种,如图 8-8 所示。

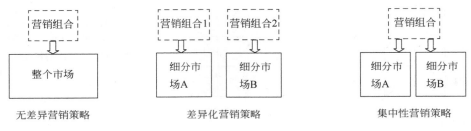

图 8-8　目标市场策略

(1)无差异营销策略。无差异营销策略是指企业把整个市场看作目标市场,针对大多数顾客的共同需要,只生产一种产品、设计一种营销组合。该策略认为市场是同质的,购买者需求是相同的,或者共性大于差异性。

这种策略的优点如下。一是有助于企业降低成本,节约生产和管理费用。大规模生产同一种产品及大批量运输能使企业取得规模经济效益。同时,由于目标市场涵盖整个市场,不需要进行市场细分,节省了市场调研、制定不同的营销策略及促销的费用。二是企业可以集中资源致力于一种产品的开发和宣传,容易在消费者心目中树立最佳产品形象。

这种策略的缺陷如下。一是"消费者具有同质化需求或者相似需求"这种假设并不切合实际。现实生活中消费者的需求千差万别,生产一种产品的企业根本无法满足所有消费者的需求,因而一些较小的细分市场往往会被忽略,这必将导致企业错失市场机会。二是针对最大的市场进行单一产品营销,容易导致该领域内的过度竞争,进而使市场盈利率低于其他细分市场。

由于对同质性高、需求广泛的产品比较有效,这种策略通常适用于实力雄厚的大企业,以此来获取规模经济效益。长期固守一种产品,往往很难得到大多数购买者的认同。因此在采取这种策略时,企业一定要慎重。

(2)差异化营销策略。差异化营销策略是指企业根据消费者需求的差异性及把整个市场分为不同细分市场的实际情况,有针对性地在产品生产和营销计划方面体现差别。

这种策略的优点是可以满足不同细分市场上消费者的需求,从而扩大企业产品的销售量。具体表现为:企业可以通过多种渠道和方式推销不同的产品来增加市场份额,提升产品的市场形象;由于经营产品增多,可以降低经营风险。

这种策略的缺点是必须对整体市场进行细分,而且所生产产品通常批量较小、种类较多,不同产品需要不同的促销方式,因此企业的生产经营成本会相应增加。由于企业资源相对有限,同时经营几种产品有时并不利于形成优势产品和核心品牌。

随着市场竞争结构的演进和消费者需求层次的提升,越来越多的企业开始关注消费者选择的多样性和个性化趋势,并采用这种策略来应对市场变化。但并非所有企业都适合采用这种策略。它通常适用于实力雄厚、研发能力比较强的企业。

(3)集中性营销策略。集中性营销策略是指企业选择一个或几个细分市场作为目标市场,集中所有资源和经营能力来充分满足目标市场消费者的需要。

该策略的优势在于:首先,有利于企业全力争夺一个或几个细分市场,提高在这些市场的份额,并取得有利地位和特殊信誉,进而避免四处出击浪费资源;其次,便于企业专门服务一个或几个细分市场,占用资金较少,并且可以批量地生产和运输产品,进而有效地降低经营成本;最后,企业可以扬长避短,在市场选择方面体现主动性,有目的地经营自身优势明显的细分市场。

该策略的风险在于:把企业的前途放在一个或几个细分市场上,一旦目标市场出现大的变动,企业将遭受严重损失。因此很多企业在采取这种策略的同时,也采取差异性策略来分散经营风险。

集中性营销策略由于不要求进行大规模的生产销售活动,因而适用于资源有限的中小企业。这类企业可以集中资源服务于一个或几个细分市场从而获得成功。例如,美国西南航空公司把奔波于两个主要城市之间的工作人群作为服务对象,通过加大航班频次并集中起飞时间取得了高于行业平均水平的经营业绩。

2. 影响目标市场策略选择的因素

上述目标市场策略各有利弊。企业在选择目标市场策略时,通常应主要考虑以下因素。

(1)企业自身条件。在选择策略的时候,企业首先应该考虑的因素是自身状况,包括人力、物力、财力等。如果企业资金雄厚,产品开发和营销能力很强,则可以考虑把整个市场作为目标市场,采取差异化营销策略或无差异营销策略。相反,如果企业刚刚起步,各项资源都较为有限,则应考虑集中性营销策略。企业也可以充分利用环境资源和自身条件,多种策略结合使用。

(2)产品生命周期阶段。在生命周期的不同阶段,产品的特性并不完全相同。根据产品生命周期各个阶段的特点,企业应采取不同的营销策略。产品处于介绍期和成长期时,企业一般很难同时推出几款产品,因而应采取无差异营销策略,或者通过市场细分采取集中性营销策略。产品进入成熟期后,企业可以采取差异化营销策略来进一步开拓市场,保持销量。产品进入衰退期后,企业可以采取集中性营销策略来建立产品品牌形象,想方设法延长产品的生命周期。

（3）市场同质化程度。不同市场的特性存在一定的差异。如果市场上所有消费者的爱好、兴趣、需求、购买行为等基本相同或类似，企业可以考虑采取无差异性营销策略来满足这种同质化的需求。如果市场需求差别很大，一种产品无法满足所有消费者的需求，则企业可以采用差异性营销策略或集中性营销策略来应对。

（4）产品同质化程度。针对不同产品的特点，企业应采取不同的目标市场策略。对于同质化程度高的产品，企业应选择无差异营销策略。例如，日常生活必需品中的盐、糖、面粉等，大多数消费者认为它们区别不大，因此企业不需要做特殊的营销。但也有一些产品，消费者认为它们的差别很大，如计算机、手机等高档消费品。此时企业应该采取差异化或集中性营销策略，建立自己产品的品牌形象。

（5）竞争者。在进入市场之前，企业还需考虑竞争者可能对自己构成的影响。这主要包括两方面的内容：一是竞争者数目；二是竞争者所采取的策略。

在市场上竞争者数目较少的情形下，企业没必要浪费资源开发多个产品，采取无差异化营销策略即可；反之，如果市场上竞争者数目较多，且竞争非常激烈，企业要想取得一席之地，就应该采取差异化或集中性营销策略，通过凸显自己的品牌形象来吸引消费者。

在消除竞争者所采取的策略带来的负面影响方面，企业可以选择以下两种方法。一是当竞争对手采取无差异化营销策略时，企业可以借助市场细分采取差异化营销策略，迅速占领对手所忽略的细分市场；二是当竞争对手采取差异化营销策略时，企业可以采取集中性营销策略或几种策略的组合来减弱对手实施差异化带来的冲击。但是，竞争对手的策略可能经常变化，这就要求企业抓住时机予以应对，作出正确的策略选择。

8.2.4　目标市场的进入方式

企业进入目标市场通常有三种方法：依靠自身的力量；收购已入市的企业；同其他企业合作。

依靠自身力量进入目标市场是最稳妥、最激励士气的方法。它能使企业具有完整的市场经营管理体验，全方位、全过程面对市场中的机遇和挑战。因此，对企业成长而言，这种方法最有效，但面临的风险也比较高，在市场中的成长过程可能比较艰难，有时成本与收益并不成正比。在收购价格过高或者找不到合适的其他企业进行合作时，企业通常需要依靠自身的力量进入目标市场。

收购现成产品或企业是进入目标市场最快捷的方式之一。它能有效地克服仅仅依靠企业自身发展进入市场的不足。例如，行业知识不足、受专利权限制、原材料缺乏、经济规模较小、行业联盟抵制等多种障碍对企业发展都会形成困扰。但是，这种方法的弊端是资源整合难度较大，被收购产品或企业与企业原有管理、文化、技术等条件不相容，造成无形磨损。

如果资金条件不足以收购现成产品或已入市企业，由于种种原因又不能依靠自身力量进入目标市场，则企业可以采取与其他企业合作的方式来实现这一任务。这样既可以降低经营风险，又可以形成优势互补。目前这种方式在企业界广泛采用。

8.3　市　场　定　位

市场定位是目标市场营销中的最后一步,也是非常重要的一步。当今世界产品市场的竞争越来越激烈,几乎任何一种产品都有很多企业在生产、加工、制造、销售。材质相同、价位相近、包装相似、促销方式接近的行业内竞争已使市场格局发生了根本性改变。因此,企业要想让购买者发现并购买自己的产品,就得有所不同,形成自己的特色,这样才能有一批忠实的顾客。市场定位就是要达到这样一种效果。

只有根据营销目标作出合理的市场定位,企业才能真正体现自己的经营特色。市场定位的目的,就是通过产品差异化营销方式在消费者脑海中建立产品的独特形象,培养具有高忠诚度的购买者群体。

8.3.1　市场定位的含义和内容

1. 市场定位的含义

市场定位是 20 世纪 70 年代由美国学者艾尔·里斯(Al Ries)和杰克·特劳特(Jack Trout)提出的营销概念,是指企业根据目标市场上同类产品的竞争状况,针对顾客对该类产品某些特征或属性的重视程度,为本企业产品塑造与众不同的、给人鲜明印象的形象,并将这种形象生动地传递给顾客,从而使该产品在市场上确定适当的位置。

市场定位并不只是要求企业对一件产品本身进行功能和利益挖掘,而且要求企业应当在潜在消费者的心目中把产品的形象牢固地记录下来。市场定位的实质是使本企业的产品与其他企业的产品在消费者脑海中严格区分开来,使他们明显地感觉到不同产品的功能和利益差异。因此,市场定位是本企业产品在消费者心目中占有特殊的地位和位置。

对这个概念的准确理解,还应当注意把握以下三点。

(1) 市场定位与传统意义上的产品差异化并不相同。产品差异化只是从生产者的角度出发纯粹追求产品生产材料、工艺、功能的差异,而市场定位是在市场细分的基础上寻求建立某种被市场所认可的产品特色,从而在顾客心目中占据一个有利的位置。

(2) 市场定位的关键是找到顾客心中评价产品特色的坐标系原点和不同维度,以距离该点的远近及面积或体积大小,以及时间变化带来的影响,来体现企业产品的特色化水平和竞争力。定位事实上是攻占消费者偏好的某一块阵地,因而选择一个恰当的坐标位置是制胜的关键。很多企业采取产品定位图作为决策辅助工具。

(3) 定位不一定要基于现有竞争优势。例如,一款新产品在没有与任何其他产品竞争的市场中,可以在时间和空间上填补消费者所期望的功能、利益、情感上的空缺。因此,合适的定位可以形成竞争优势。

2. 市场定位的内容

(1) 产品定位。侧重产品实体定位,主要强调产品特色、产品利益和产品用途,如质量、成本、特征、性能、可靠性、款式等。产品定位可分为对现有产品的再定位和对潜在产品的预定位。前者可能导致产品名称、价格和包装的改变,但这些外表变化的目的是保证产品在潜在消费者心目中留下值得购买的印象。后者要求营销人员必须从零开始,使产品特色确实符合所选择的目标市场。

（2）企业定位。与企业形象塑造在概念上有一定的重叠,但主要是从行业角度构思企业的具体位置。具体包括品牌、员工能力、知识、言表、可信度等内容。企业定位的目的主要是在消费者心中树立本企业的良好形象。

（3）竞争定位。与企业定位的区别主要在于把竞争关系及竞争者作为定位坐标系中的参照来确定企业在市场中的具体位置。竞争定位涉及资源、市场、目标、战略、政策、管理、战术等多个层面,是一种比较复杂的定位方式。

（4）消费者定位。通常根据年龄、性别和社会阶层进行定位,以便确定企业的目标顾客群。这一定位方式与目标市场在概念上有一定的重叠。但是,它更加侧重研究消费者的行为与方式,通过对消费者进行消费特征画像,寻找与企业产品营销的契合点。

8.3.2 市场定位的策略

市场定位总体而言是一种竞争性举措,它体现的主要是企业对市场竞争各方相互间关系的一种认识和梳理。因此,企业必须根据竞争形势变化制定和调整定位策略,并对定位策略的准确性和有效性作出判断。企业可以采取的定位策略主要有以下三种。

1. 避开强大竞争者的定位

尽管"以弱胜强"在竞争中不乏其例,但是比较理性的定位策略一般是,在实力相差较大时,尽量避开强大的竞争者。在定位上,如果与这类竞争者直接竞争,通常会导致对方的直接回击。避开强大竞争对手进行市场定位,是指企业力图避免与实力最强的或较强的其他企业直接发生竞争,而将自己的产品定位于某个市场空隙,使产品在某些特征或属性方面与最强或较强的对手有比较显著的区别;或者寻找新的尚未被占领但有潜在市场需求的位置,填补市场上的空缺,生产出市场上尚未出现的、具备某种特色的产品。

这种定位的优点在于,能使企业较快地在市场上站稳脚跟,经营风险小,成功率高,因而常常被大多数企业采用。

这种定位的缺点在于,采取这种战略往往意味着企业必须放弃某个最佳的市场位置,如果选择错误,企业可能会进入一个最差的市场位置。

2. 与强大竞争者竞争的定位

该策略主要是指企业根据自身实力,为了占据较佳的市场位置,不惜与市场上占支配地位的、实力最强或较强的竞争对手发生正面竞争,通过生产在价格、品质等方面与这些竞争对手差别很小的产品,争夺同样的目标顾客群体。这种定位通常有两种结果:一是企业在所定位领域取得了胜利,因而成为市场上的真正领导者,企业的产品和品牌在消费者心目中发生巨大改变,引来大量支持者和追随者;二是竞争定位失败,企业经营管理风险加大。

这种定位的优点是能够激励企业不断进取。竞争过程往往引起消费者群体的广泛关注,有时甚至产生轰动效应,这无形中会对企业及其产品起到宣传作用,并可以较快地为消费者所了解,从而达到树立市场形象的目的。

这种定位的缺点是具有较大的经营风险,要求企业必须具备一定的实力来抵抗相关风险。

3. 重新定位

该策略主要是指企业针对销路少、市场反应差的产品进行再定位,其基本内容如图 8-9 所示。

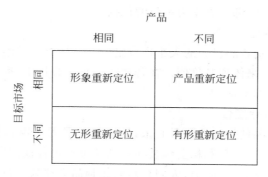

图 8-9　重新定位策略

企业若初次定位不准确或虽然开始定位得当,但后来遇到以下状况之一,都需要考虑重新定位。

(1) 竞争者定位与本企业接近,侵占了本企业的部分市场,导致本企业产品的市场占有率下降。此时若不及时构思新定位,企业很容易陷入困境。

(2) 由于某种原因导致消费者或组织购买者的偏好发生变化,当这种不良影响转移到竞争者方面时,企业就应当考虑重新定位。

(3) 由于企业扩张战略需要,重新定位可以使产品形象更清晰,如企业要实施多元化或延伸品牌战略时。

重新定位是以退为进的策略,目的是实施更有效的定位。其优点在于,可以改变目标顾客对产品的印象,寻求重新获得竞争力的手段,从而帮助企业摆脱经营困境或者开拓新的市场。缺点在于,它可能导致产品名称、价格、包装、品牌的更改以及产品用途和功能的变动。定位转移的成本可能比较高,但是新定位的收益却不一定高。

8.3.3　市场定位的原则

市场定位应当做到"4 个保持",即保持清晰度、保持一致性、保持可信度和保持竞争性,如图 8-10 所示。

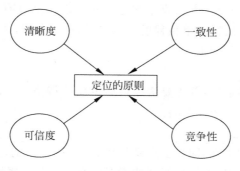

图 8-10　定位的原则

遵循这些原则的具体方法,一般来说有以下六种。

1. 根据产品特点定位

依据产品的内在特征进行定位是一种较为常用的方法。构成产品内在特征的因素(如成分、材料、质量、价格)都可以作为定位的依据。

2. 根据产品档次定位

根据品牌价值在消费者心目中的大小进行定位。高档类产品给人们传递了产品高品质的信息,一般以高价位来体现其价值。在普通消费者的心目中,拥有别人没有的高档消费品通常是地位和财富的象征。

3. 根据产品使用场合定位

将品牌与特定的产品使用场合联系起来,能够使消费者比较容易地想起该品牌。例如,香港荣华月饼以其美味可口和精美包装在中秋时节畅销各地。它的名称非常好听,有"荣华富贵"之义,因而每到中秋时节,人们自然会想到品尝这款月饼。

4. 根据使用者定位

企业将自己的产品与某一类顾客群体联系在一起,根据这些顾客的需求塑造品牌形象。

5. 根据文化定位

企业通过品牌中蕴含的文化元素进行市场定位。这种定位给普通产品注入灵魂,有利于获得消费者的心理认同和情感共鸣,无形中提高了品牌价值。

6. 根据竞争对手定位

把竞争对手当作参照系来进行市场定位。常用的方法有以下三种。

(1)即使自己并不具有第二名的实力,企业也公开表示自己甘居行业第二名,并承认行业中最大的竞争对手是第一,在消费者心目中创造一个谦虚、诚实的印象,引导大家发现自己产品的优势。

(2)承认市场上知名品牌的地位,然后宣称自己的产品在某些方面和它们一样好,甚至超越了它们。

(3)通过各种模糊概念或数字方式,让人认为本企业也是实力雄厚的大企业中的一员,从而提升自己的品牌形象。

8.3.4　市场定位的步骤

在进行市场定位时,企业一方面要了解竞争对手的产品具有何种特色;另一方面要研究消费者对该产品各种属性的重视程度,然后根据这些分析,选定本企业产品的特色和独特形象。市场定位的步骤如下。

1. 分析目标市场

企业对产品进行市场定位,首先要清楚目标市场的特征,目标市场上竞争者的数量、实力以及目前它们所采取的定位策略。

2. 识别可行的差异化

企业对产品差异化的识别,即找出产品特色,是市场定位的起点。为此,企业应当明确竞争者所提供产品的特点,了解目标消费者对此类产品各种属性的重视程度,找到本企业产品与众不同的地方或者相对竞争优势,然后根据自身条件制定市场定位目标。有些产品属性虽然顾客很重视,但是如果在企业能力范围之外,也是不可取的。

3. 树立产品形象

根据企业所确定的产品特色进行市场定位,树立产品的鲜明形象,通过广告等宣传方式巧妙地与顾客沟通,引起顾客的注意和认同,从而影响顾客的购买决策。有效的市场定位不仅受企业及其产品的影响,在某种意义上更受顾客想法的影响。成功的市场定位是顾客对企业及其产品有较高的评价,并且能准确地与其他企业及其产品区分开来。

4. 巩固市场形象

由于竞争者的干扰,消费者对企业及其产品的印象不是一成不变的,随着时间的推移,这种印象往往会变得模糊甚至出现偏差。因此,在树立产品形象后,企业还应不断地向大众传递所选定的市场定位,并采取相应的营销方式来支持企业的定位决策。企业应建立一套完整的体系,随时监测目标顾客和竞争者策略的改变,及时纠正与市场定位不一致的行为,必要时考虑进行再定位,维持和强化企业在顾客心目中的印象。

5. 形成定位知觉图

知觉图是帮助产品成功定位的有效工具。它是利用顾客所重视的特征(维度),将顾客对企业所经营品牌及其竞争品牌的看法进行可视性表述。制作知觉图的主要步骤为:①确定一系列竞争品牌;②用定性研究(如小组讨论)确定顾客在选择同类产品时使用的重要特征;③用定量研究确定顾客对每件产品所有特征所打的分数;④将产品标在二维图上。

图 8-11 是一幅关于 7 家超市连锁店的知觉图。定性研究表明顾客主要看重两个方面:产品价格和产品种类。定量研究随之提供了顾客对每家超市的价格和品种的打分,均标示在知觉图中。

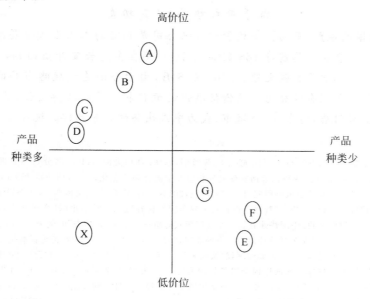

图 8-11 超市的知觉图

资料来源:[英]大卫·乔布尔.市场营销学原理与实践[M].胡爱稳,译.北京:机械工业出版社,2003:161-162.

结果表明,超市最终被分为两组:价格高且品种多的和价格低且品种少的。其中,C 和 D 两个细分市场在消费者的判断中势均力敌,相对于 E、F、G 而言,它们占据鲜明的位置。

知觉图在考虑策略转移时十分有用。例如,可以制造机会提供低价位、品种多的差异性服务(如理论上设定的 X 位置)。它还可以帮助找出品牌在消费者心目中的优点和缺点。经理的思维也许与消费者有很大不同,绘制知觉图有助于发现二者之间的差异。此外,让消费者给每个特征打出理想分数,还可以比较产品的实际位置与理想位置的差距。

市场定位是设计产品和形象的一种行为,有助于明确相对于竞争对手,企业自身在目标市场中的位置。企业在进行市场定位时,应保持慎重态度,通过反复比较和调查研究找出最合理的突破口,避免步入定位误区。常见的误区有以下三种情形。

第一种情形是定位不足。主要是指企业的市场定位过于笼统模糊,缺乏清楚的描述。这样的定位事实上并没有把企业的特色传递给顾客,因而顾客也很难准确掌握企业产品的特点和企业的特色。

第二种情形是定位过度。主要是指企业的市场定位过于狭窄,缺乏完整性,过分强调自己的产品与众不同,认为自己的产品有很多特色,结果最终失去了主要特色。定位过度往往导致目标客户群变小,因而可能达不到销售目标。

第三种情形是定位混乱。主要是指企业的市场定位摇摆不定,且缺乏关联性。如果企业频繁调整产品的定位,或者不断推出新产品却没有明显的特色,会使消费者产生混乱不清的印象,不利于在消费者心目中留下良好的印象。

探索中式快餐的"真功夫"[①]

【案例背景信息】 真功夫餐饮管理有限公司是知名的本土中式快餐品牌,主营以蒸品为特色的中餐食品。其前身 168 甜品屋 1990 年在东莞长安开业,1994 年更名为种子饮食公司并开始标准化扩张之路。2004 年 6 月,由于全国连锁战略布局的需要,再次更名为真功夫餐饮管理有限公司。凭借标准化的运作和准确的品牌定位,真功夫目前在全国拥有 600 多家门店,遍布 57 个城市,成为中式快餐的领导品牌。统计资料显示,真功夫

① 本案例主要参考以下资料撰写而成:[1]费晨阳,赵华.真功夫的 STP 战略分析[J].现代经济信息,2018 (12):48+50.[2]熊梦洁.中式快餐该如何实现差异化[J].中国管理信息化,2015,18(3):159-160.[3]李怀峰,李迎芝,王云阳."真功夫"的文化营销策略研究[J].市场研究,2013(10):37-38.[4]黎传熙.基于 STP 战略的中式餐饮连锁企业品牌塑造研究——以"真功夫"餐饮连锁企业为视角[J].长春理工大学学报(社会科学版),2013,26(3):113-114+147.[5]江瀚,吕虹,方冉.中国快速餐饮企业发展模式分析——基于"真功夫"的例子[J].市场周刊(理论研究),2011(6):34-37.[6]"真功夫"是怎样炼成的[J].市场观察,2010(1):82-83.[7]李靖.苦练标准化的"真功夫"[J].中外管理,2009(3):41-44.[8]乐琰.真功夫如何练就"快模式"[J].经营者,2008(3):112+117.[9]叶茂中."真功夫"是怎样练成的——"真功夫"全球华人餐饮连锁全案策划纪实[J].大市场(广告导报),2005(6):24-29.[10]中国饭店协会.中国餐饮业报告 2017[R].[11]2018 年第二季度中国十大快餐品牌排行榜,http://www.sohu.com/237746212_334325.[12]2017 年中国十大快餐品牌排行榜,http://www.sohu.com/a/218278792_334325.[13]2016 年四季度中国十大快餐品牌排行榜,http://www.sohu.com/a/125330331_334325.

在 2017 年中国快餐集团中排名第一,截至 2018 年第二季度,真功夫在中国十大快餐品牌中排名第七。

真功夫的市场范围是中式快餐行业,并且主打以米饭为核心的蒸制产品。当今社会,人们的生活水平不断提高,生活节奏逐渐加快,对快餐的需求也越来越高。自 1987 年肯德基进入中国市场到后来麦当劳、必胜客等品牌先后引入,西式快餐在中国快速发展。但是西式快餐存在的高脂肪、高热量等营养问题严重影响消费者的健康。统计数据显示,中式快餐占据快餐市场的 80%,而西式快餐仅占 20%,可见中国消费者仍然喜好中式快餐。但中式快餐由于难以标准化,长期处于群龙无首的状态。

作为第一家致力于做中国的麦当劳的中式快餐企业,真功夫在经营过程中遇到的第一个难题就是标准化。早期 168 蒸品店的菜品都是用传统的高温炉、大锅和蒸笼制作的,后台员工需要忍受高温,且灶火火候难以控制,菜品质量的稳定性较差,导致 168 蒸品快餐店难以进行规模化扩张,不具备与麦当劳、肯德基等西式快餐品牌的竞争优势。正如真功夫创始人蔡达标所说:"不通过标准化的管理来增强对分店的掌控力,根本无法实现进一步的扩张。"1997 年蔡达标和华南理工大学教授共同研发电脑程控蒸柜,保证了蒸制食物的恒温恒压。标准化难题的解决使 168 快餐店的运营效率和产品质量得到有效提升,企业的目标顾客不再是国道公路上的司机,而是市镇居民,于是公司将名称由"一路发"(168 的谐音)更改为"双种子",寓意为"种子萌发,携手弘扬中华饮食文化"。

2001 年,小有名气的"双种子"走出东莞准备开拓广州、深圳市场,希望以此进军一线城市市场,但是不同的经营环境让"双种子"又遇到了新的发展难题。广州、深圳的新店面市场反应冷淡、单店盈利能力低,"双种子"一度为了吸引消费者放弃中餐风格,引入与麦当劳和肯德基类似的西式快餐。经过一段时间的调查和思考,蔡达标意识到"卖产品首先是卖文化","双种子"在东莞主要满足的是打工民众的消费需求,店面装修、产品服务、品牌文化等不符合都市消费者的消费观念,因此产品难以卖出高价。并且西式快餐的引入使产品定位缺失,难以抓住消费者。

根据市场调研结果,"双种子"紧紧抓住都市居民追求绿色健康饮食的需求,明确了品牌核心价值——"蒸的营养家",将企业名称更改为"真功夫",谐音"蒸功夫",代表一直用心的蒸法和独特的技艺。同时,真功夫将在全球享誉的中国功夫代表李小龙的形象作为品牌象征,以此传达真功夫致力于成为"全球连锁的中式快餐"领导品牌的信念,一个全新的都市化、全国化、国际化品牌形象由此诞生。

真功夫在一线城市的目标顾客由原来的工人群体定位为都市白领群体。基于都市白领群体对健康问题的关注,并且他们有较高的消费能力,真功夫提供有针对性的产品和服务。真功夫的产品定位是质量高、价格适中、成本低、外观好。所有餐厅原料都由后勤统一采购、集中加工,每种材料都要经过检验中心严格检验,并采用真空包装以保证绝对卫生,最后通过精装冷冻车配送到各个餐厅。标准化的生产实现了餐厅无须厨师、"千份快餐一个口味""80 秒完成点餐""60 秒到手"的高效运营模式。店面装修方面,真功夫参照西方连锁店的设计,为消费者提供良好有序、温馨舒适的用餐环境。在人才管理方面,真功夫有自己独特的人才选拔机制,企业员工能力强,知识丰富。数据资料显示真功夫 80% 的员工都是本科生。为符合都市消费者追求时尚生活的需求,真功夫启用新的品牌形象,推出"征服自我,超越极限"宣传口号。凭借其自主发明的"标准化程序"和合理的经营策略,真功夫在 2004—2007 年始终保持年均 55% 的增长速度,迅速发展成为中式快餐业的领导品牌。

我国地域广阔,不同区域的饮食结构和口味偏好存在很大的差异,这对标准化经营的真功夫提出了挑战。真功夫提出"1+3+6"模式来平衡标准化和差异化的矛盾,"1"代表 10% 的创新产品,"3"代表 30% 的地域化产品,"6"代表 60% 的标准化产品。真功夫会根据市场情况开发具有地方特色的菜肴,如具有粤菜风味的香汁排骨饭、原盅炖鸡饭,扬州特色的"蟹粉狮子头",以及北方人喜好的面食等,在标准化生产的同时满足不同消费者的需求。

当前,餐饮行业面临由时代变化和消费群体变迁导致的顾客需求的变化,"85 后""90 后"甚至"00 后"成为快餐市场的主流消费者。真功夫敏锐地察觉到市场的变化,在深入分析新时代顾客主要消费需求的基础上,提出"标准化+个性化"的全新模式,为中式快餐跨入 3.0 时代指明了方向。基于该战略,2015 年真功夫更新了品牌形象,并从品牌价值理念与顾客就餐体验等方面作出改变,时尚休闲的餐厅设计、颇合"85 后""90 后"心态的全时段产品线、满足顾客自选的点餐模式及便捷的智能化餐厅得到了年轻消费者的青睐。

近 30 年来,真功夫一直秉承"为顾客提供持续稳定的高品质食品和美好的用餐体验"的经营理念,不断探索市场的消费需求,了解主流顾客的需求特征,并有针对性地进行产品设计、品牌建设。真功夫的成功不仅打造了中式快餐的领导品牌,还使中式快餐突破标准化、规模化扩张的发展难题,在快餐行业形成了与西方品牌抗衡的竞争优势。

【案例讨论题】

(1) 真功夫在发展中采取了怎样的 STP 战略?

(2) 结合快餐行业的发展现状,对真功夫未来的细分市场选择和发展路径提出自己的建议。

复习思考题

1. 如何理解市场细分? 它包括哪几个层次?
2. 简述市场细分的标准、原则与程序。
3. 什么是目标市场? 它应符合哪几个标准?
4. 简述市场定位的内涵、方法与误区。

第 9 章

新产品开发与产品生命周期

【本章知识点】
- 新产品的含义及类型
- 新产品开发的动力与阻力
- 新产品开发过程
- 产品生命周期与营销策略

　　新的需求引发了新的产品研发,新产品上市又会导致更高层次的需求。随着经济社会的飞速发展,消费者需求种类在不断增加,需求层次也在不断提高。企业必须紧跟市场步伐,为顾客提供更多的产品选择机会。任何一种产品都很难在市场上长期存在下去,因而客观上需要有新产品来充实和丰富市场。

9.1　新产品开发

　　新产品开发是一项既耗时间又耗资金的活动,同时还需要面对市场不确定性带来的风险,因而许多企业对于这项工作都持慎重态度。但是,新产品开发如果取得成功,往往会有力地促进企业的生产销售,并为企业带来可观的利润,因此,企业通常在战略上把它作为增强竞争实力的重要手段。实践证明,新产品开发是企业在竞争中赢得优势的重要途径。

9.1.1　新产品的含义及类型

　　新产品是指在构成要素上进行了整体或部分创新的产品,既包括新发明创造的产品,也包括部分革新的产品。新产品的衡量标准是能否给顾客带来新的利益。

　　依据产品创新程度的不同,可将新产品分为以下四种类型。

1. 完全新产品

　　完全新产品是指在科学技术开发上具有意义的新产品。这种类型的新产品通常采用了新的设计原理、新的制造材料和新的生产技术,制成的产品一般具有全新功能,与现有产品存在根本区别。完全新产品(如火车、电灯、电话、汽车、飞机、计算机等)的出现是科学技术取得新突破的基本标志。从实验室的研究试制到企业的大批量生产,完全新产品不仅需要很长的开发时间,需要投入大量的资金,而且要承担非常大的市场风险,单一企业往往很难完成开发完全新产品的任务。

2．换代新产品

换代新产品是指在性能上有重大突破的产品,通常表现为某一类产品的升级换代。尽管就基本原理和基本功能而言,升级换代的新产品与原有产品并没有本质区别,它们都是满足顾客的同一类型的需要,但是新产品所采用的技术和所形成的功能与原有产品有很大差异,尤其在产品性能方面,可能显得更为通用、灵便、快速。例如,计算机的升级、电视机的功能创新等。换代产品通常在使用材料和制造原理上与原产品有一定的延续性,因而开发该类新产品比开发完全新产品相对容易,开发成本和承担的风险也比较低。

3．改良新产品

改良新产品是指在产品的材料、结构、造型、颜色、包装等方面作出改进的新产品。改良新产品一般侧重对产品的结构、材料和式样的非本质性功能作出改变,而在基本功能方面并无本质上的创新,因而在形式上作出的改进多于在本质上的改进。例如,把窗口式空调改良为分体式空调、把普通酒改为精品酒、对洗发水的香型作出改变等。一般来讲,改良新产品的科技含量并不是很高,企业完全可以依靠自身力量进行独立开发。在新产品类型中,绝大多数新产品属于改良新产品。由于改良新产品只是在品质、特色、款式、外形等方面对原有产品进行了一定程度的改进,且改进后的产品非常贴近顾客的消费习惯,因而该类产品比其他新产品更容易为顾客所接受。

4．模仿新产品

模仿新产品是指对现有市场上已经存在的产品进行仿制性生产而形成的产品。例如,在国际市场上有些产品虽然已经流行多年,但是受地理因素或其他因素的影响,并没有出现在本国市场上,国内企业如果生产这些产品,就属于制造和生产模仿新产品。该类产品能在一定程度上替代真正的新产品,并有利于企业提高技术水平、增强竞争实力、扩大销售收入。由于模仿新产品仅在已有产品的某些方面作出改变,或者通过引进和模仿其他企业的技术进行生产,无须新的技术,因而研制时间比较短,成本也相对较低。消费者通常比较容易接受这样的新产品,但该类新产品的市场竞争较为激烈,产品的生命周期也比较短。

9.1.2　开发新产品的动力与阻力

新产品开发是延长产品生命周期的重要途径,是现代企业经营决策的一项重要内容。新产品开发可以为企业打开新的盈利空间,开辟新的经营发展领域。

1．新产品开发的动因

(1) 产品生命周期的要求。一般来讲,任何一种产品都要经历进入市场和退出市场的过程。前者标志着产品生命的开始,后者标志着产品生命的结束。因此,客观上不存在能够永远保持市场地位和市场份额的产品。一种产品生命的开始有其赖以存在的基础,包括原材料、消费者、时代背景等因素,而所有这些又都是在不断变化的。例如,原材料或是消费者的不复存在,可能就意味着产品生命的终结。为了克服由生命周期而引致的某些产品的消失,生产企业需要对这些产品进行全面的革新,或进行相应的技术改进和功能创新。

(2) 消费需求变化的要求。在理论上,顾客的消费欲望是无止境的,由欲望而诱发的需求呈不断上升趋势。消费需求一般具有不可逆性,它使人们对产品质量、品种和款式的要求不断提高。从这个意义上讲,能够在任何情形下都满足消费者需求的产品,在现实生活中并不多见。因此,生产企业必须满足消费者不断变化的需要,淘汰不能适应消费者需求的产品,开发能够满足消费者需求的新产品。依据目标市场的顾客需求而确定产品开发的方向和内容,是企业保持生机和活力的正确途径。

(3)科学技术发展的要求。科学技术为新产品开发提供了智力支持,新产品开发又推动了科学技术的不断进步。科学技术只有转化为现实的生产力,才能彰显其改造世界的巨大作用;企业的新产品也只有通过大量应用高新科技,才能具有更大的价值提升空间。因此,科学技术与新产品开发的互动作用,促使企业不断运用新技术改进自己的产品,开发新产品。科学技术的不断普及与推广应用,在一定程度上加速了新产品开发进程,使企业的产品更新速度不断加快。

(4)激烈市场竞争的要求。在日益激烈的市场竞争中,为了生存下去并逐步取得竞争优势,企业只有不断进取、积极创新,在新产品开发方面作出努力探索与尝试。新产品开发有利于调动企业员工的积极性;能够增强产品的综合竞争能力和企业对市场的控制力,使企业在市场竞争中占据有利地位;同时还能提升企业的市场形象,巩固和扩大企业的产品经营范围,培养忠诚于本企业产品的消费者群体。

2. 新产品开发的主要障碍

尽管新产品开发意义重大,但是由于各种因素的制约,该项工作往往并不能取得预期的成果。因此,在经营过程中,企业在新产品开发决策时都显得非常慎重。特别是那些旨在追求稳健经济收益的企业,为了避免承担过大的经营风险并规避市场中的不确定性,往往采取模仿新产品的做法,而不愿意独立承担开发任务。这种做法在一定程度上阻碍了新产品开发,同时也不利于全面提高企业的竞争能力。

新产品开发的障碍主要表现在以下六个方面。

(1)缺乏有效的新产品构思。在一些基础行业中,绝大多数产品都经历了漫长的时间检验、无数次的材料变革和功能更新,其结果是企业能够对这些产品进行创新的构思越来越少,进行新产品开发的难度不断增大。例如,在钢铁、水泥、石油、煤炭等行业,新产品的创新难度比其他行业大得多。对于一些在市场上已经较为成熟的产品,构思和创意的空间也显得比较狭窄,这也成为新产品开发的巨大障碍。

(2)缺乏新产品开发的资金。做好新产品开发工作,既要有强大的科研队伍作为人才保障,又要有强大的经济实力作为财力支撑。现实中,一些企业并不缺乏非常好的新产品构思,但是往往由于财力所限,只能将其停留在图纸设计上,有的企业甚至无法进行图纸设计这样一些基础性的探索工作。事实上,这种做法不论是对企业本身,还是对整个社会,都构成了一种无形的资源浪费。

为了从根本上改变这种局面,推动新产品开发的进程,理论界和实务界应做好三项工作:一是在企业这一微观层面上,对新产品开发提供经济保障;二是在行业这一中观层面上,对新产品开发给予必要的引导;三是在国民经济这一宏观层面上,把新产品开发与经济创新结合在一起加以研究,并为其提供相应的政策制度安排。

应建立健全投资新产品开发的风险市场运行机制。在不成熟的市场经济体制下,新产品开发更多地依赖政府投资,或者依赖一些科研机构的非市场化行为。

（3）新产品的市场容量过小。专业化生产在提高劳动生产率的同时,也将产品市场划分得更细。在这一分工背景下,与新产品相对应的顾客群体趋于狭小,因而市场上对新产品的总需求量相对较小。这种状况不仅影响企业开发新产品的积极性,也使企业被动地压缩了新产品开发的投资。利润最大化是企业的主要经营目标,它决定了新产品只有达到必要的经济规模并能为企业带来一定的经济收益时,企业才会主动投资于该产品的开发。

（4）新产品开发的风险增大。在新产品开发领域,企业之间相互竞争。如果市场上有多家企业同时开展一项新产品的开发,就有可能形成在新产品投资规模上相互竞争的格局。为了确保本企业所开发的新产品在质量、功能等方面处于领先水平,一些企业往往不惜投入巨资与对手展开竞争。因此,当这种竞争过于激烈时,企业间的较量重点可能由技术攻关转向资金实力比拼。但是,由于企业投入新产品开发的资金越多,所面临的经营风险可能就越大,因而这种竞争的结果往往是一方面提高了新产品开发的市场成本,一方面也加速了部分竞争企业退出市场的步伐。表 9-1 列出了新产品失败的原因。

表 9-1　新产品失败的原因

a. 市场/营销失败	潜在市场规模小 产品差异不明显 定位差 误解顾客需要	d. 技术失败	产品无效 设计差
		e. 组织失败	不适应组织文化 缺乏组织支持
b. 财务失败	投资回报率低	f. 环境失败	政府法规 微观经济因素
c. 时机失败	市场进入迟 进入太早——市场还没有准备好		

资料来源：［美］菲利普·科特勒,凯文·莱文·凯勒,卢泰宏.营销管理：第 13 版·中国版[M].卢泰宏,高辉,译.北京：中国人民大学出版社,2009.

（5）仿制和假冒产品的出现。创新企业具有一定技术含量的新产品上市之后,通常会引起整个行业内其他企业的广泛关注。随着新产品使用技术的持续外溢,其中一些企业可能会迅速仿制新产品的功能和式样,这在一定程度上又稀释了技术创新企业的利润。因此,在新产品上市后,创新企业面临的最为棘手的一个问题,就是如何防止其他企业的仿制行为。为了做好这项工作,创新企业可能又需要进行大量的投资,加固新产品的市场形象和地位。如果这项工作行动不力,可能造成的结果是,新产品刚进入市场不久就被大量企业迅速仿制,市场提前进入了饱和状态,而创新企业的开发投资尚未完全收回。

（6）新产品生命周期的缩短。科学技术的迅猛发展既带动了新产品的大量出现,也加速了总体产品的老化过程。不可否认,技术生命周期缩短是产品生命周期缩短的重要成因。在瞬息万变的市场环境中,企业对于新产品开发的态度已经发生转变。它们一方面迫于生存压力要积极主动地拓展新产品开发的空间,另一方面又要顺应技术潮流正视新产品生命周期缩短带来的挑战。在严峻的现实面前,只有能跟上技术进步节奏的企业才能从根本上掌握新产品开发的主导权。对于一般企业而言,这是一件难以完成的任务。因此,企业只有把新产品开发作为一项重要工作,才能在激烈的市场竞争中赢得先机。

9.1.3　企业获取新产品的方式

在市场交易行为迅猛发展的现代社会中,企业可以通过多种方法得到新产品。企业拥有一项新产品,并不一定要参加它的研发过程。新产品的获取主要有下列途径。

1. 获取现成的新产品

(1) 联合经营。如果一家企业开发了一种具有市场前景的新产品,但缺乏启动市场的资金和销售渠道,那么另外一家在这些方面具有优势的企业就可以对其进行收购,然后由双方共同经营这一具有潜力的产品。这种获取新产品的做法不仅能缩短新产品进入市场的时间,而且能使企业之间优势互补,增强合作双方的产品竞争力。

(2) 购买专利。一家企业如果认为自己没有必要独立开发新产品,或者在技术方面并不具有开发新产品的能力,则可以采取与其他专门从事新产品研制的机构(如科研部门、开发公司或同类企业)进行新产品所有权交易的方式,直接购买新产品专利权,进而获得对新产品的拥有权。这种获取新产品的做法有利于在生产企业与科研开发机构之间建立依存关系,并充分发挥科研机构的作用。

(3) 特许经营。对于其他企业开发的或是拥有专利权的产品,企业可以向这些企业购买新产品的特许经营权。在这种方式下,尽管企业并不一定掌握与新产品相关的核心技术,但仍然可以在市场上出售该产品,并通过掌控新产品的经营销售活动,为企业赢得可观的经济收益。

(4) 外包生产。这是一种比较流行的做法。一些拥有核心技术的企业在开发新产品之后,往往将含有核心技术部件的生产线留在本部,而将其他一些不重要部件的生产业务通过合同形式外包给生产加工企业。这些拥有核心技术的企业通常只进行加工组装或是只负责营销渠道的组织管理。

2. 自己开发

(1) 独立研制开发。该类企业通常在某些方面拥有开发新产品的独特优势。这些优势可能体现在技术上,也可能体现在市场地位和经营管理方面。一家企业独立研制开发新产品的原因主要有三个:一是其他企业不具有这样的经济和技术实力;二是拥有经济和技术实力的其他企业不愿意进行这样的开发;三是该企业需要保持新产品开发工作的隐蔽性。

(2) 共同研制开发。这种方法是指准备进行新产品开发的企业与科研机构签订合作协议并辅以物质和资金支持,委托它们为本企业开发新产品。在这种开发模式下,合作双方能够做到优势互补,在合同框架内利益共享、风险共担。企业主要承担新产品的市场风险,而科研机构主要承担新产品的设计风险。

不论企业以上述何种方式取得新产品,都必须满足一个基本条件:上市后的新产品能给消费者带来新的利益。为此,新产品开发企业必须结合目标市场的群体文化、消费习惯、价值观念等特点,在新产品的功能设计、使用方法、销售价格等方面充分体现与同类产品的比较优势。

9.1.4 创新文化的创造与培养及新产品开发的组织保障

1. 创新文化的创造与培养

新产品开发是关系企业生存发展的一件大事，因此准备进行新产品开发的企业必须认真对待这项工作。成功的新产品开发的基础是创造一种奖励创新的企业文化。这种文化的具体创造过程如图9-1所示。

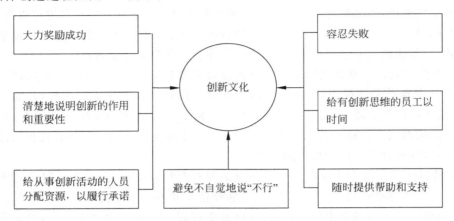

图 9-1 创造和培养创新文化

资料来源：［英］大卫·乔布尔.市场营销学原理与实践［M］.胡爱稳，译.北京：机械工业出版社，2003.

在创新文化的创造和培养中，高层管理人员应积极支持新产品开发，并对具体项目予以关注。除了传递重视新产品的作用和重要性的信息外，高层经理应与开展创新活动的人员交谈，当创新工作遇到难题时，应给予大力支持。

2. 新产品开发的组织保障

在新产品开发过程中，企业需要设置专门的机构与之配套，并提供优质的服务。在新产品开发的组织方面，企业通常采取以下形式。

（1）传统创新模式。该模式共分四个步骤：

第一步，由新产品研究和开发部门对所有构思方案进行评价；

第二步，确定拟实施的构思方案并交由工程技术小组进行设计；

第三步，设计完成之后再交给生产部门进行生产；

第四步，由销售人员负责新产品销售工作。

该创新模式主要采取以下形式。

① 产品经理负责制。相当一部分企业把新产品开发任务交由产品经理负责。这种做法的弊端是，产品经理同时负责现有产品生产制造和新产品开发研究两项工作，很难在二者之间取得平衡，甚或集中精力做好新产品开发工作。有时，一些产品经理为了突出本单位的经营业绩，避免在新产品开发中承担更大的风险，往往过于关注现有产品的生产，并集中生产资源于现有产品的制造，这就在一定程度上影响了新产品开发的进程。

② 新产品经理负责制。为了做好新产品开发工作，一些企业在产品经理之下专门设立了"新产品经理"这一职务，并使其全面负责新产品开发工作。这种业务分工方法比单

纯地由产品经理负责新产品开发改进了不少,也有利于新产品开发计划的制订和实施。但是,由于新产品开发仍隶属于主管某一类产品的产品经理,因而其新产品开发思路往往仅限于开发该类产品,很难在更大的产品类别中作出选择。对于一些大公司而言,这种做法可能导致新产品开发缺乏整体观念,甚至出现本位主义和争夺资源的现象。

③ 新产品开发部负责制。为了避免上述问题,一些公司加强了对新产品开发工作的指导监督,在公司组织机构中专门成立了新产品开发部,由该机构专门负责新产品开发工作。这就使新产品开发在组织结构上得到保障,避免了由一个人主导开发工作的局面。在该机构内,一般设有从事新产品研究开发的专家小组、从事组织和筛选新产品构思的成员、协调新产品的开发与试制的工作人员,还有组织新产品试销和营销设计的队伍。这种组织机构的设置对于从总体上推进新产品开发具有重要作用。

④ 新产品开发项目组负责制。为了提高开发工作的效率,避免设置固定机构所带来的问题,一些企业在开发新产品时,往往成立有机式的新产品开发项目组,将企业内外各种优势资源集中在一起,联合攻关开发新产品。项目组通常是在新产品开发部的领导下,依据开发任务的性质和要求设立的。它的优点是目标明确,便于资源整合;缺点是组成人员多隶属于双重领导,可能导致管理交叉和职责不清。但是,它仍是一种比较好的组织形式。

⑤ 新产品开发委员会负责制。一些大型企业为了突出新产品开发的重要地位,在自身组织结构中专门设立了新产品开发委员会,以统一协调企业内部的新产品开发工作。这个机构对企业的新产品开发进行统筹规划,从全局角度制定新产品开发战略,监督新产品开发部门的工作进度,审议新产品开发的工作报告和预算安排,为企业的新产品开发指明发展方向。该委员会通常由企业的主要领导和专家组成,成立该机构对于提高新产品开发的地位具有重要作用。

(2) 团队导向模式。为了加快新产品开发,许多公司采用了团队导向模式。在该模式下,新产品开发要求企业内部各部门间必须自始至终保持密切配合的工作状态。为此,企业需要专门成立一个职能交叉的小组,在开发新产品的整个过程中指导每个具体项目的开展。在新产品构思方案形成过程中,该模式有利于从市场营销角度对新产品进行研究,特别是在新产品开发的早期阶段,甚至允许顾客亲自参与以便征求他们的意见。在新产品开发中,许多企业已从传统创新模式转向团队导向模式,新产品开发的组织方式更趋现代化和多样化。

9.2　新产品的开发过程

新产品的开发过程一般包含八个阶段:创意产生阶段、创意筛选阶段、概念发展与试验阶段、营销战略开发阶段、商业分析阶段、产品开发阶段、市场测试阶段和商品化阶段。

9.2.1　创意产生

1. 新产品创意的来源

没有创意就不可能生产出新的产品,因此创意是新产品开发的基础和起点,它为新产品开发提供了基本轮廓。新产品创意的来源渠道比较多,主要有源于企业内部的创新力量和源于企业外部的创新力量。新产品创意并不是简单地体现为个人或少数人的突发奇想,而是需要客观环境的支持,一般包括文化支持、教育支持、产业支持、政策支持和资金支持。新产品创意需要有创新思维与创新传统作支撑,同时也需要一种宽松的生活、工作环境作为基本条件。

(1) 企业内部的创新力量

① 科技人员。在发达国家经济发展实践中,企业与科研之间的关系极为密切,企业依靠科研力量的推动而发展,科研机构依靠企业的资金支持而强大。因此,企业既是从事科研工作的主要基地,也是科研成果转化为生产能力的重要场所。在这些国家,企业要寻求新产品创意,首先会重点考虑自身的科研队伍,依靠内部科技人员的力量激发和挖掘新产品的创意。

② 普通员工。管理学大师彼得·德鲁克认为,企业作为一个营利性组织只有两项重要任务,即营销和创新。创新是企业发展中的永恒主题,没有创新机制的企业就没有生命力。因此,在倡导先进文化的社会中,通常都会大力鼓励创新。具体到企业管理这项实践活动,就是要建立相应的企业文化和激励机制,鼓励普通员工提出新想法。具体做法为:给予员工灵活自由的工作时间;将具有才智的员工集中在一起;鼓励员工用打破传统思维的方式思考;让员工接受非正规知识;促使员工采取团队合作方法解决问题;等等。

③ 高层管理人员。在新产品开发创意的形成过程中,企业高层管理人员起着十分重要的作用。他们负责确定新产品开发的目标,明确科研工作的重点产品和市场范围,并规定各级科研人员在新产品开发中的任务。由于亲自负责企业技术创新工作,他们对行业内的产品信息、竞争状况、发展趋势等更为了解,因此在综合各方面信息的基础上,他们往往能够提出较好的产品构思,这些构思是新产品创意的一个重要来源。

(2) 企业外部的创新力量

① 顾客。顾客的需求与欲望是新产品创意的逻辑起点。大量新产品创意起源于首先使用企业产品的顾客,因为他们比其他人先认识到了产品需要改进的地方。企业通过对顾客开展访问与调查,能够了解他们对产品的意见和建议,以便进一步确定他们的需求和欲望。许多优秀的创意都是通过这一途径获得的。

② 中间商。中间商是介于生产企业与顾客之间的实体经营组织,它们能够直接掌握顾客对于各类产品的意见,同时也基本了解行业内各企业的经营发展状况。尽管中间商并不是新产品开发方面的技术权威,但是作为产品在市场流通中的重要承担者,它们拥有对不同产品的顾客偏好、技术特点进行分析对比的有利条件,并能够发现生产企业在新产品开发中存在的具体问题。因此,从中间商那里收集创意是一条非常有效的途径。为了获得新产品创意,许多生产企业致力于研究激发销售代表和经销商提出创意的具体措施。

③ 竞争者。对于竞争者所开发新产品的销售状况,准备开发新产品的企业必须高度关注,而且要准确地评价这些新产品的市场反应。无论这些新产品的销售是否成功,它们的销售信息对于准备进行新产品开发的企业而言,在寻找创意方面都具有极其重要的参考价值。为了发现某些新产品的技术特点,有些企业甚至采取了将其分拆研究的做法,然后制造出功能更强、质量更好的产品。虽然通过这种方法制造出来的产品并不是一种严

格意义上的新产品,但是这种发现创意的方法仍有一定的存在价值。

④ 其他渠道。在外部创新的各种来源中,除了以上三种渠道之外,还有其他一些渠道,如发明家或其代理人提供的专利、高等院校研究机构的技术成果、从事技术商业化的机构的科研成果、公开出版物中的创新信息等。在信息技术飞速发展的今天,能够获得创意的渠道越来越多,参与创意开发及创意寻找的机构和人员也越来越多,因此企业必须紧随形势,不断拓宽创意采集渠道,以便获得真正有价值的创意。

2. 创意产生的方法

创意产生的方法很多,归纳起来,常用的方法有下列几种。

(1) 属性一览表法。这种方法是在现有产品的基础上进行尽可能多的属性改进,然后提出新的产品创意。它的具体步骤为:首先,列出现有产品的主要属性;其次,对每一种属性进行必要的修改;最后,由主要属性改进后的创意来构成新的产品。

在改进产品属性这一过程中,企业应当发现并提出以下问题:现有产品有无其他用途;能否被其他产品所替代;有无适应顾客需要的能力;产品功能和外形是否有扩大或缩小的必要;一些属性是否需要重新排序或是合并;等等。

(2) 引申关系法。这种方法是将不同类型的物体放在一起,通过研究它们之间的关系,得出新产品的创意。该方法通常是由自然界的某些现象诱发出新产品创意,它不仅要求创意寻找者具有较强的联想思维能力——能够把不同性质的事物联系在一起系统思考,而且要求他们具有敏锐观察周围事物的能力。用该方法寻找新产品创意,不同物体之间的类别差异越大,得出的创意可能就越有价值。

(3) 物型分析法。这种方法首先是分析一类事物的构成要素,然后再研究这些要素之间的关系。例如,一家企业如果采取这种分析方法寻找关于运输工具新产品的创意,大致需要经过四个步骤:列出现有运输工具的组成部分,如车厢、底座、轮胎等;列出各种运输工具产生摩擦力的媒介,如空气、水、雪、地面等;列出各种运输工具的动力来源,如压缩空气、汽油燃烧、电力等;对这些运输构成要素进行自由组合,尽可能找出与现有运输方式完全不同的新方式。

在上述过程结束之后,该企业就有可能形成一个完全区别于现有产品的新产品创意。

(4) 需要/问题分析法。这种分析方法主要是指,企业针对现有产品存在的各种问题,采取相应方法进行改进,然后找出能够解决问题的具体创意。企业通常采取调查问卷的做法,要求顾客列出某一产品的主要问题,并征询相应的改进建议。企业也可以采取反向做法,先在调查表中列出该产品使用中可能遇到的问题,再要求顾客写出相关产品的具体名称。在征集产品问题和顾客需要的过程中,企业找到新产品开发的具体创意。

(5) 头脑风暴法。这是一种进行群体创意的思维方法。它所遵循的基本原则是:自由鸣放、不相互批评;提供发言机会,鼓励争先发言;发言要精练,无须详细论证。为了不影响会议的自由氛围,主持人一般不事先发表意见。在相对轻松、融洽的气氛中,与会者可以就某一个具体的创意目标任意地发表自己的意见,尽可能发挥想象力,以便得出新产品开发的创意。实践证明,一些成功的创意往往产生在类似的会议上。

(6) 提喻法。这是以会议形式请专家提出创意的一种方法。为了使更多的观点得到充分论证,避免在需要解决的问题上过快形成结论,会议开始时主持人并不直接提出需要解决的问题。在不受完成任务和具体目标束缚的条件下,与会专家就会议所涉及的问题展开讨论,主持人在适当的时候提出真正需要解决的问题,最后形成有效的创意方案。该方法在实施过程中,只有主持人知道工作任务和具体目标,与会专家事先并不知道这些内容,因此所要讨论的问题可以规定得宽泛一些,以免讨论小组得到关于解决某个具体问题的暗示。

9.2.2 创意筛选

创意筛选的主要目的在于,从已形成的创意方案中选出真正有价值的创意。因此,筛选过程中需要依据一定的标准削减创意数目。在筛选阶段,企业必须避免两类错误:一是舍弃那些虽有缺陷但稍加修改即可带来良好效益的创意;二是允许一个错误的创意投入产品开发和进行商业化生产。

新产品创意的评价标准应符合企业的目标。标准通常包括:新产品的独特优势;单位成本创造利润的比率;企业对新产品开发的资金支持;新产品市场的竞争状况。由于各项标准的重要程度不尽相同,所以在评价时需要给予它们一定的权重。表 9-2 中的第一列是评价产品创意的主要标准,第二列是管理者根据标准的重要程度给予的权重。将每项标准的权重与该创意中的对应分值相乘,然后再将计算结果逐项相加,得出的分值就是该项创意的总分值。

另外,企业需要计算新产品创意的总成功率,通常可采用下列公式:

总成功率=技术完成率×技术完成率确定后的商业化率×商业化率确定后的经济成功率

表 9-2　产品创意的评价

产品成功的必备条件	相对权重(1)	产品能力水平(2)	评分(1)×(2)
产品优点	0.30	0.70	0.21
盈利能力	0.30	0.60	0.18
资金支持	0.20	0.80	0.16
竞争状况	0.20	0.50	0.10
小计	1		0.65

* 评价标准:0.00~0.30 为较差;0.31~0.60 为一般;0.61~0.80 为较好。最低标准:0.61。

如果这三个比率分别为 0.50、0.70 和 0.80,则总成功率为 0.28。企业可以据此判断是否有必要把新产品开发工作进行下去。

新产品创意也可以按照如图 9-2 所示的程序进行。

9.2.3 概念发展与试验

产品概念是在经过筛选确定后的产品创意基础上发展起来的。产品创意是指生产企业向消费者提供的一个可能上市的产品的基本设想。产品概念是指用有意义的能被消费者理解的术语精心表述的一种产品构思。产品印象是指实际产品或潜在产品在消费者头脑中的特定形象。

1. 概念发展

下面举例说明产品创意、产品概念和产品印象的区别,并阐明概念发展的基本过程。

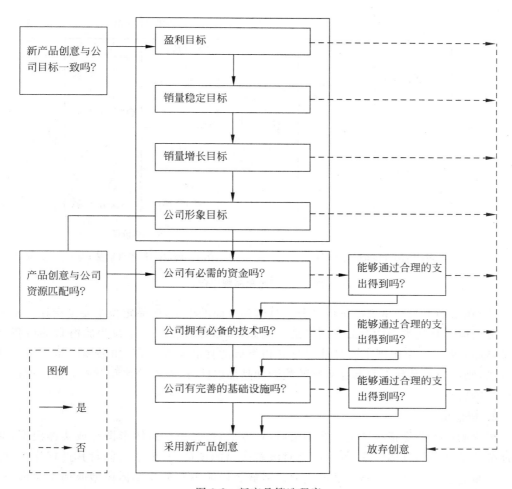

图 9-2　新产品筛选程序

资料来源：［英］马科姆·麦当那，马丁·克里斯托弗.市场营销学全方位指南［M］.张梦霞，等，译.北京：经济管理出版社，2008.

某食品加工企业得到了一个生产晶体状食品的创意：在淀粉中配制一些水果片，再加入一些其他配料，即可成为营养可口的食物。这就是新产品创意。然而，顾客不会直接购买这种仅有创意但缺乏产品概念的食品，因为他们并不知道该产品的实际好处。因此，生产企业需要把产品创意概念化，用一个概念或概念目录把它尽可能完整地表达出来。

　　任何一个产品创意都能够转化为若干个产品概念。在产品概念中应当重点回答三个问题：这是一种什么样的产品？这种产品的主要优点是什么？它适合哪类顾客群体？根据这些具体问题，对上面例子中提到的食品创意，企业可以形成这样一些产品概念：一种使小朋友增强记忆、快速成长的食品；一种非常可口、适合成年人需要的营养快餐；一种健康补品，能够使老年人延年益寿。这样的概念就能使产品创意更加具体化，便于不同类型的顾客群体识别产品，并帮助他们依据自身需要作出正确选择，具体见图 9-3。

　　在产品创意转化为产品概念后，需要进一步将其转化为品牌概念，通过产品定位和品

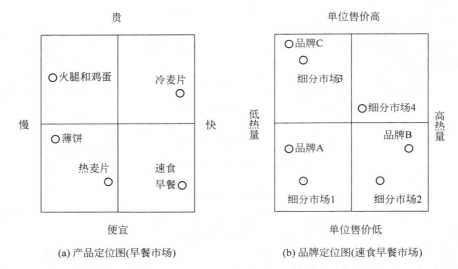

(a) 产品定位图(早餐市场)   (b) 品牌定位图(速食早餐市场)

图 9-3 产品和品牌定位

牌定位,在市场上与竞争产品进行区分。具体到上面的例子,产品定位主要是指在价格和服务方面应与其他类型的食品有所区别。例如,可以将该新产品定位为旅游食品或者是运动食品;而品牌定位则主要是针对与其相类似的食品品牌而言,如果该产品定位为旅游食品,则应当在品牌上与其他品牌的旅游食品加以区分,并在价格和营养方面体现这一新产品的特点。

2. 概念测试

概念测试主要是指在选定顾客小组后,企业通过文字符号、图形图片或实体模型,准确地描述新产品的具体特征,观察顾客对该新产品的反应,并要求他们对其进行评价,然后进一步充实它的概念。概念测试主要包括概念说明书和概念实体模型两项重要内容。在科学技术飞速发展的今天,运用计算机辅助设计技术,可以用较低的成本制造出逼真的模型。在概念测试中,实体模型与最终产品越接近,测试的可靠性就越高。

概念测试的主要目的在于收集顾客对新产品的反应。因此,企业首先应当判断该项概念对顾客是否具有真正的吸引力。如果确实具有吸引力,那么它的吸引力究竟有多大?它的哪些属性引起了顾客的兴趣?如果它缺乏吸引力,究竟是什么因素导致顾客失去兴趣?他们心目中的产品应当是什么样?对于顾客反应的这些信息,企业需要认真分析和综合评价。

9.2.4 营销战略开发

在顺利完成概念测试后,企业应当制订把新产品引入市场的营销战略计划。其内容通常包括以下三个方面,并需结合新产品的市场表现不断加以完善。

1. 描述目标市场,进行产品定位,制订销售量、市场份额和利润计划

例如,已经完成了"新式电子词典"这一新产品创意测试的一家企业,在该产品的营销战略计划中可以作出如下安排:目标市场为在校中学生;产品定位为高质量、高价格;进入市场第一年目标销量为 50 万部,市场占有率为 5%,利润目标为盈利 1000 万元,第二年目标销量为 100 万台,市场占有率为 10%,利润目标为盈利 3000 万元……

2. 描述产品的计划价格、分配策略和第一年的营销预算

接着引用上面的例子。该企业对此可以作出如下安排:比如,新产品计划价格为零售价每部 1000 元,批发价 800 元;第一年促销费用 200 万元,广告费用 800 万元;营销调研费用 20 万元,主要用于研究竞争者反应和顾客购买率,其中包括促销费用、广告预算和营销调研费用。

3. 描述预期的长期销售量和利润目标,以及不同时期的销售战略组合

继续引用上面的例子。该企业对此可以作出如下安排:最终目标为占有 50% 的市场份额,实现税后投资报酬率 20%。为此,企业需要不断提升产品质量,以高质量、高价格入市后,通过逐步降低价格与竞争者抗衡。在业务扩展中,企业可以适当调整营销组合:扩大促销费用支出比例,减少广告和调研费用开支。

9.2.5　商业分析

商业分析是指企业通过自身或委托其他机构对新产品概念的商业吸引力作出客观评价。它主要是从财务上预计新产品的销售量、成本、利润和投资收益率。如果某项新产品的预计销售量可以使企业获得满意的利润,该项新产品就可以进入试制阶段。

1. 预计总销售量

预计新产品的销售量并判断其是否令企业满意,是商业分析的重要内容之一。新产品的性质决定了销售量的预计方法。依据购买次数可以把产品分为三类:一次性购买的产品、非经常性购买的产品和经常性购买的产品。此外,企业还应对首次销售量、更新销售量和重购销售量作出估计。

2. 估计成本和利润

在预计了销售量之后,企业需要组织研发、制造、营销和财务等职能机构估算新产品的成本和利润。具体方法有许多种。最简单的是保本分析法:计算盈亏平衡时应该销售的产品数量。较为复杂的是风险分析法:在一个假设的营销环境和营销战略下,对于可能出现的各种自然状况,如乐观的、悲观的和最可能的状况,分别估计其概率,然后再预测营销方案的执行结果,并计算利润的波动区间和概率分布。

9.2.6　产品开发

产品开发是指企业研发部门把通过商业测试的产品概念发展成为实体产品形式。实体产品形式可以不止一种,但是它们所体现的设计原则应当是一致的,即各种形式都应当能够体现产品概念中的关键属性,并能在正常工作条件下安全地发挥产品应有的功效。另外,这些形式能够在预算制造成本控制下被生产出来。

在计算机技术广泛应用的今天,开发和制造一个能够体现新产品概念的实体形式,不再是件非常困难的事。计算机辅助设计(CAD)和计算机辅助制造(CAM)的应用,使新产品实体形式的设计更加便利,这不仅体现在开发和设计时间的缩短,而且体现在制造成本和费用的大幅降低。借助计算机生成的精美画面,企业能够形象地展示新产品的设计功效。

在体现新产品概念方面,实体产品形式的功能设计要符合其产品所在类别的本身属性,在颜色、尺寸、重量、款式和味道等方面要符合目标市场顾客的心理需要,尽可能地与消费群体的偏好相一致。有时,还需要考虑目标市场中的一些政策和法规。反映新产品概念的实体产品形式在这些方面做得越好,就越能得到市场的认可。

产品实体形式开发完成以后,需要进行一系列技术测试和消费者测试。前者通常在实验室和现场条件下进行,其主要目的是检验新产品运行中的安全性和有效性。后者可以采取多种方式,既可以把顾客带入实验室试用新产品,也可以将样品送到顾客手中,主要观察消费者对于新产品各项技术功能的具体反应。

9.2.7   市场测试

在新产品通过功能测试之后,企业需要为其确定品牌名称、包装设计和营销方案,并在现实市场环境中对其进行测试,这就是市场测试。其主要目的是了解最终消费者和经销商购买该实体产品后的反应,获得关于该产品市场潜力、营销方案有效性、需要进行市场测试的次数以及更适用的测试方式等方面的信息。

市场测试的新产品数量及次数,通常受两方面因素的影响:一是投资成本和投资风险;二是研究成本和研制时间。对于高投资、高风险、高收益的产品,为控制其经营风险,必须进行市场测试。与新产品带来的收益相比,市场测试的成本通常较低。

企业可以根据自身经济实力,选择以下方法进行测试。

1. 销售波研究

这种测试方法是普通家用测试的延伸,首先需要免费提供新产品给顾客试用,然后再以低价提供该产品或竞争者的产品。在新产品提供达到一定次数之后,企业统计选用的顾客人数,并认真分析他们的消费评价。

2. 模拟市场测试

在这种测试方法中,企业需要找到一些熟悉品牌并有购货偏好的顾客,将新产品广告和其他产品广告混在一起让他们观看。然后发给每个顾客少量现金并邀请他们到指定地点购物。企业以顾客购买情况为依据,分析他们对新产品的态度。

3. 控制测试营销

在这种测试方法中,企业选择一些自己能够控制的本地商店经销新产品,并给予它们一定的费用。对测试过程的控制主要体现在商店数量、地理位置、陈列方式、促销活动和定价选择等方面。企业从销售结果中得到与新产品相关的信息。

4. 测试市场

在这种测试方法中,企业需要选定少数有代表性的城市进行测试,通过本企业销售队伍的努力把新产品推销给这些城市的经销商,并设法争取到能够展现新产品的陈列货架。另外,企业也需要在测试时间、信息收集方式和日后行动方案等方面作出安排。

9.2.8   商品化

企业根据市场测试所获得的各种信息,作出是否推出新产品的最后决策。如果决定将新产品商品化,则必须考虑两方面的成本:生产成本和营销成本。在生产成本方面,需要投资建造或租赁生产制造设施,如生产厂房和技术设备;在营销成本方面,需要建立营销渠道、设立营销管理机构和雇用营销人员。这些成本支出有可能是企业自新产品概念产生以来面临的最大一项投资。

1. 时间性

新产品需要选择适当的时机正式上市。在竞争对手也基本上完成了新产品开发的条件下,新产品开发企业可以作出如下选择。

(1) 首先进入。该方式的优点在于,新产品开发企业可以先入为主,掌握主要的分销商和顾客资源,并抢占新产品市场的领先地位。其缺点在于,如果新产品未经认真审查而急于上市,容易引发产品质量和营销方面的问题,进而影响新产品开发企业的形象。

(2) 平行进入。该方式的优点在于,新产品开发企业可以与竞争对手保持同步,便于在生产和营销方面采取针对性措施。其缺点在于,如果竞争对手的新产品质量比较好,则新产品开发企业就会处于被动地位,从而迅速失去经销商和顾客资源,在激烈的竞争中败下阵来。

(3) 后期进入。该方式的优点在于,新产品开发企业可以在竞争对手开拓市场的同时静观其变,逐步了解市场的总体规模和竞争对手的产品缺陷,有针对性地采取进攻措施。其缺点在于,新产品开发企业在总体策略上可能处于被动地位,特别是在竞争对手已经取得市场主动权时,在其后面进入市场可能所获甚少。

2. 地理战略

新产品的地理战略是指生产企业为推动该产品的生产与销售,在地理区域上作出的关于策略和方向的判断与选择。新产品竞争能力和企业综合实力是该项战略实施效果的决定性因素。该项战略既可以在单一地区、一个区域内开展,也可以在全国市场甚至国际市场上开展。

在地理上推进新产品,通常需要作出详细的计划和安排。企业一般随时间持续而推进市场扩展步伐。在这个过程中,企业必须对不同地理市场的吸引力作出客观评价,主要指标包括市场潜在需求量、企业的当地形象、营销渠道建立的成本。企业根据这些指标数值制定新产品地理战略。

3. 目标市场预测

在扩展新产品的市场过程中,企业必须把其分销和促销目标对准最有希望的顾客群体。该群体通常就是新产品的早期采用者,其中有些顾客是比较大的用户,对于企业而言,接触他们的成本并不高。这些用户能够为新产品进行形象宣传,使之在推出后较短时间内引起市场的广泛关注。这有利于新产品建立良好的品牌形象并迅速提升销售量,从而激励销售队伍更努力地开展工作,吸引更多的新顾客加入购买行列。

4. 导入市场战略

企业应通过一些切实可行的方案把新产品成功地导入市场。网络计划技术在这方面具有重要的帮助。它能够在时间上对推出新产品所涉及的各项活动进行统计排序和综合协调。关键路线排序法是该项技术下一种较为通用的方法。它把同时发生和有次序的活动通过图示表示出来,并估计每项活动所需的时间,最后计算出全部活动需要的总时间。在关键线路上,任何一项活动的推迟都会影响整个项目的进程。如果一项新产品必须提早推向市场,工作人员就要研究最短的关键路径,寻求减少时间的有效方法。

9.2.9 消费者采用过程

经商品化推广后,新产品的消费者采用过程正式开始。在这个过程中,消费者开始认识新产品。例如,着手试用直至成为忠诚用户,或是试用几次后选择最终弃用,都是一种消费认知过程。为了做好新产品初期的市场渗透工作,企业必须充分了解和掌握这一过程。

1. 新产品采用过程中的各个阶段

含有新概念的产品,从概念产生之始,到产品被最终用户使用,既是一个从开发到应用的时间推移过程,也是一个由企业向社会的空间延伸过程,还是一个新产品概念不断传播的过程。在这些过程中,新产品的采用者被逐步发展起来。新产品的采用过程通常包括以下五个阶段。

(1)知晓:消费者对新产品有所觉察,但是缺少相关信息。

(2)兴趣:消费者受到外部环境刺激,开始寻找新产品的信息。

(3)评价:分析相关信息后,消费者考虑试用新产品是否可行。

(4)试用:消费者少量地试用新产品,以改进对其价值的评价。

(5)采用:消费者决定全面和经常地使用新产品及其创新系列。

2. 新产品采用者的类型

按照对新产品接受的快慢程度,可以将采用者分为以下五种类型。

(1)创新者:通常愿意冒风险试用新产品,约占购买者的2.5%。

(2)早期采用者:他们拥有社会地位,对某些产品有使用经验,通常是潮流的领导者,约占购买者的13.5%。

(3)早期多数者:虽然他们不是倡导者,对于新产品的态度也较为谨慎,但是比一般人先采用新产品,约占购买者的34%。

(4)晚期多数者:他们对于新产品持有怀疑观点,等到大多数人已经试用后才采用,约占购买者的34%。

(5)落后者:他们受传统观念的束缚较为严重,对于任何类型的变革都持怀疑态度,只有在新产品变成传统产品时才会购买,约占购买者的16%。

3. 影响新产品采用率的因素

(1)新产品优于现有产品的程度。优点越多越会获得较高的采用率。

(2)新产品与个人价值观念和生活方式的一致性。新产品与个人的兴趣越接近越能获得较高的采用率。

(3)新产品使用方法掌握的难易程度。简便适用的操作方法易于新产品的推广。

(4)新产品使用效果的可传播性。使用效果越直接、影响范围越大,越有利于获得较高的采用率。

(5)生产经营成本、市场风险、技术可靠性和社会公众评价等。这些因素从多个方面影响采用率的提升。

9.3　产品生命周期

产品生命周期理论揭示了产品在生命周期各个阶段的具体特点,有助于清楚地判断产品的竞争能力,是制定营销策略的基本依据之一。受经济环境、市场竞争因素变化和生命周期阶段特点的综合影响,在一个产品的生命周期内,企业通常需要多次修订针对该产品的营销战略,使之不断适应购买者的兴趣与要求。

9.3.1　产品生命周期的概念

产品生命周期(product life cycle,PLC)是指产品如同世界上的其他事物一样,也有其生命运动规律,需要经历出生、成长、成熟直至衰亡的过程。市场营销学中的产品生命周期是指产品从研制成功投入市场开始,经过成长和成熟阶段,最终到衰退直至被淘汰的整个时期。它是指产品的市场寿命,而不是使用寿命。一项产品投入市场,标志着它的生命周期正式开始,而退出市场则意味着生命周期的完结。

一项产品在市场上的销售情况及获利能力,通常随着时间的推移而发生变化。依据这一特点,可将产品生命周期分为四个阶段,即导入阶段、成长阶段、成熟阶段和衰退阶段,如图 9-4 所示。

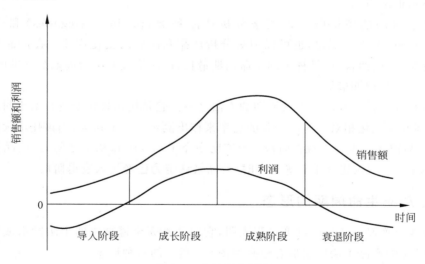

图 9-4　产品生命周期

1. 导入阶段

导入阶段(introduction)的主要特征是销售额缓慢上升,利润很低或为负值,但亏损额逐渐减少。这是由于在新产品开始进入市场的同时,企业需要支出大量费用开展促销活动,以便顾客充分了解其特性并购买,但是受生产技术条件和市场不确定性因素的影响,只有少数追求新奇的顾客会作出购买选择,因而企业一般不会大批量生产该产品,销量总体上处在一个比较低的水平。

2. 成长阶段

成长阶段(growth)的主要特征是销售额和利润迅速上升,新产品已被大量顾客所接受,其市场已经得到开拓,企业经营环境较为稳定,因此可以组织大批量生产,生产成本随之大幅下降,顾客形成了一定的忠诚度。新产品的热销也引来了一大批市场追随者,因而市场竞争渐趋激烈。

3. 成熟阶段

成熟阶段(maturity)的主要特征是新产品已被大多数购买者所接受,市场需求趋于饱和,销售增长逐渐放缓,盈利能力达到最大化,边际收益率缩小或开始下降。企业为了应对竞争者并维持产品的优势地位,增加了营销费用开支。但是,由于技术进步有限,降低生产费用已经比较困难,加之规模经济带来的效益达到极限,因而新产品的总利润保持稳定或处于下降状态。

4. 衰退阶段

衰退阶段(decline)的主要特征是新产品的销售额和利润率明显下降,顾客需求出现了明显变化,目标市场购买力已部分转移到了竞争产品或其他类型的需求上。此时,企业既要面对竞争对手的挑战,又要面对产品功能品质弱化的风险。随着市场需求量的持续萎缩,新产品的销售价格开始下降,但促销费用并没有降低,因而利润大幅减少,该产品最终可能被迫退出市场。

产品生命周期理论既可以用来分析产品种类(product categories)和产品形式(product form)的变化规律,也可以用来分析产品和品牌的变化规律。在产品生命周期总体概念中,一般而言,产品种类的生命周期最长,产品形式的生命周期是标准的周期,而产品品牌的生命周期最短。

定量估计法是判断产品生命周期的方法之一。它是用销售额变化相对于时间变化的比率,或利润额变化相对于时间变化的比率来作出测定。一般认为,当该比率大于或等于 0.1 时,产品被认定为处于成长阶段;当该比率介于 0.001 和 0.1 之间时,产品被认定为处于成熟阶段;当该比率小于等于 0 时,产品被认定为已经进入衰退阶段。

9.3.2 产品生命周期的形态

各种类型产品的发展与演变过程表明,它们并不完全遵循由四个阶段组成的生命周期,因此常见的产品生命周期形态还有如图 9-5 所示的六种形态。

1. 成长—衰退—成熟型

成长—衰退—成熟型(growth slump maturity)是指产品在首次导入时销量迅速上升,然后稳定在一定水平上。后期采用者的首次购买与早期采用者的更换,都能使其销售量维持在这个水平上。

2. 循环—再循环型

循环—再循环型(cycle recycle)是指经过积极促销后出现了第一个周期的产品形态。在销售量下降到一定程度时,企业再发动第二次促销,这就产生了第二个周期,但其规模和持续时间都比不上第一个周期。

3. 扇贝形

扇贝形（scalloped）是指基于发现了新特征、新用途或新用户，而使其生命周期活力不断持续向前的产品类型。尤其是一些被用作原材料的产品，科技进步能够不断发现其新的用途，从而使其应用范围越来越广。

4. 风格型

风格型（style）是指能够显示一种基本内涵和独特之处的产品风格。这种风格一经形成，会维持很长一段时间，在它存在的时间内，它所依附的产品时而畅销，时而停滞不前。

5. 流行型

流行型（fashion）是指具有某个领域正在流行的风格的一种产品。它趋向于缓慢地成长，暂时地保持流行，并缓慢地衰退。例如，在每个年度或每个季节，市场上都可能会有流行衣着和流行色，它们都是在一种具体风格下的流行产品。

6. 时尚型

时尚型（fads）是指能够快速引起公众关注的流行产品，它们通常被狂热地采用，销售量很快达到高峰，然后又迅速跌落低谷。它们被消费者接受的周期非常短，且趋向于只能吸引有限的追随者，在形式上经常表现为奇特或多变。

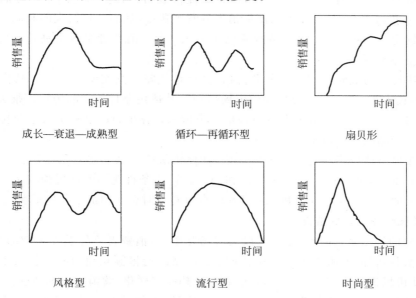

图 9-5　常见的产品生命周期形态

9.3.3　产品生命周期各个阶段的营销战略

在制定某项产品的营销战略时，企业需要认真分析其所处的生命周期阶段，并依据该阶段的各种特点制定相应的营销战略。

1. 导入阶段的营销战略

在产品首次推向市场时，导入阶段的营销活动就正式开始了。这个阶段的特点是，顾客对于产品并不熟悉,企业开拓市场的费用较高。因此,产品营销的重点对象应是购买愿望最为强烈的消费者。该阶段有四种营销战略,如图9-6所示。

图 9-6　导入阶段的四种营销战略

（1）快速撇脂战略。这是一种高价格、高促销战略。其实施目的是通过获得较大利润来收回投资。其适用条件为：多数消费者虽然并不了解这一产品,但是他们具有购买能力且非常希望得到该产品；企业面临潜在的竞争对手,需要确立顾客的品牌偏好。

（2）缓慢撇脂战略。这是一种高价格、低促销战略。其实施目的是一方面以高价格尽可能多地获得毛利,另一方面以低促销降低营销费用,从而获得最大的利润。其适用条件为：市场规模相对有限；大多数顾客已了解该产品；消费者愿意出高价购买；没有紧迫的潜在竞争对手。

（3）快速渗透战略。这是一种低价格、高促销战略。其实施目的是产品推出后能一举成功,迅速占领市场,并获取最大的市场份额。其适用条件为：市场规模很大；消费者对该产品并不了解；大多数消费者对价格较为敏感；潜在的竞争对手对企业构成了巨大威胁；单位产品的制造成本较低。

（4）缓慢渗透战略。这是一种低价格、低促销战略。其实施目的是以低价格促使顾客接受该产品,以低促销实现较多的净利润。其适用条件为：市场规模很大；消费者熟知该产品；消费者对价格非常敏感；潜在的竞争对手对企业构成了一定威胁。

2. 成长阶段的营销战略

该阶段的特点是,在经过导入阶段的市场开拓后,消费者已经熟知了产品的特点,重复购买的数量增加,并吸引了更多顾客购买；产品的销售额和利润的增长引来了新的竞争者,致使市场进一步细分,产品的功能和特色趋向多样化,营销渠道得到进一步拓宽。

针对这些特点,企业的营销战略是：改进质量,增加特色,提高竞争力；进入新的细分市场；扩大营销网点,开辟新的分销渠道；改变广告宣传目标,由建立产品形象转为争取更多的消费者购买；对价格较为敏感的消费者以低价销售。

3. 成熟阶段的营销战略

该阶段的特点是行业生产能力过剩,竞争者往往采用价格战巩固其市场地位。企业采取的营销战略有市场改进、产品改进和营销组合改进。

（1）市场改进战略。企业从增加使用人数和提高人均使用率入手,寻找机会扩大产品市场销售空间。具体包括：把产品非使用者转变为使用者；使产品进入新的地理或人文细分市场；通过宣传工作吸引竞争对手的顾客试用产品；让品牌使用者增加使用次数；寻找产品的新种类和新用途。

（2）产品改进战略。企业从提高产品质量和增加产品特点入手，为产品扩大市场销售空间寻找机会。具体包括：改进产品质量，增加产品的功能特性，如耐用性、可靠性、口味等；改进产品的特点，如在尺寸、重量、材料、添加物、附件等方面增加一些新特点，使产品的功能多样化，使用更加便利。

（3）营销组合改进战略。企业通过改变市场营销组合中的各项要素，延长产品市场的生命。具体包括：采取降价、折扣等优惠措施刺激消费；调整分销渠道，进入新的分销领域；重新组合广告媒体，变更广告的内容、时间和频率；增加推销人员的数量并加强促销力度；努力提高产品售后服务水平，为产品销售提供金融和技术支持；等等。

4. 衰退阶段的营销战略

在经营管理活动中，企业需要制定具体标准准确地识别处于衰退阶段的产品。这些标准通常包括销售量下降的时间、市场份额的变动趋势、利润率和投资回报率等。确定了进入衰退阶段的具体产品后，企业还应制定相应的营销战略。企业能否顺利地从衰退阶段的产品经营中退出，在很大程度上取决于退出障碍的高低。

针对处于衰退阶段的产品，主要有以下五种营销战略：

（1）增大对该产品的投资，使其处于有利的竞争地位；

（2）当行业存在不确定因素时，维持该产品的现有投资水平；

（3）有选择地降低该产品的投资，加强对其他顾客具有需求的产品的投资；

（4）从该产品中尽可能多地获取利润，以便快速收回投资；

（5）用较为有利的方式处理与该产品相关的资产，迅速放弃该产品的经营业务。

成功的宝洁，消失的润妍①

【案例背景信息】　宝洁公司于1837年成立于美国俄亥俄州辛辛那提市。宝洁的分公司遍布全球大约70个国家，产品销往180多个国家和地区。作为全球最大的日用品消费品公司之一，也是品牌的"星工场"，宝洁自1987年进入中国市场以来，一直所向披靡，仅用十年时间就成为中国日化第一，拥有国人家喻户晓的玉兰油、舒肤佳、SK-Ⅱ、护舒宝、潘婷、飘柔、海飞丝等65个领先品牌，涉及美容美发、居家护理、家庭健康用品等十大领域。

然而就是这样一个日化行业的巨头企业，在进入中国市场后却在本土化过程中遭遇了挫折。其重金打造、寄予厚望的针对中国市场推出的洗发水新品牌"润妍"遭到市场冷

---

① 本案例主要参考以下资料撰写而成：[1]颜易.润妍——宝洁创新之失[N].中国企业报，2010-08-19(2).[2]赵树梅.宝洁公司产品创新失败的原因及应对[J].中国经贸导刊，2013(17)：57-58.[3]张锐.宝洁"中国劫"[J].中关村，2014(5)：64-67.[4]刘建永.论宝洁公司中国本土品牌"润妍"之陨落[D].北京：对外经济贸易大学，2005.[5]何玲玲."润妍"品牌推广纪实[J].日用化学品科学，2001，24(4)：17-18.

遇,刚上市两年就不得不黯然退出市场。

一、黑色风暴

20 世纪 90 年代,中国洗发水市场竞争日益激烈,国内品牌逐渐成熟壮大的同时,宝洁、联合利华等国际品牌也开始了本土化进程。90 年代末,中国洗发水市场席卷起了黑色潮流风暴,"植物""草本""乌黑亮丽"等概念迎合了消费者对天然健康的追求。1997 年,重庆奥妮洗发水公司率先推出了"百年润发""首乌"植物洗发水等产品,周润发、刘德华的代言也展现出巨大的号召力,引起广大消费者的热烈响应。与此同时,宝洁则被竞争对手贴上了"化学制品"的标签。面对这种情形,宝洁决定研发培育一个新品牌,改变宝洁在中国增长停滞的局面。

二、三年磨剑

为了使新品牌在中国市场一炮而红,宝洁公司倾注了极大的心血、大量的资源和经费,做了长达三年的大量的前期准备工作。

宝洁公司先后对 300 名消费者进行概念测试,得出了中国消费者内心最美的头发形象——滋润而又富有生命力的黑发。为了更加了解目标消费者,明确其真正的需求,润妍品牌小组成员在北京、上海等地寻找符合条件的目标消费者进行 48 小时的调查。调研结果表明,绝大多数中国消费者对润发步骤缺少重视,而润发露可以减少头发的断裂,使用专门的润发露护发已成为全球的趋势。宝洁公司认为润发露在中国具有广阔的潜在市场,因此将新品牌命名为"润妍",取"滋润"和"美丽"之意,研发出润妍洗发水和润发露两种产品。在产品定位上,宝洁将目标群体定位于 18～35 岁的城市白领女性,意在展现东方女性的黑发美。

在产品研制出来后,宝洁并没有急于将产品投入市场,而是邀请消费者进行使用测试,以便对产品进行进一步的改进。最终,润发露运用国际先进技术,加入了独创的水润中草药精华,宝洁研制出了专门为东方人量身打造的润妍倍黑中草药润发露。

宝洁设置了模拟货架,将不同品牌、不同包装的洗发水和润发露摆放在货架上,邀请消费者参与调研,分析消费者偏好哪种包装,据此不断对产品包装进行改进和调整。

宝洁邀请消费者从长达 6 分钟的广告中选取其认为最好的 3 组画面,配乐上由现代旋律配以琵琶、古筝等中国古典乐器,打造既符合东方美定位又受消费者喜爱的广告。

在润妍正式上市之前,宝洁进行了一系列宣传推广工作。例如,在浙江举行书法暨平面设计比赛,比赛主题是在黑白分明的世界里写出姿态万千的"润妍"。接着,又与中国美院共同举办了"创造黑白之美"水墨画展,进一步为润妍造势,也呼应着其东方美的主题。在正式上市后,宝洁启动了赞助电影《花样年华》等公关活动,还专门建设网站同时进行线上和线下的营销推广活动。

在历经三年的市场调研和产品研发后,润妍姗姗而来,在宝洁的期待与厚望中终于上市。

三、黯然退市

然而,出乎宝洁和所有人的意料,润妍上市后的表现却差强人意。其市场占有率最高时也不曾超过 3%,远远逊色于宝洁旗下的飘柔、联合利华旗下的夏士莲等品牌。上市半年后一份对女性最喜爱和常用品牌的调查中润妍并未上榜。看过润妍广告后,表示愿意购买的消费者也不足 2%。在润妍上市一年后,宝洁花费 49.5 亿美元收购了同样主打植物草本概念的伊卡璐品牌,这标志着宝洁已经放弃了润妍。2002 年 4 月,润妍全面停产,宝洁第一个也是唯一一个中国本土化创新品牌在历经三年酝酿、上市仅仅两年后就退出了舞台。至此,宝洁在中国上市的品牌均为其已有的国际化品牌。

四、原因分析

宝洁重金打造的润妍品牌的上市和退市,都带给管理者不小的震撼。通过分析,发现润妍"折戟"的关键原因主要有下面五个。

第一,错失时机。对于润妍这第一个中国本土化的品牌,宝洁显得更加谨慎,过于痴迷市场调研,市场反应速度太慢、效率低下,导致错失奥妮败退、市场出现空白的最佳时机,酝酿了三年才推出润妍,而这时联合利华早已抢先推出主打"黑芝麻"概念的夏士莲抢占了黑发市场。三年的时间太长,消费者的很多想法早已发生了变化。

第二,定位不当。宝洁将目标消费者定位为 18～35 岁的城市白领女性,然而她们正属于时尚的追逐者与潮流引导者,不断追求改变与创新。随着染发成为流行元素,"乌黑亮丽"已经不受中国年轻女性的青睐,反而是一种最为保守的选择。

第三,忽视特色。润妍在宣传和推广的过程中,着重强调黑发效果,而忽视了润发、滋养的效果,也忽视了其富含中草药精华等天然植物配方的特色,宣传缺少特色,没有突出自身产品与竞争对手的差异。

第四,改变习惯。虽然当时分开洗发润发两个步骤已成为全球趋势,然而绝大多数中国人在当时习惯使用二合一的洗发水,国人对洗发润发的认识还较少,润妍试图对消费习惯的改变不是一朝一夕间就可以完成的。

第五,轻视渠道。宝洁进入中国市场后,由于各个品牌占据相当高的市场占有率,在渠道中占据着强有力的话语权。润妍延续了飘柔等品牌的价格体系,渠道中经销商的利润微薄,导致经销商对润妍采取消极抵制,使产品实际上并不能快速推向市场。

【案例讨论题】

(1) 如果你是润妍的品牌负责人,面对刚上市半年销量不佳的情形,你会如何做?

(2) 润妍失败的案例对你有哪些启发?

复习思考题

1. 企业获取新产品的具体方式有哪些?
2. 简述新产品开发中的组织保障。
3. 试述新产品开发过程。
4. 产品在其生命周期的各个阶段有何特点?
5. 如何设计产品在生命周期的不同阶段的营销策略?

第 10 章

产品、品牌、包装与服务策略

【本章知识点】
- 整体产品的层次
- 产品组合及其策略
- 品牌的概念、基本属性和作用
- 包装与服务策略

市场营销的核心任务之一是满足顾客的需要。产品、品牌、包装与服务策略是实现这一核心任务的重要形式。在市场营销日益变得显性化的当今时代,产品、品牌、包装与服务在实现营销战略和目的方面分别扮演不同的角色。本章将对这四个要素进行介绍。

10.1 产品的层次、分类及组合策略

产品组合策略是指以不同产品或产品要素之间形成的一定搭配来满足市场需求的具体方法。市场营销体系中的产品是指能够满足消费者需求的任何有形物或无形物。由于它的种类非常繁杂,因而组合形式可谓变化多样。

10.1.1 产品的层次

由于一项产品能从不同层次满足消费者的利益诉求,因而在消费过程中,消费者需要寻找相关利益点。依照消费者需求与产品所能提供的利益,一个整体的产品可以划分为三个不同的层次(如图 10-1 所示)。

1. 核心产品

核心产品也称为核心产品层,是指消费者在购买某种产品时所追求的主要利益点,它能解决消费者关心的主要问题。例如,消费者购买彩电时,彩电作为产品,其核心产品层应当是提供精美的传播画面和声音效果,这也是消费者的主要诉求。在对比不同彩电制造企业的彩电产品时,消费者通常能够十分容易地区分这些产品之间的差异。

例如,国际著名制造企业生产的彩电,不论从距离 10 米或 1 米处观看一般都有十分清晰的显像效果,而生产技术水平较低的企业,其产品在距离 10 米处观看效果比较清晰,而在 1 米处观看则一团模糊。这说明,尽管这些彩电生产企业都提供彩电,但是在产品核心层面或核心产品上,不同企业在满足消费者需求方面存在较大的区别。

又如,在空调市场上,国际上技术领先企业所生产的产品不仅制冷效果好,而且静音和滤尘效果特别突出,拆洗过滤网十分方便,相关操作说明也十分清晰。一些技术不太先

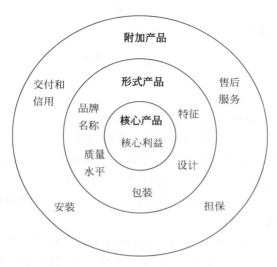

图 10-1　产品的层次

进的企业,尽管也能生产具有制冷效果的空调产品,但其产品的噪声非常大,只能过滤空气中比较大的颗粒物,拆洗过滤网十分不便,相关操作说明也十分粗略。

在科学技术不断发展的时代背景下,核心产品的内涵趋于复杂化和多样化。

2. 形式产品

形式产品是指围绕核心产品形成的一种可以向消费者进行相关利益点呈现或展示的具体形式。简言之,它是产品核心层借以实现的具体形式,即产品向消费者呈现的一些显性化的特征。以一款手机为例,核心产品是一种最新的技术以满足消费者的主要需求,或解决消费者所关注的主要问题,而形式产品则是这款手机呈现这种技术的形式,或用这种技术满足消费者使用手机的具体需求。形式产品通常是由产品的特征、款式、设计风格、材质、品牌名称和包装等要素构成的。形式产品往往是可感知的,并通过丰富多样的形式体现出来。形式产品与核心产品,就如同内涵与外表之间的关系一样,优质的产品应当通过与其相吻合的形式把利益和价值呈现出来。

3. 附加产品

附加产品是产品在层次上的延伸,既可以处于产品整体之中,也可以独立于产品整体之外,但是在日益强调服务理念的当今时代,它往往是作为整体产品的一个必不可少的部分或层次存在的,甚至已经成为区分不同生产企业的主要标志之一。它是消费者在购买核心产品和形式产品时所能得到的额外服务和利益。附加产品的种类比较多,而且花样不断翻新,如提供信贷、免费送货、保证、安装、售后服务等。但是这些被附加的东西通常是以服务形式存在的。附加产品的种类越多,表明企业的产品越有保障;相反,则表明产品的质量或档次还不足以承载更多的承诺。

需要注意的是,上述三个层次的划分只是一种理论上的分析框架,在现实生活中并不具有可操作性,即不能把这三个层次分开。此外,这三个层次的划分只是一种相对划分方法,通常不具有横向或纵向可比性。在不同的社会经济技术条件下,整体产品的三个层次的划分边界是移动的。

10.1.2 产品的分类

对产品进行分类是企业制定营销策略的重要基础之一。产品分类可以从以下角度进行。

1. 按照耐用性进行分类

在这种方式下,产品分为两类:易耗品和耐用品。

(1)易耗品。易耗品通常是指有形产品,其用途相对较少,但人们生活中经常会用到,因而购买频率比较高,价格弹性不大。易耗品营销强调便利性和成本优势,通常采用密集型分销方式比较有效。由于此类产品的市场需求量较大,覆盖消费者人群广泛,因而采取覆盖面大的促销方式通常会取得较好效果。消费品市场中的日用生活品(如食盐、糖、洗洁剂等)属于易耗品。

(2)耐用品。耐用品通常是指有形产品,其用途往往较多且使用时间较长。这类产品的价格相对较高,价格弹性虽然较大,但是由于使用时间长,重复购买的频次较低,单位产品利润较高,因而价格对需求的刺激作用不明显。其分销渠道模式通常为选择性分销或独家分销。在促销方式上,广告、人员促销和目录营销是较常见的形式。家电、家具、汽车是生活中常见的耐用品。

2. 按照产品形态的可观察性分类

(1)实体产品。实体产品是指在形态上能够被人的感官感受到的产品,即在属性上具有可见、可闻、可嗅、可尝、可触等属性中的一种或几种。这类产品的最大特征就是实实在在地呈现在那里,消费者可以反复观察,并与所宣传的产品特征及功能进行对照,进而对产品质量作出评价。实体产品充斥我们生活的世界,如洗衣机、固定电话、手机、办公桌、计算机等。由于这类产品占据物理空间,因而在分销过程中需要有堆放场所和展示货架。实体产品的价格通常与材料消耗及品质有一定的关联,也受分销方式和渠道选择的影响。在促销中,可以针对产品的物理、化学等性能进行宣传以突出功能效用,以事实和数据来证明产品的价值和地位,使之具有直观性和可比性。

(2)服务产品。服务是一种特殊的产品形式,由于本身是无形的,因而具有与服务提供者不可分离性,也具有易变、易消逝、不可储存等特征。在消费品市场上纯粹的服务产品比较少,较常见的是服务产品与实体产品的叠加或者借助一定实体产品的服务提供。例如,餐馆所提供的服务,就是以菜肴为产品基础的服务提供,虽然菜肴并不是一种标准化产品。美容院、心理诊所等也是以一定的实体产品(如化妆品和药品)为依托来开展业务的。教育、医疗、咨询类机构提供近似于纯粹的服务产品,因此定量化标准通常难以制定和实施。无形性特征使服务的价格、分销和促销缺乏实实在在的标准化效果呈现,因而容易引发渠道问题。在营销管理中,应当加强服务营销传播的客观性监管。

3. 按照用途分类

按照这种分类方式,产品可以划分为消费品和工业品两种类型。

(1)消费品。消费品是由最终消费者购买并用于满足个人或家庭生活需求的产品。根据消费者的购买习惯,消费品又可以进一步划分为便利品、选购品、特殊品和非寻求品。

便利品是指消费者在生活中经常和随时需要,但又不愿意花很多时间和精力去购买的物品,如香皂、毛巾、口香糖、矿泉水等。便利品的定价比较便宜,不同产品相互比较或做挑选的意义并不是太大,生产企业一般会选择多种零售渠道进行销售,并建立覆盖面较广的销售网络,使消费者可以十分便捷地购买到。

选购品通常是指消费者要对使用性、质量、价格和款式等基本方面进行认真权衡和比较的产品。家具、服装、汽车等都属于选购品。选购品在价格上一般高于便利品,由于消费者在购买上缺乏专门的知识和经验,因而需要花费一定的时间和精力来比较和挑选。按照产品属性,选购品分为同质品和异质品两种类型。在营销渠道中,生产企业一般会对该类产品作出有针对性的选择,并在促销方面提供多方面支持。

特殊品是指消费者愿意花费很多时间和精力购买的具有特殊性质和品牌识别的产品,如高品质的智能手机、名贵的手表和皮包、专业设计师设计的服饰等。生产企业通常会选择十分有限的营销渠道来销售这类产品,其价格水平通常高于选购品。特殊品通常由于自身品质、历史、地位的独特性而与特定消费人群的消费偏好相关联。

非寻求品是消费者在主观上并不了解或即使有一定程度的了解但缺乏主动购买欲望的产品。百科全书、人寿保险等产品,就是较为典型的非寻求品。在销售这类产品时,生产企业通常借助广告媒体的力量,或采取营销人员面对面销售的方式来诱导消费者的消费兴趣。

(2) 工业品。工业品是在购买之后被用于进一步加工为其他产品或作为企业运营设施的产品。这类产品的一个主要特点是市场对它们的需求往往由对其他产品的需求引起。在引起对工业品需求的诸多需求中,消费品需求是一个重要的构成部分,即购买工业品主要是为了生产消费品。当然,以某一种工业品为原材料来生产另一种工业品,也会构成大量的市场需求。由于工业品交易主要是在生产企业间进行,市场营销中的一些基本原理(如消费者洞察、需求层次论、个性特征等)对这些交易并没有多少指导价值,因此一般只是将工业品市场作为一个比较特别的市场加以研究。工业品中的原材料、零部件的市场营销与消费品市场的日常生活用品营销通常并不具有直接可比性。

根据会计核算中的成本分摊方式以及在生产过程中所发挥的作用,工业品可以大致划分为三类:原材料和零部件、生产设施和设备、维护和修理用品。

原材料和零部件是直接进入生产过程并在会计核算中一次性计入生产成本的工业品。其中,原材料包括完全进入并最终成为产品一部分的物品,可以进一步划分为两类:未加工的原材料,如农产品和天然产品;加工过的材料和零部件。

生产设施和设备通常以资本项目形式出现在会计核算中,它们是工业品的重要组成部分,对企业产品的研发和生产起关键的支撑作用。这类产品一般具有建设和使用时间长、折旧期限长、资金占用量大的特点。它们有的属于不可移动的固定物品,如生产车间和厂房;有的属于可移动的固定设施,如一些重型设备和设施。生产设施和设备中也包括一些比较轻便的制造工具和设备以及办公设备。

维护和修理用品是指对最终产品的开发、生产和管理起辅助作用的产品。这类产品对于维持生产设施和设备的正常运行、节省原材料和零部件、提高企业生产运作效率具有重要作用。这类产品是生产企业正常运作不可或缺的组成部分。

10.1.3 产品组合策略

1. 产品组合的基本概念

（1）产品项目、产品系列和产品组合。产品项目通常是指企业的某一个品牌旗下或产品大类中的具体产品。这些产品以各自具体化的形式在尺码、外观、价格等方面相互区分，是生产或消费领域以独立个体形式存在的能够满足生产企业或消费者具体需求的功能和价值的集合体。以零售商店为例，其货架上的不同商品都属于加工制造企业所生产的产品项目在销售渠道中的呈现。不同的生产技术、材料和设备，生产不同的产品项目。即使是同一名称的产品，如果在型号、价格、材质、工艺等具体方面存在一定差异，也应以不同的产品项目来对待。产品项目的多少通常是衡量一家企业生产经营能力的重要指标。尤其是在经营范围和产品宽度上，产品项目较多往往意味着企业在市场上具有一定的覆盖面。但是产品项目多也有不利的一面，如需要不同的生产技术、设备和销售队伍来支持，生产和销售的管理难度比较大，同类产品之间容易相互竞争等。

产品系列是指企业所生产的在名称和属性上相互关联或相似的产品的集合。它是企业按照自身分类标准和经营战略对本企业所生产的产品进行划分的结果。产品系列由于是由两个以上的产品项目组成的，而且它们在功能、消费上具有连带性，因而同一产品系列往往面向相同的顾客群、分销渠道，同时各个产品项目具有可相互参考的定价区间。产品系列的优点是在营销中可以举一反三、相互关联、相互促进，节省广告促销费用，而且功能上相互补充，更有利于消费者提升生活品质。其缺点是在系列内产品项目较多的情形下，容易相互混淆，甚至出现功能重叠。由于过分强调个性化，不便消费者从中快速作出选择和判断。

产品组合是指企业所生产或销售的所有产品系列和产品项目的集合。作为一个总体范畴，其包含的产品系列和产品项目所扮演角色及重要性排序对企业生产经营具有重要的影响。产品组合是营销组合在产品层面的具体化，既能反映企业战略执行意图，也能反映战略执行过程，还能反映战略执行结果。同时，它又是一种面向市场的经营管理举措，能把生产技术、财务资源、管理能力、品牌竞争力等要素综合在一起，进而形成以市场需求为中心的供给结构。产品组合依据企业经营管理能力和市场需求而不断变化，既体现时代潮流，又反映技术水平，同时还包含竞争意识。

（2）产品组合的宽度、长度、深度和关联度。可以从宽度、长度、深度和关联度四个方面对产品组合进行深入研究。

产品组合宽度是指企业实际拥有的产品系列的数目。

产品组合长度是指企业全部产品系列中产品项目的总数量。以产品项目总数量除以产品系列个数，可得到产品系列的平均长度。

产品组合深度是指企业产品系列中产品项目细化的程度。

产品组合关联度是指不同产品系列之间在具体用途、生产技术条件、营销渠道或其他方面的关联程度。

2. 产品组合策略

（1）扩大产品组合策略。该策略是指从宽度和深度两个维度扩大产品组合。前者是指增加产品线,扩大产品种类和实现经营范围多样化。后者是指在原有产品线内增加新的产品项目。

（2）缩减产品组合策略。该策略是指从宽度和深度上减少产品线或产品项目。其主要目的在于节省生产经营管理费用,提高单位产品项目或产品线的盈利率。在市场环境低迷时,实施该策略有助于提高市场应变能力和竞争水平。

（3）产品线延伸策略。

① 向下延伸策略。通常适用于经营高档或中档产品的企业,是指从现有产品档次、价格水平向着增加低档次、低价位产品种类的经营方向发展。

② 向上延伸策略。通常适用于经营中档或低档产品的企业,是指从现有产品档次、价格水平向着增加高档次、高价位产品种类的经营方向发展。

③ 双向延伸策略。通常适用于经营中档产品的企业,是指在产品类别或价格上向低档和高档两个方向延伸。

（4）产品系列的现代化和特色化策略。

① 产品系列现代化策略。现代技术的不断推广应用以及消费需求的逐级攀升,客观上要求企业必须进行产品系列改进,跟上时代发展和消费习惯变化的步伐。在产品系列更新过程中,企业要正确处理继承与发展的关系,既要跟上时代变革的节拍,又要把企业所形成的技术优势和生产制造文化保留下来,这实际上是一种利与弊的权衡。

② 产品系列特色化策略。该策略是指企业在产品系列的经营中体现出与竞争者的不同之处,并在消费人群的认知中形成差异。特色化经营是产品项目在市场中独立存在并体现其价值的重要途径。产品系列的特色可以体现在多个方面。例如,在激烈的市场竞争中,功能、价格等方面的略有不同,就可以使一种产品从商品类别中脱颖而出,进而激发消费者的购买兴趣。企业容易走入的误区是,经常抛弃具有特色或正在形成特色的产品,而去寻找一些并不一定能在市场中立足的特色产品。

10.2　品 牌 策 略

10.2.1　品牌的相关概念

1. 品牌的定义

品牌对应的英文词汇是 brand,该词源于古挪威语 brandr,即"打上烙印"之意。品牌最早是作为记号用于牲畜身上,用来表示主人的所有权,以防止混淆而特意加以区别。随着时代的发展,品牌逐渐成为用于区别不同企业及其产品的标志和记号。

在概念上,品牌是指由一定的符号表示且具有资产属性,并体现生产企业、经销商、消费者等市场主体之间关系及相应承诺的,以产品和服务为核心要素、以其他直接相关事物为辅助支撑的综合体。包括以下四层含义。

（1）品牌是一种符号。同质、同形的产品必须用一定的符号加以区分。针对在产品外形和品质上容易出现混淆的情形,通过品牌这种识别符号对供货、销售等经营信息进行区分。美国市场营销学会对品牌的符号特征作出进一步解释:应包括名称、专有名词、标记、符号或设计,或者是这些元素的组合。作为符号,品牌是审美学或形象学在管理中的应用。

(2)品牌是一种资产。品牌具有普通商品的资产属性。它可以在市场上进行交易,如估值、转让、抵押和买卖。世界著名品牌都有不同的市场价值,随着品牌本身的市场影响力而发生变化。品牌作为无形资产,与存在时间、发展路径以及与重要事件的关系等结合在一起而体现自身价值。把品牌等同于资产,重在强调其经济功能,便于相互比较。品牌作为资产,能够使品牌经营长期化,使品牌符号、品牌文化等得以传承。

(3)品牌是一种关系。市场经济的不断发展,使生产企业、经销商、消费者之间的关系更加紧密,品牌成为联系营销渠道不同主体的桥梁和纽带。生产企业希望塑造强有力的品牌形象,经销商希望不断向市场上推出新的品牌,而消费者则依据自己的偏好来选择品牌。因此,品牌是当代社会经济发展的关系汇聚点。

(4)品牌是一种承诺。品牌作为符号而相互区分的根本意义之一在于兑现承诺。品牌的形象越是显著、市场地位越是牢固,生产企业所对应的承诺就越多。品牌在真正意义上应当是一种契约精神,是功能、利益、价值、属性等质量与服务方面的保证和承诺。没有过硬的质量,生产企业是不敢轻易作出承诺的。

2. 品牌的特征

在形式层面上,品牌具有表象性、集合性特征;在内容层面上,品牌具有领导性和专有性特征。

(1)品牌必须借助一定的形式来表现。表现形式是品牌最基本的特征之一。品牌是消费者脑海中的一种印象,是企业着力打造的一个概念,因而它是一种抽象的客观存在,具有无形性的特点;但是它又必须是具体的,必须通过其他一些事物来体现其真实的存在。作为形式和形象,品牌是一种表现出来的东西,或者是一种现象,甚至是一种表象。品牌的直接载体包括图形、图案、符号、文字、声音等客观事物,而间接载体包括产品的价格、质量、服务、市场占有率、知名度、亲和度、美誉度等行为和心理方面的客观反映。

(2)品牌是多种要素的集合体。品牌中的要素很多,其中包括有形要素(商标、符号、包装等)和无形要素(如广告所体现的思想与理念、文化内涵等),各种要素之间在功能上相互支撑、互为补充。协调处理各要素之间的关系,是品牌经营管理的重要内容。品牌构成要素的数量及各要素的位次,与企业经营性质、发展历史阶段、所在行业特点和社会文化背景紧密相关,具有时代性、地域性等特点。

(3)品牌是企业的战略性资产。品牌不是一般意义上的资产。与其他经营性资产不同,它是决定企业成败的战略性资产。以战略思维为指导的企业,不仅重视品牌的资产属性,而且始终关注品牌形象,并不断加大品牌建设投入;不仅保证企业资产保值增值,而且坚持品牌资产的可持续经营;通过不断塑造品牌形象和扩大品牌影响力抢夺竞争主导权。

(4)品牌具有引导、体现市场变化的特征。品牌具有引领市场发展的特征。品牌企业和品牌产品是市场发展的风向标,也是行业和技术标准的重要影响者。在产业、行业、区域经济发展上,品牌企业和品牌产品发挥着重要的引领作用。各个市场、行业和地区通常都有处于领导者地位的品牌,它们是经济发展的标志性产物。

（5）品牌是专有知识产权的体现。品牌的建立与维护是创造性劳动和技术的一种体现，因而具有知识产权特征。技术或文化层面的新设计，是品牌专有知识产权的重要内容。由于稀缺性而具有时间价值，也会形成专有知识产权特征。物质或非物质的文化品牌可以经过专利申请，以在有关部门注册的形式获得法律保护。在扩大品牌影响力方面，企业可以借助特许经营等形式将品牌文化复制到世界各地。

10.2.2　品牌的作用

1. 对消费者的作用

这方面的作用主要体现在销售和使用过程中。品牌有助于消费者在购买时对产品迅速作出判断和比较；在使用中体现产品的应有价值和功效。

（1）识别产品。品牌把不同产品从名称、设计和包装上区分开，便于消费者识别和选择。品牌识别功能有助于消费者降低搜寻成本，减少心理损耗，了解、掌握产品内涵，作出理性、迅速的购买决策，从而降低购买风险。

（2）明确责任。品牌是生产企业对经销商和消费者的一种责任。生产企业在产品的性质、功能和利益方面应当有保障性和连带性责任，如果出现货不对板或质量达不到要求的情形，经销商和消费者都可以向生产企业退货。因此，品牌是一种契约关系，围绕产品的品质、功能、效用、利益而建立。品牌责任涉及品牌内涵的各个层面，如质量、功能、利益等。

2. 对生产企业的作用

（1）质量信息作用。质量是最重要、最为核心的品牌信息之一。时代变迁使消费者对于质量本身的含义的理解发生了位移。材料使用、制作技术及设计的先进性，是质量信息的主要内容。

（2）功能区隔作用。功能区隔能够充分体现品牌价值，它是一个区分不同品牌的重要维度。区隔作用能够使一些品牌先入为主，将后来者拒之门外。品牌在某种意义上是一种消费偏见，因而区隔性越强，越有可能引起消费者的关注。

（3）价值象征功能。品牌中包括企业所追求的价值理念，因此具有价值象征功能。在人们越来越崇尚先进价值观念的时代，品牌已成为体现思想和情感的一种重要介质。优秀的企业总是能够把经营观念通过品牌传播出去。

（4）形象塑造功能。品牌在企业形象塑造中具有不可替代的作用。品牌与企业具有联动关系，互为因果。产品品牌影响力越大，越有利于企业形象的提升。优质的品牌是企业对外形象宣传的一张亮丽名片。

（5）特色保持功能。品牌特征具有稳定性和传承性。越是具有品牌影响力的产品，其特色越明显。产品特色并非短期内就能形成，它是时代文化、经营理念及独特技术的共生品。品牌能够承载产品特色，并将其长期保持下去。

（6）竞争能力强化功能。在竞争中，品牌既可作为克敌制胜的战略工具在关键时刻使用，也可作为战术工具在日常竞争中发挥影响力。因此，品牌具有强化企业和产品竞争力的作用。尤其是在竞争白热化时，企业在品牌产品方面采取的价格行动和市场行为往往成为决定竞争成败的重要措施。利用市场号召力，品牌产品能降低营销成本，取得竞争优势,获得溢价销售能力。

3. 对所在社会的作用

品牌既是经济发展的产物,也是社会道德发展的产物,还是法制环境下的产物。品牌总是与文化相联系,而且体现一定的文化属性。因此,对于特定社会而言,品牌是经济发展总体水平的标尺,是社会诚信的进阶石。

对于社会而言,品牌能够稳定人们的消费倾向,使社会大众的消费聚集在有影响力的产品周围,从而使市场秩序化,具有可比性和可参照性。品牌作为一种文化载体,能够向不同的社会输出文化,传递价值观念和信仰。

品牌企业和品牌产品是社会进步加速器。作为社会文化的一部分,品牌能够增强所在社会的凝聚力和向心力,同时也体现了一种社会精神和价值追求。人们在社会进步的潮流中总是喜欢追求有品位的生活和社会交往状态。

10.2.3 品牌与产品、商标的关系

1. 品牌与产品的关系

品牌的基础是产品,如果没有产品,品牌将成为无源之水、无本之木。品牌在产品基础上不断发展升华而后形成。它进一步解释了产品是什么,以及一项产品区别于其他产品的主要特征。

在概念界定上,产品主要是指从生产或供给角度如何满足市场需求,而品牌则强调在满足某一特定层次市场需求方面,不同产品在功能、效用、属性、利益、价值等方面的差异性。品牌强调某一产品与其他产品的区分度及主要特征。

我们可以把产品与品牌的关系通过图 10-2 表现出来。

2. 品牌与商标的关系

品牌与商标是两个不同的事物,二者的概念口径并不一致。前者是从价值、情感、战略等角度来解释产品的作用,既包括物质利益,也包括情感利益;后者是指商品标识,主要从法律、专利角度解释和保护产品,是用来进行权益界定和市场交换的工具。商标是一经注册就可以成立或确立的一种形象,而品牌并非通过登记、注册即可形成。但是,品牌产品一般都有商标。

注册商标和宣传商标是企业需要认真做好的事,而一件产品是否属于品牌则由消费者从其他途径所获得

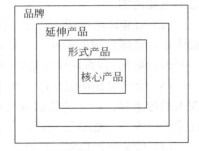

图 10-2 产品与品牌的关系

的信息及内心感知来判断。尽管商标是品牌区分的重要显性标志之一,二者甚至在一些场合指向相同的事物,但是在概念理解和实际工作中不应当把二者混为一谈。

10.2.4 具体品牌策略

在产品品牌化管理中,有许多策略可供选择。制造商品牌策略、经销商品牌策略、混合品牌策略和通用品牌策略在实践中应用较为广泛。

1. 制造商品牌策略

在这种策略下,生产企业可以有两种品牌命名方法,即多种产品统一命名和多品牌命名。

多种产品统一命名方法是指企业使用一个品牌名称来覆盖所有产品,通常称为"地毯式"或"家庭式"品牌策略。其优点是能够扩大品牌资产,消费者对企业某一款产品的良好体验会转移到企业的另一款产品上,因而便于产品系列的扩张。附属品牌策略和合作品牌策略是这种策略的延伸。

多品牌命名方法是指给每一款产品以不同的品牌名称。当每个品牌服务于不同的细分市场时,这种命名方法十分有效。与多种产品统一命名相比,其促销成本较高。优点是一个品牌失败不会影响其他品牌的正常经营。

2. 经销商品牌策略

该策略又称自有品牌策略、私人品牌策略或自有标签策略。生产企业把产品放在批发商或零售商的品牌名称下经营,就属于这种情形。随着中间商实力不断增强,经销商品牌在市场上的比例不断提升。这种品牌策略对生产企业和零售商都有利润保障。世界零售巨头一般都有自己的品牌,在美国超市、药店、大卖场中,约 1/5 的商品属于自有品牌。

3. 混合品牌策略

这是一种介于制造商品牌和经销商品牌之间的折衷品牌策略。当一家生产企业在自己和经销商的名称下经营产品时,就是在实施这一策略。该策略适用于对经销商有吸引力的细分市场与生产企业的细分市场不一致的情形。

4. 通用品牌策略

这种策略适用于一些没有品牌的产品,如花生油、绿豆等。对于产品内容的描述是这类产品的主要识别。其优点是通常比有品牌的同类产品价格低 1/3。在美国市场中,这类品牌所占比例不足杂货类销售量的 1%。经销商品牌的广受欢迎及制造商品牌的促销努力,导致实施这种策略的产品吸引力不足。但是,消费者认为这种策略下的产品与品牌产品一样,物有所值。

10.3　包　装　策　略

包装具有促进产品销售、保护产品功效、突出产品特征的作用。不论是对产品生产企业还是对经销商而言,包装都具有重要的作用。它能使产品更加便利地使用和储存,同时也能保证产品不被损坏。优质的产品包装能使产品更容易被识别,因而成为产品销售和使用过程中的利益点。

10.3.1　包装的含义

产品包装是指用于产品销售过程中的任何印有产品标签信息的容器。标签的作用是识别产品或品牌,是包装不可分割的组成部分。标签通常说明产品由谁制造、在什么地方和什么时间制造以及如何使用,甚至还包括包装内容和成分的说明。消费者对产品的第一印象在很大程度上是由包装和标签引起的。因此,对于营销活动而言,包装及其标签发挥着不可替代的作用。

包装按其在产品营销过程中的作用,可以分为三种形式:内包装、销售包装和运输包装。在价格和工艺上,越是贵重、精致的产品,越重视包装的形式;在安全和环保方面,越是容易受损或对环境造成影响的产品,越强调包装的重要性。

10.3.2　包装的作用

资料显示,全世界每年约有数千亿美元的费用花在产品包装上,而且随着电商网络平台销售对实体店销售的冲击、物流环节外包装比例的增大,包装在产品价格中所占的比例还会上升。平均而言,一件产品中约有 1/6 的成本用于包装。作为产品的重要组成部分,包装能够创造顾客价值。这主要表现在以下三个方面。

1. 沟通价值

包装含有向消费者进行产品说明的标签信息,因而在营销过程中具有沟通利益。关于产品使用的说明及产品的成分,都需要符合目标市场的法律、法规要求。例如在美国,由于消费者对包装的广泛批评,《公平包装和标签法规》于 1966 年通过并实施,其主要目的就是要求产品必须用易懂的文字和条款给消费者更明确的信息。该法规还要求生产企业减小包装尺寸以使标签更有效。在 1990 年公布的《营养标签和教育法规》中,美国政府要求食品制造商使用统一的模板,以便消费者对不同食品所包含的成分进行比较。包装上可能还会有一些进入关境后通过检测或检疫的标志及其他标志。这些信息都是政府部门要求的,甚至含有得到商业许可的印鉴。同时,对于企业而言包装也具有体现品牌资产的利益。包装能够加强品牌认可,促成强烈的、有利的、独特的品牌联想。

2. 功能价值

包装通常能提供重要的功能价值,如对于产品的保护、储存以及购买和交货时的便利性。特别是对一些易挥发、易腐蚀、易破损的零散的产品,包装是必不可少的。不同的包装材料对于产品本身的使用期限也有一定影响。产品使用会对消费者安全构成影响时,消费者保护协会通常要求企业在包装方面符合要求。

3. 感知价值

产品包装和标签能在消费者的脑海中留下印象。不同的包装印象对产品的销量具有一定的影响。例如,某糖果生产企业一直使用黑白相间的颜色来包装其产品,且在图案上也比较传统,尽管产品质量上乘,但是销售量始终上不去;采用彩色包装和生动的图案后,销量增加了 25%。这样的例子并不少见。在没有深入分析颜色之前,生产企业认为包装颜色并不重要。但是现代营销认为包装颜色对产品的感知价值具有重要影响。颜色的感知甚至会对产品的价格和口味产生影响。包装能够解释产品的市场地位、经济性和产品品质。

10.3.3　包装设计的原则

包装设计应当:考虑保护产品的功效;便于消费者购买、携带和使用;体现产品的价值,与质量水平相匹配;显示产品的特点或风格;符合伦理要求并体现美感。此外,在当代社会背景下,还需要考虑以下两项原则。

1．环境敏感性原则

固体废弃包装物的增加引起了全世界的关注。欧盟国家已经就解决此类问题提供了行动指南，这有利于保护消费者的最终利益。在德国，80%的此类废弃物必须回收，其中约80%进行再利用。其他国家设在欧盟的企业也积极响应这项行动。在美国，有的州规定了消费者在消费瓶装或罐装品时必须交一定的押金以保证此类包装物的回收。

越来越多的企业使用生命周期分析法来检查包装物对环境的影响。采取可再生物品包装或降低包装物的使用量，是环境保护趋势下的包装设计原则。例如，麦当劳在对比可回收包装物与降低包装物使用量两种环保措施后，认为后者更有利于可持续发展。

2．健康和安全需求原则

随着生活水平的不断提高，消费者对于包装物的健康性和安全性提出了更高的要求。发达国家的消费者普遍关注包装的安全性，而对包装的成本却并不十分在意。为了满足这种新的需求，企业以更加积极的方式予以响应。一些家电企业在包装中增加防护儿童误用的材料和说明。曾经流行的在食品袋中放置小型玩具或收藏品的做法，在健康与安全需求日益增长的当代社会越来越不符合消费者的认知。

10.3.4　具体包装策略

1．类似包装策略

类似包装策略是指企业所生产经营的各种产品在包装上都采用相同或相似的图案、色彩。这种策略可以节省成本，展示一致形象。但是，如果企业不同产品的质量差异较大，则应尽量避免使用这种策略。

2．差异包装策略

差异包装策略是指企业所生产经营的各种产品都有其独特的包装。这种策略的优点是可以避免不同产品的包装混同，便于突出产品的形象和特征；缺点是增加了包装设计费用，使新产品推广很难受益于现有产品的市场影响力。

3．配套包装策略

配套包装策略是指企业在所生产的产品中进行关联性搭配并用同一包装物进行销售呈现。这种策略便于消费者一次性把想要的商品采购齐全，有助于扩大主产品和辅助产品的联合销售以及系列产品的共同销售。

4．再使用包装策略

再使用包装策略是指在原包装物内的产品使用之后，包装物可做其他用途使用。再使用和回收使用并不是同一个概念。这种策略对包装物的存储功能和收藏作用有一定要求。因此，耐用、美观，具有时间价值和文化属性是这类包装的主要特点。一些著名品牌的包装通常具有收藏价值和广告宣传作用。

5．附赠品包装策略

附赠品包装策略是指在包装物内附有消费者所喜欢的赠品。在价值高昂、功能独特的著名品牌产品的生产销售中一般不会采取这种策略，它会提升产品包装的难度并给消费者传递错误的品牌形象。但是，在一些日用品特别是快速消费品中，这种包装策略比较常见。

10.4 服务营销策略

在现代社会,许多企业通过提供愉悦的、可回忆的经历来赢得顾客。这种服务提供形式不同于传统的服务交易。例如,华特·迪士尼就是最早认识到声音、光、口味、气味和质感在提供独特体验中重要作用的企业家之一,后来他创办了迪士尼乐园。有的企业家也在经营中采用了类似的做法,如提供生日庆典活动,把单纯地销售生日蛋糕变成娱乐、美食、音乐和愉快的环境的综合体。现代企业不再是单纯地销售带有产品的服务,而在其中加入了体验元素,这就使服务营销的种类和层次发生了根本的改变。

10.4.1 服务及其分类

1. 服务的含义

服务是指由企业或个人向消费者提供的无形的或以无形为主的行为或效果。服务的基本特点是其销售和购买并不引起所有权变更。服务在提供过程中可能会依托一定的物质产品,也可能并不需要这样的支撑。消费者在日常生活中所见到的旅行安排、金融保险、汽车维修、业务咨询等,都是服务的具体形式。随着社会发展水平的不断提升,服务业在世界经济总量中占有较大的比例,尤其是在发达国家,其占比超过制造行业。以美国为例,服务业产值占 GDP 的比例超过 70%,而且吸纳了大量就业人口。我国服务业产值占 GDP 的比例约为 45%,未来有很大的提升空间。

服务业的增长是人们生活消费需求攀升的结果。在互联网和新经济时代,新型的服务包括电商销售平台、移动通信、网络游戏、社交媒体、快速物流配送、远程教育和医疗、工艺设计及产品制造中虚拟和仿真使用场景的提供、图形图像识别等。服务已经改变了人们对世界的认识,服务营销正在把传统经济形态下的不可能变为可能。

2. 服务的特征

一般认为,服务具有四个独特的性质,英文称为"4I",即无形性、不可持续性、不可分割性和不可储存性。

(1) 无形性。服务是无形的,即它在购买决策作出之前不能被持有、触摸或见到。相反,购买一件普通产品时,消费者可以尝试,如试穿、试用,可以触摸甚至观察产品内部的构造。普通产品是一种物体,而服务更像是一种效果,因而它并不便于消费者作出准确评价。营销人员的工作就是尽可能使这种效果呈现出来,便于消费者在不同服务提供者之间进行比较。例如,在高铁客运服务营销传播中,运输公司可以通过将服务与车厢的设备、设施、车速、餐饮、上网、整洁、效率、工作人员着装、工作态度等联系在一起,使客运服务效果与一些可见的物品品质或人物形象联系在一起。

(2) 不可持续性。由于开发、定价、促销和提供服务是一项具有挑战性的工作,因此服务通常具有不可持续性。服务提供对人员的依赖性比较高,同样一项服务,不同的工作人员所提供的水平可能大相径庭。例如,在理发、餐饮、教育、医疗、管理、投资咨询、体育、表演等行业,工作人员的能力、态度对服务有重要影响。有多年从业经验的一流理发师的理发效果通常高于学徒的理发效果。即使是同一位工作人员,其工作状态也会有起伏,会受环境和个人身心状态变化的影响。鉴于服务的这一特点，一些世界著名的服务提供商，特别是酒店企业，制定了严格的服务标准。

（3）不可分割性。不可分割性是服务区别于普通商品的第三个属性，该属性与第二个属性有一定关联。它是指在许多情形下，消费者很难将服务提供者从服务本身分离出来，这意味着服务提供者对于服务具有重要的影响，其活动结束即表明服务结束。例如，观看一场演唱会，观众所感受的效果与表演者的表演、音响效果、观众的素质有直接关系，观众能否欣赏表演者的表演风格，是否主动与表演者互动来配合表演，以及对于现场氛围是否具有认同感，都会影响其对演出的评价。因此，不可分割性除了表明服务本身不能与服务提供者分开外，也意味着消费者必须参与其中。尽管不同的服务对服务消费者的参与要求和程度有所差异，但是强调消费者参与是现代营销的重要内容。在现代银行业、咨询业、教育业和保险业，由于互联网技术的推广应用，对于"面对面"参与的要求正在逐步降低。

（4）不可储存性。服务具有不同于普通商品的特征，因而从传统意义上讲是不可储存的。但是随着现代科技的发展，服务不可储存这一观念面临新技术的挑战。对服务不可储存持有异议的学者认为，像教育服务、音乐影视服务、医疗服务等都可以全部或部分地通过互联网和电子媒介而传输，即实现生产与消费同步进行。但是坚持服务不可储存的人认为，这些通过互联网等电子媒介传播的服务并不是完全或完整意义上的服务，特别是对于消费者而言，身临其境地享受服务与通过网络或其他电子媒介接受服务并不是同一个概念，它们并不能替代真正意义上的服务，因而服务仍然具有不可储存性。客观地讲，从目前科技发展水平来看，服务生产企业在服务产品的视、听两个特征上能部分地进行服务传播，而在其他感官功能（如触摸、品尝、嗅）等方面，消费者必须在现场通过体验才能真正地对服务水平作出评价。而这些非同步性或空间上的不可位移性决定了服务在总体上仍然是一种不可储存的产品，它必须在生产与消费同步进行的情况下实现价值。但是那些在推迟交付过程中生产和消费都不发生性质变化的可以储存的服务，其储存成本的衡量是非常主观的，通常涉及的是生产能力的闲置，即服务提供者就绪而缺乏服务的相应需求。因此，服务的储存成本是指向服务提供者付出的成本和所涉及的设备的费用的总和。例如，如果演唱会主办方邀请了著名歌手参加演出并签订了合同，但是由于种种原因而未能如期举行，这时举办方就要支付歌手为准备演出而付出的劳动及租用设备的开支。在不同的行业，服务的储存成本的计算方法并不相同。在航空业、酒店业和医疗服务业，储存成本一般比较高；而一些可以压缩成本开支的行业（如房地产中介、零售、理发店等）则经常通过压缩人员或降低薪酬等方式来控制储存成本。

3. 服务的连续体

在许多情形下，企业的营销活动并不是纯粹的服务或纯粹的产品，而是一种介于产品和服务之间的混合形态，即既有产品的销售又有服务的提供，而且产品与服务结合在一起面向消费者。一家企业如果仔细观察自身的经营活动，通常会发现所提供的是一个从有形向无形或从商品为主向服务为主逐渐变化的服务连续体。在这个连续体中，一端是纯粹有形的产品，另一端是纯粹的服务，中间有有形物品加辅助服务型、混合型（比重大致相当的产品和服务）和主体服务加辅助产品型三种基本形态。但是从一个端点向另一个端点发展时,中间是连续的流,中间的形态只是一个大致的概括。

教育、医疗、卫生、影视、娱乐通常属于以服务为主导的活动,相关组织或单位在营销过程中更加关注服务的无形性、不可持续性、不可分割性、不可储存性等特点;而生产制造企业(如日用品厂商)对这些特点的关注度较低。但是,有相当一部分企业处于这两种情形之间。例如,在服装定制企业,服装设计师的服务态度是消费者考虑的一个重要因素,没有好的态度,很难进行有效沟通进而提出合理的设计方案;最终设计出来的服装是否合身也是一个重要因素,即好的态度并不一定能够保证产品质量上乘。因此,在消费者看来,在选择服装定制企业时,产品和服务同样重要。

对于当代许多企业而言,区分核心产品(不论是产品还是服务)与辅助服务十分必要。尤其是服务企业,在主营服务之下发展辅助服务,有利于企业在市场竞争中寻找差异点,甚至可以为顾客带来增值服务。辅助服务包括信息提供、咨询、订单收取及支付方式选择等。

4. 服务的分类

服务可以按照三种标准进行分类:服务的提供者是人还是机器、服务是否盈利、服务是否由政府提供。

(1) 由人或机器提供的服务。在这种分类中,服务包括两个子类:一是以设备为基础的服务;二是以人员为基础的服务。前者又可细分为三个小类:自动化的自助服务,如自动柜员机;由相对技术不熟练的操作人员支持的服务,如教室里的教学设备;由技术熟练的操作人员运营的服务,如飞行器、计算机网络。后者也可以分为三小类:技术不熟练的劳动人员,如草坪维护;技术熟练的人员,如机械设备维修人员;职业人员,如管理咨询师和会计师。

(2) 营利或非营利组织。这种分类方法主要考虑是否向政府组织纳税。与营利组织不同的是,非营利组织收入超过费用的部分无须交纳税收或向股东分配收益。当收入在扣除成本费用之后有节余时,非营利组织通常会将其留作积累资金用于服务的后续经营和发展。但是,当非营利组织所取得的收益脱离经营使命和宗旨时,超过成本费用所形成的余额就应交纳一定的税。有时,营利与非营利组织尽管所提供的服务是一致的,但是其利润的用途却不相同。一般而言,营利组织是为利润最大化而服务的,其服务提供品在所有权属性上具有非公共性,因而其利润归股东所有;而非营利组织的服务一般是公益性的,具有归社会共同所有的属性。

(3) 政府提供或不提供的服务。政府是社会服务的主要提供者之一。政府提供服务的目的之一是为广大消费者服务,改变管理作风,降低社会公共服务产品的价格,增加公共服务的供给量。社会越是发达,政府提供的公共服务就越多,覆盖的人群也越广泛。政府是否应当提供某项服务,通常与服务的性质有一定关系。在教育、医疗、社会保障、市政交通、公共安全等领域,政府是作为服务的主要提供者出现的,因此相关服务的营销活动也具有一定的特点。

10.4.2 具体服务营销策略

对于企业而言,制定营销策略的关键之一是要了解消费者购买服务的过程。由于服务本身不能被展示和说明,因此消费者很难在购买之前对服务的特点作出判断。同时,由于服务提供者在服务提供过程中可能发生质量变化,因而企业对每一次服务提供的评价也会有所不同。例如,在以"以产品为基础的服务"为一端,以"以服务为基础的服务"为另一端的服务提供品构成中,服务质量的评价从容易变得越来越困难。

例如,衣服、珠宝、家具等产品由于在颜色、尺寸、款式等方面具有寻求特征,因而能够在服务提供之前作出评价;对于餐馆、酒店等服务,由于具有体验特征,因而只能在服务消费之后或消费过程中作出评价;对于教育、法律等专业服务,由于具有信用特征,因而消费者在服务购买过程或消费之后都很难作出评价。为了减少服务的这些特征中所包含的不确定性,消费者通常会通过个人信息途径向早期采用者、意见领袖、参照人群等寻求帮助。

在营销过程中,企业要从多种角度制定策略。有效的策略在于缩小消费者的服务体验与服务预期之间的差距。企业可以着重从五个方面分析营销策略:服务本身的可靠性,服务的感知性,服务的响应性,服务人员的可信性,服务所体现的关爱程度。同时,在服务策略制定中要突出与消费者接触的重要性。服务营销与普通商品营销的一个关键区别就在于,它是与消费者发生接触的过程,而且接触的次数可能不限于一次或几次。服务提供品越复杂,企业营销人员与消费者接触的次数就会越多。在每一次接触或每一个接触点中,企业要设计完整且科学的服务规则与流程。

例如,迪士尼发现消费者在一次完整的游览活动中,通常要与工作人员进行 74 次接触,因此迪士尼特别强调员工的服务态度,其服务宗旨就是使迪士尼乐园成为"地球上最快乐的地方"。从这个意义上讲,关系营销是服务营销策略的重要方面。

按照营销组合要素划分,服务营销策略具体表现为服务产品策略、服务定价策略、服务分销策略和服务促销策略。

1. 服务产品策略

服务的无形性使其很难获得专利,因而在经营中容易被竞争对手模仿。一种由某个企业新创立的服务模式,可能在很短时间内就会成为行业内的普通运营模式。尽管一些学者也在积极探索将服务模式品牌化,如品牌管理大师戴维·阿克(David Aaker)一直主张用品牌化的方法来保护创新企业的利益,但是在实践中仍有许多难点。因此,企业在服务提供中通常采用两种比较现实的做法:一是可以把服务外包,以降低服务经营中面临的风险;二是通过品牌化经营把服务与企业的名称、标志和符号相联系。以银行业务为例,不同银行之间由于业务同质化程度比较高,能够进行有效区分的标志之一就是品牌名称和符号。在酒店业、航空运输业和快递业中也存在类似的情形。

2. 服务定价策略

服务的无形性也使其定价很难有一个十分明确的标准。但是,价格在服务的提供中通常是与服务品质紧密联系的。因此,服务定价要结合服务人员的技能和服务设备的完备程度,同时还要体现服务的独特性。价格是服务质量的重要信号,高价格传递的是高质量,低价格传递的是低质量。与普通商品在技术进步作用下可以不断降低成本不同,服务的提供质量应当随着技术进步和人们生活水平的提升而不断提升,因此其价格具有向上攀升的趋势。从这个意义上讲,对于普通产品设立价格底线并没有多大的实际意义,而对服务则应当规定价格最低线。企业在提供服务时还应在价格上结合运营能力,如酒店、餐馆、空运、景区等应进行运营能力管理,减少资源闲置与浪费,通过定价体现服务效益。事实上,对不同企业的同类服务制定统一价格或者规定最高价格并不是一种行之有效的价格策略,不利于服务的精细化经营和扩大服务增值空间。

3. 服务分销策略

在传统服务模式中,服务分销往往与服务提供者所处的地理位置有一定关系。但是,随着市场竞争的加剧,服务分销模式正在发生变化。通过特许经营或其他方式,一些服务生产企业(如银行、会计师事务所、快餐经营、理发店等)正在把服务输送到世界各地。机器人对人员操作的替代,以及互联网在服务产品提供中发挥的重要作用,都使服务分销更加便捷,同时也在某种意义上颠覆了传统的经济管理理论中所设立的假设。信息咨询、教育服务的全球分销,电商销售平台的活跃,社交媒体在经济管理活动中扮演的重要角色,使服务分销策略趋于多样化。在渠道选择上,企业可以选择直销、代理、经销等方式来销售服务产品。以银行和保险业务为例,企业可以通过直销方式在营业网点分销理财产品,也可以通过代理商来分销相关产品,还可以与经销商合作来分销服务。企业在分销策略选择中还要考虑渠道覆盖面和经营优势,以及所要针对的目标人群。不同渠道模式的特点有一定的差异,总的渠道策略应根据企业的战略来设定。在跨国服务提供中,企业通常要在使命、愿景、宗旨等营销传播上保持一致,突出企业的总体品牌形象,而在具体策略上则应适应本土特色,使服务产品的分销措施能够落地。

4. 服务促销策略

企业在服务促销中应保持促销措施与企业形象的一致性。广告是促销的一种重要手段,但是在服务促销中它所起的作用与在推动普通商品走向市场时并不一样。服务促销策略主要在于向目标消费者传播服务能够带来的利益,所展示的主要是服务的专业性和独特性。企业在行业内的地位与发展历史,工作人员的技能与素质及所获得的社会评价,是服务促销的重要内容。在服务促销策略中,服务承诺是另一项重要内容,主要涉及服务流程、服务场景、服务设施、服务人员的构成等。对于服务应呈现的效果和顾客能够获得满意感的程度,企业通常不应在促销策略中作出硬性规定。服务促销策略着重强调企业在服务提供过程中追求的目标及目标实现对消费者和社会的帮助。企业作为服务的提供者,在促销中也应全面展示服务精神和价值理念,通过工作人员和合作企业的努力把企业的品牌文化传播出去。

星巴克：不只是咖啡[①]

【案例背景信息】 咖啡、茶和可可是世界上三大无酒精饮料,而星巴克这一国际化品

---

① 本案例主要参考以下资料撰写而成：[1]查星茹.星巴克品牌策略研究[D].北京：对外经济贸易大学,2006.[2]武红霞.品牌建设学习"星巴克"[J].太原学院学报(社会科学版),2009,10(1)：50-54.[3]邢峥.体验营销——星巴克的咖啡之道[J].商业经济,2009(14)：126-128.[4]王利平.管理学原理：第 4 版[M].北京：中国人民大学出版社,2017：111-112.

牌更是使越来越多的人认识了咖啡。1971 年,星巴克在西雅图成立了第一家店,在当时还只是一家经营咖啡豆的小店。如今,这家小店已经发展成遍布全球 77 个国家和地区、拥有超过 28 000 家门店的咖啡帝国,是世界闻名的咖啡零售商、烘焙者和一流品牌所有者,旗下产品包括顶级咖啡豆、浓缩咖啡、咖啡冷热饮料、各式美味糕点以及各种咖啡机、咖啡杯等。星巴克的年收益远远超过通用电气、可口可乐、微软等大公司,多年来一直被美国《财富》杂志评为"最受尊敬的企业",连续 12 年被 Ethisphere Institute 评为"全球最具商业道德企业"之一。

星巴克非常重视产品品质。从咖啡豆的采摘、运输、制作到销售,都有着严格的要求。星巴克有专门的采购专家从世界各地甄选、采集优质的咖啡豆,手工进行烘焙,煮制出高品质产品,让所有喜欢咖啡的人都可以在星巴克品尝到最纯正的咖啡。星巴克的咖啡不仅口感好、品种繁多,还不断推陈出新。然而,咖啡行业竞争激烈,因缺少核心技术而易模仿,具有众多替代饮品,进入壁垒较低。星巴克能在 40 年间取得如此大的成就,不仅源于其卓越的产品品质,更加离不开其独特的品牌要素、企业文化和理念。

"星巴克"这个名字源自美国著名作家梅尔维尔的小说《白鲸记》中一位冷静而迷人、爱喝咖啡的大副,令人联想到咖啡商人在世界各地旅行以寻找优质咖啡豆的场景。梅尔维尔的读者主要是受过良好教育的社会上层人士,从中也可以看出星巴克的目标消费群体是注重休闲和享受、崇尚知识、具有小资情调的城市白领。星巴克的标志是一只双尾美人鱼的绿色徽标,其灵感源于一个 16 世纪的海神像木雕,如今这只绿色美人鱼早已成为美国文化的象征之一。星巴克很少做广告,而星巴克的产品包装漂亮到足以吸引人们的注意力。星巴克采用独立纸套作为隔热材料,上面的标志印刷细致,除此之外还包含时尚潮流、公益环保、水墨画、节日、DIY 等元素。星巴克的包装设计体现了其重视体验的价值理念,也体现了其对美的独特见解。既让消费者心甘情愿花钱,又让消费者为其免费做了宣传。以 2017 年的星巴克圣诞杯为例,除了其标志性的绿色美人鱼徽标外,杯子上印有挂满彩灯的圣诞树、手牵手的恋人、包装精美的礼品盒等白色图案,并在门店内提供彩色铅笔让顾客手绘涂鸦,创造属于自己的独一无二的星巴克圣诞杯。星巴克还制作了许多衍生品,如带有星巴克标志的马克杯、帆布袋等,以至于不少人为了收藏杯子而顺便喝杯咖啡。

星巴克全世界的门店都由设计师专门设计,关注店内的每一个细节,在保留了星巴克独有特色的前提下,还要求与当地的文化相适应而具有个性。进入店内,咖啡的香气扑鼻而来,映入眼帘的是偏暖色柔和的灯光和一些艺术作品,耳畔是一些清雅柔和的钢琴独奏、爵士乐或其他一些音乐混合着制作咖啡时的嘶嘶声和磨咖啡豆时的沙沙响声,处于都市压力中的人的紧张情绪得以纾解。顾客在星巴克享受的不仅是可口的咖啡,更是一种富有小资情调的生活方式。1993 年,星巴克开始与巴诺(Barnes & Nobile)连锁书店合作,在其开设的书店内提供星巴克产品,让顾客在读书之余可以享受一杯美味香醇的咖啡。2002 年,星巴克开始在门店内免费提供 Wi-Fi 服务,携带笔记本电脑的人可以在星巴克一边惬意地享受咖啡一边工作。2003 年,星巴克与其全资子公司 Hear Music 唱片公司共同推出新型咖啡厅"赏乐咖啡馆",顾客可以在店内购买旧光盘,或者挑选自己喜欢的歌曲定制个性化光盘。2006 年,星巴克开始和苹果公司合作,使人们可以在 iTunes 上购买他们在星巴克听到的歌曲。2015 年,星巴克推出天猫官方旗舰店。2016 年,星巴克与腾讯达成战略合作在微信上推出创新的社交礼品"用星说"……星巴克还为会员提供特别服务,不仅发送精心制作的电子期刊,还组织会员参与读书俱乐部、体育比赛、文化展览等店外活动,从而将星巴克独特的体验延伸到店铺之外。星巴克致力于为顾客提供独一无二的星巴克体验,强调产品、服务的创新与个性化,强调不断给顾客带来愉悦和惊喜,努力使自己成为独立于生活场所和工作场所的轻松舒适的"第三空间",并通过星巴克数字平台、星巴克移动 APP、天猫旗舰店等实现与线上"第四空间"体验的紧密对接。

"星巴克与您,不止于咖啡。"通过品牌营销,星巴克成为城市白领独处或聚会、休闲或工作的绝佳场所。

【案例讨论题】

(1) 作为有着上千年茶文化的国家,中国的茶馆数量却日益减少。星巴克的成功对于中国茶馆的经营有哪些启示?

(2) 设想你是一家茶馆的老板,请详细说明你将如何改造你的茶馆。

复习思考题

1. 什么是产品组合、产品线和产品项目?产品组合策略有哪些类型?

2. 什么是品牌、品牌资产与商标?品牌与商标有何区别与联系?

3. 品牌决策包括哪些内容?

4. 什么是包装?包装的作用是什么?

5. 什么是服务?服务营销策略的内容有哪些?

第11章

定 价 策 略

【本章知识点】

- 价格的环境分析所包含的要素
- 定价目标的主要内容
- 定价思路所包含的内容
- 定价的主要方法

在营销组合策略 4P 中,价格与其他三个要素有明显不同。实施产品、渠道、促销策略都需要企业的持续投入,导致成本上升,而且这三个要素对市场需求的影响需要一些时间。唯有价格不会直接带来成本的变化,而且价格的改变非常容易,对市场需求的影响通常是立竿见影的。同时,价格与其他三个要素有着紧密的联系,价格能直接影响产品的质量感知,它也是企业管理渠道的重要工具,而且许多促销策略都是价格的促销。

这里的价格并不仅仅指产品的"标价"。事实上,产品的标价与企业最终的落袋价格有着巨大的差距。这其中不仅涉及付给渠道商的佣金或折扣,还涉及企业的各种促销返利回扣等。因此,企业核算最后的落袋价格是相当困难的,也意味着企业的定价策略是一个相当复杂的体系,甚至企业有时根本无法控制产品的最终标价,致使已有的营销目标无法实现。因此,本章的价格统指产品的平均价格水平,我们将重点揭示企业定价的思路、考虑因素和实施方法。

11.1 环 境 分 析

11.1.1 市场需求分析

市场需求是指消费者愿意并且能够购买的产品数量总和。市场需求受特定环境下消费者数量、消费偏好、收入水平、价格水平等因素的影响。产品价格是影响需求的重要因素,需求的价格弹性是反映需求随价格变化的关系的重要变量。需求的价格弹性=需求量变动的百分比/价格变动的百分比。

绝大多数产品的价格弹性是负的,这意味着产品涨价时,需求量下降;产品降价时,需求量上升。也有一些产品(如奢侈品)的价格弹性是正的,即产品涨价时,需求量反而上升;产品降价时,需求量反而下降。爱马仕等奢侈品牌甚至规律性地提价,不但可以提高利润水平,还可以起到促销作用。

人们通常会用绝对值来衡量价格弹性。绝对值越大,意味着产品需求受价格的影响更大,更富于弹性。而弹性越大,企业越有动力通过降价的方式来提高经营收入。

影响价格需求弹性的主要因素有以下四个。

(1) 消费者对产品的需求强度。生活必需品的价格弹性较小,而奢侈品的价格弹性较大。"刚需"指的则是这样一种情况,这种产品的必需程度很高,需求稳定,不受价格等外部因素的影响。

(2) 产品本身的可替代程度。产品功能越易于被替代,产品的价格弹性越大;而产品功能越不容易被替代,产品的价格弹性越小。产品在质量、服务、形象、声誉等方面越是与众不同,可替代程度就越低。

(3) 消费者需求偏好的变化。消费者需求偏好易变的产品的价格弹性较大,而消费者需求偏好不易变的产品的价格弹性较小。因此,时尚产品的价格弹性往往较高。

(4) 价格弹性的测量时间。产品的长期价格弹性与短期价格弹性通常存在差异。有时产品提价时,消费者可能由于转移成本等因素短期内仍继续购买,但是长时间后会转而购买其他产品,这时长期价格弹性比短期价格弹性更大。相反的情况也存在。消费者可能在涨价时迅速转换厂商,但之后又会转移回来,这时短期价格弹性比长期价格弹性大。

11.1.2 竞争环境分析

竞争环境也是企业定价过程中要重点分析的要素。如果存在多个竞争性产品,消费者会基于竞争备选产品形成自己的参考价格和价格判断,从而作出最有利的选择。市场上竞争产品的数量、竞争强度必然会对企业的定价策略产生重要的影响。根据市场上竞争产品的数量及竞争强度的不同,企业的竞争环境可以分为四大类,分别是完全竞争市场、垄断竞争市场、寡头垄断市场和完全垄断市场。

1. 完全竞争市场的价格决策

在完全竞争市场中,买方和卖方数量众多,充分竞争,市场上的产品价格是由整个行业的供求关系决定的,买卖双方的行为只受价格因素的支配,没有哪一个买方或卖方能左右市场价格。这是由于每一个买方或卖方的买卖数量只占市场总量的很小一部分,如果某一个卖方的产品定价高于市场价格,其产品就销售不出去;此外,卖方也没有必要低于市场价格来销售产品,因为按照整个市场供求关系决定的价格水平可以确保所有的产品都能按市场价格售出。因此,在完全竞争的市场条件下,企业是"价格的接受者",而不是"价格的决定者",而且企业无须进行市场调研、促销等工作,因为这样只会增加企业费用而不会带来任何收益。企业只有依靠提高产品的生产效率、降低各种费用,才能获得更多的利润。

2. 垄断竞争市场的价格决策

垄断竞争是介于完全竞争和完全垄断之间的一种市场格局,卖方数量多,竞争依然激烈,因此卖方定价时必须参考市场的价格水平。但是由于不同卖方所提供的产品具有一定的差异性,因此卖方对产品价格的控制力提高。企业不再是消极的"价格接受者",而是转变为"价格决定者"。企业可以通过广告宣传、包装、品牌等方式影响消费者,使他们从心理上感受到企业产品的差异性,从而愿意接受企业确定的产品价格。但是,由于各个卖方所提供的产品并无本质差异,产品之间仍具有很强的替代性,因而任何卖方如果定价过高,就会失去所拥有的市场份额。

3. 寡头垄断市场的价格决策

在寡头垄断市场,只有少数几个厂商提供行业的全部或大部分产品,每个厂商都对市场价格和产量有举足轻重的影响。在寡头垄断市场条件下,价格往往不是由供求关系直接决定,而是由少数寡头通过博弈默契确定的;或者是由一家最大的寡头先行定价,其他寡头继而遵从。垄断价格一旦形成,在相当长的时间里比较稳定。原因在于:如果某家寡头降低价格,其竞争对手会随之降价,结果没有寡头能从中获得好处;反之,如果某个寡头提高价格,其竞争对手则不予响应,这样一来,该寡头的销量下降,必然会放弃提价。

4. 完全垄断市场的价格决策

完全垄断是指行业中只有唯一的一个厂商的市场类型。在现实中,完全垄断的市场比较少见,它只存在于某些受国家特许的企业独占领域,如公用事业、对某种产品拥有专利权或拥有原料独家开采权的领域。此外,在某些特殊地区,由于受运输成本或其他因素的影响,也可在一定时期内形成局部范围的完全垄断。在这种市场条件下,一个行业中只有一家企业,没有与其抗衡的竞争对手,因此,该企业完全可以控制市场价格,并在国家法律、法规允许的范围内自主定价。

11.1.3　企业成本分析

成本是影响企业定价的基本因素,如果产品定价不能覆盖成本,则企业经营必然亏损。因此,企业定价首先要估算成本。成本包括短期成本和长期成本。短期是指在此时期内,企业无法自由调整生产要素的投入和组合,生产规模也是给定的。短期成本包括固定成本和可变成本。固定成本是指不随企业产量变化而变动的成本,而可变成本是随企业产量变化而变动的成本,通常是生产规模的函数。长期是指当时间足够长时,企业可以自由调整生产要素的投入和组合,选择最适宜的生产规模。这时,所有生产要素都被视为可以变动,因此长期成本中没有固定成本,只有可变成本。

短期成本中固定成本和可变成本的比例对企业的定价策略具有重要的影响。由于固定成本是无法变化的,单位产品的边际利润贡献取决于定价与单位可变成本之差。对于像家政服务业这样可变成本比例高的行业,如果降价,会使单位产品的边际贡献率大幅下降,需要销售量有非常大的提高才能弥补;而对于像航空业这样固定成本比例非常高的行业,降价对单位产品的边际贡献率影响不大,降价反而能通过提高销售额来显著地促进利润增长。

11.1.4　其他因素

产品价格决策有时要受到政府的干预和政策法规的制约。一般而言,政府干预分为三种类型。一是为了扶持特定行业的发展,规定该行业产品的最低限价,以鼓励和支持该行业的企业扩大生产。这一最低限价通常高于市场供求平衡点的价格,由此可能会出现供给过剩,为了维持最低限价政府会采取政府购买等措施。西方某些发达国家的农产品采购就属于这种情况。二是政府为了防止物价上涨而规定某种产品的最高限价。这一最高限价往往低于市场供求平衡点的价格。价格偏低有可能出现供给短缺。三是政府限制企业的过低定价、欺骗性定价、诱饵调包式定价、串通定价等来保护消费者的权益,促进公平交易。企业在定价中必须注意并遵守相关政策法规。

近年来互联网的发展也给企业定价策略带来了前所未有的机会和挑战。从消费者的角度来看,互联网技术赋予消费者前所未有的搜索及比较价格的能力,这在某些方面使其价格敏感程度不断提高。消费者还可以自己报价并寻找满足要求的供货商,如美国的在线旅游商务网站 priceline. com,就是由消费者报价并指定酒店、机票等的搜索范围,从而找到满意的供货商。互联网的免费商业模式也很常见,消费者在某些条件下可以获得众多的免费商品或服务。消费者还可以通过社交网络的团购、集采等方式,获得企业的特殊优惠报价。

从企业角度来说,互联网同样极大地增强了企业发现价格、灵活定价的能力。亚马逊公司通过分析客户的线上浏览及交易行为,不断摸索客户的最高保留价格,以实现一对一的个性化定价。京东等电商网站也是基于大数据的分析,给客户提供差异化的优惠方案及定向促销。嘀嘀打车软件可以根据不同时段、地点的用户用车需求及车辆供给情况,有针对性地生成报价。

11.2　定　价　目　标

在环境分析的基础上,企业进入定价程序,首先是要确定定价的目标。定价目标与企业的市场营销总体战略息息相关,也是评价不同定价方法的依据。企业的主要定价目标包括利润最大化、市场占有率最大化和应对竞争者。

11.2.1　利润最大化目标

利润最大化旨在获取最多的利润。追求最大利润并不等于追求最高价格。从理论上讲,利润最大化就是使边际成本与边际收益相等,即增加一个单位产品所带来的收益与所增加的成本相等,与此相对应的产品产量就是最佳生产规模。在市场中能够以尽可能高的价格水平实现这一产品销量的价格就是利润最大化的产品价格。要实现最大利润,企业必须综合考虑产品销售量、产品费用和产品价格三个因素。

追求最大利润还要注意两个问题。一是要处理好短期利润与长期利润的关系。企业追求最大利润应该作为一个长期目标来执行,甚至可以为此承担某些短期损失,而不是仅仅看重眼前利益。二是要处理好企业的局部利益与整体利益的关系。追求最大利润应以整体经营效益来衡量,为了赢得消费者对系列产品总体需求的增加,也许要在某个局部产品上承担部分损失;为了企业的整体效益,也许某个部门或单位要承担局部损失。

11.2.2　市场占有率最大化目标

市场占有率最大化也就是市场份额最大化,也是常见的定价目标。市场占有率是一个企业经营状况和产品竞争力的直接反映,对于企业而言十分重要。它不仅可以降低单位产品的生产费用,还可以在市场上取得更为有利的控制权。从长远来看,获得最大的市场份额,就能获得长期最大利润。因此,许多企业都愿意用一定时间的低价、高促销策略来建立和扩充市场份额。尤其是当产品处于成长期时,更适宜以市场占有率最大化作为定价目标。

11.2.3　应对竞争者

当企业采用竞争导向战略时,定价的目标主要着眼于应付激烈的市场竞争或避免发生价格竞争。通常的做法是企业以对产品价格有决定性影响的竞争对手的价格为基础,在广泛收集资料、审慎比较权衡以后,对本企业的产品进行价格决策。经常采用的方法有三种:一是保持价格相对稳定、避免正面价格战的平稳定价;二是追随型定价,即以市场主要竞争者的价格为依据,再根据自身产品情况进行适当调整;三是主动发起价格战,利用价格打击对手,获取更大的市场份额。

11.2.4　其他目标

根据具体情况,企业还可能确定其他目标(如生存目标)。面临产能过剩、激烈的竞争或消费者偏好发生变化时,企业会把生存作为首选目标,只要价格能补偿可变成本和部分固定成本,企业就能存活下去。有时企业会把确立产品的领导者形象作为重要目标。通过制定高价为产品塑造最高的质量形象,同时也用高价来支撑生产优质产品的高成本。

11.3　定　价　思　路

在确定定价目标的前提下,企业开始进行正式的定价。定价的整体思路是:首先通过分析消费者需求确定产品的价格上限,其次通过分析成本确定产品的价格下限,最后通过竞争者的分析制定一个有竞争力的基准价格。

消费者的最大支付意愿取决于消费者对产品的感知价值。感知价值是消费者从产品中获得的所有无形利益、有形利益与所付出成本的比较。企业市场营销组合中的产品、渠道、促销都是在增加价值。当这些价值超过了消费者付出的成本(通常表示为支付的价格)时,消费者才会产生购买意愿,企业才能创造真正的价值。图 11-1 显示了价格在这一价值创造过程中的作用。高价格意味着企业保留了更多的价值,而低价格则意味着将更多的价值让渡给了消费者。

图 11-1　价格在价值创造过程中的作用

11.3.1　确定价格上限

确定价格上限是一个不断把握、趋近消费者感知价值的过程。企业首先要计算和测量产品在消费者心目中的感知价值,然后再根据消费者感知价值水平确定产品的价格。

在了解消费者感知价值的过程中,企业需要注意下列影响因素。

(1) 竞争比较:产品有哪些替代型竞争品? 消费者能否容易且公正地进行选择比较? 如果转换供货商,消费者会付出什么成本?

(2) 感知利益:消费者购买决策中会考虑哪些产品属性和利益? 这些属性和利益对其购买决策的相对重要性如何? 比起竞争对手,企业的产品给消费者带来哪些独特的利益? 价格是否会显著地影响产品的质量感知? 最终的利益和价值如何?

(3) 消费者的代价:消费者在购买中需要付出多少精力、时间、体力等非货币成本? 价格在总成本中的比例如何? 消费者是否有可替代的存货? 他们是否认为当前的价格只是暂时性的?

企业可以通过一些定量的方法来测量具体的感知价值。

(1) 调查法。可以通过调查法来获得消费者的最大支付意愿或感知价值。虽然问答方式的有效性不一定很高,如消费者缺乏对产品的深入了解而草率作答,或者消费者为阻止企业制定高价而本能地报低价,但是调查法依然有很广泛的使用前景。例如,许多企业使用价格敏感性测试(PSM)来测量消费者愿意支付价格的区间。

(2) 实验法。有时企业也会采用实测的方法来衡量消费者对价格的真实反应。例如,脑白金就曾在多个地域市场制定不同的价格以分析比较消费者的承受能力。互联网的发展为价格的测试实验提供了更便宜、更方便的工具。企业在推出新产品时可以同时在不同网址进行报价测试,并实时获得销售反馈。

(3) 历史数据的统计分析。通过对历史价格、销量及其他变量的统计分析可以找到更加清晰的回答。美国 CVS 超市就通过分析多年积累的销售数据来捕捉消费者的价格承受能力和敏感性程度,同时对不同的消费群体进行细分。大数据技术的发展也给营销定价提供了更大的空间。

11.3.2　确定价格下限

产品成本是价格的下限。合理的定价不仅能弥补产品生产、销售、服务等环节的成本,还能为企业提供正常的利润回报。产品成本可以理解为产品的平均成本,即总成本(固定成本与可变成本之和)除以产量。

正确地估算成本是确定合理定价的基础,但是在实践中,成本的估算是非常复杂的。有的企业在大量生产数据的基础上绘制经验曲线,以描述生产成本随生产规模和生产经验的累积而下降的关系(即学习曲线)。除生产成本外,各种管理成本、营销成本如何计算也是一个问题。有些企业采用作业成本会计法,将各种办公经费、营销经费按照其对产品的贡献程度分摊到每项产品中。有些企业采取目标成本法来努力降低成本,即通过市场调查先确定新产品所应具备的特征与功能,再根据产品的吸引力和竞争者的价格确定产品的最终售价。从售价中扣除期望的利润水平就是企业的目标成本。接下来企业检查核算不同环节的成本,考虑所有能降低成本的方法,从而使最终成本控制在目标成本的范围内。如果不可能实现,则放弃开发这一新产品。

有些企业以成本为中心直接定价,这是由于内部的成本信息相对于外部的顾客支付意愿与竞争信息来说相对容易获取。但是企业需要知道,以成本为中心的定价方法不一定是恰当的,可能会错失商机,也可能无法达到既定的销售目标,因此只适用于一些特殊情况。下面介绍几种常见的以成本为中心的定价方法。

1. 成本加成定价法

成本加成定价法是指企业在其产品的单位成本基础上再加上一定比例的金额,作为产品的单价。计算公式如下:

$$产品的单价＝产品单位成本×(1＋加成率)$$

2. 目标收益定价法

目标收益定价法是指企业根据总成本和预期销售量确定一个目标收益率,以此作为产品定价的标准。计算公式如下:

$$产品的单价＝总成本×(1＋收益率)/销售量$$

该方法适用于市场占有率很高的大型企业或垄断企业,尤其适用于大型的公用事业企业,因为这类企业一般投资巨大,业务具有垄断性,且产品通常关系国计民生,与公共利益紧密相关,需求弹性很小,加之政府为保证其具有稳定的收益,常常允许这类企业采用这一方法,不过会对其目标收益率进行适当的限制。

3. 收支平衡定价法

收支平衡定价法是指企业以单位产品的全部成本作为产品的单价。在这种价格水平下,企业盈亏相抵。计算公式如下:

$$产品的单价＝固定成本/总产量＋单位产品变动成本$$

4. 边际成本定价法

边际成本定价法是指企业排除固定成本因素,只根据变动成本(实际为边际成本)确定产品的单价。该方法的出发点并不是让产品单价绝对等于其变动成本,而是确定企业产品价格的最低极限。产品单价至少应该大于其变动成本,否则企业生产和销售的产品越多就越会亏损;如果产品的单价高于变动成本,边际利润就可以弥补部分固定成本。在市场竞争特别激烈、企业订货不足时,为了减少损失、保住市场,企业可以采用这种方法对部分产品进行定价。

11.3.3　确定最终价格水平

在由顾客最大支付意愿的上限与产品成本下限组成的空间里,企业必须充分考虑竞争对手的情况,参考竞争报价及产品质量、形象感知差异,来最终形成有竞争力和吸引力的报价。

企业首先要确定自己的竞争对手是谁,然后选择最为相似、竞争最直接的品牌竞争者来参考价格。例如,中国高铁的车票价格要充分考虑同样线路的机票价格。竞争对手定价是企业定价的重要参考对象,企业需要一一对比各自在产品质量、服务、形象、声誉上的特色与差别来制定有竞争力的价格。

还应考虑的是,不同定价会引起竞争对手做何反应。清扬去头屑洗发水在上市前曾在公司内部进行小组对抗式模拟,以预测对手海飞丝会如何反应。当制定一个更有吸引力的报价后,如果对手的目标是扩大市场份额,那么它更可能通过变动价格来应对;如果其目标是利润最大化,那么它更有可能通过调整广告预算或改进产品质量来应对。

企业还要避免走入过度关注竞争者的误区。与竞争者展开激烈的价格比拼会使消费者的购买决策转移到关注价格上,而降低了产品质量、品牌等应占的分量,从而使整个品类变成大众化商品,缩小了企业长期的盈利空间。一般来说,企业不应过度打击竞争者的价格,而应努力击败竞争者的产品、服务及其他营销组合要素。

11.4 定 价 方 法

通过考虑消费者的感知价值来确定价格上限、核算成本以确定价格下限、分析竞争对手竞争性报价这样的三步骤定价思路,企业可以确定基准的价格水平。在此基础上,还要考虑一些战略和策略因素,来确定最后的具体价格。战略层面的考虑主要是产品的生命周期,即新产品从导入到成长成熟全过程中价格的动态变化以达成一些战略目标。策略层面的考虑主要是消费者的心理与行为特点,即如何迎合消费者的心理制定更有吸引力的价格。

11.4.1 新产品定价

定价对于新产品而言非常重要,直接关系到新产品能否尽快打开市场、占领市场并获取满意的利润。常见的新产品价格策略有下面几种。

1. 撇脂定价

撇脂定价是指新产品入市时制定高价,然后随时间推移逐渐降价的方法。iPhone 手机主要采用的就是这种方法,如 2014 年 iPhone 6 刚上市的价格为 6000 元左右,经过每年有序降价,到 2018 年已降至 2000 元以下。撇脂定价适用于产品在上市时需求充分,价格弹性较小,有相当大一批价格不敏感的尝鲜者,竞争者较少,同时小批量生产的单位成本不太高,并且高价能传达优质产品的形象的情形。撇脂定价可以帮助企业实现市场获利最大化。

2. 渗透定价

渗透定价是指新产品一上市就以低价售卖,依靠薄利多销迅速占领市场。摩拜等共享单车企业在一开始将用户的使用起价定在五毛钱,用户还可以通过各种优惠券使每次使用成本接近零元,这种定价方式将共享单车这一新生事物快速地推向了市场,被广大消费者所接受。渗透定价适用于价格弹性大的市场,产品定价低可以刺激市场需求迅速增加,企业生产成本和营销成本会随着生产规模的扩大及经验的积累而下降,低价不会招致实际或潜在的竞争。

11.4.2 心理定价

在基准的价格水平上,厂商和零售商还要抓住消费者在购买产品时的一些心理特征,对产品价格进行一定的调整,使消费者更容易接受。与此有关的常用定价策略有下述五种。

1. 尾数定价

尾数定价是指所确定的产品价格以零头作为尾数,而不是采用整数价格。首先,它可能使消费者产生一种感觉,价格是厂家认真核算成本后计算出来的,可信度高;其次,以"9""8"为尾数的价格还可以使消费者产生占了便宜的感觉。一个售价在 99 元的商品会被认为是几十元的东西,与售价为 100 元或 100 元出头的商品看起来是完全不同的价格类别,而实际上的差异微乎其微。这种策略尤其适用于低端商品。另外,尾数可能会有文化寓意,不同文化风俗下的尾数偏好不同。中国消费者认为"8""6"等尾数更加吉利,美国消费者则讨厌"5""13"等数字。

2. 声望定价

声望定价是指用高价位或整数价来显示产品的高品质形象,它是利用消费者仰慕名牌产品或名店的声望的心理来确定商品的价格。在消费者心目中声誉高的企业或品牌适合应用这一策略,爱马仕的女包定价超过十万元,反而满足了消费者对尊贵感的追求。此外,这一策略也适用于药品、食品、化妆品及医疗等质量不容易鉴别的产品。

3. 习惯定价

习惯定价是指企业按市场上已经形成的价格习惯来定价,以便消费者更容易接受。现实中许多产品在市场上已经形成了一个公认的价格区间,为避免引起消费者的反感,企业一般不会轻率地改变。企业通常只是对产品的内容、包装、容量等作出调整,并不改变产品的价格。例如,由于大多数中国人无法接受超过 10 元的早餐,因此肯德基一直把供应的早餐套餐价格控制在 6 元起。

4. 招揽定价

招揽定价是指企业以特殊价格提供众所周知的"亏本特价品",以吸引消费者前来购买商品,其目的是希望消费者同时购买更多的非特价商品。家乐福超市特别擅长此道,其定期的海报商品以特别低的价格吸引了很多消费者光顾,而大多数消费者的购物篮最后会塞满不少非特价的商品。

5. 分级定价

分级定价又称系列定价,是先把所有的产品划分为不同的档次、等级,然后对各个档次、等级分别定价。这样的系列价格档次不仅便于消费者按需购买,而且可以简化消费者购买决策过程,容易使消费者产生安全感和信任感,同时便于企业提高管理效率,增加收益。例如,尊尼获加(Johnnie Walker)威士忌酒就根据酿造成本分为红方、黑方、绿方等级别。

11.5　定　价　体　系

企业的实际营销工作中,不仅仅是为一个产品定一个价格,更为常见的是为产品组合中的多个产品、面向不同细分地域或市场、根据市场环境(如交易时间、交易方式的变化等)制定差异化且又协调的价格体系,也就是要根据地理、顾客、产品和时间等因素的差异,对产品的价格进行调整。

11.5.1　不同地域的差异化定价

地理差别定价主要是在定价中灵活反映和处理运输、装卸、仓储、保险等费用,且产品价格并不一定与供货成本成固定比例变动。常用的定价方法有下面几种。

1. 产地运输工具上交货定价

产地运输工具上交货定价是指企业按产地出厂价出售某种产品,并负责将产品运到产地的某种运输工具上交货,交货之前的一切费用由企业承担,交货后的费用和风险由买方承担。这种做法的不利之处是企业有可能失去远离产地的客户。

2. 统一定价

统一定价是指企业对不同地区的客户都按统一的出厂价加统一的运输费及其他费用来定价。换言之,就是对不同地区的客户,不管空间距离远近,价格都一样。这一做法对近地客户较为不利。

3. 分区定价

分区定价是指企业将所有销售地区划分为几个区域,对不同的区域实行不同的价格,同一区域的价格保持相同。这一做法的缺陷在于,区域相邻的客户需要支付不同的价格,容易引起客户的不满。

4. 基点定价

基点定价是指企业选择几个城市作为基点,然后按照一定的出厂价加上从基点到客户所在地的运费来定价。价格与货物的实际发出地无关。

5. 运费吸收定价

运费吸收定价是指产品的价格由出厂价格和距离客户最近的竞争对手的送货成本相加所构成。运用这一策略有利于企业打入距离较远的市场。只要企业的净收入超过产品的边际成本,就可以采用这种策略拓展偏远地区的市场。

11.5.2 不同细分市场的差异化定价

面向不同的细分市场时企业需要考虑是否采用顾客差别定价法,即将同一种产品以不同的价格销售给不同的消费者,也称为价格歧视。该策略以消费者对产品的需求弹性、需求强度及其所掌握信息的不一致为基础。例如,公园对老年人等特殊群体采用优惠价格,银行为持有金卡、白金卡等的顾客提供不同价格的服务。

11.5.3 不同时间的差异化定价

随着交易时间的变化,产品成本、顾客需求都可能随之变化。时间差别定价是指企业在不同的季节、日期、时刻出售同一产品,所定的价格不同。例如,许多生产空调、时装、热水器等产品的企业会根据季节变化进行不同的定价,电影院、健身房等服务企业也会根据平时、周末及早、中、晚的时间差别对价格进行调整。

11.5.4 不同交易方式的差异化定价

厂商与中间商及最终顾客的实际交易方式、交易条件通常比较灵活。为了扩大销售量、加速资金周转、促进分销功能、减少库存积压,许多企业在基本价格的基础上,给予客户一定的优惠。例如,对于迅速付款的客户给予一定比例的价格优惠,对于预订商品的预收款给予折扣。对于大批量购货的客户也会给予一定比例的价格优惠,具体又分为非累计数量折扣(根据每份订单)和累计数量折扣(根据某个时期的购货总量)。为鼓励中间商提供更多的服务,还会采用功能折扣定价,即对于提供推销、宣传、仓储、服务等额外功能的中间商给予价格让利。由于不同的分销渠道提供的服务不尽相同,企业给予这些渠道的功能折扣可能有所不同。

11.5.5　不同产品线的相关定价

如果企业的产品组合包括不同的产品线与产品项目,所生产的产品类型繁多、款式各异,且产品之间存在一定关联,则必须考虑不同产品之间如何定价,以达到最佳的整体营销目标。

1. 产品线定价

每个企业的产品组合一般由几条产品线构成,而同一产品线通常会同时生产相互关联的多个产品项目。这些产品项目之间并不存在本质差异,一般仅仅是在外形、功能上存在极小差异,因而完全可以将其视为替代品。企业必须合理确定各产品项目间的价格差额,这一价格差额不仅要体现消费者对各个产品项目的价值理解,而且要反映各产品项目之间的成本差异及竞争对手的产品价格。价格差额确定得是否合理直接关系各产品项目的销售量,因此也直接决定了企业的整体收益。通用汽车旗下的凯迪拉克、别克、雪佛兰就形成了层次鲜明的价格序列。

2. 互补品定价

互补品是指在使用过程中具有相互补充关系的产品。在互补品中,价值高且使用时间较长的产品为主件,价值低且使用时间较短的产品为从件。互补品定价是指合理地确定主件和从件的价格,以便达到整体收益最大的目的。例如,喷墨打印机与墨盒就是一对互补品,打印机是主件,墨盒是辅件。日本佳能公司为了增加整体收益,将主件价格定得相对较低,以便吸引更多的消费者购买辅件。

3. 副产品定价

副产品是指许多企业在制造和加工主要产品时所产生的附带物。很多副产品具有一定的市场价值,但是由于企业自行处理的成本比较高,因而需要为这些副产品寻找市场并为之定价。对副产品的妥善处理及合理定价直接关系企业的盈利水平。一般而言,副产品的价格只要足以弥补副产品的相关处理费用,企业就可以接受;对于具备特殊价值的副产品,则要根据购买方对其价值的理解确定相应的价格。

4. 产品束定价

产品束定价是指企业将其生产的不同产品组合出售并进行"一揽子"定价,以便提高整体产品的销售量,并获取最大利润。通常的做法是,企业将一组相关产品组合在一起进行销售,其实际定价低于各产品的价格之和。例如,电信套餐就是将语音、数据、短信等服务打包一次性卖给用户。需要注意的是,通常消费者并不想购买企业的全部产品,因此产品束定价一定要比较低,并使消费者能从中节约可观的金额,这样的做法才会具有较大的吸引力。

5. 两部分定价

两部分定价是指某些企业除对其产品或服务按一定标准收取固定费用外,还根据产品或服务的某个可统计变量收取相应的变动费用。这时,企业必须合理地确定固定价格和变动价格率,以便吸引更多的消费者,实现企业盈利最大化。例如,出租车通常设置一个固定的起步价,超过起步公里数后再按新的费率收费;游乐园先收取入场券费用,如果消费者的游玩项目超过最高限度,还要另行收费等。对于产品或服务的两部分定价,企业面临多种选择,需要根据具体情况而定。可以降低固定价格,以便吸引更多的消费者,由变动价格而获利;也可以提高固定价格,先确保企业不亏损,再适当降低变动价格,通过增加现有消费者的使用频率来提高盈利。

iPhone X,你凭什么这么贵?①

【案例背景信息】 2018 年 818 购物节手机战报新鲜出炉,苏宁易购平台数据显示从 2018 年 8 月 1 日 0 点截止到 2018 年 8 月 18 日 23 点 59 分,苹果稳居线上销量品牌 Top1,4000 元以上的销量 Top3 单品分别是 iPhone8 Plus、iPhone X 和 iPhone 8。京东平台也发布了 818 购物节的手机战报,数据显示苹果手机的销售额和销量分别占据排行榜 Top1 和 Top2 的位置,而手机单品销量的 Top4 中,苹果手机同样以 iPhone X、iPhone 8 和 iPhone 8 Plus 占据了 3 个席位[1]。以上数据显示,虽然身价不菲,苹果手机仍然受到大众的青睐,尤其是 iPhone X,国内售价高达近万元,被称为史上最贵 iPhone。

iPhone X 是苹果公司 2017 年 9 月发布的新机型。其中"X"是罗马数字"10"的意思,代表苹果向 iPhone 问世十周年致敬。iPhone X 的设计定位属于高端机型,首次采用全面屏设计,搭载色彩锐利的 OLED 屏幕,支持 3D Touch 压感操作,还可以使用 Face ID 进行人脸识别解锁手机、"刷脸"支付。专业人士声称,Face ID 解锁 iPhone X 的误差率是百万分之一,也就是说,其他人用 Face ID 解锁你的 iPhone 的概率是百万分之一,大大提高了安全性能。不仅如此,相机也进行了升级,后置搭载了双 1200 万像素防抖镜头,还配备了 AR 功能。此外,还支持 AirPower(空中能量)无线充电[2]。

然而,在 iPhone X 刚刚开完发布会没有多久,微博上就有人曝光 256G 版本的 iPhone X 生产成本折合人民币只有 2711 元,而其售价竟然高达 9688 元,如此暴利惹得众人吐槽[3]。即使被指责"暴利",苹果产品却依然畅销,其定价有什么秘诀呢?

首先,苹果公司的联合创始人和前首席执行官乔布斯的个人魅力和独特性格对苹果文化产生了很大的影响。乔布斯是一个极其自信、注重细节、追求极致的人,这种性格塑

---

① 本案例主要参考以下资料撰写而成:[1]数据分别来自苏宁和京东官网. [2]王力. 苹果 iPhone X 成本曝光一部只有 2711 元[EB/OL]. 中关村在线,http://mobile. zol. com. cn/656/6562626_all. html(2017-09-19). [3]史上最贵 iPhone 来了:中国售价近万,看一眼就能解锁[EB/OL]. 澎湃新闻,http://tech. sina. com. cn/roll/2017-09-13/doc-ifyktzin0030111. shtml(2017-09-13). [4]苹果主要消费群体分析[EB/OL]. 百度文库,https://wenku. baidu. com/view/6d052dab6137ee06eff91872(2014-12-14). [5]苹果公司企业文化内涵及优劣势[EB/OL]. 海融心胜综合,https://mp. weixin. qq. com/s? __biz=MjM5MTE5NTIwNQ==&mid=2657054855&idx=2&sn=377b5b4904b6851d211ba07a3bfdd271&chksm=bd1299ad8a6510bbcd9b024d6bd20393228eb5005235b3e76a8ce3e3cdaae8b110e552a47073&mpshare=1&scene=23&srcid=0820nsoTnQk186tTSjTMAzH%23rd(2017-10-26). [6]百度百科——"摩尔定律". https://baike. baidu. com/item/摩尔定律/350634? fr=Aladdin.

造了苹果强大自信的企业文化,所有员工都受到他的感染,用最极致的热情为最卓越的苹果产品而努力。苹果信奉的理念是"用户至上",在这种理念的引导下,公司对所有产品的设计都遵循简单、高性能和实用性的价值观,抓住顾客的想法和需求,设计引领世界、引领潮流而非服务世界的产品。对苹果而言,简捷意味着高度的完美和精致,从产品的系统设计、外观设计到工业设计,乔布斯及其团队追求每个细节的精准、尽善尽美[4]。每个产品在设计的时候,都会经历简捷理念的考核,即使快到完工的阶段,如果达不到期望的标准,也意味着一切都要推倒重来。

苹果公司还极为注重技术的创新。截至 2016 年,苹果拥有的专利技术超过 2000 项,而据外媒报道,苹果公司 2018 年的研发投入预计超过 140 亿美元。每一项专利技术的背后,都是工程师们日日夜夜的心血和汗水;每一次研发创新的背后都是无数次失败的铺垫;每一项工艺的完善也需要无数次的斟酌、打磨。以 iPhone X 为例,其首次采用了OLED 屏幕,仅这一个屏幕的成本就是 80 美元,而这个屏幕和其他元配件的贴合工艺程序更是占到整个手机总工艺程序的 1/3。所以,iPhone X 的价格高不仅仅在于其硬件本身的成本,更在于其背后的品牌和为差异化作出的努力。iPhone 手机拥有流畅的 iOS 系统、高性能的高通核心芯片和较长的保值期,率先引领触摸屏、指纹识别、3D Touch、FaceID 的时尚,大大拉开了与同时期同行业竞争者的距离。从 iPhone 6 开始圆润的流线形外观设计,到 iPhone X 即使遭人嫌弃的齐刘海,都成为全球潮流的风向标。

依靠乔布斯的个人魅力、苹果产品的极致和苹果公司的文化理念,苹果公司吸引了一大批忠诚的粉丝,他们俗称为"果粉"。因为一开始苹果的定位就是做引领潮流的高端产品,苹果自然而然成为高端身份的象征。对于"果粉"来说,拥有苹果产品代表自己对这一品牌精神的认可,他们购买的不是苹果产品本身,而是苹果产品追求梦想的理念和对身份的象征。这类人具有较高的购买力,他们对价格本身不敏感,追求的是潮流和激情。每当苹果有新品发布的时候,不管价格多高,他们都是最先关注并付诸行动的那群人。

2011 年和 2014 年,为了全面深入了解中国 iPhone 用户及其对 iPhone 新产品的购买意向,互联网消费调研中心 ZDC 在中关村在线网站先后两次投放调查问卷,对比分析得到的数据。结果表明:从人口年龄结构看,苹果的消费群体主要分布在 18～35 岁年龄段,苹果产品时尚的外形和创新设计契合年轻人的消费心理;从人口的受教育程度看,苹果的主要消费群体是公司白领或大学本科及以上学历的学生,这类人比较注重新奇感、受品牌效应影响大、习惯超前消费;从消费心理和消费水平来看,许多中低收入的消费者仍将 iPhone 视为奢侈品,购买 iPhone 可以使他们花最少的钱来体验上流社会的生活,并满足自己的虚荣心[5]。

然而,随着科技的飞速进步,科技产品无疑都遵循"摩尔定律",即价格不变时,集成电路上可容纳的元器件的数目每隔 18～24 个月便会增加一倍,性能也将提升一倍。换言之,每一美元所能买到的电脑性能每隔 18～24 个月将翻一倍以上[6]。也就是说,随着时间的推移,手机等科技类产品面临越来越大的贬值风险,更新换代也越来越快。为了赶上变革的潮流,iPhone 每年 1～2 款新品的迭代速度已变成了每年 3 款。"但闻新人笑,不见旧人哭"生动地描述了过季产品的遭遇。对很多手机品牌而言,过季的手机意味着被淘汰的技术,但是由于苹果产品的高保值性能,即使是前 2～3 年发布的手机,其性能也是当前很多同等价位的手机所比不上的。因此,降价后的旧款手机仍然可以为苹果公司冲一波销量。

与此同时,同行业竞争对手的创新和研发能力也在不断增强,苹果要随时提防被超越的风险。例如,同为高端机型的华为 P20 于 2018 年 3 月正式发行,其搭载了全面屏、徕卡双摄和人工智能芯片,质量也属上乘,但发行价仅为 6000 多元。此时,人们再一次开始争议 iPhone X 的定价是不是太高了,而 iPhone X 在京东等第三方平台已经开始了降价销售,直降 1000 多元,这让很多曾经有购买意愿但受其高价困扰的消费者又重燃购买希望。P20 虽然以低于 iPhone X 的价格发布,但是距 iPhone X 发布已经过去了 6 个多月,在前期的高定价高利润下,估计苹果公司早已赚得盆满钵满。

【案例讨论题】

(1)苹果公司采用的是什么定价策略?

(2)采用该定价策略需要具备的条件是什么?

(3)采用该定价策略会面临什么风险?

复习思考题

1. 价格环境分析在定价中有何作用?

2. 价格在价值形成中具有怎样的作用?

3. 不同的定价方法之间的主要区别是什么?

4. 定价体系主要包括哪些内容?

第 12 章

营销渠道与分销决策

【本章知识点】
- 营销渠道的概念、功能和作用
- 企业在渠道设计过程中面临的决策
- 营销渠道管理
- 营销渠道的动态发展过程及经销商管理方法

在营销过程中,营销人员必须以合适的方法把产品销往目标市场。这就涉及营销渠道和分销决策问题,即如何在正确的地点以合适的批量、价格提供产品和服务,来满足消费者的需求。

12.1　营销渠道的概念与作用

营销渠道从根本上服务于企业销售目标的实现。一般而言,它由两项内容组成:一是渠道的类型,即直接渠道和间接渠道,后者涉及产品的市场曝光程度、中间商和辅助机构的类型及渠道关系管理等内容;二是所期许的客户服务水平,具体包括存货水平、运输安排、辅助设施提供和所需要的信息技术。

由于市场需求总是处于变化之中,因而在渠道结构和内容上要与时俱进。在新媒体和新经济时代,随着互联网销售和电子商务的普及,以信息技术为依托的新营销渠道形式正在成为一种趋势。

12.1.1　营销渠道的概念

美国市场营销协会认为,营销渠道是"企业内部与外部的代理商和经销商的组织机构,通过他们的运作,商品才能得以上市销售。"斯特恩(L. W. Stern)认为,"营销渠道是促使产品或服务顺利流通到消费者手中被消费或使用的一整套相互依存的组织。"王方华、奚俊芳认为营销渠道是"为达到公司的分销目标,由其管理的外部关联组织。"[1]迈克尔·R.辛科塔等认为[2],"营销渠道又叫作分销渠道,是为消费者和商业用户创造时间、地点和所有权效用的机构所构成的网络。"他们把由厂商到消费者的渠道长度直接定义为两层渠道,认为渠道长度可以从 2 层到多达 10 层不等,并研究了渠道结构的密度。

---

①　王方华,奚俊芳.营销渠道[M].上海:上海交通大学出版社,2005:4.
②　[美]迈克尔·R.辛科塔,彼得·R.迪克森,帕翠克·邓恩,伯特·罗森布卢姆,等.营销学:最佳实践[M].北京:中信出版社,2003:312.

李飞对分销渠道、营销渠道、流通渠道等范畴进行了界定，认为："分销渠道是指商品所有权从生产者或商人手中转移至消费者手中所经过的路径。营销渠道是指采购原材料和销售成品引起所有权转移所经过的路径。分销渠道是营销渠道的重要组成部分，仅指销售渠道，而营销渠道既包括销售渠道，也包括采购渠道。"[1]他认为，"商品流通渠道与分销渠道、营销渠道没有本质上的差别，只是所属学科和分析问题的角度略有差异。"伯特·罗森布罗姆采取营销渠道管理决策观点，即从生产商的管理决策角度来观察问题，进一步将营销渠道定义为："与公司外部关联的、达到公司分销目的的经营组织。"[2]菲利浦·科特勒采用了斯特恩和艾斯利（A. I. Ansary）对营销渠道的定义，认为："大多数生产商都要和营销中介机构打交道，以便将其产品提供给市场营销中介机构组成的营销渠道（也称贸易渠道或分销渠道），营销渠道是促使产品或服务顺利地被使用或消费的一整套相互依存的组织。"[3]他还对营销渠道中涉及的术语进行了区分，如表 12-1 所示。

表 12-1　营销渠道中的基本术语

名　　称	存 在 形 式	工 作 内 容
经纪人	中间机构	把买卖双方汇集在一起，它没有存货，但需要参与融资和承担风险
服务商	中间机构	它参与分销过程，但不拥有商品所有权
生产商代表	公司	代表几家生产商并销售商品，受数个公司雇用，代替或增强它们的内部销售力量
经销商	中间机构	购买商品，取得所有权并再销售
零售商	商业企业	直接向自用和不是商业用途的最终消费者出售商品或服务
（销售）代理商	中间机构	为顾客寻找对象和谈判，维护生产商的利益，但对商品没有所有权
销售队伍	直接受公司雇用的一群员工	根据公司要求出售产品和服务
批发商（分销商）	商业企业	为了再出售或商业用途而出售服务

菲利浦·科特勒将渠道功能和流程进一步划分为信息、促销、谈判、订货、融资、承担风险、占有实体、付款、所有权转移，并将渠道流程分为正向流程和反向流程。在渠道级数划分中，科特勒认为零级渠道（zero-level channel）也叫作直接营销渠道（direct-marketing channel），是由生产者直接销售给消费者。美国学者科兰（A. T. Coughlan）认为："营销渠道就是一系列相互依赖的组织，它们致力于促使一项产品或服务能够被使用或消费这一过程。""营销渠道常常被看作是一个制造商的关键性战略资产。"[4]斯特恩、艾斯利等认为，"营销渠道可以看成一系列相互独立的组织机构，它主要从事为最终的消费或使用提供产品或服务的活动。""营销渠道不仅仅以适当的地点、价格、数量和质量来提供商品和服务以满足人们的需求，并且能通过有关单位（如零售商、批发商、企业销售部、办事处）的促销活动刺激需求。因此，我们应当把营销渠道看成是一个和谐的网络系统，它通过提供

①　李飞.分销渠道设计与管理［M］.北京：清华大学出版社，2003：3.

②　［美］伯特·罗森布罗姆.营销渠道管理：原书第 6 版［M］.北京：机械工业出版社，2002：8.

③　［美］菲利浦·科特勒.市场营销管理：亚洲版·第 2 版［M］.北京：中国人民大学出版社，2001：512.

④　［美］科兰，等.营销渠道：第 6 版［M］.蒋青云，孙一民，等，译.北京：电子工业出版社，2003：4.

时间、地点、销售形式、产品和服务为最终用户创造价值。"①佩尔顿(Pelton, L. E.)将营销渠道定义为,"在获得、消费和处置产品和服务过程中,为了创造顾客价值而建立的各种交换关系。""这个定义暗含交换关系是作为一种服务于市场需要的方式,因市场需要而产生。在进入市场之前,渠道成员必须做好充分准备,才能满足不断变化的市场需要和欲望。"②大卫·乔布尔(David Jobber)认为,"分销渠道是产品从生产商流通到最终消费者的方法。"③

综上所述,现代营销渠道有三个特点:一是它与销售渠道不同,包含销售内容但比销售渠道复杂;二是它具有现代营销特征,包含企业核心价值观、企业经营文化的对外输出;三是它具有双重特性,有时是无形的,有时又是有形的。因此,营销渠道是存在于企业外部并与企业相关联的,帮助企业实现分销目的和分销任务的经营单位及经营关系的动态协作系统。

这个定义有三层含义:①营销渠道不是企业内部设立的机构;②渠道成员必须是与企业相关联的单位;③营销渠道是一个动态协作系统。

12.1.2 营销渠道的作用

营销渠道是市场营销十分重要的一个环节。它是市场占领、文化输出、销售控制等企业战略意图实现的重要平台。具体而言,它的作用体现在以下六个方面。

1. 有利于营销组合要素的功效发挥

产品、价格、分销、促销是营销组合的四个基本要素。营销渠道是产品由生产企业销往最终用户,价格由出厂价转变为最终零售价,分销任务在生产、流转各个环节顺利实现的基本平台。其宽度、长度、速度、力度、深度、密度、效度及信度,决定着企业的产品能否以便利、快捷、恰当的方式送到最终用户手中。营销渠道从根本上影响营销组合中其他三个元素(产品、价格和促销)的实现方式,因而对企业的生存、发展具有决定性影响。

2. 有利于生产企业形成持久的竞争优势

竞争优势体现在多个方面,如在人力资源、技术、价格、产品质量、促销、品牌、客户资源、地理区位和政策扶持等方面企业具有的优势。但是,这些优势中相当一部分并不是持久的竞争优势,如价格优势和成本优势很容易在要素全球配置环境中失去地位和作用。持久的竞争优势是指竞争对手无法迅速模仿或不能模仿的竞争优势。营销渠道一经建立,通常运行时间较长,渠道成员之间关系相对稳定,因而属于持久的竞争优势。企业必须通过控制渠道和建立销售网络来创立并维持与客户的合作关系,进而形成竞争力。

3. 能够集中体现企业的经营发展战略

著名管理学家钱德勒指出,企业战略先行于并导致了组织结构的变化。企业战略中的一个重要方面就是营销渠道建设。例如,为了提升竞争力和服务于开拓海外市场业务

---

① [美]斯特恩,艾斯利,科兰.市场营销渠道:第5版[M].赵平,廖建军,孙燕军,译.北京:清华大学出版社,2000:1-3.

② [美]佩尔顿,等.营销渠道:一种关系管理方法:原书第2版[M].张永强,彭敬巧,译.北京:机械工业出版社,2004:4.

③ [英]大卫·乔布尔.市场营销学原理与实践[M].胡爱稳,译.北京:机械工业出版社,2003.

的需要,一些实力强劲的跨国公司从全球经营角度出发,已逐步把渠道成员内化为组织结构中的一部分。一般来讲,生产企业经营规模越大,竞争实力越强,对于营销渠道的重视程度就越高。在形式上,生产企业重视营销渠道是由企业规模扩张而引致,但实质上却由企业发展战略决定。因此,营销渠道控制与调整是生产企业发展战略的集中体现。

4. 有利于巩固生产企业与其他渠道成员的关系

除了一些硬件设施投入外,营销渠道还应当拥有顾客资源和供应商资源。有时,这些无形的关系资源的价值远高于硬件设施投入,如果能够被合理利用,通常会发挥非常好的效果。这些关系资源包括彼此之间的文化认同、共有价值观和合作精神。渠道成员在这些无形领域中的协作有利于营销渠道的长久性和稳定性。因此,从关系资源角度来看,开辟营销渠道更像是一种经营战略,在共同目标下把不同成员凝聚在一起。这是任何竞争对手在短期之内无法仿效的。

5. 有利于发挥以零售商为代表的经销商的作用

20世纪80年代以后,对市场起决定作用的力量已经发生了本质的变化,零售商的地位得到了快速的提升,一些特大型零售商及其他零售商逐渐成为决定市场格局的主要角色。与批发商一道,零售商在赢得消费者更多信赖的同时,也增加了与生产企业谈判的力量。因此,营销渠道的合理设计与设置有利于充分发挥经销商尤其是零售商的作用,使生产企业或制造商以强有力的竞争者姿态出现在市场上。

6. 便于生产企业控制销售费用

从劳动分工的角度分析,由具备相应技术设备和员工队伍的中间商从事产品分销任务,有助于降低销售费用和成本支出,能够使生产企业从繁重的销售工作中解脱出来,把工作重点放在产品更新和技术提升上。

12.2　营销渠道参与者与中间商类别

对于生产企业而言,营销渠道中有许多参与者,但是它们并不都是渠道成员。因此,判定渠道成员与非渠道成员,以及对营销渠道中的中间商进行分类,对于生产企业的营销渠道建设具有重要的导向作用。

12.2.1　营销渠道参与者

营销渠道参与者是指与生产企业的产品分销有关的所有组织和机构。一件产品从生产开始到最终为消费者所接受,其间要经历许多环节。在每个具体环节上,可能有许多组织和机构参与其中。营销渠道参与者就是产品流经各个环节的参与者总称。它与渠道成员的关系如图12-1所示。

按照是否执行谈判职能,营销渠道参与者可分为渠道成员和非渠道成员。营销渠道由渠道成员构成,它有三个特征:①渠道成员必须是关联组织;②营销渠道既包括生产企业等产品生产者,也包括作为最终用户的产品接受者;③中间商是营销渠道的主体。

12.2.2　中间商类别

营销渠道中间商是指能够帮助生产企业执行谈判功能、促成买卖成交、实现产品所有

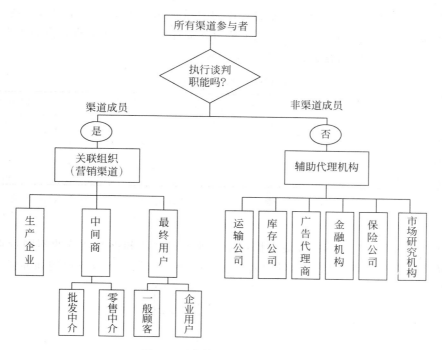

图 12-1　营销渠道参与者分类

资料来源：［美］伯特·罗森布罗姆.营销渠道管理：原书第 6 版［M］.北京：机械工业出版社,2002：29.

权转移的从事产品分销任务的独立组织和单位。它们按是否具有产品所有权被划分为代理商和经销商,具体关系如图 12-2 所示。

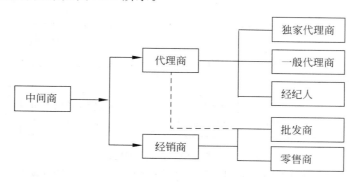

图 12-2　中间商的类型

1. 批发商

伯特·罗森布罗姆认为："批发商包括各种为转售而从事商品销售的企业,或者向零售的、工业的、金融的、机构的、专业的或是农业的企业提供转售业务的企业,还有其他批发商,还包括同这些顾客进行商品买卖的代理商和经纪人。"[①]批发商主要是指为成批量转售商品而从事商品销售的企业。作为从事商品流通的企业,批发商与生产企业所执行

① ［美］伯特·罗森布罗姆.营销渠道管理：原书第 6 版［M］.北京：机械工业出版社,2002：32.

的职能不同。作为连接生产企业与零售企业的中间商,批发商是指向下级批发商,或者直接向零售商提供转售产品的企业。广义上的批发商还包括与零售商进行商品买卖的代理商和经纪人。批发商的角色分类如表 12-2 所示。

表 12-2　批发商角色分类

批发商分类	拥有商品实体	拥有商品所有权	协调功能	促销功能
商品批发商	是	是	是	是
制造商的销售组织	否	是	是	是
代理商/经纪人	否	否	是	是
委托经销商	是	否	是	是

资料来源:[美]佩尔顿,等.营销渠道:一种关系管理方法:原书第 2 版[M].张永强,彭敬巧,译.北京:机械工业出版社,2004:33.

如图 12-3 所示,广义的批发商根据所从事业务的性质和批发经营的不同特点,分为三种类型:贸易批发商;代理商,经纪人,代销商;制造商的销售分支机构和办事处。

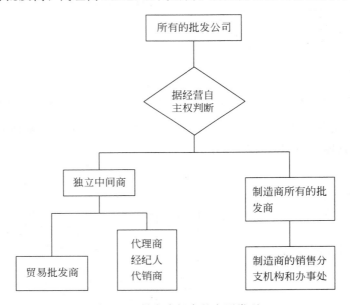

图 12-3　批发中间商的主要类型

资料来源:[美]伯特·罗森布罗姆.营销渠道管理:原书第 6 版[M].北京:机械工业出版社,2002:33.

狭义的批发商也称贸易批发商,是指大量购买商品并加以储存,对这些商品拥有所有权和支配权的中间商。它们与产品生产企业是买卖关系,与下级贸易批发商或零售商也是买卖关系,并通过控制产品买进卖出的批量及时机来调整与生产企业、零售商的业务关系。

贸易批发商的主要任务体现在对生产企业和对消费者两个层面上。

贸易批发商对生产企业具有以下作用:达到和控制一定的市场份额;充当销售联系的纽带;保持一定的库存数量,分担产品经营风险;处理客户订单;收集产品市场信息;向顾客提供服务和支持。

贸易批发商对最终用户的作用是它在更多情形下扮演了最终用户"守门人"的重要角

色。具体表现在：确保所售产品的有效性；为顾客提供消费信贷支持；对所售产品进行分类；为顾客提供消费建议和技术支持。

2. 零售商

零售不仅是指最终的出售行为，也包括为使产品转移到消费者手中而采取的一些步骤。简单地说，那些为个人或家庭的消费而提供产品的企业都在发挥零售功能。无论这种销售行为发生在商店，或者通过邮件、电话、互联网和售货机，还是上门推销，均属于此范畴。零售可能是几千米长的销售过程的最终环节[①]。

科特勒认为："零售包括将商品或服务直接销售给最终消费者，供其个人非商业使用的过程中所涉及的一切活动。零售商或零售商店则是指其销售量主要来自零售的企业。任何从事这一销售活动的机构——不管是制造、批发商还是零售商——都进行着零售活动。至于这些商品或服务是如何出售的（在商店、街上或消费者家里）则无关紧要。"他将零售商分为商店零售商、无商店零售商和零售组织三个大类。其中，商店零售商包括专业商店、百货商店、超级市场、便利商店、折扣商店、廉价零售商、工厂门市部、独立的廉价零售商、仓库俱乐部（或批发商俱乐部）、超级商店、综合商店、巨型超级市场、样品目录陈列室等。非商店零售商包括直接推销、直接营销和自动售货三种类型。其中，直接推销又包括一对一推销，一对多（聚会）推销和多层次（网络）营销。零售组织的主要类型有公司连锁、自愿连锁店、零售商合作组织、消费者合作社、特许经营组织、商业联合大公司等[②]。

科兰认为："零售是指把商品和服务销售给最终消费者用于其个人消费的一切活动。因此，零售交易中的购买者是与企业或机构购买者相对的最终消费者。与批发活动（为卖而买或为企业、产业及机构用途而购买）相比较，零售活动的动机常常是通过购买物品来满足个人或家庭最终消费的需求。"[③]

表 12-3 列举了各种零售链类型的经济和运营动因。表 12-4 显示了零售形态分类法。伯特·罗森布罗姆认为："零售商指的是为个人或家庭消费而销售商品，同时提供服务。"[④]

表 12-3　各种零售链类型的经济和运营动因[⑤]

渠　道　链	经 济 动 因	运 营 动 因
服装专卖店	高毛利 高库存周转	商品管理，减价控制 商品管理
折扣店	低运营费用 高固定资产生产率	低成本，高销售生产率 低投资，高销售生产率
类别杀手	低运营费用	低成本，高销售生产率
百货商店	高毛利	商品管理
全国连锁店	高毛利	商品管理

资料来源：Nancy Karch (director of Mckinsey & Company)'s presentation at Northwestern University, April 3, 1995.

[①]　［美］迈克尔·R.辛科塔，彼得·R.迪克森，帕翠克·邓恩，伯特·罗森布卢姆，等.营销学：最佳实践[M].北京：中信出版社，2003：352.

[②]　［美］菲利浦·科特勒.市场营销管理：亚洲版，第 2 版[M].北京：中国人民大学出版社，2001：544-546.

[③]　［美］科兰，等.营销渠道：第 6 版[M].蒋青云，孙一民，等，译.北京：电子工业出版社，2003：322.

[④]　［美］伯特·罗森布罗姆.营销渠道管理：原书第 6 版[M].北京：机械工业出版社，2002：45.

[⑤]　［美］科兰，等.营销渠道：第 6 版[M].蒋青云，孙一民，等，译.北京：电子工业出版社，2003：328.

表 12-4　零售形态分类法

零 售 形 态	主要关注毛利还是周转	批量拆分	空间便利性	等待和递送时间	产品品种（宽度）	产品类别（深度）
百货商店	毛利	可以	中	短	宽	中—浅
专卖店	毛利	可以	中	短	窄	深
邮购	毛利	可以	极高	中—长	窄	中
便利店	毛利和周转	可以	很高	短	宽	浅
类别杀手	周转	可以	低	短	深	多
大众商场	周转	可以	低	中	宽	浅
大规模自选商场	周转	可以	低	中	宽	中
仓储俱乐部	周转	不可	低	中—长	宽	浅

资料来源：[美]科兰,等.营销渠道：第6版[M].蒋青云,孙一民,等,译.北京：电子工业出版社,2003：335.

综上所述,零售商是指主要面向个人或家庭消费者销售商品,同时提供与商品销售相关的售后服务的中间商。零售商所经营商品的种类复杂多样,经营规模各有差异,小到一个人经营的小商店,大到拥有上千亿资产的跨国零售巨头,都是在从事与直接满足最终用户需求相关的销售活动。不同类型的零售商之间,除了最直接的经营规模和资产规模差异外,经营方式、经营理念等方面也存在较大差异。可以说市场有多复杂,零售商就会有多复杂;或者说零售商有多复杂,市场就会有多复杂。

一般来讲,最终用户都是通过零售商的销售行为来预测和感知市场变化的。在广大消费者看来,市场基本是由零售商构成的,他们从零售商那里获得了价格信息,购买到了想要的商品,取得了与商品相关的服务,因而他们对于零售商似乎更了解,也更具有判断和评价的话语权。但这只是问题的一个方面。事实上零售商的销售行为比最终用户所观察到的要复杂得多。

零售商在分销中的主要任务包括：为产品供应商与目标市场最终用户保持联系提供相应的组织机构、人力配备和设备保障;为产品供应商的销售工作和目标市场最终用户的购买选择提供广告、促销支持;准确反馈最终用户需求信息和生产企业供应信息,并把这些供求信息及时在渠道成员中传递;将货物及时分批、分类并适量储存,在方便最终用户购买、平抑市场供求数量和价格的同时,进一步分担上游供应商、生产企业、批发商的经营成本和市场风险;主动为最终用户选择合适的产品,为生产企业开拓客户资源,发现目标市场。

在现实生活中,零售商的种类很多,而且随着技术变革,不断涌现出新的零售业态。在零售市场发展中,以下六种零售形态特点比较突出。

（1）百货商店。百货商店在零售业发展史中占有重要地位。其主要特点是具有特色鲜明的、吸引人的商品和多种多样的服务组合。例如,在服务方面,可以更换商品、提供消费信用计划、设计购买清单等。

（2）折扣店。折扣店的主要卖点是相对低价的商品和经营成本。例如,削价零售店和仓储俱乐部都是比较典型的折扣店形式。

（3）专卖店。专卖店主要集中精力于一个特定的产品系列,甚至是一个产品系列中的部分产品。例如,某一品牌运动鞋专卖店,或者某一品牌服装专卖店。专卖店通常努力维持生产企业所建议的产品销售价格,但是也会以低价经营自己商店的产品。

（4）类别杀手。这种零售形式盛行于 20 世纪 80 年代。其主要目的是在一个特定的产品类别中捕获大比例的销售额。其主要特点是产品价格低且有许多不同尺寸、款式和颜色可供挑选。类别杀手的出现,对专卖店和百货商店构成巨大挑战。

（5）超级市场。超级市场作为一种零售业态,主要经营几种相关的产品系列,提供相对低的价格,而且在经营中实施顾客自助服务,在经营场地中设有集中的结算出口。超级市场经营的商品类别主要包括建筑材料、办公用品,尤其是食品杂货等。

（6）便利店。便利店主要用于满足消费者日益增长的便捷需求,尤其是在城市郊区广泛存在,所经营的产品范围主要包括食品杂货（如饮料、零食、香烟等）,也包括汽油、快餐和有选择的服务（如洗车、自动柜员机服务等）。这种零售形式对超市和快餐店构成一定的挑战。

在传统零售业态中,以上六种都是以实体店形式存在的,即以有形的店铺形式来支持零售业务的开展。它们与无店铺形式具有较大的差别。无店铺经营模式主要有两种：直接销售和直接营销。直接销售产生于 19 世纪末期。现代直接销售出现于 20 世纪 50 年代。这种商业模式以人际关系和面对面销售为主要特征。在现代零售业态下,直接营销发展十分迅速,除了邮购、目录营销、电话营销、电视营销外,基于互联网和移动支付的网络在线零售、社交媒体营销、电商平台销售取得了快速发展。这些新渠道模式的飞速发展主要是顺应了技术进步的潮流,同时也符合现代消费者的消费习惯,使跨越时空的"7/24"式的全天候营销模式成为现实。

12.3　营销渠道结构与渠道中的流

12.3.1　营销渠道结构

1. 根据渠道分工、效率、长度设计的渠道结构

营销渠道结构主要是从结构复杂性、正规化和集权化程度三个维度描述的。

结构复杂性是指营销渠道作为生产企业与外部关联组织的系统组合,其本身的专业化程度和分工情况。专业化程度越高,渠道成员之间的分工就越细,渠道的复杂程度也就越高。

正规化程度是指各个渠道成员对于规章制度和行为规范的遵守执行程度。在营销渠道中,用于激励与约束渠道成员的规章制度和行为规范越多,则表明渠道的正规化程度越高。

集权化程度是指渠道成员在决定重大事项方面所具有话语权的程度,主要是指在产品数量配比、定价、信息处理等方面,每个渠道成员所拥有的权力的大小。例如,渠道成员一般对于价格问题比较敏感,如果只有少数渠道成员能参与产品定价,则表明渠道集权化程度比较高。

这三个因素的具体作用主要通过专业化分工和关联效率体现出来。另外,渠道的级

数也决定了渠道结构的整体功效。

营销渠道结构随着时间推移、环境变化而不断演变。20 世纪 50 年代至 60 年代大众化营销时期，营销渠道结构比较简单，生产企业主要是通过直接分销网络向顾客销售产品。20 世纪 70 年代后期至 80 年代初，在细分市场方式下，生产企业主要是采取直接销售与分销商网络相结合的方式向顾客销售产品，针对子细分市场，还增加了直接营销方式。20 世纪后期至 90 年代初，生产企业采用的营销渠道结构趋于复杂化，除了直接销售、分销商网络、直接营销、经销商、代理商等形式外，还增加了联合分销协议、特许经营、私人标签、零售店、经纪人、计算机对计算机等新形式。进入 21 世纪后，营销渠道结构信息化、智能化、社交化趋势不可逆转，电商平台、社交媒体营销等渠道的推广应用，移动支付手段的支持，加速了营销变革。

但是不论技术和思维如何变化，总有一些营销基本要素是不变的。在互联网、社交媒体和移动支付快速发展的当代社会，中间商在营销渠道中的作用依然十分重要。在"生产企业—中间商—最终用户"这种既传统又现代的典型渠道模式中，处于生产企业与最终用户之间的中间商起着承上启下的关键作用。

一般来讲，各种形态的渠道流都需要经过中间商传递到最终用户。中间商的作用之所以具有不可替代性，有其复杂的历史、经济和管理方面的原因。在管理方面，中间商能够解决两个基本的问题：专业化和分工；关联效率。

（1）专业化和分工。专业化通常是针对生产工艺、工序、流程而言，而分工主要是针对劳动而言。分工导致了专业化的出现，专业化反过来又促进了劳动分工多样化。中间商介入营销渠道的一个主要原因是生产专业化和劳动分工的客观需要。

当生产规模较小时，企业一般会寻找中间商，通过中间商的渠道资源把产品销售出去。当生产规模较大时，为了不在产品销售环节上受制于中间商，企业可能趋于将生产和分销集于一体，设立自己的营销部门和销售团队，专业化和分工由外部逐步转向内部，在性质上发生了一定改变。

（2）关联效率。关联效率主要是指生产企业为了实现分销目标，在与中间商谈判中所付出的努力与所获得的效果之间的对比。完成同样的目标销售额，所付出的努力越少，则表明生产企业营销渠道效率越高；反之，则表明效率越低。

谈判努力是指人、财、物等方面的投入，分销目标是指销售任务设定。为了达到分销目标，生产企业通常需要花费一定的费用与中间商保持联系。这些费用支出是直接衡量生产企业努力程度的依据。在渠道关联组织中增加批发商可以减少生产企业与零售商的接触次数，从而提高整个渠道的关联效率。关联效率受中间商的类型、数量、层次数目等因素的影响。

专业化水平、劳动分工程度及关联效率高低是衡量营销渠道通行能力的三个重要标准。增加中间商数量虽然有利于营销渠道专业化和分工，但是易使渠道成员关系复杂化，进而降低关联效率。因此，在渠道结构中，纵向拓展渠道层次或横向扩大中间商规模，是提高关联效率的重要措施。

（3）渠道的长度。营销渠道结构是由渠道的宽度和长度决定的。战略、环境、规模、技术和管理是影响营销渠道结构的重要因素。渠道长度与渠道层次直接相关。渠道层次数是指渠道中间商的级数。级数越多,则渠道层次越多;渠道层次越多,则渠道长度越长。反之,则渠道越短。生产企业对于分销渠道的选择取决于产品的物理、化学特性及企业本身对于市场的控制能力。营销渠道的长度和级数如表 12-5 所示。

表 12-5　营销渠道的长度和级数

生产企业自产自用(一级)
生产企业——消费者(二级)
生产企业——零售商——消费者(三级)
生产企业——批发商——零售商——消费者(四级)
生产企业——代理商——批发商——零售商——消费者(五级)

表 12-5 中所列的只是营销渠道级数的一般划分方法。在实践中,营销渠道非常复杂。例如,有的批发商既做批发业务,也做零售业务,这样就可能同时产生两种类型的渠道结构。另外,有些代理商既做代理业务,有时也从事自营业务。这些情况通常导致营销渠道级数难以区分,长度难以测量。

2. 根据内部运作和对外合作方向设计的渠道结构

(1) 垂直渠道结构。垂直渠道结构是由生产商、批发商和零售商纵向整合而成的一种统一的联合体。每个渠道成员把自己看作是这个联合体的一部分。它们之间的关系有三种情形:①某个渠道成员拥有其他成员的产权;②渠道成员之间是一种特约代营关系;③某个渠道成员拥有相当的实力,其他成员愿意合作。[①] 这种渠道结构中权力高度集中化,因而具有较好的协调功能,便于进行渠道领导、分工、冲突管理及控制。

如图 12-4 所示,根据结构的紧密程度,从弱到强依次分为管理型、契约型和公司型三种方式。[②]

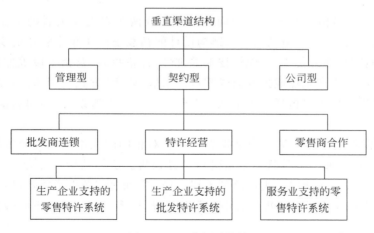

图 12-4　垂直渠道结构

①　冯丽云,等.分销渠道管理[M].北京:经济管理出版社,2002:22.

②　WARREN R L. The inter-organization field as a focus for investigation[J]. Administrative Science Quarterly, 1967(12):398-419,有修改.

管理型结构是由一个公认的渠道领袖企业来协调整个渠道的销售管理业务。相关生产部门和分销部门并非同属一个所有者,业务涉及销售促进、库存管理、定价、商品陈列、购销活动等。这个渠道领袖可以是生产企业也可以是中间商。

公司型结构是垂直渠道结构中最为紧密的一种安排,它由同一个所有者下属的企业部门所组成,综合经营生产、批发、零售业务。它可以由生产企业主导,也可以由中间商主导,前者被称为工商一体化经营,后者被称为商工一体化经营。

契约型结构也称为合同式垂直系统,它是由各自独立的公司(独立生产企业和独立经销商)为了获得比单独经营更大的利益,而以契约(合同)方式结成联合体。该方式以合同为基础,具有较强的约束力。它又可以细分为批发商连锁结构、零售商合作结构和特许经营结构三种形式。

批发商连锁结构是批发商组织独立的零售商成立自愿连锁组织,使其和大型连锁组织抗衡。在这种方式下,零售商可以保留自身的相对独立性,在统一采购的前提下保持销售的独立进行。

零售商合作结构是由零售商带头成立一个新企业与大零售商抗衡。参加联营的零售商以共同名义统一采购,统一进行广告宣传、员工培训,甚至从事一定的生产业务,但彼此之间不分享利润。零售商合作社是这种结构的典型,一般由本部、分店、配送中心三部分构成。

特许经营结构是特许商将自己所拥有的商标(含服务商标)、商号、产品、专利和专有技术、经营模式等以特许经营合同的形式授予被授权单位使用,被授权单位根据合同规定,在特许商统一业务模式下从事经营活动,并向特许商支付特许费和加盟费。[①] 这种结构有三个主要特征:利用技术、品牌优势;所有权与经营权分离;双赢模式。该结构又具体包括生产企业支持的零售特许系统、生产企业支持的批发特许系统和服务业支持的零售特许系统。

(2) 横向渠道结构。横向渠道结构是指两个或两个以上无关联的企业横向联合起来,充分共享彼此优势的渠道结构。该结构设计的初衷是由于单个企业的实力不足以应对激烈的市场竞争,在筹集资金、保持技术先进性、设备投入、营销手段等方面受到制约,因此与同一层次的生产企业或批发商或零售商采取"联手"方式共担风险,以获取较大的利益。横向渠道结构主要包括三种形式:生产企业横向渠道系统、中间商横向渠道系统和促销联盟。[②]

(3) 多渠道结构。多渠道结构是指生产企业对相同的或不同的细分市场,不是采用单一营销渠道,而是使用多条营销渠道进行产品销售。这种结构可分为三种形式:①生产企业通过多种渠道销售同一类产品到不同市场;②通过多条渠道将产品送到同一类顾客手中;③根据同一产品在销售过程中的服务差异,以多条渠道满足不同顾客的要求。

12.3.2　渠道中的流

营销渠道中存在各种流,如图 12-5 所示。

---

① 单祖明. 发展中国特许经营的思考[J]. 北方经贸,2002(1):42-43.
② 孟韬,路金. 营销联盟:营销组织的系统分析[J]. 财经问题研究,2003(5):64-67.

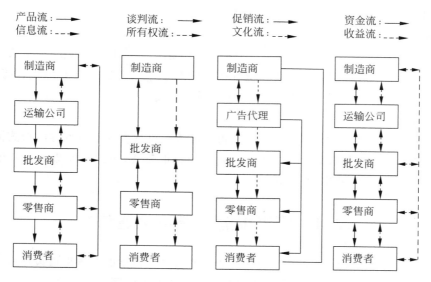

图 12-5　营销渠道中的流

资料来源：〔美〕伯特·罗森布罗姆.营销渠道管理：原书第 6 版〔M〕.北京：机械工业出版社，2002：14，内容有补充.

1. 产品流

产品流是产品流动的简称，指产品从生产企业出发，经过必要的渠道环节，完成从生产到消费的全部运动过程。

2. 信息流

信息流通常是与实体产品流同时存在的一种"流"。但是也有一些例外情形，有时实体产品或者无形服务已经消失，但是信息流依然存在。作为一种有价值的资源和原始记录，信息流会促进产品流的顺利进行。

3. 所有权流

所有权流主要显示产品所有权的运动过程。产品从生产企业进入营销渠道，在经过了中间环节之后，最后转移到最终用户手中。其间，并非所有参与机构都对产品行使所有权。例如，运输企业一般不行使所有权，因而其经营行为不包括在所有权流之内。

4. 谈判流

谈判流是与所有权流相关联的一种"流"的形态，但是它的基础仍然是产品流。谈判通常围绕产品展开，而最终结果则是所有权的划分。谈判流主要体现了渠道成员为购买和转让产品所有权，彼此之间进行的协商和让步。

5. 促销流

促销流主要是指以广告、人员销售、销售促进和公共关系为形式的说服沟通流。在促销流中，广告代理商成为流的重要组成部分，它在提供和维持促销流，特别是在促销广告方面扮演积极、重要的角色。

6. 文化流

文化流是指生产企业通过中间商向消费者传递经营文化的具体过程。它是一种由生产企业并经中间商向最终用户推销文化价值观念的单向流动方式，通过营销渠道的传递功能潜移默化地影响消费者的购买行为和习惯。

7. 资金流

资金流是指为了维持营销渠道正常运行,与产品流、所有权流相关的现金或其他有价证券的流动。资金流通常与产品流和所有权流同时发生。但是也有不一致的情形,如产品流在先,资金流在后;或者资金流在先,产品流在后。

8. 收益流

收益流是指渠道成员通过渠道经营获得经济收入以现金或有价证券的形式流入的过程。渠道参与者加入营销渠道的主要目的就在于获得收益,因此收益流既是其他各种流的原动力,也是检验其效率的基本依据。

12.4　营销渠道策略与渠道法规

营销渠道策略与渠道法规是市场营销的重要内容。科学的营销渠道策略有助于提高营销效率,减少营销冲突。营销渠道法规在促进营销发展的同时,也限定了营销策略的应用范围。

12.4.1　影响渠道策略选择的因素

影响渠道策略选择的因素主要有市场因素、产品因素、中间商因素和企业自身的因素。

1. 市场因素

市场因素主要包括市场类型、潜在消费者的数量、市场的地理集中程度以及订单的大小。这些因素对渠道决策的影响主要体现在供给与需求的总量和层次上。

2. 产品因素

产品因素主要包括产品的单位价值、易消逝性、技术属性等。它们对渠道决策的影响主要体现在储存、包装、运输、分拆、分类、分级、再包装和上架等方面。

3. 中间商因素

中间商因素主要包括中间商所能提供的服务、理想中间商的可获得程度、生产企业和中间商的政策等。这些因素对渠道决策的影响主要体现在合作关系的契合性、稳定性和盈利性上。

4. 企业自身的因素

对渠道策略选择构成影响的自身因素包括企业希望对渠道的控制程度、企业能够提供的服务水平、企业的管理能力和账务资源状况等。这些因素对渠道决策的影响主要表现为企业过高或过低的期望、自身能力和资源条件。

12.4.2　渠道策略的选择

渠道策略的选择主要取决于企业所要解决问题的性质。这可以从分销密度的设计和控制渠道冲突两个角度着手。

1. 分销密度的设计

企业在掌握了营销组合中所承担的分销任务及与什么样的中间商合作等信息后,应对分销密度进行设计。一般而言,有以下三种方法可供选择。

(1)密集型分销。密集型分销策略是指在消费者理性地寻求产品的市场中,企业通过每一个可行的销售终端来出售产品以满足消费者需求。在这些终端,消费者能够便捷地购买商品并获得快速服务,他们不会特意去寻找一个固定的品牌商品而延迟购买。实施该策略,企业要与零售商处理好合作关系,如主动承担商品的商场广告费用、在零售商店设产品专柜等。

(2)选择性分销。选择性分销策略是指在消费者理性地寻求产品的市场中,企业销售产品时只通过多重渠道,而不是全部可行的渠道。这些渠道对于消费者购买衣服、家电、办公设施等产品时有重要帮助。选择性分销策略有助于通过缩减中间商数量来提升渠道成员的绩效。随着在线销售的发展,选择性分销渠道正在向密集型方向发展。

(3)独家分销。独家分销策略是指在消费者理性地寻求产品的市场中,企业只同意向一家批发商或零售商提供产品。在批发上,这种做法称为排他性分销;在零售上,这被称为独占交易权。这种渠道策略下,企业一般要求独家分销批发商或零售商不得经营构成直接竞争关系的产品系列。但是,有相当一部分中间商在享有企业独家分销权的同时,也在经营其他企业的竞争性产品。

2. 渠道冲突与控制

(1)渠道冲突。营销渠道冲突是一种经常出现的经营状态。生产企业与其渠道伙伴在经营中出现矛盾的原因大致可归纳为角色对立、资源稀缺、感知差异、期望差异、决策分歧、目标不一致和沟通障碍七个方面。经验证明,适度冲突并不会引起渠道关系改变,有时由于揭示了问题反而更有利于渠道成员合作。但是,冲突超过一定水平后,就会引起渠道关系的破裂。

渠道冲突的类型有水平冲突和垂直冲突。

水平冲突是指发生在营销渠道中同一层次企业之间的冲突。以手机为例,同一款手机可能由不同的零售商销售,这些零售商在销售这款手机时就可能引起冲突,如价格或促销措施等。水平冲突又可以分为两种类型:同一类型的中间商之间的冲突;不同类型但处于同一渠道层次的中间商之间的冲突。

垂直冲突是渠道冲突中最为激烈的一种形式,不同层次的渠道成员卷入其中,通常表现为生产企业与批发商或零售商的冲突。

在生产企业与批发商的冲突中,双方通常在渠道关系方面出现问题,如批发商对产品的促销力度不够、过多经营竞争者品牌以及存货水平过低等,或者批发商认为生产企业绕过自己直接向零售商或消费者销售。

在生产企业与零售商的冲突中,生产企业通常在自营销售产品的类别和价格方面与零售商产生分歧。一些大型生产企业由于具有强大的品牌影响力,因而选择零售商时比较挑剔,其自营店铺的选址和经营范围与零售商存在竞争关系。在经济不景气时,这种冲突更容易激化。有时,品牌形象强大的零售商也会对生产企业收取"进场费"或"铺货费"。

(2)渠道控制。进行渠道控制对于生产企业具有重要意义。实施渠道控制策略主要涉及两个层面：一是针对批发环节的控制；二是针对零售环节的控制。

针对批发环节的控制，可采取的方法有：①直接向消费者销售产品，如"门对门"的直销、邮寄销售、在线销售等。②直接向零售商销售产品。这样有助于形成较短的渠道。③为顾客提供管理支持服务。④形成自愿连锁。

针对零售环节的控制，可采取的方法有：①在消费者人群中建立企业的品牌忠诚度；②提升营销信息系统在零售中的使用水平；③对产品和服务实行"专长权"管理；④奖励合作的零售商，对不合作的零售商进行制裁。

12.4.3　营销渠道中的法律、法规问题

营销渠道中由于涉及不同的利益主体，既有生产企业，又有批发、代理、零售等不同层次和组织形式的中间商，还有消费者群体、营销辅助机构及社会公众，因而所涉及的法律、法规较多。各个国家之间由于国情差别，营销渠道立法也有一定差异。在我国，营销渠道相关的法律、法规主要涉及产品质量、合同、价格、广告、退换货、保证金、渠道层次等领域。随着我国市场经济水平的不断提升，相应的法律、法规正日趋完善。

在国际市场上，营销渠道的法律、法规也十分复杂。以美国市场为例，其营销渠道相关法律、法规主要涉及防止价格操纵、市场垄断等领域。这些法律、法规中的相关内容对于企业的国际营销渠道建设具有一定的参考价值。

1. 双重分销

双重分销是指企业通过两个或多个渠道结构将相同的产品销往同一目标市场。相同或类似的产品利用不同品牌通过两个或多个渠道销售，也属于这一概念范畴。例如，生产企业通过两种渠道(A和B)销售自己的某款产品。A渠道由生产企业直营，即在渠道层次上生产企业处于最上面，中间是生产企业直营店，渠道下层是最终消费者。B渠道由生产企业选择批发、零售合作伙伴来经营。A渠道和B渠道的最大不同在于A渠道由生产企业直接控制，B渠道则不容易被企业完全掌控。生产企业必须在产品供应和价格决策中处理好两个渠道之间的关系，否则容易引发渠道冲突。

2. 独占交易

独占交易是指生产企业要求渠道成员只能销售由生产企业提供的产品，或至少不能销售生产企业直接竞争对手的产品。如果有渠道成员不接受独占交易条件，生产企业就会中断其供货。这种做法有利于控制销售渠道而不致渠道为竞争对手所利用，通常要求生产企业具有强大的品牌竞争力或具有资源稀缺性产品。独占交易事实上是为了维护生产企业在市场中的地位。

在判断生产企业的行为是否为独占交易时，通常依据三个基本标准：①独占行为方的市场份额是否很大，并将竞争对手逐出了市场。一个市场份额低于10%的生产企业通常不至于引起这种局面。②所涉及的金额是否很大。③争议是否发生在大型生产企业和小型分销商或零售商之间，而该生产企业非同寻常的经济实力本身就有遏制力。如果上述三者中任何一条成立，独占交易行为就会被认定为遏制竞争行为。

3. 全产品系列强制力

全产品系列强制力是指生产企业规定其渠道成员要想经营生产企业产品系列中的某

些特定商品,必须同时经营这个产品系列中的整组产品。这种做法在服装、化妆品、保健品、酒类等行业较为普遍,生产企业向渠道成员推广其全系列产品,而非仅限于热销产品。这种行为看似对公平竞争没有影响,但是当全产品系列强制力发展到一定程度时,渠道成员由于囤积过多的实行全产品系列强制力企业的产品,将无法再经营其他生产企业的竞争性产品。其结果是削弱了市场竞争,同时也损害了消费者的利益。

4. 价格歧视

价格歧视是指生产企业在提供相同品质的产品时,对具有同等交易条件的经营者实行差异价格政策。价格歧视不利于营造公平竞争的市场环境,它有违公平交易原则,对生产企业的品牌形象塑造不利。但是,由于生产企业在营销渠道中有各种各样的激励与惩罚措施,因而仅从供货价格高低很难对是否构成价格歧视作出判定。例如,对于一些长期、稳定的顾客给予价格和促销支持,就可能形成低价格。因此,价格歧视的重要判断标准是接受企业货物的渠道商是否都具有"同等交易条件"。

5. 固定价格

固定价格是指生产企业企图控制渠道成员经营的由生产企业提供的产品的价格。这种价格控制措施事实上就是指定渠道成员以什么样的价格卖给消费者。固定价格通常出现在最终消费价格上,尽管在批发与零售之间的供需层次上采取固定价格在实际中也有应用,但并不是渠道价格控制的核心问题。除非生产企业是以渠道中不同层次之间经销商形成固定计酬模式来展现整个渠道的竞争力,否则它们通常不会将过多的渠道管理成本用于中间价格的控制。生产企业从总体战略出发,会更多地关心产品在最终市场上的销售价格及生产制造成本。

6. 拒绝交易

通常情况下,生产企业可以选择想要合作的渠道成员,也可以拒绝不愿意合作的渠道成员。生产企业根据自身的标准和判断来选择渠道成员,并公布拒绝交易的条件。对于已经存在的渠道成员,生产企业如果拒绝交易,可能会受到法律的限制。拒绝交易出现于1919 年美国的一个法庭案例。当时规定生产企业有权选择自己的中间商,只要这种选择不形成垄断格局。一般而言,拒绝交易在以下情形下是非法的:①生产企业由于中间商经营其他竞争性企业的产品而撤回产品;②生产企业由于中间商抵制捆绑协议而拒绝交易;③生产企业由于中间商设定的价格低于生产企业所期望的水平而拒绝交易。

7. 转售限制

转售限制是指生产企业试图规定渠道成员可以将其产品转售给谁以及在哪些具体地区转售。这一规定对生产企业和渠道成员都有利。对生产企业而言,规定产品销售对象可以留住某些大客户——生产企业可以直接销售的客户,而禁止渠道成员将产品销售给这些客户。除此之外,该规定便于生产企业控制最终用户与分销商的对应关系。例如,生产企业要求渠道成员划区划片经营,不允许销往甲地区的产品进入乙地区销售,或者不允许 A 渠道的货物进入 B 渠道销售,或者处于不同上下级关系链条中的经销商不得跨界和窜线经营等。转售限制有利于企业把市场细分成不同的目标区域,或者把渠道分成不同的关系链,以此来提高营销管理效率。它降低了生产企业产品自相竞争的可能性,也强化了对竞争对手市场渗透能力的防范和抵制。但是,这种方式如果超出必要的范围,则会损害市场的有效性。在美国,这种行为在许多案件中被认定为非法。但是也有合法的情形,如公司规模很小或是市场中的新进入者,或者一家生产企业建立垂直营销系统,保护对产品的所有权直到销售给最终消费者。

8. 捆绑协议

捆绑协议是指营销渠道成员在采购生产企业的某一款产品(如 A 产品)时,必须同时购买生产企业的另一款产品(如 B 产品),或至少同意不向其他生产企业采购这一产品(B产品)。其中,被附加采购的产品称为捆绑产品。前面所讨论的全产品系列强制力是捆绑协议的一个特例。由于渠道成员必须接受这些条件才能获得想要的产品,因而生产企业具有较大的定价优势。捆绑协议经常出现在特许经营模式中,生产企业认为采取这种方式可以保护本企业的利益,保证产品和服务质量。例如,特许经营店通常除了严格地按照特许方的要求进行店面陈设外,还必须按照特许方的进货渠道进货。捆绑协议虽然有正面作用,但也会影响市场的有效性,降低市场上产品流转的速度,因而有违公平竞争原则。在美国,一般情况下,捆绑协议被认为违反了反垄断法,但是也有两种例外情形:一是一家新公司想进入市场;二是独占交易者或分销者需要经营生产企业的全部产品系列,但是并未被禁止经营竞争性产品。

9. 垂直一体化

垂直一体化是指生产企业拥有并操纵营销渠道中的其他层次的成员。比较常见的现象是,生产企业直接拥有并操纵批发商和零售商。在这种经营业态下,生产企业能够对产品销售进行全程监管,价格政策、促销支持都可以有效地与生产企业的计划对接。垂直一体化能够把产供销联合在一起,迅速反馈市场信息,把服务要求一致化、标准化、系统化,同时能够把生产企业的经营管理思想传递到零售终端,使消费者直接感受生产企业的产品质量要求与服务承诺。

有市无价是茅台[①]

【案例背景信息】　40 多年来,对于"崇本守道,坚守工艺,驻足陈酿,不卖新酒"这一质量理念的坚守,使茅台与法国科涅克白兰地、英国苏格兰威士忌并列世界三大蒸馏酒,茅台更是成为一张飘香世界的名片。茅台公司于 2001 年上市,2005 年开始崛起,到 2017年年底创出历史新高,股价一路飙升至 700 多元。

2018 年春节期间,作为拜年的必需品,白酒迎来了新一轮的消费热潮。茅台宣布春

---

　　①　本案例主要参考以下资料撰写而成:[1]白酒股上半年业绩传捷报[N].重庆晚报,2018-08-07,http://www.moutaichina.com/xinwen/2018/3989.html.[2]百家号.再解茅台成长史——营销篇[EB/OL].图财公众号,2018-08-09,https://baijiahao.baidu.com/s? id=1608294673969583949&wfr=spider&for=pc.[3]贵州茅台今年强势推出"茅台云商"战略[N].中国证券报,2016-03-26,http://www.sohu.com/a/198334664_377869.[4]买到真茅台有那么难吗? 茅台物联网云商二维码系统项目案例分享[N].超级码自媒体公众号,2017-10-16,http://www.sohu.com/a/198334664_377869.[5]茅台云商:线上线下融合发力白酒新零售[N].新华网,2017-09-11,http://finance.sina.com.cn/roll/2017-09-11/doc-ifyktzim9559978.shtml.

节投放 7000 吨茅台酒和 6000 吨系列酒,占全年计划的 20％和 25％。尽管相比 2017 年,茅台酒的投放量增加了 2000 吨左右,甚至 53 度 500ml 的飞天茅台市场指导价格提升到 1499 元/瓶,广大消费者仍表示一瓶难求。

贵州茅台披露,公司 2018 年上半年的营收高达 350 亿元左右,同比增长 37％左右,而利润同比增长 40％左右。茅台集团的董事长、总经理李保芳表示,茅台 2018 年全年有望实现收入 900 亿元,2019 年有望拿下 1000 亿元收入,到 2020 年,将迎来茅台"后千亿"时代[1]。茅台之所以取得这一成就,除了顶尖的生产工艺与质量,其与时俱进的渠道策略也居功至伟。

2000 年以前,茅台没有主动营销意识,主要通过代理商模式进行销售,经销商大都是各省市的糖酒公司,凭借高信誉和宽渠道占据了公司近 70％的销量。然而随着消费升级,终端滞后的矛盾日益暴露,低价、窜货等现象严重危害了公司的利益,茅台不得已开始进行渠道变革。

2000 年以后,茅台通过实施"茅台专卖店＋区域总经销商＋特约经销商"的复合渠道策略,加强了对渠道终端的控制。专卖店数量的增加有助于强化企业的市场管理,减少冒假侵权,塑造高端品质形象;区域总经销商的发展可以在一定程度上有效控制窜货的出现,维护终端价格;而特约经销商的发展则可以将销售网络拓展到地、县级区域,扩大消费受众面,同时减少层层中间商的压价,促进短平快的扁平化渠道建设。在该复合渠道策略的实施下,10 年间茅台的收入规模增长了数十倍,成为白酒行业的龙头老大[2]。

近年来,随着"互联网＋"、大数据的驱动,人们的消费水平进一步升级,酒类的线上消费也逐渐成为一种潮流。茅台趁热打铁,在自身线下门店的基础上,在 2015 年推出了"茅台云商"战略,利用线上平台的引流能力,整合线下专卖店和经销商资源,开始传统营销渠道的结构转型(见下图)。

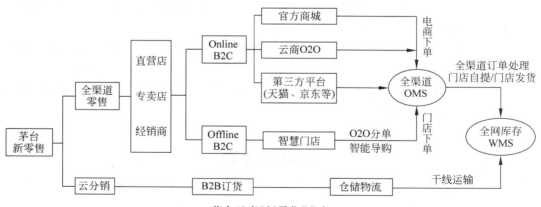

茅台云商"新零售"业务

(图片来自云徙科技展厅中展示的茅台云商案例,稍加修改)

2016 年 6 月,"茅台云商 APP"正式上线运营。到 2016 年 12 月,茅台云商上线服务网点 700 余家,注册会员突破 18 万人,交易额突破 26 亿元。茅台云商的平台上游连接茅台集团各子公司资源,中游对接物流公司和线下专卖店(经销商)体系,下游面对消费者。茅台集团电子商务股份有限公司副总经理聂永表示,要将茅台云商打造成集 O2O、B2C、

B2B、C2B 和 P2P 等营销模式于一体的开放性综合服务平台[3]。

一方面,茅台云商与甲骨文超级码联合开发的"茅台物联网云商二维码系统"成为茅台实施物联网云商大数据战略的核心。茅台的每个酒瓶、纸箱上都有专属的二维码、电子标签,真正实现"一物一码"。这些二维码全面打通现有营销、电商、云商、合作方等各类业务系统,实现茅台酒从生产、仓库、分仓给经销商,到消费者手中所有过程的数字化[4]。对茅台集团而言,其不仅可以通过扫码全方位了解产品的物流信息,防止产品被伪造和窜货现象,还可以通过该终端对产品进行营销促销,对公司品牌进行宣传推广。消费者可以通过扫码对产品进行溯源查询验证,防止产品运输途中被调包,保证所购产品的真实性。产品的整个生产、流通和消费环节产生的信息构成企业的大数据库,企业通过信息的采集和分析,实现大数据精准营销,进一步增强对产品、市场和渠道的控制能力。

另一方面,茅台集团推出《关于坚决维护茅台酒经销秩序的意见》,明确规定从 2017 年 8 月 15 日起,各专卖店、特约经销商、自营公司必须将年度剩余计划量的 30% 以上通过云商平台进行销售。线上渠道的明码标价,意味着各专卖店、经销商、自营公司对茅台酒的定价和销售受茅台集团的监督和控制。这一举措在一定程度上解决了信息不对称的问题,让零售价格更透明,可以有效加强茅台对渠道经销商的控制力度,为顾客带来更优质的消费体验,进一步树立公司品牌形象。

2017 年 9 月,茅台云商召开"新趋势、新零售、新营销"为主题的发布会,标志着茅台云商 2800 余家经销商全面上线,也传达出茅台集团全渠道营销模式升级转型的信号。茅台酒销售公司董事长王崇琳指出,茅台云商将更深入地运用物联网和大数据思维,通过线上渠道的引流,更有效地撮合线下渠道的交易;了解消费者的购买心理和行为,对消费者进行精准画像,与消费者进行深度对话和互动,让消费者的线上支付与线下体验产生协同效应;实施线上线下销售、配送、服务互动一体化的快速覆盖,让"新营销、新零售"的线上线下交互购物成为茅台今后的主流趋势,开创从实体店到数字店的全渠道销售新格局[5]。

【案例讨论题】

(1)结合本章所学理论,分析茅台营销渠道转型的历程是什么,每次转型需要什么条件。

(2)结合分销理论,如果你是处于挑战者地位的白酒企业的经理/负责人,你会采取什么营销策略来赶超茅台?

复习思考题

1. 试述中间商存在的必要性。
2. 营销渠道的级数有哪些?是如何划分的?
3. 哪些因素影响了渠道设计?
4. 如何选择中间商的数目?
5. 如何进行分销渠道的管理?

第 13 章

促 销 决 策

【本章知识点】

- 促销、促销组合的定义
- 广告的含义与功能，广告决策的内容
- 人员销售的特点
- 营销推广、公共关系的类型
- 整合营销沟通的概念

促销是营销组合的构成元素之一。利用促销工具，企业实现了信息的传递和沟通，将产品和服务的相关信息传递给消费者，同时也将品牌的价值主张告知消费者。因此，促销的本质就是企业与各类公众沟通的过程。为实现有效的沟通、达成企业的营销目标，企业往往需要综合运用广告、人员销售、营业推广和公共关系等促销工具。

13.1 促 销 组 合

在开展促销活动之前，企业首先需要回顾总体营销目标，并根据总体营销目标的要求制订相应的促销方案。在制订促销方案时，多种促销组合工具的综合运用有助于企业营销目标的实现。

13.1.1 促销与促销组合

1. 促销

促销是指在卖者与潜在的购买者或渠道中的其他成员之间进行信息沟通以影响购买态度和行为的过程。营销经理的主要促销工作是告诉目标顾客在正确的地点、以合适的价格可以购买到的正确产品。[①]

人员销售、广告、营业推广是较为传统成熟的促销工具，同时，一些企业也注意到公共关系较广的辐射面，利用其进行信息传递和沟通。随着互联网技术的应用，社交媒体营销等促销工具不断涌现，进一步丰富着企业促销工具的类型。每种促销工具的具体形式也随着商业环境的变化而不断革新。

---

① PERREAULT W D Jr. , MCCARTHY E J. Basic Marketing: A Global-Managerial Approach: 15th Edition [M]. New York: The McGraw-Hill Co. , Inc. , 2005: 378.

2. 促销组合

促销组合是指企业选择使用的一个或多个促销元素的组合。它是营销人员根据促销活动的具体需要和目标,对广告、人员销售、营业推广、公共关系等可以利用的促销工具所作出的适当选择和组合。

在把促销元素组合在一起时,营销人员必须考虑若干问题。首先,必须考虑各个元素之间的平衡关系,例如,广告应当比人员销售更加被强调吗? 应当提供促销折扣吗? 公关关系会产生效果吗? 促销的目标人群、产品生命周期、产品的特征、购买者所处的决策阶段及分销渠道等许多因素都会影响这些决策。其次,由于促销组合中的各个元素通常由不同部门负责,因此协调一致的促销努力就显得非常必要,而旨在确保整合营销沟通的促销计划过程能促进这一目标的实现。[①]

13.1.2 促销决策的程序

企业促销决策的制定和促销活动的开展需要遵循一定的规律,即按照确定目标受众、确定沟通目标、设计沟通信息、选择沟通渠道、编制总体促销预算、设计促销组合和评价促销效果的程序进行。

1. 确定目标受众

确定目标受众是促销决策中最为基础的一步。由于促销是一种信息沟通过程,因而需要根据不同的目标受众采取不同的营销策略。目标受众的选择及划分与前面提及的细分市场、产品定位等有一定的相关性。

2. 确定沟通目标

不同促销决策所设定的沟通目标有一定的差异。因此,营销人员应根据促销活动所要实现的目标来确定沟通目标。

例如,创新产品投放市场时,目标受众对这一产品一无所知。营销人员的沟通目标应是让顾客认知和了解产品的特征、功能。为实现这一目标,可以通过人员促销面对面地向顾客传递产品信息。当顾客已了解产品的信息时,营销人员的沟通目标相应上升至培养顾客对产品的喜爱和偏好,如通过广告、公共关系等工具增强顾客的情感认同和依赖。当顾客对产品产生了积极的情感后,营销人员的沟通目标则转移至促成顾客的购买决策,如可以通过打折等手段促成顾客的购买。沟通目标的制定应与目标受众所处阶段相适应。

3. 设计沟通信息

基本促销目标和采用过程与一个被称为 AIDA 的行为导向模式非常契合。该模式包括促销的四个环节,即引起人的注意(attention),使人保持兴趣(interest),激发渴望(desire),并获得行动(action)。表 13-1 显示了采用过程与 AIDA 作用之间的关系。[②]

---

① KERIN R A, BERKOWITZ E N, HARTLEY S W, RUDELIUS W. Marketing:7th Edition[M]. New York:The McGraw-Hill Co. , Inc. , 2003:478.

② PERREAULT W D Jr. ,MCCARTHY E J. Basic Marketing:A Global-Managerial Approach:15th Edition[M]. New York:The McGraw-Hill Co. , Inc. , 2005:385.

表 13-1　采用过程与 AIDA 作用之间的关系

促销目标	采用过程	AIDA 模式
信息通知	知晓	注意
	产生兴趣	兴趣
说服	评价	渴望
	试用	
提醒	决策	行动
	确认	

营销人员要设计出有效的沟通信息,应着重解决以下四个问题。

(1) 说什么。在了解受众需求的基础上,营销人员需要决定沟通信息的内容,即传递关于产品特征的功能性内容,或传递关于品牌主张和价值的情感性内容。

(2) 如何有逻辑地说明。这涉及信息的结构,包括是否应该直接给出论断? 论断出现的位置应该在信息的开头还是结尾? 支持论断的论点应该是单方面赞扬的,还是有褒有贬的? 对于这些问题的回答应建立在收集目标受众信息的基础上,例如,当目标受众受教育程度较高时,他们更倾向于自己作出判断,或是听到正反两方面的论点。同时,产品的特征也会影响信息的结构。

(3) 以何种形式说明。为了获得受众对信息的关注,营销人员必须选择恰当的信息传递形式,如广告的文案、主色调,公共关系活动的主题等。

(4) 由谁来说明。为了使传递的信息具有吸引力和说服力,营销人员需要谨慎地设计信息来源,也就是由谁来传递信息。在广告中,企业常使用明星作为代言人,借明星之口传递信息,这是因为采用这种方式传递信息能使信息源更具吸引力,容易引起受众的注意与回应。此外,企业也会使用专家帮助传递信息,以便获取受众对信息的信任。

4. 选择沟通渠道

沟通渠道可以分为两类,即人员沟通渠道和非人员沟通渠道。

(1) 人员沟通渠道,即两个或更多的人直接进行信息沟通,例如,在销售环节中企业销售人员和顾客之间的沟通。这类沟通是由企业发起、控制的沟通。除此之外,顾客之间也会就购买经验进行沟通,形成"口碑效应"。这类沟通不受企业控制,完全由顾客自发形成,并快速扩散,有时更具影响力和可信力。为了加大对人员沟通的控制力度,企业营销人员也会有意识地培养和寻找意见领袖。意见领袖是拥有更多产品信息的专家,他们被相关群体所接受和信任,因此对该群体有较强的影响力。企业营销人员可以通过意见领袖将产品或服务的信息传递给关注他的潜在顾客,提升沟通效果。

(2) 非人员沟通渠道,即主要通过报纸、杂志、广播、电视、互联网等传播媒体来传达信息。企业精心营造的气氛也能起到传播信息的作用。例如,迪士尼乐园营造的快乐气氛向顾客传递了企业的价值主张。此外,企业还可以通过组织记者招待会、开业典礼、展销会等活动与目标受众进行沟通。

5. 编制总体促销预算

企业确定促销预算的方法主要有四种,即量力而行法、销售百分比法、竞争对等法和目标任务法。

（1）量力而行法是以企业能负担的标准制订促销计划,在扣除企业生产运营的成本后,剩下的部分就是企业的促销预算。这一做法虽然简单,但却忽视了促销的作用,也难以确保企业在促销上持续稳定的投入,缺少长远眼光。

（2）销售百分比法是将产品的促销费用与销售额挂钩。一种做法是以企业上一年度的销售额来确定促销预算,或者按照单位产品固定的促销支出占比乘以销量来计算。另一种做法是以预期销售额作为计算基础。销售百分比法相对安全稳妥,简单易行。其主要缺点是颠倒了销售和促销的因果关系,让销量决定促销支出,而不是通过促销刺激销量增长。

（3）竞争对等法是指按照竞争对手的促销标准来制定促销预算。这样做有利于减少不确定性,稳定企业的市场地位。缺点是忽视了促销工具的作用,忽视了不同企业促销投入效率的差异,忽视了企业产品的定位差异和企业的竞争优势。

（4）目标任务法是根据企业的促销目标来制定促销预算。例如,企业下季度的目标是实现某产品20%的市场占有率,企业需要先确定促销任务,如投放的广告量、营业推广的活动数量,并估计这些促销任务的成本。

在这些方法中,销售百分比法和目标任务法在营销实践中运用得较多。其中,销售百分比法简便易行,目标任务法较为科学,但在估计促销目标和促销任务的关系时存在困难,因此相对难以操作。

6. 设计促销组合

（1）促销组合策略。推式策略和拉式策略是促销组合策略的主要形式。在推式策略中,生产商企业注重通过人员销售与中间商客户建立良好的关系,中间商企业则通过广告、营业推广活动等促销工具与最终消费者进行沟通。采用拉式策略的生产商企业会直接向消费者使用广告、人员销售等促销工具,直接吸引消费者的关注,从而拉动中间零售商进货。

一般而言,小型的产业用品企业主要使用推式策略,直销企业主要使用拉式策略,其他大多数企业则结合使用两种策略。例如,联想一方面利用人员销售和交易促销等推式策略维护与经销商的良好关系,借助经销商将产品推向消费者;另一方面,大量投放终端广告、组织推广活动、赞助重大赛事,通过拉式策略吸引消费者注意,提升品牌认知度,从终端带动经销商大量进货。

（2）影响因素。产品类型和产品生命周期是影响促销组合策略选择的两个主要因素。在消费品市场上,企业倾向于采用拉式策略,通过广告、人员销售、营销推广和公共关系等工具引导消费者购买产品;而在产业市场上,企业则倾向于采用推式策略,通过人员销售对大客户进行管理,稳定大客户关系。

在产品的导入期,为了向消费者介绍产品信息和获得消费者的认知,企业会着重采用拉式策略,通过广告传递信息;在成长期,为了保证销量的迅速增长,企业会通过交易促销等方法推动中间商增加存货;在成熟期,企业会通过营业推广等方式提醒消费者购买产品。

7. 评价促销效果

要了解促销计划的执行效果,营销人员需要进行调查、对比、分析和评价。具体的调查内容涉及三个方面：①信息回忆。例如,调查目标对象接收到多少次信息？能否识别并回忆起某一信息？②态度。例如,目标对象对信息的感觉如何？对企业及产品的态度是否发生了积极改变？③行为。例如,多少人在接触到促销信息后购买了该产品？在使用产品后是否与他人分享感受？营销人员可以通过受众对问题的回答来判别促销的实际效果,分析促销计划的问题所在,并相应作出促销计划的调整,甚至是产品和服务设计的完善。

13.2 广 告 决 策

广告决策是促销决策中十分重要的一个方面。有效的广告内容和广告方式能使企业在市场竞争中迅速建立品牌知名度,赢得目标市场顾客群体的广泛认同。

13.2.1 广告的含义与功能

1. 广告的含义

广告是由可识别的发起者对组织、商品、服务或观念采用非人际传播的任何付费形式。[1] 它是一种活动。广告具有以下特征。

(1) 广告的发起者既可以是营利组织,也可以是非营利组织。营利组织以商业公司为主,它们通过广告向目标受众传递产品和服务信息,传达企业价值主张,促成其购买决策。非营利组织包括专业机构、社会机构、政府等,它们通过广告向人们进行告知、劝说。

(2) 广告通常是一种付费的营销信息传播活动。广告费用是企业营销支出中重要的组成部分,越来越多的企业已意识到广告的重要性,不惜重金投放广告。以 2018 年俄罗斯世界杯为例,中国企业共支出广告费用 8.35 亿美元,超过美国企业,更远远高于东道主俄罗斯企业。

(3) 广告不同于"口口相传",它是一种非人际传播方式。它通过不同媒介将信息传递给目标受众,具有广泛性,但缺乏反馈机制。因此,广告有别于面对面进行游说活动的人员销售,广告的效果也难以预测。

(4) 广告的内容丰富多样,既包括商品、服务信息,也包括思想观念。一些广告主要介绍产品或服务的特征,以使目标受众实现认知和了解,这类广告较多出现在产品的导入期。还有些广告侧重传递品牌的价值主张或思想观念,如一些广告利用移情效应,将品牌价值主张通过目标受众熟悉的事物表达出来,唤起目标受众的情感认同,提升其对品牌的认同。

2. 广告的功能

(1) 促进产品销售信息传播。广告将产品或服务的信息传递给目标受众,实现目标受众的认知和了解,同时发挥提醒作用,促进目标受众的购买。

(2) 提高企业及其品牌的知名度和形象。适量的广告曝光能够提高品牌知名度,在一定程度内获得目标受众的好感,提升企业形象。此外,广告还能向目标受众传递品牌的价值主张和思想观念,获得目标受众的认同,塑造积极的企业形象。

---

[1] KERIN R A, BERKOWITZ E N, HARTLEY S W, RUDELIUS W. Marketing：7th Edition[M]. New York：The McGraw-Hill Co., Inc., 2003：474.

13.2.2 广告决策的主要内容

广告决策是促销决策的重要组成部分,主要包含以下内容。

1. 确定广告目标

广告目标的决策是后续决策过程的依据。广告目标的决策建立在广告环境分析的基础上,服从企业的目标市场、市场定位战略,并与营销组合的各项决策具有一致性。广告目标分为通知型广告、说服型广告和提醒型广告三种类型。通知型广告主要是为了告知目标受众产品或服务的信息;说服型广告的目的在于劝说目标受众购买,或改变目标受众的想法;提醒型广告的目的是维持顾客关系,唤醒目标受众的记忆。

2. 编制广告预算

不同企业因内外部特征不同,广告预算存在较大的差异。因此,为保证预算制定的科学性和可行性,在确定预算时,要认真分析影响它的各种因素,如产品的生命周期、市场份额的大小、竞争状况、行业特点。例如,导入期产品的广告费用占比往往较高,因为导入期产品需要尽快让目标受众知晓和了解,而成熟期产品的广告费用占比相对较低;市场份额较小的企业为了扩大市场份额往往需要花费更多的广告费用;在竞争激烈、产品同质化严重的行业,企业要支出更多的广告费用以吸引目标受众的关注;消费品行业企业的广告预算较高,工业品企业的广告预算相对较低。

3. 设计广告策略

由于信息超载,传统广告已经难以获得消费者的注意,广告的创意不断突出重围,发展出了产品植入广告、娱乐广告等新形式。产品植入广告是将产品作为道具在电影、电视、娱乐节目中展示。例如,在电影《变形金刚 3》中出现了联想多款电脑和伊利舒化奶的形象。娱乐广告是指那些本身具有娱乐性的广告,能够通过吸引消费者观看来传递企业产品信息,如益达口香糖的厨神系列广告。

企业往往将广告创意策划的具体工作交给广告公司的专业人员完成,同时,企业营销人员需要全程参与,以确保广告创意切实有效。广告创意策划的步骤主要包括确定广告主题、确定广告的表现形式。

4. 选择广告媒体

广告媒体的选择主要包括以下内容。

(1) 送达率、频率和展露效果。营销人员要根据广告目标来确定广告投放的范围、播出的频率,以及评估广告的效果。例如,使广告能在 80% 的目标受众前曝光 2 次,并获得品牌知名度 7% 的提升。

(2) 主要媒体种类的选择。主要的媒体包括广播、电视、报纸杂志、户外、互联网终端等。不同媒体的优劣势各不相同。例如,广播的制作成本和投放成本较低,地方覆盖率高,但无法展现视觉刺激,信息持续时间短,不易被注意;电视覆盖面广,能够传递图像、声音和动作信息,较易被注意到,但电视广告成本相对较高;杂志具有较好的细分作用,可以被反复阅读,信息容量大,但是广告的投放存在时滞性,缺少听觉刺激;户外媒体具有地点关联性,能够起到提醒的作用,但是与消费者接触时间短。营销人员需要综合考虑各个媒体的特点,选择合适的媒体组合投放广告。

（3）特定载体的选择。当确定了广告投放的媒体后,营销人员需要进一步确定与广告内容、目标受众特征相符合的载体,例如,在育儿杂志上投放母婴用品的广告、在体育节目中播放运动用品的广告。

（4）媒体的使用时机。除载体外,营销人员还需确定广告播出的时间和频率,即广告的排期。广告的排期主要包括持续式、起伏式和脉冲式三种形式。

持续式是每天、每周或每月不间断地播出广告。这种排期形式适用于食品、日用品等无季节性特征的消费品。采用持续式的排期方式,企业能够覆盖消费者整个购买周期,持续提醒消费者购买,但这种方式的成本往往较高。

起伏式是在一些时段不做任何广告,而在另一些时段密集投放广告的不规律排期方式。起伏式适合季节性产品,如滑雪用品的广告在10月到次年2月之间投放较多,在夏天则没有任何广告播出。起伏式能有效节约广告成本,但是在有限时间内密集的投放频率可能会造成消费者的厌烦情绪,而在非广告期间,消费者则可能逐渐遗忘产品信息。

脉冲式是持续式和起伏式的结合,在一般日期里,企业会持续投放广告,到了特殊日期,则会加大广告投放力度。例如,啤酒厂商的广告会贯穿全年,到了节假日和大型赛事时,厂商会抓住契机集中投放广告。脉冲式有效结合了持续式和起伏式的优点,但是成本较高,存在产品类型的局限性。

5. 广告效果评估

广告的投资回报是营销人员和股东关心的问题,同样也是难以回答的问题。现阶段,对于广告效果的评估主要采用以下两种方法。

（1）测定沟通效果。主要测定广告给消费者带来的记忆或态度的变化,以及对产品的认知、了解和偏好。主要的做法是在广告播出前后分别测试消费者对产品的态度和认知水平,并进行对比,从而确定广告的效果。

（2）测定销售效果。由于影响广告效果的因素包括个体、社会等多重因素,准确判断广告效果是十分困难的。一般采用历史分析法和实验法对广告效果进行测量。

13.3　人员销售决策

作为一种传统的促销方式,人员销售被制造业企业、服务业企业、消费品企业、工业企业广泛使用。利用人员销售工具,销售人员可以与顾客进行面对面的沟通,这是其他促销工具所不能替代的。

13.3.1　人员销售概述

1. 人员销售的含义

在消费品市场中,人员销售工具的使用较为普遍;在产业市场中,人员销售同样是不可忽视的重要促销工具。

2. 人员销售的特点

（1）注重人际关系网络的建立和维持。人员销售可以通过人际互动与购买者建立良好的客户关系,实现客户忠诚,促进客户的购买决策。

（2）销售人员具有较大的自主性和灵活性。相比广告等非人员沟通手段,人员销售建立了信息反馈机制,企业能够对目标受众所反映的问题进行回馈并及时予以解决。买方和卖方也可以就订单的成交价格、成交条件作出协商。

（3）在目标人群的选择上针对性强。由于建立了双向沟通机制,人员销售能够针对目标受众的问题进行解答,针对其需求定制产品、服务,以及提供个性化的售后服务。这种针对性极强的销售过程能够更好地提升客户满意度,建立客户忠诚。

（4）适用于价格较高、功能复杂的产品销售。人员销售能面对面地为目标受众展示、讲解产品,使其亲自体验产品,帮助他们更好地了解产品的复杂特点,减少顾虑,促成购买。

人员销售的缺点首先是成本费用较高。在市场密集度高、买主集中的产业市场,或专业性、技术性较强的产品领域,这一促销手段的运用更为广泛。其次,由于销售人员的流动性较大,组建一支训练有素的销售团队是一件困难的事情。

3. 人员销售的作用

（1）销售产品和服务。人员销售能帮助目标受众更好地了解产品和服务,并通过面对面的沟通回应目标受众的问题,提高企业产品和服务的销量。

（2）实现客户与企业的沟通。通过人际沟通,销售人员还可以通过自身的言行举止将企业的价值主张传递给客户,使客户对企业拥有更直观的认识。此外,通过与客户的沟通,销售人员也可以将客户未满足的需求反馈给企业的研发、运营部门,实现产品的改进和运营流程的优化。

13.3.2　人员销售的组织

在销售队伍规模既定的条件下,企业销售队伍的结构可按照多种方式进行调整和组织。常用的组织方式包括按照企业的市场区域、产品类型、顾客结构及综合这三个因素的复合方式。通过为销售队伍设计合理的结构,企业能有效地分配时间和资源,取得较高的工作效率。

（1）区域结构。按照地理区域进行划分,每个销售代表被指派负责一个地区,作为该地区经销企业全部产品线的唯一代表。这种结构的主要优点是:销售人员责任明确;地区责任能促使销售代表深入了解当地的文化、经济和市场竞争情况,与当地客户形成紧密联系;相对节省往返差旅费用。但是这种结构会造成销售人员倾向于重点销售盈利性高的产品,而非针对客户的问题提出合适的解决办法。

（2）产品结构。销售人员的组织结构按产品线来划定,销售人员负责一种或一类产品的销售工作。这种结构有利于销售人员熟悉、掌握特定产品的知识,明确销售目标。但是这种结构的区域效率较低,同时会增加差旅费用,并形成内部竞争。因此,产品结构适用于产品技术复杂、产品之间联系少或产品数量众多的情况。

（3）顾客结构。在这种结构中,企业按照顾客类型和顾客规模安排销售组织结构,对现有顾客和潜在顾客、大客户和一般客户,或不同行业的客户分别使用不同的销售人员。这种结构的主要优点是便于销售人员深入了解用户的特定需求,缺点是由于客户需求的复杂性,可能需要销售人员跨部门合作。

（4）复合结构。当企业在广泛的地理区域内向多种不同类型的顾客销售多种产品时,应采用复合销售结构,它是上述三种销售队伍结构的混合运用,销售人员可以按地区—产品、地区—顾客、产品—顾客等方法加以组织。在这种情况下,一个销售员往往要负责几个产品和部门。

13.3.3　人员销售的管理

1. 销售人员的招聘

（1）人员选择标准。合格的销售人员除了具备行业、产品相关知识外,还应拥有良好的时间管理技能、沟通技能。乐观、外向的个性,较高的应变能力和环境适应能力能够帮助销售人员获得更好的绩效。此外,销售人员也应具备良好的品格和职业操守,以便与客户建立稳固的信任关系。

（2）招聘程序设计。招聘程序一般包括发布招聘信息、候选人面试等步骤。在招聘过程中,管理者应着重考察候选人的能力、性格和品格。此外,管理者在录用销售人员时也应考虑销售团队的多样化,以开阔销售团队的视野,适应市场需求的多样化。

2. 销售人员的培训

为了帮助销售人员更好地与客户沟通,降低销售人员的流动性,在销售人员入职后,企业要对其进行培训。企业会邀请内部产品经理、外部专家或专业培训师对新入职的销售人员进行培训。培训一般包括以下两方面的主要内容。

（1）销售技巧。提升沟通技巧,帮助销售人员了解如何接触客户、获得客户信任,以及建立良好的客户关系。提升团队合作技巧,帮助销售人员通过团队协作形成客户解决方案。此外,一些企业也会教授销售人员如何使用技术手段进行销售。

（2）专业知识。帮助销售人员熟悉公司的历史、组织、政策及业务流程;帮助销售人员更好地掌握产品的技术、使用方法,同时还要帮助销售人员了解竞争对手的产品的特征,以及行业背景和行业发展趋势。

除入职培训外,很多企业也会经常安排培训机会,以不断提升销售人员的业务水平,使其更好地了解行业动态、满足客户需求。

3. 销售人员的激励

为销售人员设计有激励性的薪酬制度。销售人员的薪酬通常由固定薪酬和浮动薪酬构成。固定薪酬是销售人员的底薪,保障其收入水平,便于实施非销售或非营利性活动。浮动薪酬包括提成和奖金两种形式。提成是按照销售人员的销售量或毛利润进行抽成;奖金是销售人员的业绩达到一定目标后支付的额外薪酬,一般按年发放。浮动薪酬的存在有利于提升销售人员的工作积极性,同时降低企业的成本。合理的固定薪酬和浮动薪酬设计能够较好地提升销售人员的工作积极性。

4. 销售人员的评估

销售人员绩效评估的主要依据包括销售人员的销售计划和完成情况,以及完成目标所花费的销售费用。针对销售人员提交的评估材料,评估过程主要包括以下两方面。

（1）建立绩效评估指标。其中定量指标包括订单成功率、成交金额、新增客户数量、客户退货比例等;定性指标包括工作态度、客户满意度等。

（2）实施正式评估。将定性和定量的指标相结合，管理者就可以对销售人员的绩效水平进行评估。

13.4　营业推广决策

作为一种短期促销工具，营业推广通常与广告和人员销售等促销工具一起使用。

13.4.1　营业推广的含义

营业推广即销售促进，是除人员销售、广告、公共关系之外的各种各样的促销活动。这种方式常用来吸引消费者作出购买决策或在一个特定的时间段内刺激交易者提高效率。营业推广能够为产品提供增加价值或者为某一种购买行为提供诱因。免费品、优惠券、供商店使用的展览品、培训项目、店内展示、向优秀销售人员提供度假旅游等提供品或项目都属于营业推广。[①]

13.4.2　营业推广的类型

按照营业推广对象的不同，可以将营业推广分为针对消费者的营业推广、针对中间商的营业推广和针对产业的营业推广。

1. 针对消费者的营业推广

经常使用的营业推广工具有七种：样品；优惠券；特价品；附送赠品；竞赛、抽奖；惠顾奖励；购买现场陈列（POP）和示范表演。这些活动构成了超市、商场等的日常促销活动和节假日营销方案的主要项目。

除以上七种工具外，忠诚度计划、事件营销也是针对消费者进行营业推广时常用的工具。

2. 针对中间商的营业推广

为了将产品送至消费者手中，生产企业需要依赖批发商和零售商，激励中间商购买数量更多的商品，或激励中间商通过广告、展示等方式销售本企业的品牌。

常用的营业推广工具主要有购买折让、津贴、免费样品、销售金。

3. 针对产业的营业推广

当生产企业的顾客是组织时，企业往往会使用针对产业的营业推广工具。许多用于消费者推广和中间商推广的工具同样适用于产业推广。贸易展览、商务会议、销售竞赛也是产业推广的主要工具。

13.4.3　营业推广决策的步骤

进行营业推广决策的步骤主要包括确定营业推广目标、选择营业推广工具、设计营业推广方案、实施营业推广方案、评价结果等。

1. 确定营业推广目标

营业推广的具体促销目标通常会随着目标市场的不同而发生变化。

---

① ZIKMUND W G, AMICO M D. Marketing: Creating and Keeping Customers in an e-commerce World[M]. New York: South-Western College Publishing，2001：456.

（1）消费者目标市场。企业营销人员针对消费者使用营业推广的目标在于：获得消费者的关注，使消费者获得一定程度的记忆；增加新产品的销量，利用样品、折扣等优惠工具鼓励消费者进行新产品尝试；在进入某一新细分市场时，营业推广能够有效获得消费者注意；通过营业推广活动，企业能够维护现有消费者关系，提醒消费者购买；营业推广和广告、公共关系等促销工具一同使用时，还能产生协同作用，提升整体促销方案的影响力。

（2）零售商目标市场。针对中间商的营业推广目标包括：通过交易折扣吸引零售商经营新的产品项目，为新产品争取分销和支持；针对现有产品进行推广，使零售商维持已有产品的交易量；增加营业推广力还可以激励零售商展示已有产品，刺激零售商提高库存水平；针对中间商的推广有时也是抵消竞争对手促销活动的有力反击。

（3）产业目标市场。针对产业的营业推广目标包括：利用展销会等工具向潜在客户展示、介绍企业产品，寻找更多的潜在客户，并鼓励潜在客户购买；利用销售竞赛的方式能够鼓励销售人员销售某种新产品，激励他们的工作积极性，刺激他们扩大在营业淡季的销售成果等。

2. 选择营业推广工具

从所指向的对象划分，营业推广主要有三类：针对消费者的营销推广活动；针对中间商的营业推广活动；针对产业的营业推广活动。在不同的营销推广活动中，企业所选用的推广手段有所区别。

3. 设计营业推广方案

设计营销推广方案应当考虑的主要因素包括：营业推广的规模与水平；参与者的基本条件；促销媒体资源的分配；促销时间的长短；促销时机的选择和把握；促销的总预算、分预算的安排。

4. 实施营业推广方案

营业推广方案的实施包括事前准备阶段和推广实施阶段。

事前准备阶段的工作重心是为正式实施推广方案进行准备，具体工作包括：营业推广方案的设计与确定；资料的设计、印刷与分发；推广现场的陈列布置；现场销售人员的通知与培训；分销商地区配额的协调与分配；存货的生产与配送等。营销人员在进行准备时应注意时间安排，并协调好各个部门的分工，确保活动按时保质地进行。

推广实施阶段是指从正式推广活动开始到结束的一段时间。不同推广方式的持续时间不尽相同，如出售特价品、优惠品的时间相对较长，而示范表演仅会在周末或节假日等消费者集中的时间实施。

5. 评价结果

营业推广的主要目的是促进短期销售额的提升，因此其效果的评价主要围绕营销活动所要实现的短期目标而进行。

13.5　公共关系决策

随着市场的不断成熟，企业的生存与发展不仅依赖消费者、中间商这些直接的利益相关者，还依赖媒体、社会团体等间接利益相关者。因此，企业的促销活动除了直接向顾客提供产品和服务信息、进行宣传劝购活动外,还要加强企业与社会公众的联系,树立企业形象,从而间接影响企业市场营销目标和业绩目标的实现。

13.5.1 公共关系概述

1. 公共关系的含义

公共关系在使用大众媒体形式上与广告相似。二者的不同之处在于公共关系所包含的传播信息不用付费,但是其内容却是由传播媒体所决定。当关于一家企业、一款产品或一个事件的信息被认为具有新闻价值时,大众媒体会免费传播这样的信息。因此,被大众传播的企业既不需要为此直接付费,也不被认为是这个信息的赞助者。[①]

公共关系作为促销工具,其主要优势表现在以下几个方面。

(1)可靠性。与广告、营业推广等手段相比,公共关系并未与购买决策直接关联,因此具有更高的可信度,更易为公众所接受。

(2)低成本。相比其他促销工具,公共关系的成本相对较低。企业不需要花钱购买媒体的版面和时间,而且随着媒体费用的提高、信息干扰的增多,广告等促销工具的效果会被大幅削弱。从这个意义上说,公共关系比广告更有成本效益。

(3)传播效果。企业通过公共关系发布的信息一般会被当作新闻被受众接收,因此更容易获得关注,传播效果更佳。尤其是当企业获得了突破性的成就时,这类新闻还可以帮助企业吸引潜在客户。

(4)形象建设。公共关系往往专注于传递企业信息,有利于提高企业整体的知名度和影响力,彰显企业价值观,获得消费者的好感。

2. 公共关系工作的内容

公共关系部门有时会超越营销范畴,对更广泛的公众进行信息传播。除供应商、中间商和消费者外,公共关系部门还需要维护与内部员工、股东、投资者的关系,以及与外部社区成员、媒体、政府、学校、民间组织等利益相关者之间的关系。围绕这些群体,公共关系部门主要开展以下工作。

(1)媒体关系。企业公关部门通过维护与媒体的关系,在新闻、报纸、杂志等媒体上发布企业报道。这类新闻报道相比广告更加客观、公正,且目的在于宣传企业的价值主张,提升企业知名度。

(2)产品宣传。企业公关部门有时会将产品信息以软文的形式呈现出来,通过增加可读性来帮助消费者了解产品信息。例如,一些电脑、汽车生产商会在专业性的网站或杂志上刊登软文,介绍产品性能,或是通过与其他产品对比来宣传产品的优势。

(3)公共事务。企业公关部门负责组织公共事务,并通过这些公共事务提升企业形象,宣传企业价值观,如企业为遭受自然灾害的地区捐款、与非营利组织合作帮助弱势群体等。

(4)投资关系。为了维护与股东、投资者和潜在投资者的关系,企业会定期发布财务

---

① ZIKMUND W G, AMICO M D. Marketing: Creating and Keeping Customers in an e-commerce World[M]. New York: South-Western College Publishing, 2001: 455.

信息,告知公众企业的经营状况。同时,企业还会通过公共媒体发布未来的战略意向,以实现吸引投资、稳定投资关系的目标。

(5) 危机管理。当企业遭遇危机事件时,公共关系部门需要通过加强信息披露、加强与公众的沟通来避免或减轻危机带来的损害。在危机事件中,拥有良好能力的公关部门能够缓解危机的负面影响,相反,如果处理不当则会使危机恶化。例如,1982 年强生泰诺投毒案中,强生公司透明、快速的公关反应赢得了消费者的信任;而 1989 年埃克森公司的石油泄漏事件中,埃克森公司的推脱责任和补救不利,造成其形象受损,股票下跌。

3. 公共关系的作用

(1) 有利于展现企业良好的形象。相比其他促销工具,公共关系工具并不与购买决策直接挂钩,也不仅仅涉及产品或服务的销售活动,它具有很多非营销职能。因此,企业可以通过新闻、公共事务等方式向公众传播信息,树立企业在社会中的良好形象,提高企业声誉。

(2) 有利于社会公众对企业行为的接纳。在企业的经营过程中有时难以平衡不同利益相关者之间的关系。例如,企业在受到消费者爱戴的同时,也会遭受另一些群体(如民间组织)的抵制。公共关系的存在能帮助企业更好地传播企业信息和价值主张,获得各方的理解,协调企业与公众的关系。

(3) 有利于企业的长远发展。为了实现更长远的发展,企业不仅要得到消费者的偏爱,更要获得各个利益相关者的认可和支持。公共关系能帮助企业更好地与多方沟通,为实现长远发展奠定基础。

13.5.2　公共关系工具与决策程序

1. 公共关系工具

公共关系工具有很多种类,主要集中在新闻报道、特殊事件、宣传资料、公益活动和企业网站五个方面。

顾客可以在帮助界面提出问题,获得支持服务,企业借由顾客的常见问题也能改进产品,构思新品。企业还会在网站上发布招聘信息和财务公告,维护与求职者、投资者的关系。

2. 公共关系决策程序

(1) 确立公共关系目标。公共关系目标应以企业整体战略为基础,与其他营销措施相一致。营销人员应为每一项公关活动制订特定的目标,以明确活动的侧重点,如建立知名度、建立信誉、辅助推出新产品、对成熟产品进行再定位、影响特定目标群体等。

(2) 选择公共关系信息和工具。企业公关人员需要确定公共关系信息的内容。其内容来源主要为公关人员寻找挖掘,或人为创造。公关人员可以通过收集资料,挖掘企业中富有吸引力的个人或事件进行宣传。

(3) 实施公共关系方案。在公共关系方案实施过程中,企业应从多个方面权衡利弊得失,如公共关系活动的预算开支是否合理、活动所需的人力资源是否充足、实施方案的技术支持是否到位,并应预先考虑其他可控和不可控因素。

(4) 评价公共关系效果。公共关系的效果通常难以具体评价,尤其是难以进行定量式计算。这是因为广告等促销工具以刺激销量和提升形象为目标,且衡量工具较为完备,企业也能实施较多的控制,而公共关系具有一定的非营销内涵,对销量的刺激作用较为间接,难以确切衡量其效果。

13.6 移动互联时代的新促销工具

随着互联网技术的成熟和移动终端的普及,在移动互联时代,一些新的促销工具逐渐被营销人员所使用,如网络广告、电子邮件营销、社交媒体营销和品牌社区等。移动互联时代的促销与传统的促销工具在以下几个方面有差异。

(1)沟通方式。传统的促销工具侧重采用一对多的模式,即企业发布信息,顾客接收信息。移动互联技术拉近了顾客之间的关系,增进了顾客之间的交流,同时也拓展了企业与顾客交流的渠道,形成了网状的沟通模式。企业可以通过互联网了解顾客意见、进行直接对话,顾客之间也可以进行频繁的沟通。

(2)沟通内容。企业营销人员利用传统促销工具发布精心制作的信息,拥有绝对的信息控制权。但在移动互联时代,顾客也参与了内容制造的过程,网络上包含许多用户生成内容,其可读性和趣味性更强。对企业而言,控制这些信息也是一件困难的事情。

(3)沟通结果。利用传统的促销工具,营销人员可以提升消费者对产品或品牌的认知水平、态度和购买偏好。移动互联时代的新型促销工具通过频繁的互动和交流,能够有效提升消费者对产品或品牌价值主张的认可,甚至能够实现消费者和企业对品牌价值的共创,进而巩固消费者的情感忠诚。

在移动互联时代新的促销工具中,一些工具是基于传统促销工具发展而来的,如网络广告是将互联网作为新的广告媒介传播信息,电子邮件营销是利用电子邮箱将信息传递给消费者。另一些促销工具则更紧密地结合了移动互联时代的特征,成为当下营销人员广为使用的新促销工具。本节主要介绍社交媒体和品牌社区。

13.6.1 社交媒体

1. 社交媒体的含义

社交媒体是人们在互联网上进行意见分享、信息交换的平台,包括社交网站、博客、微博、微信等。企业营销人员也会利用社交媒体向消费者传递信息,进行互动。

2. 社交媒体的作用

为了更好地在社交媒体上与消费者互动,企业往往会在微信、微博平台上注册官方账号。这样做的目的包括:及时向消费者推送产品或服务信息;就某一话题与消费者进行互动。例如,很多企业在新产品发布时都会在转发信息的消费者中抽奖,这样做一方面能帮助扩散新产品信息,另一方面能围绕产品实现互动。

3. 社交媒体的特点

相比传统媒体,社交媒体具有较大优势,包括以下几个方面。

(1)互动性。区别于传统媒体的单项传递机制,社交媒体具有双向沟通的基础条件,能够帮助企业与目标受众对话,获取他们对企业的产品、服务和价值主张的看法。现在一些企业也开始利用社交媒体的话题功能开展网络调查。

（2）及时性。在社交媒体上，企业营销人员可以对一些突发的事件作出及时反应，随时随地与消费者互动。

（3）高效性。相比广告、营业推广等促销方式，社交媒体的成本较低，收益较高。企业在微信、微博等社交媒介上发布消息的成本远远低于广告、营业推广的成本，而且社交媒体的辐射性往往更广更强。在这样的背景下，企业更需要对传播的内容进行管理，通过提升内容的趣味性吸引消费者阅读和转发。

13.6.2　品牌社区

1. 品牌社区的含义和发展

在营销实践过程中，除了企业与消费者之间的沟通外，消费者与消费者之间也存在多元的沟通关系。尤其是随着互联网技术的普及和发展，消费者之间的沟通越来越频繁。企业为了促使拥有相同爱好的品牌购买者相互交流、分享经验，形成品牌忠诚，构建了品牌社区或虚拟品牌社区。

虚拟品牌社区是从线下的品牌社区发展而来的，线下品牌社区是围绕品牌建立的用来维系消费者社会关系的一种专门化、非地理意义上的社区。品牌社区中的成员并无居住地上的关联，他们仅仅围绕某一品牌分享自己的产品经验、生活兴趣和价值观念。例如，哈雷—戴维森摩托车的爱好者在每年的品牌日都会相聚切磋驾车技艺，分享驾车体验。围绕哈雷—戴维森品牌，消费者超越空间距离形成了社会关联，并将哈雷—戴维森品牌内化为一种生活方式和价值理念。

2. 品牌社区的特点

随着互联网技术的发展，品牌社区突破了沟通限制，演变为虚拟品牌社区。相比传统品牌社区，虚拟品牌社区具有如下优点。

（1）沟通更加频繁。借助互联网技术，消费者之间沟通的频率大大提升，除了线下品牌日的沟通外，可以随时随地在品牌社区或品牌论坛上沟通。

（2）实现更多管理功能。围绕虚拟品牌社区或品牌论坛，营销人员能够更好地了解消费者的沟通内容，获得消费者的产品或服务反馈。利用品牌论坛，营销人员能够更好地分辨品牌用户的忠诚度，实现消费者的圈层管理，并通过社区活动提升消费者的品牌参与度，实现品牌价值的共创。例如，小米手机的线上社区中就聚集了众多的技术发烧友，他们通过投票表达对操作系统 MIUI 功能的偏好，并以此帮助企业决定 MIUI 功能的设定。此外，小米还会在社区中发布新产品的测评，让用户使用产品、反馈意见，甚至帮助修复产品漏洞。通过虚拟品牌社区，小米的用户获得了强烈的品牌参与感，实现了品牌的价值共创，企业也借此提升了用户的品牌忠诚度。

13.7　整合营销沟通

13.7.1　整合营销沟通的含义

在企业外部环境不断变化的情况下，营销人员开发了多种促销工具。随着消费者沟通方式的进一步灵活,信息进一步趋于碎片化,技术快速迭代,企业与目标受众的沟通不能再只依赖一种工具。因此,整合营销沟通的概念逐渐被企业营销人员所重视。

整合营销沟通是指企业整合多种沟通渠道和促销工具,传播关于企业或品牌清晰、一致,且有说服力的信息。也就是说,整合营销沟通将广告、人员销售、营业推广、公共关系和社交媒体上的信息统一起来,确保目标受众从不同渠道获得内容一致且与企业或品牌价值主张吻合的信息。

13.7.2   整合营销沟通方案的标准

企业营销人员在制定和评估整合营销沟通方案时应从以下几点出发。

(1)覆盖率。关注整合营销沟通方案的覆盖率,也就是要考察各个促销工具的覆盖率,以及各工具之间有多少重合部分。营销人员要尽可能地扩大整合营销沟通方案的整体覆盖率,避免过多的方案重叠。

(2)贡献率。贡献率是指促销工具能够对目标受众产生预期的效果和预期贡献。不同促销工具的贡献存在差异,如广告侧重建立知名度,公共关系有利于提升形象,营业推广可以有效刺激消费。整合营销沟通方案需要综合考虑不同促销工具的贡献,避免重复。

(3)一致性。一致性是指不同促销工具传递信息的相同程度。设计整合营销沟通方案,首先要明确企业或品牌的核心价值是什么,围绕核心价值,营销人员进行广告、推广、公关和人员销售的决策。核心价值越抽象,促销工具之间的协同性通常越强。

(4)互补性。各个促销方案之间应具有一定的差异性,实现优势互补。营业推广与广告经常搭配使用,这是因为广告能够提升受众对产品的认知,而营业推广能够通过折扣刺激受众消费,将认知快速转化为购买。

(5)通用性。通用性是指促销方案对不同目标受众的有效程度。企业目标受众的决策阶段存在较大差异,一些目标受众喜爱、偏好某一产品,另一些目标受众可能尚未认知、了解这一产品。在沟通时,企业营销人员首先需要确保整合营销沟通方案的通用性,也就是方案传递的信息要能够被大多数目标受众所接纳。例如,广告是通用性较强的促销工具,营销人员往往将广告与人员销售相结合,以确保在大部分目标受众听说过产品的基础上向其销售。

(6)成本。营销人员还需要考虑整合营销沟通方案的成本,以确保有效率且有效地达成沟通目标。

法国队夺冠,华帝退全款[①]

【案例背景信息】   2018 年俄罗斯世界杯不仅在赛场上给观众留下了深刻印象,场外各大企业借助世界杯这一平台进行的营销活动也成了人们津津乐道的话题。其中华帝开展的"法国队夺冠,华帝退全款"活动无疑是最引人注目的促销活动之一。

---

①   本案例主要参考华帝官网资料撰写而成。

华帝股份有限公司主要生产和销售厨房用具和家用电器。2018 年 5 月 30 日,华帝发布了一份通告:为庆祝华帝成为法国足球队官方赞助商,并迎接"618"的到来,若法国国家队在 2018 年俄罗斯世界杯赛中夺冠,对于在 2018 年 6 月 1 日到 6 月 30 日购买华帝"夺冠套餐"的消费者,华帝将按发票金额退款。此消息一出,立刻引起了消费者的巨大反响,一时间议论纷纷。有人质疑华帝此次活动的真实性,有人觉得要是法国队真的夺冠华帝会损失巨大。但有一点是肯定的,华帝此次的活动带来了巨大的广告效应,极大地提高了自身的知名度。

经过一番鏖战,2018 年俄罗斯世界杯冠军揭晓,法国队真的夺冠了。华帝 8 月 1 日在投资者互动平台上宣布,"法国队夺冠,华帝退全款"活动期间,公司线下渠道总零售额超过 7 亿元,同比增长 20% 左右。线上渠道总零售额超过 3 亿元,同比增长 30% 以上。8 月 2 日,华帝发布业绩快报,公司 2018 年 1~6 月实现营业收入 31.74 亿元,同比增长 17.24%;报告期内,公司实现营业利润 40 405.11 万元,较上年同期增长 43.67%;实现利润总额 40 558.53 万元,较上年同期增长 40.10%。华帝官网发布的数据显示,截至 2018 年 7 月 31 日,线上部分已返卡 7248 单,返卡金额 2627.9 万元,返卡预估完成率约 92.9%;线下部分已退 7195 套,已退款 3708 万元,比例是 80.77%。

从目前的结果来看,华帝借助世界杯举办的促销活动进行得相当顺利,也取得了优异的成绩,并未出现之前人们所怀疑的虚假活动或亏本活动等负面情况。可以说,这是一次成功的促销活动。那么,华帝成功的原因何在呢? 为什么没有出现人们预计的如果法国队真夺冠的话,华帝就会亏钱的情形呢?

首先,这次活动并不是像大多数人所听说的"法国队夺冠,华帝退全款"这十个字这么简单。华帝退款活动是有一定条件的。据华帝发布的声明,法国队夺冠后,消费者需要满足以下条件才能获得退款。第一,必须购买"夺冠套餐"才能退款,其他华帝产品不参与活动。而"夺冠套餐"中只包含了三样产品。第二,购买"夺冠套餐"的消费者有两个优惠选择:一是选择法国队夺冠后退全款;二是选择获得赠品。消费者只能选择一种优惠方式。部分消费者为了规避风险,会选择获得赠品,不参与退款活动。第三,购买时间必须是 2018 年 6 月 1 日到 6 月 30 日,且必须取得发票,并于法国队夺冠后七个工作日内完成登记手续。

并没有强烈购买家电需求的消费者在听到华帝的活动后自然不会深究活动细节,于是就留下了商家极力营造的"法国队夺冠,华帝退全款"的模糊印象,有利于提高华帝的品牌知名度和形象。有购买需求的消费者在产品质量、性能差不多的情况下,当然会选择价格更加优惠的华帝"夺冠套餐"。同时,消费者可能还会顺带购买其他家电,退款活动还可以带动活动外产品销量的提高。总之,退款活动对有购买需求的消费者是一次促销,对没有需求的消费者则是一次广告宣传。华帝可谓一举两得。

其次,所谓的"华帝退全款"并不是按字面理解的那么简单。华帝此次活动分为线上线下两部分。线上部分的退款由华帝自己承担,而线下部分则是由经销商承担。据估计,活动期间线上"冠军套餐"销售额约为 2900 万元,线下销售额约为 5000 万元。也就是说,华帝只需要承担 2900 万元的退款,而扣除利润后华帝付出的实际成本显然低于 2900 万元。而且线上的退款方式不是简单地把钱退给消费者,而是退给消费者相应电商平台的网购卡。举个例子,如果消费者是在天猫上购买的"夺冠套餐",华帝将退给消费者等额的可用于天猫平台消费的网购卡。这相比直接退款,自然又替华帝省下不少成本。退一步讲,即使华帝把这7900万元的退款额当作广告费使用,都未必能取得目前这样反响强烈的效应。华帝可谓是"花小钱,办大事"。

最后,华帝完全可以通过一定的"金融"手段对冲风险。华帝退款的大前提是法国队夺冠。法国队实力强大,自然是世界杯夺冠热门。世界杯期间法国队夺冠的赔率一直在1赔5左右。也就是说,华帝如果在正规足彩平台花一万元买法国队夺冠,倘若法国队最终没有夺冠,华帝将失去这一万元,但是不用退还活动期间"夺冠套餐"的销售金额;倘若法国队最终夺冠,华帝将从博彩公司那里获得五万元,但是要履行承诺,为购买"夺冠套餐"的消费者退还款项。只要根据"冠军套餐"的销售额进行周密计算,华帝完全可以通过购买法国队夺冠的足彩做到稳赚不赔。

世界杯是最受人关注的全球性体育赛事。国内外各大企业都不愿错过这四年一度的机会,想在这块大蛋糕上分一小块。成为世界杯官方赞助商可以获得极大的关注度,但是也要付出巨额的广告费用。华帝此番虽然没有在世界杯上打出传统意义上的广告,却借助"法国队夺冠,华帝退全款"这一促销活动抢了不少世界杯官方赞助商的"戏份"。华帝通过精密的策划,利用极低的成本带来了巨大的流量,一方面促进了产品的销售和利润的增长,另一方面也广泛提高了品牌知名度和美誉度。

【案例讨论题】

(1) 华帝此次促销活动的成功可以给商家带来哪些启示?

(2) 华帝此次活动的风险是什么?该如何应对?

复习思考题

1. 何谓促销?何谓促销组合?有哪几种促销组合策略?

2. 如何理解广告的定义?广告的主要功能有哪些?

3. 简述广告决策的主要内容。

4. 何谓营业推广?一个完整的营业推广方案包括哪些内容?

5. 如何理解公共关系?主要的公共关系工具有哪些?

6. 简述公共关系决策的主要内容。

7. 相比传统媒体,社交媒体的优势有哪些?

8. 何谓整合营销沟通?

第 14 章

国际市场营销

【本章知识点】

- 国际市场营销环境与国内市场营销环境的不同之处
- 进入国际市场的主要方式
- 国际市场营销组合决策的主要内容
- 国际市场营销的变化趋势

在扩大开放的新格局下,我国企业越来越关注国际市场。走向国际市场从事营销活动不仅是一些大企业的经营计划,也是大量中小企业的发展路径。国际市场营销是企业发展的一种趋势,也是顺应经济全球化的正确举措。但是在反经济全球化和贸易保护主义重新抬头的新的国际经济环境中,国际市场营销面临诸多不确定因素。因此,结合国际市场环境来探索国际营销策略具有重要的意义。

14.1 国际市场营销环境

国际市场营销并不是国内市场营销在地域上的简单延伸。从某种意义上讲,国际市场环境与国内市场环境是两种不同性质的经营环境。因此,依据国内市场环境中获得的经验和做法来应对国际市场环境中的挑战,往往并不能取得好的效果。这其中的原因是多方面的,人口、经济、政治、法律、社会文化等方面的本质差异是导致国际市场营销不同于国内市场营销的主要因素。因此,对于我国企业而言,不论规模大小、不论企业性质如何,在从事国际营销的过程中,首先应当对国际环境中的这些主要因素有一个清晰的认识,才能在市场营销中积极应对各种挑战。

14.1.1 人口、经济环境

1. 人口环境

与国内市场营销环境分析一样,国际市场营销中的人口环境分析也包括人口总量、增长速度、年龄结构、性别结构、地区分布、人员流动、家庭人口规模等主要因素。但是,各国的人口政策并不相同。有的国家会鼓励生育,如一些发达国家由于进入老龄化社会,劳动力资源短缺,因而通过引进人口和鼓励生育的措施来提供经济增长的动力。也有一些国家并不鼓励生育,而是鼓励少生和优生。还有一些国家则是顺其自然,不对人口进行政策性引导。

人口环境对于生产和消费具有重要影响,同时也会影响人口素质。在人口政策上的一个误区是认为主动地降低人口总数会改善全社会的福利、增强经济和社会竞争力。但是结果往往恰恰相反。这种政策的后果是直接导致人口素质和竞争力下降,进而引起社会伦理向着消极的方向改变。由于在市场营销中,人口规模和结构是最基本的两项测量指标,因此没有一定人口规模和合理结构作为支撑的市场,通常并不具有较强的吸引力。

进入21世纪以来,世界人口规模和结构正在发生变化。以发展中国家为例,不同国家的人口特征并不相同。有的国家(如非洲的一些国家和印度)正在呈现"年轻化"的人口特征,而有的国家人口已经出现"老龄化"的迹象。发展中国家的人口特征对于国际市场营销具有重要的参考作用。人口规模通常意味着消费规模,即市场规模。未来的国际市场营销会逐渐向着具有较强人口环境作为支撑的国家和地区发展。我国在人口政策上已经放开"二胎",有的地方甚至出台了鼓励"二胎"的政策。由于人口和生育是一种与社会生产生活方式紧密相关的"习惯",因此,一些生育政策能否取得效果,关键在于能否适应当代人们生产和生活中"习惯"的方式。

人口环境中的一个非常重要的因素是人口素质,它通常与居民的受教育程度紧密相关。居民识字率与教育学历水平是衡量一个国家人口环境的重要指标。一般而言,经济发达国家的居民识字率较高,几乎没有不识字的居民,且居民受教育程度也比较高,大学学历的人口在社会人群中占相当高的比例,硕士以上学历也有一定的比例,同时高素质人群中通常具有用多国语言交流的能力。而经济落后国家的居民,除了识字率比较低外,学历水平也比较低,大学以上人口在社会人群中占的比例不高,高层次人才资源相对稀缺。因此,人口环境尽管在国际市场营销中只是一个基础环境,但是它的发展水平决定了企业营销活动的可持续性。

2. 经济环境

与人口直接相关的就是经济环境。经济环境对于国际市场营销而言,是最为直接的因素之一。它直接决定了一个市场是否具有足够的吸引力,其中重要的评价指标包括经济发展水平、产业结构、需求结构和经济运行状况等。经济发展水平通常是以国内生产总值(GDP)的总量、人均国内生产总值和人均国民收入来衡量。在以外向型经济为主的国家和地区中,GDP是特别容易被引用的统计指标。由于该指标是以国境为口径统计产值,外资企业的比重越大,越会形成较大的GDP。相反,如果采用国民生产总值(GNP),就会得到不一致的统计结果。这是由于GNP是以国民为统计口径,它把外资企业中的相当一部分产值排除在统计范围之外。但是,不论是GDP还是GNP,它们都是总量指标,不能对两个人口基数不同的国家进行直接对比,因为这样的对比并没有统计意义。比较可行的办法是利用人均GDP或人均GNP,或者人均国民收入来进行比较。

但是,经济环境并不只是这些统计指标的简单对比,它包括宏观、中观、微观三个层面的经济因素,所反映的内容十分复杂,涉及市场化程度、行业发展的体系性、投资与融资的便利性、居民储蓄和投资的意愿、商业信用体系的完善程度、生产性资源的可获得性、交通运输信息等服务产业的支持及经济增长的潜力等。例如,在经济环境对比中,人们经常容易忽略经济资源绝对占有量和相对占有量对经济发展的重要作用。如果仅是以经济规模和经济增速来判断经济环境,而不考虑经济资源的实际占有量,就会导致对国际市场营销环境的错误判断。经济资源占有量中自然资源禀赋占有较大的比例,如国土资源、矿产资源、动植物资源、土地的可利用状况、水资源的丰富程度等。

在资源禀赋方面的差异是国际市场营销存在的基础,同时也会影响国际市场营销的可持续性。基于经济学中的绝对优势和相对优势理论及世界范围内的劳动分工,市场营销成为应对世界范围内产品供求不平衡及资源禀赋差异的重要手段。

14.1.2 政治、法律环境

1. 政治环境

各国的政治环境与民众的生产生活方式有着较大的关系,并以国家制度、法律体系、政党关系等表现出来。政治环境是指一个国家的政治稳定性及政策的连续性。企业作为国际市场营销的主体,适应东道国的政治环境而开展营销活动是一项基本要求。由于不同国家在政治体制上存在一定差异,因而在国际市场营销活动中,企业需要认真研究业务所在国家的政治环境状况及发展趋势。

在政治环境比较接近或较为熟悉的国家和地区进行投资、生产和销售,企业通常会在环境适应方面表现出较高的能力,对于国际市场营销活动的结果也能作出较为合理的预期。但是,在一些政治环境不稳定的国家和地区开展经营活动,企业就会面临较大的适应性障碍和对营销活动结果的不可预测性。以美国为例,其政体与英国、法国、日本等国有较大区别。美国的政策主要是在立法、司法和政府三个部门之间平衡的结果,中间也会有各个州与联邦之间的利益平衡,尤其是涉及地方政府和联邦政府在税收方面的决策权问题。

对于国际市场营销活动而言,政治环境的相似性和稳定性是企业应当考察的重要因素。在政治环境不相似或有较大差异的国家和地区开展经营活动时,企业必须具有较强的抗干扰能力和适应能力。一般而言,东道国的政治体制并不会直接影响企业的国际市场营销活动。但是由某种政治体制所延伸出的政治偏好会间接影响企业的市场营销活动。例如,在一些国家和地区,不同的执政党所代表的社会人群和政治主张有所差异,因而在税收、教育、医疗、就业和社会福利方面经常存在不同的政策倾向。企业应当对东道国的政制体制及不同政党的政策倾向进行深入细致的研究。例如,有些国家的政府会采取贸易保护主义,而另一些国家的政府则坚持经济全球化。这些不同的政治主张都会以补贴、关税、配额限制、汇率、技术输出管制、进出口限制等表现出来,进而对企业的市场营销活动造成影响。

2. 法律环境

企业在国际市场营销过程中首先要熟悉东道国的法律、法规。从源头上分析,世界各国法律大致分为两类:一是起源于英国法的普通法系,主要是基于惯例来确定判罚标准;二是起源于罗马法的大陆法系,这是由成文法规构成的法律体系。这两种体系各有其优点。前者是法规条文的解释由各个时期的案例判决来补充,这在一定程度上减少了重复听证和对法规进一步解释的必要性,而且根据过往案例来决定一起案件应当采取的措施有利于保持执法过程中的一致性,尤其是在传承法规标准上具有可参考性;而依据成文法规来确定对一起案件所应采取的措施则取决于法规条文的原意及其解释细则,以及判定者的个人主观能力和水平,甚至法规本身的严谨性也对判决结果有一定影响。但不论是何种法系,企业在国际市场营销环境中都应注意在产品质量、价格设定、渠道选择及促销措施等方面符合东道国的法律、法规。

例如,在产品质量方面应当在所使用的材料及制造工艺方面符合东道国的标准。在价格方面,如果企业选择在国际市场上以低于国内市场的价格销售同类产品,就可能构成倾销。在分销方面,不同国家对渠道的规模和层次有专门的要求,有的国家为了促进就业和创业,控制渠道成本,在法规中对中小零售商提供保护措施,那么设立超大型商场就会受到限制;也有一些国家对于一些新型渠道媒体(如社交媒体和移动支付)并不是特别推崇,因而采取了不鼓励的措施。这是由于新型营销渠道模式降低了消费者对于财富的感知水平,容易在消费时出现非理性行为。同时,在商业诚信体系不健全的国家和地区中,如果大量推广电商网络平台销售,势必会使假冒伪劣产品、虚假销售信息和金融"金字塔"欺诈充斥营销渠道中,进而增加社会公众的不安全感,并直接导致对社会核心价值观念认同度的下降。在促销方面,不同国家对广告、人员销售、销售促进、公共关系等都有相关规定,越是法制健全的国家和地区,其对企业的促销活动的管理越严格。

14.1.3 社会文化环境

社会是基于一定的血缘、关系或信仰形成的一种人群集合。文化是指人类作为不同的群体存在所体现的文明演进过程。社会文化环境是影响国际市场营销的重要因素之一。社会和文化由于各自覆盖的范围不同,因而呈现多种多样的形式。一个大的社会环境中可能存在许多小的社会环境;同样,一个大的文化环境中也可以细分出不同的小的文化环境。社会和文化具有一定的交融性,社会以文化为符号,文化以社会为载体。因此,社会与文化通常放在一起使用。社会文化在促进国际市场营销方面的重要作用是它能体现认同感和归属感,通过提供营销中的差异点提升产品竞争力。它也有一定的负面作用:过分强调社会文化,尤其是一些非主流文化,容易导致营销成本增加,同时产生排斥主流文化的消费者群体,从而不利于建立稳定的、统一的整体市场。

1. 社会环境

社会是一个动态发展的事物。在不同的历史发展阶段,社会所表现的特征并不相同。但是同一个社会中总是存在一些稳定的结构和力量来使社会具有吸引力和凝聚力。一个社会本身存在的价值就在于它具有为其成员提供身份认同、归属的功能和作用。因此,社会环境是一种源自各种不同方向的力量的汇合和总体呈现,这些力量表现为人们的认知、行为和各种各样的伦理道德标准。社会环境并不总是呈现完全向上的趋势,有时会向着相反的方向发展。

社会环境与经济环境密切相关,也与政治、法律环境有关。由于人类社会经历了不同的发展阶段,因而人们在分析某个特定社会的特征时,往往用个人和家庭在社会中所扮演的角色、社会不同层级的划分及社会组织的功能和作用来评价社会的发展程度。社会环境条件比较优越的国家和地区通常具有稳定的社会结构,社会居民的公民意识和社会责任感强,关心和支持社会公共环境的建设,同时尊重法律、法规,能够用道德来约束自身的行为,把个人视为社会的重要贡献者。而社会环境条件比较落后的国家和地区,通常缺乏安全有效的社会运行机制,社会居民的公民意识薄弱,总是希望从社会公共环境获取资源而不愿参与建设和维护,因而不同社会阶层中矛盾比较激烈,缺乏正常的行为准则和伦理秩序,人们不愿遵从社会道德标准,失信和欺诈行为盛行。对于企业而言,在国际市场营销环境中,要对东道国的社会环境进行客观评估,尽量减小不稳定或不确定的社会环境对营销活动的影响。

2. 文化环境

文化是一种抽象的、模糊的客观存在。霍夫斯蒂德将文化定义为"人脑中的软件",并指出这种软件为人们如何思考和行动提供指南,是解决问题的工具。文化又是一种无法描述的障碍,它是一种完全不同的生活组织方式、思维方式。因此,准确地理解和介绍一个国家的文化通常是比较困难的。文化是一种人造的环境,其中包括知识、信仰、艺术、道德、法律、习俗及任何由人作为社会成员所获得的能力和生活方式。在国际市场上从事营销活动,任何一个用以表示产品和服务特征的文字、符号、样式、包装的呈现,都或多或少含有文化的元素,因而企业的市场营销行为本身就是作为文化传播的载体而存在的。文化对于企业国际市场营销的影响主要体现在消费文化环境与商业文化环境两个方面。

消费文化环境是营销文化环境中的一个重要方面,企业在国际市场营销中应当对不同国家和地区的消费文化环境进行深入研究。消费文化环境往往与一个国家的地理和气候环境有关,同时也会受国际交流与合作的影响。例如,法国和意大利由于地理气候条件盛产葡萄,因而以葡萄酒为特产的消费文化就特别具有代表性;而北欧等国由于纬度较高,临近海洋,因而在饮食上对鱼类有较大的依赖性,这体现在这些国家的饮食文化上。

商业文化环境是文化环境的又一重要方面,主要是指一个国家和地区的经商习惯。其主要内容包括:企业的组织结构形式与管理方式;企业对于质量和服务标准的设定,对于诚信的重视程度;企业在社会中与政府、公众、媒体的关系;企业的社会责任意识等。商业文化环境是商业意识和商业精神在特定社会群体中的反映,同时也是商业传统和商业习惯的一种呈现。在这种文化环境中,商业作为主要行业来经营,人们对待商业的态度和从事商业的热情都与非商业文化环境有较大差异。在商业文化基础比较深厚的国家和地区,人们以经商为谋生之道,对商业运作模式有着熟练的掌握,能够与各个地方的客户打交道,有着比较一致的行业标准和行为方式,同时在语言和交往方式上表现出较强的适应性和包容性。商业文化环境的形成时间越久远,越具有可预见性和稳定性,因而越能促进企业国际市场营销活动的开展。

14.2　进入国际市场的模式

国际市场的进入模式主要有三种:出口进入模式,投资进入模式和契约进入模式。

14.2.1　出口进入模式

出口进入模式是最为古老也是最为简单的一种国际市场营销模式。在这种模式下,企业在母国生产产品,然后再把产品销售到国外市场。由于国外市场不同于国内市场,生产出口产品的企业通常要根据国外市场需求在所生产产品的款式和使用说明方面作出相应调整。以日本的家电企业为例,它们在开拓亚洲市场和欧洲市场时,针对所出口的产品分别采用了适应当地消费习惯的外包装和电源接头。出口进入模式对于生产企业而言,经营风险主要来自所生产产品的市场价格波动和运输费用的提升。有时,目的地国的政治动荡所产生的运输受限和汇率波动也会影响出口业务。出口进入模式可分为间接出口和直接出口两种类型。

1. 间接出口

企业在经营出口业务的早期，一般是通过国际上独立的中间商走向海外目的地的。这种方式的优点是经营风险相对较小，不需要单独设立海外分支机构，中间商承担了大部分分销任务，因而企业的主要精力是提升产品竞争力。间接出口适用于出口业务量并不是很大的中小企业。在出口管理时期，没有进出口经营权的企业只能选择间接出口方式来与国际市场对接，而中间商通常具有进出口经营权。由于出口业务涉及许多部门，如边境检查、质量检验、动植物检疫、海关报税、银行开具信用证、出口结汇、货物运输与仓储、海上保险等，因而间接出口所涉及的费用项目较多，不同语言目的地国家的合同文本传送及合同各方的责任与义务都有一定的规章需要遵循。这意味着间接出口由于涉及环节过多，因而协调工作量比较大，所面对的不确定性和不可预见性也随着环节增多而增加。

2. 直接出口

直接出口是企业在国际市场营销活动中把中间商承担的职能转为自己承担，其优点不仅在于节省了中间成本和费用，而且能够准确地掌握各个环节的信息和资源，尤其是目的地市场的销售情况和市场状态。但是，直接出口由于需要投资建立营业网点和销售渠道，需要企业承担一定的投资，从而使风险加大。直接出口除了对企业的投资能力和管理水平有一定要求外，对企业的海外市场竞争力也有要求。直接出口需要企业有一支能够进行国际市场营销的销售队伍，能够适应不同目的地国家的市场环境。由于各国的市场环境存在差异，因而企业的直接出口目的地国家越多，所要建立的销售网点和培训的销售人员就越多，这事实上也增加了企业的运营成本。因此，在直接出口业务发展到一定阶段时，企业通常在目的地国家选择代表企业利益的代理人来专门从事相关业务。

14.2.2　投资进入模式

投资进入模式是指企业在国外投资建立企业来生产产品。尽管对企业以投资形式所生产的产品可以在东道国销售的比例在不同国家和地区的规定有所差别，甚至限制措施比较多，但是这种进入国际市场的方式得到了迅速发展。投资进入模式的主要优点是可以利用东道国的生产资源，把企业过剩或受限制的生产力转移到海外，同时避开了出口贸易所面临的各种关税和非关税壁垒。但是，投资进入模式也有其缺点，主要表现在生产设施的建设周期比较长、合作过程中可能面临诸多不确定因素、生产过程中涉及许多问题及企业所创造的利润划分出现矛盾等。投资进入模式主要有三种企业设立形式：独资企业、合资企业和合作企业。这些企业形式多以企业的子公司或分公司为名在目的地市场开展生产经营活动。

1. 独资企业

就企业在海外营销的初衷而言，它们总是希望建立完全属于自己的独资企业，这样就可以把已经形成的一整套管理体制和方法、企业文化、品牌影响力、技术资源、营销渠道等直接移向海外市场。但是受财力、国际环境、东道国政策等因素影响，设立独资企业往往面临许多障碍。建立独资企业的优势是母公司完全可以掌握企业的发展，在经营战略和营销策略方面完全不受其他企业的干扰。出于保护在市场上已经确立的竞争优势，尤其是技术和品牌方面的核心竞争力，企业通常在国际市场营销中选择建立独资企业的方式对现有市场和技术资源进行控制，同时收益完全由独资股东所享有，不存在利润分配中的矛盾和纠纷。独资企业的劣势是投资由母公司完全承担,在东道国市场中缺乏相应的市场支持力量,因而需要承担较大的经营风险。特别是在独资企业所坚持的企业文化和管理方法与东道国有偏差甚至存在根本冲突时,容易成为竞争中受攻击的对象。因此,在选择独资企业这种形式时,母公司一定要认真分析这种形式的利弊。

2. 合资企业

合资企业是由两个或多个股东以共同出资计入股份来经营管理的企业形式。这种企业经营方式在国际市场营销中较为常见。它的主要优点是能在资金不足的情况下,通过寻找其他出资方来进入有投资价值的领域开展经营活动,从而克服了单个企业资金实力不足的局限性。其特点是企业根据出资额享有管理决策权的相应比例,主要体现在权利、责任、义务方面。合资企业的优点是企业在国际市场营销中实现了在组织管理架构中与东道国企业或其他企业的共同管理,因而在东道国社会的接受度上通常比独资企业要高一些。但是,这类企业的缺陷在于不同股东可能存在各自的管理风格和价值取向,因而在决策中难以形成一致的观点。特别是在投资决策和利润分配方面,经常会出现不同的方案和意见。合资企业的决策权通常由大股东所控制。

3. 合作企业

以合作企业作为组织形式,是企业走向国际市场从事营销活动的一种十分灵活的方案。合作的方式多种多样,既可以用土地作价进行合作,也可以提供厂房进行合作,还可以通过提供服务进行合作。企业走向国际市场,寻找合作伙伴合作是一种十分有效的经营策略。合作方可以提供企业所不具备的条件,这对于不熟悉国际市场营销的管理者无疑是极其重要的帮助。同时,合作企业的信息更加多元化,人力资源管理和营销渠道的选择也具有一定的灵活性。合作方各自发挥自身优势,对于国际市场营销是重要的基础条件。合作企业中的合作方不是以出资比例来承担权利、责任和义务,而是根据合作合同中的约定来行使属于自己的权利,承担相应的职责和义务。一般而言,合作方从利润中所获得的份额或数额在合同中有明确规定。由于合作企业的设立条件比较低,因而出现风险的概率相对高一些,同时合作伙伴的退出也极为普遍。因此,从国际市场营销的角度出发,在对合作伙伴的选择及其权责规定方面一定要认真细致。

14.2.3　契约进入模式

契约进入模式通常出现于以技术、工艺和管理模式授权为特征的技术和服务贸易领域,是企业以非投资方式进入国际市场的一种主要方式。它是指企业与外国生产企业和服务商签订技术、工艺和管理模式授权协议,授予对方某种具有商业价值的技术、工艺和管理模式使用权,具体包括商标、专利、制造技术、工艺、技术设备的使用权等。

这种进入模式的优点是涉足国际市场程度不深、灵活性高、经营风险低,能够克服东道国对外国企业直接投资的限制,有助于分摊研发成本;缺点是企业对国际市场渠道活动的控制程度较低,会培养出与企业相竞争的潜在对手。契约进入模式又可细分为许可和特许经营模式、合同制造模式、管理合同模式和工程承包模式四种具体模式。

1. 许可和特许经营模式

许可和特许经营模式是一种进入国际市场的简便方式。企业作为许可方与国外企业即被许可方达成合作协议,后者可以使用前者的生产制造工艺、商标、专利、商业机密或其他有价值的东西,而许可方企业由此获得相应的费用和特许费。该模式的优点是进入国际市场的风险较小,缺点是对被特许方企业的控制较弱,容易使被特许方发展成为企业的有力竞争者。在一些特定的情境中,许可与特许经营之间有一定差异。

2. 合同制造模式

合同制造模式是指与东道国的企业签订供应合同,向东道国企业提供零部件由其组装,或向东道国企业提供详细的产品规格和质量标准由其生产本企业所需的产品。企业负责产品的营销活动。样品、材料、零部件是合同制造模式中的重要内容,属于供应端,东道国企业只负责生产过程,而需求端则由企业负责。因此,这种模式是控制供应和需求两个端口,而将生产过程纳入国际市场的一种方法。它的优点是能够控制原材料和技术,因而不容易造成技术外泄,同时积极利用东道国的劳动力资源和其他环境资源,快速进入国际市场,经营风险相对较小。该模式有利于派出劳务和管理人员,与东道国企业形成制造合作关系。它的缺点是不利于对生产制造过程进行控制,寻找生产制造合作伙伴比较困难,零部件出口可能会面临东道国的贸易管制。

3. 管理合同模式

管理合同模式是指企业接受国外企业的委托承担合同期内的部分或全部管理任务。企业从国外企业获取报酬的方式有管理费用、部分利润、在特定价格区间购买国外企业的股票。该模式的优点是可以较方便地进入国际市场,并把管理方法和经验向海外市场输出,帮助国外企业更快速地进入生产经营轨道。其缺点是占用企业的优秀人才。

4. 工程承包模式

工程承包模式一般应用于较大项目,由企业与东道国的政府、企业或项目所有人签订合同,完成某一工程项目并最终将该项目交付对方。这种方式有利于发挥项目承包单位的整体优势,能够使资金、劳动力、技术、管理等生产要素全部进入国际市场。工程承包单位能够统一调度和协调整个项目的质量和进度。缺点是受国际政治环境的影响比较严重,因而存在较大的不确定性。

14.3　国际市场营销策略

国际市场营销虽然在内容和形式上与国内市场营销有诸多不同之外,但是在营销组合的构成元素上,都涉及产品、价格、渠道和促销四个方面。相应地,国际市场营销策略也就可以从这四个要素或四个方面进行分析。

14.3.1　国际市场营销产品策略

国际市场营销产品策略是营销组合策略中最为基础的一个环节,是其他三个策略的重要支撑。产品策略立足高质量的产品和服务,在国际市场营销环境中,大致可以分为以下三种具体策略。

1. 产品直接延伸策略

产品直接延伸策略通常适用于企业所生产的产品在国际和国内市场均具有较强的竞争力的情形。在这种条件下,企业可以直接把产品延伸至国外市场而不需要进行大的变动。产品直接延伸的好处在于,企业无须在技术、渠道等方面进行更大的投资即可把现有产品输入国际市场,因而节约了生产成本。同时,直接延伸策略便于企业提升管理和经营绩效,迅速抢占国际市场,形成国际与国内市场的高度关联。同一产品形式或品牌系列在国际市场的推广有助于强化企业的品牌形象,还能增强国内消费者对企业的认同感。

但是,这种直接延伸也会面临较大的风险,比较常见的是国际市场需求与国内市场并不同步,或者市场发育程度并不完全相同。因此,直接延伸所带来的结果可能并不是一种最优的产品策略。短期的竞争力或畅销容易使企业忽略更大的市场和潜在的商机。从这个意义上讲,比较好的办法是先进行国际市场环境分析,对比产品直接延伸所能带来的收益与企业的战略目标,进而决定进行延伸的时机和方法。

产品直接延伸策略通常适用于生产制造技术要求及标准化程度比较高的产品,这类产品在国际市场上具有技术优势和标准的领先性,因而能够比较容易地获得当地消费者的欢迎。此外,一些大宗类产品,如果产品本身差异不大,而且品牌附加价值并不是很高,可以考虑采取这种策略来进入国际市场。

2. 产品改造策略

产品改造策略主要区别于产品直接延伸策略。该策略的主要优点是能够根据国际市场环境的变化来调节产品本身的特点。产品改造策略的主要目的是适应国际市场消费者的需求,围绕这种需求的层次和类别来设计和更新产品,进而为企业创造更大的价值。这是具有相对竞争力的一种策略,主要强调对当地需求的满足,因而是以消费者需求为动力的产品策略。

产品改造策略从可持续性上要比产品直接延伸策略强一些,它更加适合复杂多变的国际市场环境,而且与一些企业在跨国经营中所倡导的多元化经营战略相契合。但是,改造产品意味着生产作业线的调整,增加可供选择的零配件,这些经营管理方面的变化必定会带来生产成本的增加。同时,产品改造在发展顺序上通常不可逆,即投入改造生产线后,再向产品直接延伸过渡有一定的难度。因此,企业在实施产品修改策略时要有风险意识,对可能出现的问题要有足够的应对措施。

3. 全新产品策略

由于国际市场上消费需求和消费者偏好处于不断变化之中,因而完全依靠现有产品直接延伸和修改并不是一劳永逸的策略。企业实施全新产品策略,是一种摆脱对现有产品依靠的有效措施。全新产品策略投资大,风险高,回报大。在激烈的国际市场竞争中,产品直接延伸策略和产品修改策略容易被竞争对手所模仿,而全新产品策略则可以将国际市场竞争引向更广阔的领域,成为市场的领跑者和技术标杆,因而有利于企业保持竞争中的主动权。

14.3.2 国际市场营销定价策略

国际市场上的价格竞争十分激烈。对于企业而言,制定有竞争力的价格是保持国际竞争优势的关键。企业在定价方面应当将成本费用、预期收益、市场占领等因素综合在一起考虑。依据成本和费用定价是企业常用的方法。国际市场营销中包括的成本费用项目,除了企业本身的生产制造成本外,还有以下四项需要考虑。

1. 关税

关税对企业的国际市场营销活动构成重要影响,它除了直接增加企业在销售过程中的成本费用开支外,还对参与企业营销活动的渠道成员产生心理层面的影响。由于税收存在转嫁效应,最终需要由消费者承担,因此高关税事实上抑制了国际市场的消费需求,进而通过倒逼机制和乘数效应使国际中间商的运营成本上升,这促使企业通过各种方式来降低成本费用以保持产品的价格竞争力。关税既调节产品供给,又调节市场需求,因而是东道国抵制他国企业产品进入本国市场的传统工具之一。在新贸易保护主义盛行的当今时代,通过提高关税总体水平减少对进口产品的依赖并控制境内企业资本外流,是一些国家和地区的主要贸易和投资政策举措。企业在国际市场营销环境中,应当对东道国的关税变化作出预判并积极采取应对措施。

2. 国际中间商成本

由于国际市场环境中的中间商类型比较繁多且相互关系复杂,因而计算中间商成本并无规律可循。但是一般而言,国际营销渠道越长,中间商成本就会越高。中间商成本增加会降低产品零售价格在最终市场上的吸引力。中间商对生产企业采取的激励政策的偏好也存在差异。企业在国际市场营销活动中涉及的中间商类型越多,相应的营销成本就会越高。

3. 运输和保险费用

国际市场营销具有活动空间范围大、时间长、不确定性大等特点,因而涉及的运输和保险费用通常比较可观。不论是海运、陆运,还是空运,都存在无法按时按量保质地将货物运抵目的地的可能性。货物中转过程中的拖延、运输过程中的灭失、自然因素和不可抗力所引起的损失等都相应增加了国际营销活动的风险。国际市场营销活动中的运费和保险费用通常与运输方式及对货物安全性的要求相关。

4. 汇率变动成本

汇率变动是国际市场营销中经常遇到的问题。由于在货物运输和合作投资过程中,外汇市场的结算货币价格处于变动之中,因而汇率所导致的贸易和投资亏损事件时有发生。抵消汇率变动影响的方法之一是进行套期保值,以反向操作方式来对冲汇率变动对正常贸易和投资活动的负面影响。这种金融操作方式要求国际市场营销活动参与者具备一定的业务素质和经验,能够对市场变化作出理性判断和迅速决策。

14.3.3 国际市场营销渠道策略

国际市场营销渠道策略是产品价值和价格政策实现的途径。国际市场营销通常比国内市场营销所涉及的渠道成员要多,因而渠道管理和控制的难度相应增加。为了提升渠道中产品分销的效率,企业要制定渠道分销目标,即对渠道参与者中的渠道成员和非渠道成员进行业绩评价。国际市场营销渠道策略可以有以下两种构建方式。

1. 基于战略目标而设计的营销渠道策略

国际市场营销渠道并不完全是产品和服务的销售渠道,它比国内营销渠道的职能要复杂。在渠道设计上,它要服从并服务于国内和国际两个市场的协同发展战略。利润最大化和市场份额最大化都是企业的战略,在特定的历史时期和市场环境,如何做到二者之间的平衡,是企业国际市场营销渠道策略定位中的关键因素。

基于战略目标来设计营销渠道策略,必须克服局限于某个国际市场经营的狭窄性,从整个国际市场的角度来思考渠道战略,把不同的国际市场在一个整体战略中加以布局。这意味着企业在国际市场营销活动中,针对某些市场和某些类别的产品,其营销渠道战略可能只是获取利润最大化,而在另一些市场和其他类别的产品中,其营销渠道战略可能是市场份额最大化。此外,企业在进入国际市场的初始阶段,不论是利润最大化还是市场份额最大化的战略目标,可能都面临无法实现的窘境。在这个阶段,企业国际市场营销活动的目标更多的是适应国际市场环境,掌握国际市场营销活动的规律和方法。企业在不同的市场环境和历史条件下的战略目标定位存在差异,国际市场营销活动的渠道设计方案应当体现企业根据自身条件应对环境变化所作出的努力。

2. 基于渠道效率而设计的营销渠道策略

在国际市场营销活动中,企业必须选择适合自己的营销渠道,在渠道的长度、宽度、密度上作出精心安排。过长的渠道通常意味着效率的下降,而过短的渠道又不利于企业把产品分销到目标市场。在"长渠道"与"短渠道"的取舍中,主要的参考标准应当是渠道效率。随着互联网技术应用的普及,国际市场营销的渠道效率总体上有了大幅提升,物流配送的便捷、企业信用评级的推广,使国际营销渠道策略的制定有了更大的选择空间。营销渠道密度是与服务最终消费者的销售网点分布相关的一项决策。一般而言,渠道密度越大,越有利于把产品和服务送到消费者手中。

对渠道效率的评估可以用渠道成本(直销费用、促销宣传费用、佣金、自建营销渠道的成本等)、销售利润率、渠道成本占销售额比率等财务指标进行分析,也可以对渠道系统管理组织进行评估(重点考察渠道系统中销售经理的比例和素质,以及生产企业分支机构对零售终端的控制能力)。客户管理评估也是一种比较有效的渠道效率评估方法(评价最终客户和商业客户)。不论采用哪种方法进行评估,渠道效率总是以一定的财务指标、销售业绩、销售能力和库存控制水平体现出来。在现代国际市场环境中,企业对渠道效率的评估还增加了对渠道成员竞争能力的考察,以此对企业所建设的渠道的发展前景作出判断。

渠道效率评估的目的是揭示国际市场环境中现有渠道设计中存在的问题。渠道效率下降的原因可能是多方面的,如新型渠道模式对传统渠道模式的功能替代(如近年来引人关注的电商销售平台对传统实体经营店所构成的严重冲击),中间商的发展计划与生产企业的目标不一致,最终用户对渠道参与者的服务不满意,或者企业进入新的细分市场后面临短期的不适应等。这些方面的因素对企业的营销活动都会造成影响。此外,由于不同国家和地区的营销模式存在差异,中间商所依赖的经营模式和消费者习惯的购买方式也会对生产企业的渠道效率产生影响。

针对渠道中存在的问题,企业应当采取措施来改进渠道服务水平。可以采取的策略包括:通过增减个别渠道成员来调整渠道结构;替换中间商;增减某些市场渠道;依据产品生命周期阶段来改进整个渠道系统。

在国际市场营销中,产品和服务的营销渠道应与企业使命、愿景、宗旨、战略、目标的营销渠道相匹配。应在物质产品营销渠道中加入必要的精神文化元素,从而使企业的国际市场营销渠道具有更强的吸引力。因此,营销渠道效率并不只是体现在产品销售率和利润率的提升上,还体现为包括企业核心价值观念在内的品牌文化的综合输出能力。越是品牌影响力强大的企业,在国际市场营销渠道建设中越会重视以企业核心价值为中心的品牌文化的输出与传播。

14.3.4　国际市场营销促销策略

国际市场营销中的促销策略通常是一个整合性的营销方案,它包括的内容多种多样,所要解决的问题也不完全相同。有的活动目的在于提升短期内的销售额,有的活动是针对竞争对手的促销方案制定的,也有一些活动则是从经营角度来塑造企业的品牌形象。企业在国际市场营销中的促销策略尽管花样快速翻新,但是按策略的类别,可以归纳在销售促进、人员推销、国际公共关系和国际广告等项目下。

1. 销售促进

销售促进的主要目的是刺激国际消费者的购买及促进零售商等中间商的效率和合作。与国内营销相同的是,降价、店内展示、优惠券、赠品、销售竞赛、事件营销等都是常用的国际营销促销方式;所不同的是,企业面对的消费者和中间商发生了变化。销售促进的主要目的是通过短期努力来改善营销的实际状况。例如,吸引消费者进入商场,让消费者对产品产生兴趣进行试用或立即购买,利用商场的资源进行企业新产品宣传,或者只是为了鼓励中间商增加产品库存。相比国内市场营销中的销售促进,在国际市场环境中,企业更容易凭借自己的文化优势和产品优势获得销售促进的方法,并形成强烈的竞争效果。

由于国际市场营销中涉及不同的目标市场,空间上的跨度和时间上的间隔都会使销售促进的活动费用比较大。这种促销方式的效果主要取决于地区适应性,特别是销售方式与当地消费者偏好的一致性及是否符合当地法规。

2. 人员推销

国际市场营销中的人员推销由于属于跨文化、跨国界管理,因而在实施中有一定的难度。人员推销中涉及销售人员的管理,如经营区划、销售报酬、销售费用等一系列安排,因而在组织中可能会引发许多问题。但是,人员推销的最大优点是针对性强,销售人员能够与消费者直接进行接触,向其介绍产品和服务,因而容易获得比较好的效果。

在人员推销方式中,通常比较注重人际关系,同时对销售人员的销售经验也有一定要求。由于人员销售中的成本费用比较高,因而在国际市场营销活动中所占的比重并不是特别高。这种销售方式比较适合价格高昂、功效复杂的产品,即需要进行技术性能与使用方法的讲解和展示。对于一些功能简单、价格便宜的产品,这种方法并不适合。不同国家对于人员上门推销有专门的法律约束,也有商业伦理方面的要求。因此,在国际市场营销活动中,企业应当对东道国的人员推销相关法规和产品类别有基本的了解。

3. 国际公共关系

国际公关关系是企业在国际市场营销活动中必不可少的一个环节。它的目的是为企业的市场营销活动创造宽松的国际环境。这种销售方式具有活动效果比较间接且不容易测量的特点。但是,由于企业在开展国际公共关系时往往能够借助有利的时机,政府部门、传播媒体、社会大众对其商业性并不是特别防备,反而会促成较好的营销效果。

企业在国际公共关系方面,不仅会鼓励媒体传播企业正面的内容,如创业故事、参与社会捐赠等活动,而且会管理和控制对于企业不利的一些负面新闻,如产品质量问题、企业领导人的道德瑕疵、竞争中的不利局面等。由于公关关系和商业广告的界限并不是十分清晰,因而在一些交叉领域需要由司法部门进行判断。公关关系在企业处于危机时往往能起到十分重要的帮助作用。在国际营销环境中,企业公共关系状况通常与其能在政府部门、行业协会、传播媒体及消费者处取得的支持紧密相关。

4. 国际广告

国际广告对于满足消费者的好奇心和追求时尚有着重要的影响。国际广告通常由具有国际影响力的形象大使和形象代言人进行产品宣传,这些品牌传播元素对于企业增强国际竞争力具有重要的引领作用。国际广告由于在风格上不同于国内广告,因而在传播效果上比较容易形成自己的特色。由于企业需要适应不同国家和地区的消费者的审美习惯,国际广告通常需要花费较高的制作费用且制作周期比较长。在广告所取得的实际效果测评方面,国际广告并不能仅以国内市场所用的标准进行评价。

在许多情形下,标准化的产品适合在国际市场上销售,但这并不意味着在广告方面可以采用同一种模式。在不同的国际文化情境中,企业在广告内容和形式的选择上都要具有针对性。现实中也有一些企业在国际市场营销活动中所制作的广告只针对目标人群进行传播定位,而并不专门针对国界或地域区别。有的企业将其广告定位于高收入阶层的消费者人群,用不同文化中所具有的共同价值观念元素来吸引这些消费者的注意。例如,以年轻充满活力、爱护环境、乐于从事慈善事业、关心人类共同命运等为广告传播的背景材料。

综上所述,国际市场营销活动中的促销是以产品和服务为主要宣传对象的,功能性利益占较大的比例,但是其中也包括一些价值观念和情感方面的因素。由于传播媒体选择的差异及目标人群的理解偏差,国际市场营销活动中经常会出现一些低于或超出预期的效果。

$$\text{走向世界的华为}^{①}$$

【案例背景信息】

一、华为公司简介

华为公司即深圳华为技术有限公司,是全球领先的 ICT(信息与通信)基础设施和智能终端提供商。华为成立于 1987 年,是一家由员工持有全部股份的民营企业,目前有 18万员工,业务遍及 170 多个国家和地区。在初期,华为在国内市场较早地确立了领导地位。但随着国内市场的逐渐饱和,华为开始把目光转向国际市场。在国际电信巨头占据主导地位的形势下,华为采取"农村包围城市"的战略,逐步走上国际化经营的道路。至今,华为已经在美国、俄罗斯等地建立了 14 间研究所、36 个联合创新中心,在全球建设了1500 多张网络,帮助世界超过 1/3 的人口实现连接。

二、华为国际市场营销环境分析

1. 政治环境分析

所有的商业活动都是在一定的政治法律体制下进行的。如何应对一个国家的政治法

① 本案例主要参考以下资料撰写而成:[1]韩玉军.国际商务[M].北京:中国人民大学出版社,2017.[2]邢钰.国际市场营销视角下的华为[J].中国商论,2017(5).[3]华为公司年报.[4]Canalys estimates,Smartphone Analysis,May 2018.

律环境是所有跨国公司都要面对的问题。无论是在发达国家还是发展中国家的国际营销,华为都会面临一系列的问题。西方发达国家把近来发展迅速的中国当作竞争对手。为了保护本国的企业,它们对华为的国际化经营作出种种限制和阻碍。特别是在全球经济不景气的情况下,华为要想在美国等市场有一番作为难度不小。而发展中国家基础设施落后,金融市场不完善,非洲、中东的某些国家政治局势不稳定,时有战争发生。这些都使华为的国际化经营面临挑战。

针对这些挑战,华为也有自己的应对措施。一是以中国的外交政策作为大方向,跟着政府走,与跟中国关系密切的国家先开展贸易往来。二是与当地的企业合作,以减少政治风险,如华为曾与西门子、摩托罗拉等公司建立合作关系,以便打开国际市场。

2. 文化环境分析

一方水土养一方人。不同国家的消费者在价值观和消费习惯上有较大区别。文化差异是任何国际企业都避免不了的问题。华为在刚开始开展国际业务时,首先选择的是与中国文化比较接近的国家,以减少文化差异带来的困难。

文化差异不仅存在于企业与消费者之间,还存在于企业内部员工之间。针对这一点,华为采用"本土化战略",在海外设立了大量的服务分支机构,除了中国员工外,华为还雇用了一定数量的外籍员工,吸纳当地资金,利用当地技术,学习世界一流公司的国际化管理与运作。华为还积极实施 TUP(Time Unit Plan)持股计划,解决对外籍员工的激励问题。

三、华为走向国际市场之路

国际市场细分是指企业根据某一标准把整个市场划分为多个子市场的过程。不同子市场的消费者有一定区别,同一子市场的消费者则有一定的共同之处。华为主要依据的是地理与经济状况,把国际市场大致分成了俄罗斯、亚洲各国、非洲各国、西欧各国、美国等市场。

在细分市场之后,企业要做的就是选择进入某些市场。华为在一开始的探索阶段,选择的是难度较小的俄罗斯、亚洲等市场。虽然这些市场与中国地理位置接近、关系较为密切,但是华为在开拓初期也经历了不少挫折。华为在俄罗斯的第一份订单仅有 38 美元。但华为没有气馁,按照国际上的规则,向正确的方向前进,终于逐步获得了成功。2003年,华为在俄罗斯的销售收入达到 3 亿美元,占海外销售额的 1/3。此后,华为进入越南、缅甸等亚洲市场。2005 年,海外合同销售额首次超过国内合同销售额。华为在这个时期打下了国际化经营的基础。

在经历了初期的探索阶段后,华为决定进一步开拓国际市场,并把目标定位于广大发展中国家。通过把大量精英派到海外,并重组海外地区总部,华为逐渐在亚洲、非洲、拉美等地占据了一定的市场份额。华为先后拿下了越南、老挝、柬埔寨和泰国的 GSM 市场,随后又把优势逐渐扩大到中东地区和非洲市场。2008 年华为的合同销售收入为 230 亿美元,其中海外销售收入占 75%。

在突破了发展中国家之后,华为开始走向欧美主流市场。经过不懈的努力,2003 年英国 BT 给了华为两个试探性项目。在短短半年时间内,华为组织了跨四个产品线的团队,利用人力资源丰富的优势,主动包揽"脏活""累活",把自己以市场为驱动的流程组织展示给英国电信高层。虽说此次的项目说不上成功,但英国人看到了华为努力办好业务的决心,就此拉开了华为参与英国电信网络建设的序幕。2011 年,华为联合沃达丰在英国发布 Ascend G300,联合 TalkTalk 在英国推出 YouView 平台融合机顶盒,联合

EE(Everything Everywhere)发布三款 4G 终端产品。2015 年,华为成为世界第三大手机制造商,海外市场占据智能手机一半的收入,在欧洲多个国家的市场份额超过 10%。从 2018 年第一季度的情况来看,华为智能手机在欧洲的市场份额达到 16.1%,位列第三,仅次于三星和苹果,并有 38.6% 的增长率。在国际市场上,华为已经取得了世界顶级运营商的认可。

但是,华为国际化面临的最大困难还是美国。目前,华为在美国的销售额仅占年度总营业收入的 4%。华为进入美国市场的过程极为艰辛,早在 2003 年,思科就以侵犯知识产权为由起诉了华为。除此之外,华为还多次遭到美国国际贸易委员会的调查,多数和知识产权相关。华为目前仅与少数几家小型无线运营商完成了几笔交易。但是可以肯定的是,未来华为不会轻易放弃美国市场。

四、启示

1. 正确地选择目标市场

许多企业在面对广阔的国际市场时常常不知所措,顾此失彼。华为成功的主要原因是它能正确地划分国际市场,并在正确的时机进入正确的市场。华为国际化的进程总体是渐进式的。在初期,由于缺乏国际化经营的经验,而且国际政治环境中存在一些挑战,华为选择与中国文化相近、关系良好的国家或地区(如俄罗斯)开展贸易。在打下一定基础之后,华为逐步开拓了发展中国家市场和欧美市场。正是因为制订了合理的市场进入计划,华为才得以不慌不忙地在全球各地稳步建立自己的业务,不断攻坚克难,不断发展壮大。

2. 建立国际化规范管理体系

华为在开展国际业务的过程中,不断向国际优秀的跨国企业学习,与世界一流公司合作,规范公司管理制度,这对于中国企业来讲是相当少见的。多年的经营布局使华为在全球建立了营运中心和资源中心:在英美等经济发达地区建立行政中心;在新加坡建立财务中心,控制财务风险;在俄罗斯、日本、印度等国建立研发中心,有效利用全球资源;在匈牙利、巴西等地建立供应中心,保障业务运营。华为在世界各地建立了全球化的研发、营销和服务体系,国际先进企业管理体系使华为能够充分利用全球各地资源,对变幻莫测的国际市场有快速的反应和决策能力。

【案例讨论题】

(1) 华为国际化成功的原因有哪些?

(2) 华为应该如何进一步突破美国市场?

复习思考题

1. 国际市场环境对出口企业的经营活动有怎样的影响?

2. 进入国际市场有哪几种具体方式? 如何选择?

3. 在国际市场营销中,企业需要作出哪些特殊的营销决策?

4. 营销组合要素如何在国际市场营销活动中发挥各自的作用?

第 15 章

大数据营销与社交媒体营销

【本章知识点】
- 大数据营销的概念
- 大数据营销的优势与技术
- 社交媒体营销过程
- 社交媒体营销的特点

15.1 大数据营销

15.1.1 大数据概述

"大数据"一词最早可追溯至 1980 年,美国著名未来学家阿尔文·托夫勒在其发表的《第三次浪潮》中首次提及并认为大数据是"第三次浪潮的华彩乐章"。2001 年,美国格特纳公司的分析师道格拉斯·兰尼首次从特征的角度对大数据进行了相对明确的定义,强调大数据必须具备 3V 特征,即容量大、多样化和速度快(Volume,Variety,Velocity)。而大数据时代真正开始蓬勃发展则是以谷歌于 2003 年起提出的"三驾马车"(谷歌文件系统、MapReduce 和 BigTable)以及亚马逊于 2007 年发表的关于 Dynamo 系统的论文为基础和标志。随后《自然》于 2008 年推出"大数据"专栏封面。2009 年开始大数据成为互联网技术行业的热门词汇。2010 年,麦肯锡公司提出"大数据时代已经到来",把大数据的发展推向高潮。如今,虚拟化、分布式计算、云计算等相关技术及行业正在兴起,大数据成为社会最热门的词汇之一。

目前学界对大数据这一概念尚未形成统一的定义,普遍采用由研究机构 Gartner 提出的定义:"大数据"是需要新处理模式才能具有更强的决策力、洞察发现力和流程优化能力的海量、高增长率和多样化的信息资产。

大数据具有"5V"特征:即 Volume(数量大)、Variety(多样性)、Velocity(高频速度)、Value(价值大)、Veracity(真实性)。Volume 是指数据体量巨大。据统计,互联网一天产生的全部内容可以制作 1.68 亿张 DVD,一天发出 2940 亿封邮件及 200 万个帖子……这些数据都表明,"大数据"时代是一个以"PB"为单位的新时代。2010 年全球的数据量已经达到 1.2ZB,而预计到 2020 年将暴增近 30 倍,达到 35ZB。Variety 体现的是数据的丰富多样,大数据包含了结构化、半结构化、非结构化数据(包括网络日志、视频、图片、地理位置信息等),其可能来自 PC、手机等移动端及不同传感设备等,这都增强了数据类型及来源的多样性。Velocity 是指数据增长快，要求处理速度快，时效性要求高，如个性化推荐的实时性要求，云计算能在 20 分钟内完成原本需 12 天才能完成的存储和计算工作。Value 是指低价值密度、高商业价值。海量数据中夹杂的大量无关信息削弱了数据的价值密度，但社会对数据逐渐增强的依赖性又使行业与企业窥见了其中蕴含的商机，如何充分挖掘大数据的价值已是行业研究的重点难题。Veracity 是指数据的准确性和可信赖程度，研究大数据就是从庞大的网络数据中甄别错误信息，提炼有效信息，从而提取出能够解释和预测现实事件的过程。

15.1.2 大数据营销的定义

大数据营销的概念最早由麦肯锡公司提出。拉里·韦伯（Larry Webber）在《社会消费网络营销》一书中指出大数据营销衍生于传统互联网营销，又将作用于且仅作用于互联网行业。他认为大规模个性化营销将成为企业的核心竞争力，采集用户信息大数据，通过深度挖掘与采用合理数据分析技术将形成一定的预测能力，从而能实现基于用户的个性化推荐，帮助企业提高用户转化率、提升收入。

根据大数据数量庞大（Volume）、数据多样（Variety）、处理速度快（Velocity）、商业价值高（Value）及质量要求高（Veracity）的特征，学者将大数据营销定义为一种对大数据进行恰当的收集、筛选、整合、处理、使用，最终精准分析出用户需求的营销方式。

如图 15-1 所示，大数据营销的流程呈闭环结构，共包括四个步骤。第一步为数据采集，随后对采集的数据进行数据挖掘与分析，并以此为基础进行预测性分析，最后将预测的数据反馈，反馈完成后将会继续采集新的数据，并进入下一轮新流程。因此大数据营销系统是循环往复、不断完善、提高分析预测能力的系统。

大数据营销多应用于互联网广告行业，其核心在于将合适的东西，在合适的时间、合适的地点，通过合适的载体，以合适的方式投送给合适的人。大数据营销被认为是营销传播方式的变革，是以深度消费者洞察为基础的传播沟通，是用数据解构消费者的生活习惯、信息获取渠道、个人兴趣、消费偏好并从中推导个性化产品推荐、广告投放等营销策略的工具。

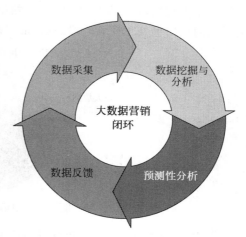

图 15-1 大数据营销概念

大数据营销不同于传统营销，其主要依赖计算机语言实现海量数据的收集、分析与预测，并通过深度挖掘来实现传统营销中需耗费大量人工才能完成的运算与报表。大数据营销不仅解放了大量的人力、物力，节约了成本，更增强了分析的准确程度。因此，大数据营销与人工导向的传统营销有着本质区别，其实现过程是一个建立在大量运算基础上的技术实现过程。总的来说，大数据营销是运用大数据分析技术，描绘、分析、预测、引导消费者行为，从而帮助企业制定针对性商业策略的过程。

15.1.3　大数据营销的现状

1. 市场现状

大数据营销已不再仅被互联网广告行业所采用,越来越多的互联网领域开始应用这种营销模式,日常生活中各式各样的大数据营销方式也已成为常态,最典型的莫过于大数据营销中的个性化营销方案在各电商平台的产品、广告推荐及百度搜索平台的用户个性化推荐的运用。当然大数据营销的应用远不止上述所举,精准广告投放、广告监测、广告创意优化、程序化购买、线上线下销售监测、风险控制、研究与洞察、构建用户画像、客户关系管理、企业内部管理、新产品设计与研发等均涉及大数据营销方案与技术。

2015年8月,第一财经、明略数据及秒针系统合作进行的有关大数据营销应用的调查表明:目前大数据营销应用最广泛的领域是精准广告投放,有76%的受访企业已投入应用,可见互联网广告投放公司已率先全面进入大数据营销时代。同时,调查表明未来大数据营销最有价值的应用将体现在精准广告投放、研究与洞察、在线销售、客户关系管理和广告监测五个领域。

数据显示,2014年美国市场在大数据营销各领域的投资共计160亿美元,2015年投资达200亿美元。相比而言,中国市场在2014年投资不到200亿元人民币,国内在大数据营销的应用方面仍处于发展起步阶段。调查显示,目前国内有81%的企业已经开始高度重视大数据营销,但仅有19%的公司已明确了其大数据营销战略,10%的企业开始大规模使用大数据营销(见图15-2)。大数据营销已成为目前营销战略的热点之一,但是国内对其的应用仍处于探索阶段,真正部署落实好战略的企业寥寥无几。

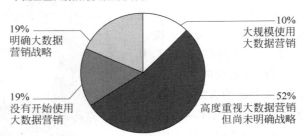

图 15-2　中国企业大数据营销现状

事实上,数据采集、挖掘和分析的技术不成熟、数据资源不充分、数据来源不可控、缺乏大数据营销的精准需求等,都是国内企业大数据营销战略难以落实的原因。目前国内大数据的商业价值尚未完全体现,未来大数据营销仍存在很大的发展空间。

2. 主要用途

(1) 企业自我完善。顾客有意或无意对企业进行的信息数据反馈作为其潜在需求的体现,是企业改善产品的有力依据,也是促进企业对所拥有的产品及时进行升级研发、更新换代的强大动力。

以ZARA服装设计公司为例,其公司创立之初的战略定位核心是"买得起的快速时尚"。为实现这一品牌定位,ZARA各地的分店经理不断收集顾客的意见与建议,汇总后每日通过公司内部全球网络传递给总部设计人员,由总部作出决策后将新的设计传送到生产线,改变产品样式,在最短时间内实现"数据造衣"全过程。此外,ZARA 实行本土化与标准化并行的战略,在保持其服饰整体呈欧美风格的前提下,为满足不同区域顾客的消费偏好,在分析各区域流行色的基础上,实现最贴近顾客需求的市场区隔。同时为保持各地区海量资料的串联性,ZARA 在欧洲六个国家成立网络商店,并将网络商店内的顾客意见作为分析调研的重要数据纳入企业产品研发与升级的参考。通过以上种种方式,ZARA 使其"快速时尚"的品牌形象深入人心。

当然,作为一个成功的服饰品牌,ZARA 做的远不止此。正确地把握各个分店的库存和销售状况,制定合理的配货调货方案,作出准确的销售预测和分析,及时准确地作出营销决策,拥有"快而准"的市场应对方法,是 ZARA 成功的另一法宝。这些都离不开大量、即时、有效的数据的支持。数据可以帮助企业制定有针对性的、有创意的、具体的营销策略。企业成功的秘诀,就是在了解消费者的基础上不断推出优秀的营销方案。这些营销方案的制定显然不能只是建立于不同消费者的"消费意愿"之上,还需综合考虑目标消费者的消费习惯、消费心理、品牌忠诚度和其他数据。

大数据能够为企业的发展不断注入活力,促进企业不断完善,实现企业良性循环。

(2) 精准营销活动。企业要想开展精准的营销推广活动,首先要做的便是通过大数据分析定位到对企业产品存在特定需求、使用偏好的消费者群体,并有针对性地实施定向推广,刺激其消费。其次,企业对已有的顾客群体,可通过用户的行为数据信息,分析其消费习惯、消费偏好、不同情景下的消费心理等,实现定制化的商品信息推荐。塔吉特百货的推广手册、亚马逊的产品推荐、沃尔玛的建议购物单等都是通过实现个性化用户推荐以提高销售额的成功实践。最后,企业可根据消费者的不同特征将其分类,贴上不同的细分标签,并向不同的细分人群开展定制化的营销推广活动。例如,针对价格敏感者,企业可向其推荐高性价比的产品并不定时赠送优惠券、折扣券以刺激其消费。

正如亚马逊的成功格言"数据就是力量"所总结的,大数据时代下,依据大数据实现的精准营销活动对提高企业的销售额、实现长远发展有着深远的意义。

(3) 个性化推荐。综合分析考虑浏览历史、购买历史、收藏历史、社会媒体上流行媒体的广告、购买历史相似的用户的其他商品购买情况、特定类型商品的购买趋势、亲友影响等多种因素的个性化推荐算法无疑是大数据营销最为广泛的应用实践之一。作为挖掘大数据提供个性化服务的先驱,亚马逊的产品推荐页为其带来了 $10\%\sim30\%$ 的附加利润。显而易见,个性化推荐的应用会为企业带来巨大的商业价值。

(4) 动态价格制定。在零售市场上,价格是影响产品销量的关键因素之一,制定并及时调整价格的合理性是企业迅速吸引顾客、抢占市场、打败竞争者、实现利润增长的关键。

通过分析不同来源的数据,如顾客的网页浏览数据、对商品的购买偏好、商品的库存数据、对同一商品竞争商家的订单、历史订单信息、商品的预期利润等,可实现实时价格调控。亚马逊在浮动价格策略的指导下,通过实时的价格监控及每隔几小时变动部分商品价格的动态价格算法,让消费者感知到亚马逊"全网最低价"的平台形象,从而确保了企业的竞争力,实现了 25% 的平均盈利增长。2012—2013 年,亚马逊的销售额提高了 27.2%。亚马逊通过采取动态价格策略,利用消费者对价格的敏感及对低价的偏好,为大数据营销的应用实践开辟了一条新的大道。

（5）维系客户关系。维系客户关系是大数据在商业实践中的又一重要应用。根据品牌忠诚度对消费者进行分类,从而有针对性地实行"差别对待"策略是客户关系管理的重要理念基础。通过大数据首先可帮助企业甄别忠诚消费者,同时通过对其记录的信息数据进行分析,制定相应的营销活动策略,维持这部分消费者的忠诚度,引导其进行品牌传播,提升品牌知名度。其次,大数据能为企业实现客户流失预警。通过大数据分析综合客户行为信息数据,企业能够合理预判客户行为,发现潜在的流失用户,从而制定相应的营销策略来留住客户,如 YouTube 根据用户的浏览习惯等信息判断可能流失的客户,向其发送电子邮件提醒并鼓励其再次使用,美容机构通过会员信息为久不光顾的老客户推送优惠或新服务,来提醒其回归消费。最后,企业可利用大数据挽回已流失的客户,如中国移动通过邮件或客服电话向流失的老客户介绍最新的优惠信息或套餐。

15.1.4 大数据营销的优势

1. 时效性强

互联网时代,由于信息传播的速度、广度有了几何级的增长,用户的消费方式、消费行为和消费心理等在短时间内可能发生较大的变化。因此,准确把握消费者的需求,并在需求最强烈时开展恰当的营销活动对企业来说至关重要。基于大数据的营销系统,在大量收集、分析用户信息的基础上,能够迅速适应用户需求的动态变化,有效预测用户需求与行为,并为企业提供最合适的解决方案。

2. 性价比高

与传统广告的全面覆盖不同,大数据营销下的广告投放强调的是有的放矢,最大限度地提高投放的准确性。同时,可对广告投放效果进行实时监控与效果反馈,为运营人员调整投放策略提供依据,减少预算浪费。

3. 实现个性化营销

互联网思维下,广告的投放已实现了从"媒体导向"向"受众导向"的转变。传统营销活动中常选择知名度高、浏览量大的媒体进行广告投放,用户通常只能被动接受投放方无目的性的广告。而在大数据营销中,投放方可"选择"广告投放的目标用户,做到精准营销。通过大数据技术,用户关注同一媒体的相同界面时,可看到不同的广告内容,从而实现对用户的个性化营销。

4. 可做到关联性分析

大数据营销的另一重要特点是可以分析不同数据、信息之间的关联性,如广告平台可在数据采集过程中根据用户曾经关注的广告、新闻等内容,结合用户所处的地理位置等信息,预测向该用户投放何种广告较为合适。此外,电商平台提供的基于用户的商品推荐,可通过数据分析关联到基于商品的推荐。通过关联性分析,可为营销寻求更为宽广的渠道。

15.1.5 大数据营销技术

1. 数据挖掘概述

数据挖掘是大数据主要的分析方法。数据挖掘能够有效利用大数据,在面对数据复杂且无法使用传统的数据分析方法的情况下,通过对大数据进行收集、存储、抽取、转化、加载、清洗、挖掘和应用等行为,提取数据中有价值的信息。因此,数据挖掘的定义就是从大量、有噪声、模糊、随机的实际数据中提取事先无从得知的、隐藏的又富有潜在有价值信息的过程。

数据挖掘具有数据量大、含有噪声但是确保真实、可提取有价值信息及信息可以被广泛认知的特点。

数据挖掘技术融合了交叉学科的特性,包含数据库的技术、模式识别和人工智能等知识,使企业可以从大量的现实数据中挖掘出对企业决策有影响力的有价值信息。其主要工作流程包括抽取、转化、分析处理庞大的企业业务数据,从中提取有利于企业高层进行决策的有价值信息,以及通过建模方法更深层次地分析复杂数据。

2. 主要技术

数据挖掘的主要技术有聚类、分类、估计、预测、关联规则、描述和可视化等。聚类是指将分析对象进行归类,即将多个成分相似的数据归为一类的过程。其目的是将观察个体或变量通过相关信息进行分析,最终分为若干类。分类是数据挖掘中最重要的技术之一,其操作过程为:首先把数据集中选出的已分类的子集作为训练集,把未分类且恢复原始标记的数据集作为测试集,在训练集上运用分类技术建立模型,然后应用建立好的模型对测试集进行分类,通过不断调试,建立有效分类模型的方法。关联规则是数据挖掘领域的另一种重要方法,目标是找出数据集中的频繁模式。关联分析是指发现事物间的关联规则或相关程度。描述和可视化是对数据挖掘结果的表示方式,一般仅指数据可视化工具,是包含报表工具和商业智能分析产品在内的统称,通过可视化工具可以更形象、直观、深刻地展现数据挖掘的分析结果。

3. 分析流程

有关大数据的整体解决方案过程包括:数据采集、数据预处理、数据存储、数据挖掘分析和结果展现。大数据的采集是指利用多个数据库接收来自客户端的数据。该过程包括很多数据采集方法,如系统日志采集方法、网络数据采集方法等。但值得注意的是,采集到的数据源不能直接应用于数据挖掘,还需要经过数据关联和聚合及一定的简单清洗处理,这就是数据的预处理过程。大数据由于数据海量的特性无法使用传统的数据存储技术,所以一般采用分布式文件系统来存储、管理数据。数据挖掘与分析是指在已有数据的基础上进行基于多种算法的计算,并通过数据挖掘的结果进行预测性分析,这是大数据分析流程中的核心环节。最后是结果呈现,即将大数据最终的分析结果展现给用户,一般采用的是可视化技术,即利用多种表达方式对结果进行直观形象的解释。

数据挖掘技术可以帮助企业从复杂的海量数据中找到有助于企业作出正确商业决策的有价值信息,在当今社会中越来越被重视和应用。在营销领域,企业生产和销售都已实现了从生产导向到消费者导向的转变,这对企业掌握数据挖掘技术以分析消费者信息提出了更高的要求。在策略制定中,数据挖掘技术可以帮助企业尽快从大量数据中获取有价值的信息,把握市场走向,满足消费者需求,提高企业竞争力,获取最大化利益。

15.1.6　大数据营销的挑战

1. 垃圾信息繁多

大数据技术的发展极大地改变了我国的市场环境,使市场营销环境更为复杂烦琐。

传统营销由于仅能掌握部分消费者的有关数据,极大地限制了对消费者的需求分析,无法了解并满足消费者的真实需求,逐渐被市场淘汰。但部分企业在利用大数据进行营销时,盲目推送产品服务信息,在部分与产品无关的领域内盲目宣传,以期扩大宣传效果。这种缺乏针对性的营销行为会使宣传信息泛滥,引起消费者的反感,反而对企业宣传起到负面作用,对企业的社会形象造成不利影响。如果长期以这种方式进行产品的宣传,不但无法提高产品销量,还会给市场营销的发展带来消极的影响,而且由于企业的市场营销活动缺乏针对性,会导致消费者逐渐将企业的产品信息视作垃圾信息予以屏蔽和忽视,使企业的市场营销行为不能发挥应有的作用,不利于产品服务信息的推广。

因此,企业在运用大数据营销时应结合实际情况,明确产品的市场细分,针对目标群体进行个性化营销,实施精准销售,运用适宜的营销策略,避免由于市场营销策略的不合理而使消费者变得营销疲劳,让大量的垃圾信息影响消费者对产品信息的获取。

2. 存在数据安全隐患

信息传输中存在安全隐患。网络信息技术的日益发展增强了信息获取的易得性,使企业获取消费者信息更加便捷,有利于各行各业为消费者提供优质服务,给人们的日常生活、工作和学习带来了极大便利,但同时也给一些不法分子提供了可乘之机。商家在进行市场营销活动,根据消费者的相关数据信息优化市场营销方案时,也为不法分子通过相应的技术手段窃取客户信息提供了渠道,从而导致客户信息外泄、欺诈等行为的发生。近年来,个人信息泄露问题愈加严重,许多消费者反映在日常生活中经常会遭到陌生电话或营销电话的骚扰,这无疑为消费者的日常生活带来很多不便,甚至造成财产损失。个人信息泄露问题引起了人们的广泛关注,部分消费者为了保护自己的个人信息,避免信息泄露的风险,会拒绝参与企业的调研活动或隐瞒真实有效的数据,从而削弱了大数据技术在分析消费者信息时的准确性和有效性,不利于企业优化和完善市场营销方案,也不利于市场营销市场的健康发展。

3. 数据信息质量难以保证

在大数据时代背景下,随着我国经济不断发展,企业面临的市场环境更为复杂多变。由于消费者信息量激增,企业在对消费者信息进行相关筛选时难以保证相关数据的准确性,从而对市场营销活动的成果造成直接且至关重要的影响。在海量的数据面前,要想准确地区分有意义的信息和垃圾信息非常困难,从而使客户在了解产品信息时无法避免垃圾信息的干扰。过多的无关信息将会增加客户对这种营销模式的反感,阻碍大数据营销方式的发展。

因此,及时区分有关信息与垃圾信息至关重要,但有时数据真假确实难以区分,如心理学领域有研究表明,人们的心里想法相对于实际行为并不完全一致,这表明即使企业掌握了消费者的需求也可能无法促使消费者发生购买行为。例如,2016 年下半年美国总统选举时,多数人在调查时表示支持希拉里,但最后特朗普却赢得了大选。影响消费者心理的因素有很多,致使部分数据无法判断真假,在一定程度上影响营销活动实施的结果。

在进行数据分析时,如何确保非结构化数据转化为结构化数据时的质量是大数据营销的又一难点。数据可以分为量化数据与非量化数据。量化数据直接以数字表示。非量化数据不用数字表示,包括评论、图片、声音甚至是物理情景因素等。如何正确地实现数据结构的转换,如何统一转化过程中的单位,如何判断采用统计分析软件进行标准化的过程是否科学,以及如何准确地衡量量化标准,是大数据营销面临的问题。

数据挖掘具有事后性或滞后性。大数据技术的数据处理都是在实际发生之后,所以在时间维度上具有滞后性的缺点,这也是大数据自身技术方法的局限性。若不能及时有效地利用海量的数据,存储的成本也会不断上升。而且大量的数据杂乱无章,并不能像企业管理人员心里所想的关系发生演绎,因此企业有时难以掌控数据间的逻辑关系。此外,一旦数据遭到损失,若不能完全恢复,也会对整体的分析造成不利的影响。

数据搜集是现象到现象的关联影响,表述的是行为之间的关系,但难以反映消费者的真实心理动机。心理学中动机与行为间的关系,强调的是一个行为可能是由多种动机导致的,或者一个动机会产生对应的多种行为。数据搜集所发现的数据大多是在表述主体或现象之间的关联,并不能解释有关联的原因,也不能解释关联带来的影响,更加无法揭示主体或现象之间关联的深层次的多种动机或原因。大数据营销如何准确地实现对行为与动机之间关联的观察和解析是大数据营销面临的挑战之一。

4. 对市场营销人员的素质要求升高

传统的营销方法主要有上门推销、电话销售、街头直销等互动交流的方式。但是随着市场的不断发展,这种必须通过人与人之间直接交流互动的营销模式越来越无法满足企业营销活动的需要。这种方式不仅耗时较长,而且会花费大量的人力、物力,增加企业经济成本。大数据时代,营销人员可以借助网络平台实现产品的销售。但这也提高了对营销人员的素质的要求,市场营销人员需要投入大量的成本与精力去学习和适应大数据营销技术带来的知识变革(如新的市场营销规律、新的大数据分析方法),培养专业素养,更好地适应大数据背景下的营销模式。

5. 扩大企业的投入成本

在大数据时代,企业借助现代化的信息技术对市场营销数据进行科学有效的分析,使企业的管理和决策工作更加高效。但是,大数据技术依托互联网技术和计算机技术产生并实施,企业要想掌握并运用这一技术,需要投入大量资金用于电子科技基础设施建设和专业技术人才聘用,同时还需要紧随技术发展趋势及时对设备进行更新和优化,对相关的营销人员进行大数据基础、专业知识的培训,这意味着企业需要付出更高的成本,营销人员需要付出更多的精力。企业需要在大数据技术应用和人力培训方面增加前期资金投入,给企业的资金周转造成一定的影响。

15.1.7　大数据营销的发展趋势

1. 用户特征差异化

营销的目标是以客户为中心,利用大数据技术对用户数据进行处理与分析,深度洞察用户,准确地构建关键用户画像,并通过用户画像了解用户的各种信息(如消费行为、消费习惯、购买偏好等),从而精准锁定目标用户,建立准确的市场细分,进行差异化营销,实现个性化定位,满足用户差异化的心理诉求和潜在需求,实现营销目的。

2. 用户、产品、市场等多个数据库协同整合

随着大数据技术的发展,媒体技术的革新将全面打通跨媒介、跨平台、跨网络、跨终端的多渠道信息连通,使信息能够多维度重组、协同,提高用户数据的完整性与精确性。在多样化、全面化的媒体网络基础上,消费者的客观信息与主观信息实现有效的结合,从而逐步形成完整的用户数据库,是大数据营销发展的必然趋势。传统单一媒体造成了消费者分散、用户数据库不全面、零散化等问题,已不能满足在大数据背景下企业对数据数量和多样性的要求。在全媒体时代,现代媒体多界融合的优点使得用户数据不再零散,实现了全面化的集中,多个媒体之间的数据连通使碎片化的消费者数据库得到了协同和整合。拥有完整数据库的大数据营销可以实现精准有效的用户需求挖掘,全方位反映消费者的个人爱好与习惯甚至是潜在需求。多端网络数据技术的发展与融合,使得用户接收信息的渠道可以随时记录用户客观信息,有效联动多个媒体端,得到更加全方位、多角度的消费者信息。融合与协作将成为大数据营销发展的关键和基础。

3. 以营销数据深度计算为基础

深度计算可以让依据用户偏好、习惯定制的产品更加细化精准。大数据技术的发展,使数据挖掘技术和可视化技术得到快速应用,可以将现实的交易过程、产品使用和消费者行为进行数据化,然后实时地进行存储和分析。逐渐发展的数据分析让消费者的行为喜好变得更容易把握,也可以精准地挖掘用户思维,探求消费者偏好的产品,计算得到消费者的偏好因素,将需求分解为微小元素的形式,让消费者需求得到更好的满足。深度计算的发展使消费者的行为数据、偏好数据、消费数据更加透明化,企业可以实现更加精确化的个性营销,以精细化为新的发展目标。未来基于营销数据的深度计算,实现符合客户要求的定制化设计注定将成为主流。

4. 场景化营销将成为大数据营销的主流方向

由于消费习惯呈现场景化、碎片化的特点,场景化营销成为商家追求的营销模式。移动场景营销颠覆了传统营销的所有要素,以特定情景为背景,通过环境、氛围的烘托,提供相应的产品和服务以激发消费者产生情感共鸣来触及消费者的购买欲望,使其产生消费行为。利用大数据优势,将营销个体从"我"转换到"我们",计算事件发生的方式与时间,通过大数据得到刺激方式,满足消费者的心理诉求。消费场景模式化为大数据营销提供了新思路和新格局,随着移动互联网的发展,场景化营销的趋势更加明显,通过用户大数据描绘消费者的用户画像,对消费者消费前和消费后的行为进行有效预估,并提供针对性的引导服务,真正实现场景化的精准个性化营销。

5. 移动端将成为大数据营销的重点平台

随着移动互联网的快速发展、智能手机的普及与移动支付的出现,移动端将产生海量数据,其发展速度更是高于电脑端。尤其是近几年网络购物向手机购物的转变、网络社交媒体向移动社交媒体的转变,使移动端的使用比电脑端更加普遍,成为广告主关注的阵地。移动端营销能够快速有效地捕捉消费者的需求,并且具有较强的互动性,更方便实现精准营销,且可以拉近与用户的距离。

6. 结合线上线下全渠道实现精准营销

随着互联网的快速发展,海量数据衍生于用户线上行为,同时线上营销渠道运营愈趋成熟,技术的发展将改变传统的营销模式,对营销渠道的重构提出新要求。传统线下的销售行为作为重要的销售方式,是数据的重要来源,也是营销不可舍弃的重要渠道。未来大数据营销将整合线上线下的全部数据资源,打通线上线下渠道,对营销和渠道环节进行重构,线下数据线上实现,线上数据线下运用,从而达到提供精准化营销服务的目的,实现精准营销对用户群体的全方位覆盖。

7. 大数据时代仍以内容营销为主,优质的广告内容更容易抢占市场

即使在大数据背景下,营销手段快速增加,种类繁多,但营销内容还是消费者最为看中的。营销内容分为两个方面:一方面要求软文内容具有针对性、真实性,能吸引更多消费者的关注;另一方面要求营销有亮点,有感情、有个性、有目标、有创意点的内容更容易得到消费者的关注与口碑。

8. 实现科学性的精准营销

依托强大的数据库资源,通过处理与分析数据,准确地剖析客户,在适宜的时间和适宜的地点、以适宜的价格、通过适宜的渠道向客户准确提供其需求的产品,从而实现精准营销。

15.2　社交媒体营销

15.2.1　社交媒体营销概述

随着通信技术的飞速发展,社交媒体对人们生活的影响越来越大。对于营销者来说,社交媒体蕴含着巨大的商业价值,是不可忽视的营销渠道。现在的消费者更愿意从网络上获取以前通过线下渠道才能获取的信息,这极大地减小了企业与消费者信息间的不对称性。在消费者的认知、信息搜寻、学习、态度、购买决策和购后评价等层面,社交媒体有着巨大的影响。在大数据营销时代,社交媒体可以作为企业最重要的品牌接触点之一。消费者可作为企业信息的传播者在社交媒体上存在,企业的忠诚客户会向其他消费者营销企业的产品,从而帮助企业建立庞大的顾客圈。社交媒体营销借力于用户的自主参与、用户与用户的互动及企业与用户的互动,能够有效地建立并维系与消费者的关系,提升消费者的品牌忠诚度。

社交媒体营销(social media marketing,SMM)是指借助支持用户个人分享内容、发表观点、传播资讯的互联网线上工具和平台进行营销的过程。社交媒体营销是社交网络大数据的重要应用方向,是社交媒体时代符合消费者习惯的营销方式,其凭借能帮助企业锁定目标顾客群、降低营销成本、满足企业不同发展需要等优势,被越来越多的企业所重视。

15.2.2　社交媒体营销过程

社交媒体营销过程分为以下四个阶段。

1. 社会化营销整合

在开放的社交媒体上,消费者的行为通过形式多样的数据反映出来会变得难以捉摸。因此,企业需要全面完整地管理消费者行为与体验,整合优势资源,扩大协同效应,确立消费者的核心地位,寻求对消费者的全面了解,寻找对企业最有价值的消费者并与其建立和维持良好的关系。

2．构建品牌社群

在企业原有忠实顾客的基础上，依托原有客户群，进行用户拓展，获取在消费模式和消费产品上相似的消费者群。针对企业的目标顾客群，企业可以迎合消费者的需要，拓展新的产品。这种社区聚集的是企业的大量目标受众，在社区中，兴趣相投的客户可以相互交流，对产品发表意见，共享经验。因此商家可以深入社区讨论中，寻找产品可能改进的地方，了解顾客偏好，强化自己的品牌和产品定位。

3．品牌社群管理

社群的管理也极为重要，企业需要注重社群的维护和完善，适时植入产品信息，充分发挥已有忠实用户的口碑传播效应，进行品牌营销拓展工作，让更多还未对品牌形成认知的消费者了解企业的产品特点和优势，转化为企业粉丝，带动更多的用户加入企业用户群。

4．品牌站群建设

构建企业站群，通过搜索引擎获得大量流量，进一步获取忠实用户来源。站群中的每个网站在共享相同内容的同时可以设置不同的网站关键词，使网站管理员可以更为便捷地管理、更新每个网站的内容，保持良好的搜索引擎排名，增加品牌曝光度。针对不同网站的功能、定位，制定不同的搜索引擎优化策略，让每一个网站都有一个负责版块，使网站群全面覆盖企业的整个目标市场。

企业在进行产品研发的各个阶段都要根据目标客户的需求进行调整，不断分析用户数据，发掘商业价值。针对用户数据分析反映出来的产品问题进行重点改进，提升产品质量。

15.2.3　社交媒体营销的特点

1．营销精准化

依靠社交媒体，以消费模式和产品为区分，形成了不同的消费社区。这种自发形成的社区聚集的是企业目标受众群体，因此企业可以更为直接地为目标客户提供更到位的服务，强化自己的品牌和产品定位，促进消费者对企业的了解。针对已有顾客群，企业还可以迎合消费者需要，拓展新的产品。

2．营销主体多样化

在传统营销方式中，企业是主要的信息发布者，消费者作为企业的受众被动接受企业发布的信息。而在社交媒体上，个体均能不受时空限制地生产、发布及分享信息，企业的忠诚客户会向其他人以口碑传播的方式宣传企业的产品，从而实现用户的进一步聚集，拓展原有的营销覆盖面，因此消费者也成为企业的营销主体。在社交媒体营销中，企业应发挥消费者这一营销主体的作用，借助已有的忠实用户，进行品牌营销拓展工作，带动更多的用户加入企业用户群，实现粉丝效应。

3．传播互动化

社交媒体打破了以往信息单向传递的局面，受众可以向传播者传递对于信息的看法或意见，企业则可以针对消费者的反馈发送修改信息，消费者也可以再次发送反馈，循环往复。良好的沟通使消费者实现向忠实顾客的转变更加容易。消费者与消费者之间的互动也极为重要。消费者可以在社交媒体上浏览其他消费者对于产品的公开的意见评价，也可以通过私聊等方式获取关于产品的信息。这就使社交网络下的信息交流极为民主，消费者可以针对自己关注的产品发表意见和反馈，也可以在社交网络上寻找有关产品问题的答案。这种基于消费者的主动而获取的信息能让消费者产生更强的信任感。

4. 运营成本较低

社交媒体营销往往可以使企业以较小支出获得巨大的宣传效果,这也是社交媒体营销的优势之一。社交媒体传播内容极为简单、灵活,既可以是图片、文字或视频,也可以是三者的不同组合,而且摆脱了传统营销手段对硬件设施的依赖。不同于传统媒体受时间、空间限制,社交媒体具有无边际的延展性。如果信息发布得当,就可能引发病毒式的信息传播,从而迅速覆盖广大的受众。因此社交媒体营销能减少企业在产品推广前期的资金投入,降低资金运营风险。而且经过多年的发展,传统媒体资源竞争已趋于饱和,企业难以从传统媒体上获取竞争优势,这也使社交媒体营销凭借低运营成本获取高效果的优势迅速发展。

5. 信息对称化

社交媒体的双向信息传输特点改变了以往由企业单一发布信息的局面,消费者对于企业发布的信息可以进行了解、核实和反馈。经过了解核实的信息又会在社交网络上被消费者再次传播,迅速被更多的消费者所了解。社交媒体在企业和用户之间搭建了一个良好的沟通反馈平台。但对于信息中存在的虚假或不实的问题,企业可能面临更大的管控风险。企业可以针对社交媒体上关于企业产品的信息进行必要的解释和反馈来降低信息不对称性。

6. 信息反馈快

企业利用社交媒体进行营销活动,能迅速得到消费者的反馈信息,企业可以根据反馈情况及时对产品和策略进行合理调整。相反,如果对消费者的反馈处理不及时或不得当,企业可能会失去部分潜在消费群体,并面临商誉的损失。为此企业需要建立完善的反馈信息收集机制,全面及时地分析反馈信息,从而更加深入地了解消费者需求,挖掘产品的潜在升级空间,提升用户体验,建立长期产品销售优势,获取更大的市场份额。

企业能够快速地了解并掌握市场行情的变动,便于企业及时有效地作出调整,这在市场行情瞬息万变的情况下十分重要。对消费者与市场的需求、反应进行及时分析,调整产品组合,迎合市场变动,是促进企业发展的重要动力。

7. 多媒体关联

一方面,各种社交媒体之间具有极强的关联性,企业的社交媒体营销不可能只在一个社交媒体上发挥作用,企业需要整合各种社交媒体渠道,注意保证社交媒体渠道关键信息的统一;另一方面,社交媒体与传统媒体之间也具有关联性,同时做好社交媒体和传统媒体上的品牌接触点管理,可以使消费者全方位地了解关于企业的各种信息,积聚更多的消费者群体,增加消费者信任度。充分把握媒体与媒体之间的关联性,利用多种媒体的关联,企业可以实现更为广泛的传播效应。

15.2.4　机遇与挑战

1. 机遇

(1) 增加有机互动,提升消费体验。年轻一代消费群体的迅猛成长丰富了消费群体特征的多样性。年轻一代消费群体个性张扬,喜爱参与互动,希望被企业重视,重视消费体验,从而增加了各大企业对消费体验的重视程度。消费者与商家的互动交流及消费者之间的互动交流是提升消费体验的重要因素。企业参与消费者问题识别、信息收集、方案评估、购买决策和购后行为全过程互动,能给予消费者决策支持和售后关怀,极大地提升用户参与体验,提高其对企业的忠诚度。

(2)营销融入社交,贴近心理感受。在信息爆炸的时代,消费者每天面临的信息量与日俱增。消费者面对传统媒体营销带来的"被营销"感受的容忍度与日递减,针对传统媒体营销信息的接受度在下降。而社交媒体营销将营销信息融入消费者的日常生活交流中,降低了消费者"被营销"的感受,拉近消费者与企业的距离,符合当代消费者的心理需求。

与单一的传统营销模式使企业与消费者的距离日渐扩大相反,社交网络营销模式的迅速发展符合社交媒体用户主动参与、分享和寻求互动的心理需求,代表了社交媒体用户的特点,符合社交媒体营销发展的新趋势。营销模式要符合用户需求,才能在营销过程中发挥作用。

(3)优化传播路径,及时关注反馈。社交媒体营销中的消费者也是作为营销主体而存在的,企业可以减少传统媒体营销中为确保信息覆盖的全面性而产生的营销渠道投入,充分发挥企业忠诚客户的口碑传播作用,让忠诚客户主动参与营销过程,促进消费者对产品信息正向的营销再创作,及时有效地处理负面影响。社交媒体信息发布权的普遍及较低的门槛,使市场反馈变得更为及时,也更为真实,有效的市场反馈能帮助企业发现产品改进点,使其更加符合目标消费者的心理预期。

(4)改变填鸭宣传,客户筛选信息。传统媒体营销中媒体权力高度集中,媒体与受众之间建立的是简单的单向信息传递。一方面,消费者无法及时地向信息传播者反馈对信息的看法或纠正错误的信息;另一方面,受众向其他人传递、分享和评价信息时很受时间、空间的限制。而在信息发布权分散的社交网络中,作为普通受众的同时,每一个社交媒体上的消费者都可以是信息的制造者和传播者。因此,在社交平台上,消费者与原始信息制造者、消费者与消费者之间可以充分互动,消费者可以通过留言、私信等方式对信息进行反馈和评价。消费者之间也可以相互交流和反馈。消费者可以针对自己感兴趣的信息,在社交网络上向信息发布者和其他消费者寻求答案,同时也可以共享自己对产品的意见和评价。

(5)客户口碑传播,改变决策依据。社交媒体上的消费者出于信任和依赖的原因,会主动寻求他人关于产品的看法和意见作为参考。而且消费者更重视社交媒体上有名望人物的观点。社交媒体中,用户可以不受时空限制地发布对产品的评价。由于社交媒体的无限延展,消费者可以直接与其他已购买产品的消费者交流和互动,用户口碑的非利益性、基于真实使用经验、产生自用户本身等优势让消费者对于在社交媒体上主动寻找到的信息更加信任。

(6)拓展营销渠道,降低营销成本。社交媒体营销的重要营销主体是社交媒体用户,依托忠实顾客口碑传播,企业能够获得更大的成效。通过互动性非常强的信息传递模式,可以在短时间内聚集大量的用户。在社交网络上,用户显示出高度的参与性、分享性与互动性,更愿意通过社交网络来主动获取信息和分享信息,而互动性所带来的精准化和低成本成为社交网络的优势。社交媒体营销摆脱了对于传统媒介的依赖,成本投入低却效果明显。

（7）锁定目标人群，需求指引定位。利用社交媒体可以快速划分出营销目标客户，并通过为该范围的目标客户提供一定的服务来明确其需求。这种营销方式在精准划分目标客户范围的同时，也大大提升了服务质量，保证了服务效果。利用社交媒体的朋友圈可以大大提升品牌影响力，提高企业的品牌竞争力。对目标客户群进行需求分析，使产品更加贴近消费者需求。但是要求企业必须对市场需求的变化保持敏感，及时根据市场变化调整产品组合，使之总是贴合消费者的需要。

（8）意见领袖的培养。意见领袖作为拥有某一方面专业知识的消费者在社交媒体上分享自己使用的产品。消费者对意见领袖的信任度很高，意见领袖的评论和态度在很大程度上影响其他消费者的决策和态度。因此，企业需要认真选取认同企业品牌理念、产品的忠实使用者作为意见领袖，沟通产品信息，邀请其参与新产品决策，提供市场反馈。意见领袖可以帮助企业有效地传播品牌信息，吸引众多粉丝关注品牌产品，也可以缓解危机事件对企业的负面影响。

2. 挑战

（1）目标客户选择不当。在社交媒体营销过程中，如果目标客户群选择不当，很容易造成营销资源的浪费，甚至给企业带来商誉的损失。社交媒体更多是一种社会交往的方式和手段，而不是企业营销的场所，所以企业通过社交媒体进行市场营销往往会给非目标客户带来困扰，从而给企业的营销带来负面影响。

（2）信息传播可控性差。在传统媒体营销中，消费者是单方面接受企业宣传的受众，没有生产、传播和分享信息的权利，企业可以有效地控制产品的宣传信息。而在社交媒体中，每个消费者都拥有生产、传播和分享信息的权利，且这种传播和分享不受时间、空间的限制，所以需要企业实时监测产品传播信息，及时有效地处理企业负面消息，否则可能在短时间内在社会上造成极大的影响，甚至有可能给企业带来毁灭性的打击。此外，在社交媒体营销的过程中，企业管理者的行为和信誉也可能会对企业的营销产生重要影响，好的行为如同营销工具一样会促进营销的开展，不好的行为会对营销活动带来毁灭性的打击，所以企业还需要采取措施降低社交媒体营销中的不可控性带来的风险。

（3）品牌形象易被冒用。企业形象易被不法分子冒用，发布虚假信息，误导消费者，给企业造成损失。企业官方形象门户可能遭受黑客攻击，其发布的虚假信息不易被企业察觉。

（4）承担法律和道德风险。社交媒体由于受众广泛，其内容开始受到越来越多的监管、规范。在社交媒体上发布信息，企业需要承担一定的法律风险和道德风险。由于传播的便捷性，企业在社交媒体上的一举一动都可能使企业面临失信风险，如虚假事实、抄袭、误导、不实信息、引发联想或缺失解释性报道等，这些风险都可能给企业带来无法挽回的损失。

（5）效果难以评估。社交媒体作为一种全新的传播渠道和营销平台，对企业的营销效果的衡量与标准尚不全面和准确，还仅局限在点击率、转发率等指标上。但是刷数据等破坏数据真实性的做法屡见不鲜。这就导致用户及企业对统计数据的真实性和可靠性持怀疑态度，根据不真实的数据作出的营销效果预测自然不能反映企业真实的营销情况。因此，难以对社交媒体营销的效果与质量进行监测和评估是社交媒体营销面临的困难之一。

网易云音乐的特色营销：“社交＋大数据”①

【案例背景信息】 2018年新年伊始，网易云音乐推出的个人年度歌单报告在年轻人的社交圈再次掀起一阵分享热潮，这是继2017年之后网易云音乐第二次发布该报告。基于平台收集的海量用户行为数据，运用大数据技术提取单个用户的全年行为轨迹，自动生成个性化的年度歌单报告，并配以温暖亲切的文字，网易云音乐“比你自己更懂你”，让无数用户倍感一路陪伴的温馨。

一、后起之秀，成绩斐然

网易云音乐是网易旗下的一款在线音乐产品，于2013年4月正式上线，上线以来用户数一路上涨，2015年7月，注册用户数突破1亿（酷狗音乐用了6年时间突破7500万）。截至2018年6月，网易云音乐的月度活跃用户数已高达1.14亿，虽在活跃用户量上相对于腾讯旗下的QQ音乐2.84亿还有很大差距，但上升趋势明显，发展潜力巨大。从目标群体来看，网易云音乐备受“90后”和“00后”喜爱，24岁以下群体占比高达58%（QQ音乐为46%），30岁以下为85%（QQ音乐为75%），整体用户具有偏年轻化的特点。虽然用户量比不上依托QQ社交平台巨大流量的QQ音乐，但在人均使用时长上，网易云音乐却表现更为优异，在24岁以下群体中，用户月均使用时长高达232分钟，是QQ音乐同年龄段用户的1.6倍。

如此优秀的市场表现得益于网易不输广告公司的营销创意和能力。网易云音乐设计之初便将年轻一代作为目标客户群，“偏爱社交、强调个性化”是当代年轻人的两大标签，因此网易致力于将云音乐打造成一款“音乐社交”产品，并充分运用大数据技术推出“个性化推荐”功能，使其上线之后迅速赢得大批年轻用户的青睐。

二、差异化定位，打造“音乐社交”

网易云音乐上线之际，正值在线音乐市场较为成熟的时期，QQ音乐依托QQ的用户流量已占据相当大的市场份额，此外还有酷狗音乐等稳定运营的产品，如何在这样的市场上突出重围，是网易云音乐必须谨慎思考的问题。关注到年轻一代人对社交媒体的热衷，网易云音乐另辟蹊径，以社交为切入点，摆脱传统的“播放器”的限制，将自身打造成一个“音乐社区”，并成功脱颖而出。网易云音乐将社交元素完美融入其中，用户凭借第三方社交账号登录，可关注好友、电台、音乐DJ并相互评论、推荐。每首歌曲下的评论区是不少用户最爱的功能区，一条条欢喜或悲伤的评论记录着每一个同听一首歌的人的心情，即使彼此并不相熟，却能基于共同的话题交流彼此的感受。此外，用户还可以发布个人动态，像微博、QQ、微信那样将自己的心情、故事或喜爱的歌曲分享给熟悉或陌生的人，通过个人主页浏览他人的歌单和动态，以便快速了解对方的音乐品味乃至兴趣爱好。

---

① 本案例主要参考以下资料撰写而成：[1]张琳芸.互联网时代在线音乐平台营销策略探析——以网易云音乐为例[J].视听，2018（3）.[2]移动音乐平台竞品分析报告：QQ音乐 vs 网易云音乐[EB/OL].http：//www.woshipm.com/evaluating/429541.html.[3]5000条乐评红遍地铁，音乐与回忆怎可辜负[EB/OL].http：//www.sohu.com/a/197773590_100006306.[4]QuestMobile数据库资料.

除了产品设计本身充分具有话题性,网易还被不少广告行业的业内人士"调侃"为一家"广告公司",其市场团队的营销创意不输专业广告公司。除了 2017 年和 2018 年年初的用户年度歌单报告,网易云音乐的不少宣传策略都充分体现了"社交"与"情怀"。2017 年 3 月,网易云音乐针对当下年轻人普遍存在的"孤独感",筛选出云音乐里点赞数最高的 5000 条优质评论铺满了杭州地铁 1 号线和整个江陵路地铁站,"最怕一生碌碌无为,还说平凡难能可贵""当你觉得孤单无助时,想一想还有十几亿的细胞只为了你一个人而活"……一条条"乐评"、一个个故事,在地铁这个让人倍感"孤单"与"疲惫"的特殊空间里直戳心头。

三、依托大数据,个性化推荐

除了"音乐社交","个性化推荐"是网易云音乐的另一大"利器"。借助对用户行为的长期监控和记录,如用户收藏的歌单、歌曲数据,运用大数据技术对平台海量数据进行深入挖掘和分析,再根据用户的历史行为数据,每天为每位用户生成个性化推荐"歌单"和曲目,而在此之前,绝大多数在线音乐产品主要以"歌手"和"歌名"为线索提供搜索功能。每日歌单推荐位置位于产品界面的视觉中心,而且内容推荐的精准度相对较高,因而在用户打开发现很满意甚至超出预期之后,就会期待下一次的推荐,从而形成良性循环,增强了用户黏性和忠诚度。在移动端,除了每日歌单和歌曲推荐外,还添加了"私人 FM"和"跑步 FM"功能,基于用户喜欢的音乐类型和场景生成个性化推荐。"跑步 FM"还能根据用户跑步的频率智能地播放合适的音乐。此外,网易云音乐还有大量的 UGC(用户生成内容)歌单和歌曲,用户可以将自己的作品上传至平台与他人分享,这让越来越多冷门、小众的优质音乐进入用户的视野,加上个性化推荐功能,不少偏爱小众音乐风格的用户在这里快速寻到了一片小天地,并且能和音乐品味相似的人通过"乐评"相互交流。网易云音乐在整个产品运营过程中充分运用了大数据技术进行精准化营销,无论是"年度歌单报告"还是"个性化推荐"功能都是基于对海量数据的收集、处理、挖掘和分析。数据本身是"冰冷的",但云音乐巧妙地融入了"创意",让用户倍感温暖。

从网易云音乐的例子可以看出,网易云音乐"社交＋大数据"的营销模式符合当下年轻人的喜好,为目标客户群提供个性化的优质服务,赢得了良好的用户口碑,用户数量持续稳定增长,并且用户黏性和忠诚度较高,发展前景良好,其特色营销模式具有一定的借鉴意义。

【案例讨论题】

(1)"信息爆炸时代"来临,举例说明企业如何利用大数据更好地为消费者提供产品和服务。

(2)针对大数据带来的消费者个人信息问题,政府和企业应如何保障消费者权益不受恶意侵害?

复习思考题

1. 简述大数据营销产生的历史背景。

2. 大数据营销的发展趋势如何?

3. 社交媒体营销面临怎样的机遇和挑战?

第 16 章

市场营销中的伦理道德与法制精神

【本章知识点】
- 道德与法制所决定的不同社会环境
- 市场营销与社会环境的关系
- 市场营销中道德、法律、策略之间的关系
- 市场营销道德困境与伦理精神塑造

在营销活动中,浓重的功利色彩不仅会影响企业道德伦理水平的提升,也使管理变革之路更加艰难。在新经济和新媒体时代,伦理化经营与法制精神成为新时期企业发展的主要课题,强调企业社会责任不再是老调重弹,而是当务之急。

16.1 市场营销伦理的基本概念与研究范围

营销伦理并不是一个新的话题。20 世纪 90 年代,因为一些企业在营销方面存在严重问题,营销伦理迅速成为流行词汇。即使是在企业经营规范化程度大幅提升的当今时代,关于营销中的伦理争议仍然出现于各种媒体的报道中。因此,在信息传递快速广泛的当代社会,营销伦理方面的问题经常成为人们关注的焦点。

16.1.1 营销伦理的基本概念与非伦理化营销行为

1. 营销伦理的概念

营销伦理是指市场营销活动中的行为标准和道德判断依据。它是规范企业在道德和伦理框架内经营的被大多数企业所遵守并为社会公众所认同的营销行为准则,是企业在超过法制标准或法制不能调节的领域对自己行为的一种约束,即明确在营销活动中,除了守法经营之外,还必须坚持的标准。企业的营销伦理通常与所在行业的营销伦理保持一致,是指导员工在营销活动中坚持道德方向正确性的必备条件。它有助于调节不同企业之间或企业内部所发生的道德冲突,使企业的经营行为能够向着正确的方向发展。

但是,营销伦理又并不是简单的"对"或"错"的一种判断尺度,它有时是一种使无法进行类似判断的各种不同行为相互协调的制度工具。因此,营销伦理总是与一定的情境结合在一起发挥作用。一些经营历史悠久、具有重要影响力的企业有自己独特的营销伦理守则,并作为企业文化不断延续、传承。守法经营的企业与遵守营销伦理的企业在经营理念上并不处于同一个认知层次,后者往往更高,更能得到社会的认可。关于法律与伦理之间的关系,我们将在本章后半部分详细阐述。

2．非伦理化营销行为

非伦理化经营是一个灰色领域，由于它没有违法，因而通常无法对其进行依法惩处，但是它又确实破坏了社会的和谐环境。因此，这种营销行为的特点是，一方面现有法规无法进行规制，另一方面又确实触碰了社会的道德限制。人们只能通过道德谴责来使非伦理化营销行为在一定程度上收敛。一般而言，社会道德谴责力量越强大，如有影响力强大的、公正的舆论媒体及高素质、能积极响应的社会民众，非伦理化营销行为就越少。非伦理化营销行为通常是由内在因素变异或外来因素进入导致社会伦理生态发生变化的结果。在原生态的社会环境中，内在因素变异的可能性尽管存在，但是过程比较漫长；同时，由于强大的社会道德的约束力，企业或消费者一般不会从事非伦理经营行为，这种行为使其自身无法在其中立足。而外来因素的直接进入不仅会影响社会伦理的结构，也加速了内部企业的变异过程。从这个意义上讲，经济全球化、区域经济一体化等发展过程，不同商业习惯的相互影响会使新的营销伦理问题不断出现。

非伦理营销行为表现在以下 10 个方面：

（1）"礼品"式回扣。从销售商那里获得礼品，或者有争议的佣金支付，以及"桌下的交易"等。

（2）非公正性。不公正地把企业利益置于员工家庭责任和义务之上，从其他人的工作努力中获得好处，诱使消费者使用不需要的服务，对其他人的行为进行操纵等。

（3）不诚实。为获得订单而对消费者撒谎。对企业的服务和能力进行不恰当的陈述。

（4）价格不真实。对与竞争者同样的产品进行差异化定价，采取高价格，并宣称具有高品质。

（5）产品安全存在问题。产品和品牌侵权，夸大功效，产品不能满足消费者利益。

（6）企业随意解雇营销人员，进行不科学的评价。

（7）营销员工泄密。向竞争者提供企业的营销信息。

（8）广告中含有夸大成分。夸大宣传和误导性陈述，让不明真相的消费者上当受骗。

（9）销售统计数据造假。通过操纵数据和错误地使用数据，达到以假乱真的效果。

（10）在供应商选择中的问题。营销人员在采购过程中"彼此默契、互惠互利"，暗中损害企业的利益。

由于各个国家和地区的法制环境不一，营销伦理所设定的具体范围也有一定差异，因而上述营销伦理问题在各个国家和地区的受重视程度并不一致。例如，上述某些问题在有些国家和地区可能被严格禁止，而在另一些国家和地区则可能并不会面临严厉的处罚。

16.1.2　营销伦理所涉及的领域

营销伦理是商业伦理的一个分支，它所涉及的范围比较广泛。从其所指向的对象上分析，主要有企业自身管理中与营销相关的伦理，如内部营销中涉及的对员工价值观念传递中的营销伦理；对渠道合作者的伦理，如上游供应商、下游代理商、批发商、零售商的伦理；对竞争者的伦理，如对产业内的竞争者和产业之外竞争者的伦理，国内竞争者、国外竞争者的伦理；对消费者的伦理；以及对社会大众的伦理等。企业营销活动的利益相关者都会与企业在营销过程中形成伦理关系。但是,人们习惯上总是把营销伦理局限于生产企业与消费者之间的伦理关系。这虽然有一定的偏差,却反映了营销伦理所主要呈现的领域。

从营销伦理所涉及的环节来分析,以4P为划分标准,则主要涉及产品、价格、渠道、促销四个环节的伦理。也就是说,市场营销组合的四个要素都会涉及营销伦理问题。

1. 产品方面的伦理问题

这方面的营销伦理比较常见。例如,营销人员把品质一般的货物掺杂在品质优良的货物中销售,充当优质品;诱使消费者购买即将过期的产品而不进行任何提示;在产品包装方面,营销人员故意掩盖产品的缺陷,或给消费者制造假象:对固体商品用大包装来装小商品,对液体商品用底部或侧面向内凹陷的容器包装;对尚未成年的或年龄比较大的消费者人群,利用其弱点来设计产品和服务,如一些容易上瘾的游戏软件、缺乏相应功效的保健产品等,而不进行适用性和风险性提示。

2. 价格方面的伦理问题

这方面的营销伦理是最常见的。例如,营销人员随意更换商店内的产品价格标签,造成降价促销或货源紧缺等假象;对品质不一的商品执行最高品质商品的市场价格;对功能和效用相同的产品,故意夸大原产地和品牌的作用,而制定不同的价格;通过部分产品的低价格或打折销售来吸引顾客进入商场购买更多的其他产品;企业给营业人员或其他机构发布误导性价格信息,通过制造"轰动效应"减少营销传播费用。价格上的以次充好,以及采取恶意的攻击性价格来对付竞争对手,都涉及营销伦理。

3. 渠道方面的伦理问题

这方面涉及的营销伦理也十分普遍。例如,中间商向保险公司报告一件因自身管理不善而丢失的产品被"偷走了",以获取保险费用;营销人员将被自己损坏的商品向上游供应企业退货;营销人员在工作岗位上不敬业,纵容商店内的"顺手牵羊"行为;生产企业向销售人员灌输所谓的"成功学"思想,通过设计虚假的销售场景,以及所谓"成功人士"的励志故事宣讲,来分享"一夜暴富"的喜悦;对销售人员进行思想控制和"洗脑",让他们不断地尝试成功概率极低的推销,进行层压式销售。

4. 促销方面的伦理问题

这方面的伦理问题通常最容易被消费者所接触。例如,在超市内营销人员饮用专门用于促销的免费饮料而不支付费用;营销人员使用他人的购物优惠券购买本商店的商品;营销人员使用企业的长途电话处理私人事务;营销人员在商场内专门为特定品牌进行促销而获得相应的"回扣";营销人员配合消费者进行身份造假以获得相应的销售折扣和销售业绩;促销过程中的夸大宣传,以及样品与实际商品的不一致等。

16.2　市场营销中道德与法制之间的关系

16.2.1　道德与法制所决定的不同社会环境

道德与法制共同构成二维的社会环境,而人与人之间的关系则处于这个环境中。在人类社会中,道德与法制的调节作用并不完全相同。有些社会群体着重以道德来评价人们行为的合宜性,也有一些社会群体主要从守法角度来评价人们的行为。当然,道德、法制并重的社会群体也比较普遍。对于某一种具体社会形态的道德伦理状况及法制化水平的评价,可以借助图 16-1 来理解。

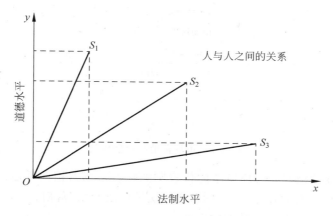

图 16-1　社会环境的维度与内涵

图 16-1 中的直线 S_1、S_2、S_3 分别代表三种不同的社会环境。S_1 代表的社会对道德依赖程度较高,对法制依赖程度较低,这与 S_3 正好相反。而 S_2 代表的社会则对道德和法制都有相当程度的依赖。面积 S_1、S_2、S_3 则代表相对应的社会中的“人与人之间的关系”。从图 16-1 可以看出,S_1 与 S_3 基本相等,说明在这两种不同的社会环境中,尽管各自主要依赖的行为评价标准不同,但社会环境的整体效果基本相似。而 S_2 是道德和法制共同作用面积最大的社会环境,与其他两个社会相比,它能协调最大范围的人与人之间的关系,因而是文明程度最高的社会。

16.2.2　市场营销与社会环境的关系

市场营销这一管理工具的作用的发挥,离不开特定的社会环境,因此,必须把它放入社会环境中加以分析。

从图 16-2 中可以看出,市场营销处于 S_2 范围之内,而与 S_1 和 S_3 有一定距离。这说明,由于法制水平低下对道德水平的制约,市场营销不能在 S_1 中发挥相应的作用;而由于道德水平低下对法制水平形成的制约,市场营销也不能在 S_3 中发挥相应的作用。管理部门要使市场营销在 S_1 或 S_3 的社会环境也能发挥作用,只有两种途径:要么改变社会环境,要么改变市场营销的位置。

改变社会环境,对于 S_1 而言,就是重点提高法制水平,使道德水平不低于 y_2 的情况下,法制水平由 x_1 点向 x_2 点靠近;对于 S_3 而言,就是重点提高道德水平,使法制水平不小于 x_2 的情况下,道德水平由 y_1 点向 y_2 点靠近。

改变市场营销的位置就是使图中的面积 M 向横轴或纵轴移动,或者同时向这两个轴靠近。

改变社会环境的结果是道德水平或法制水平的提升,这对于促进人与人之间的关系

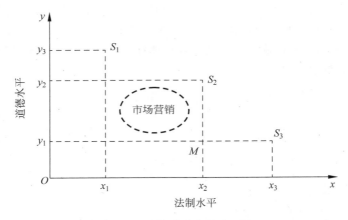

图 16-2 市场营销与社会环境

有益；而改变市场营销在社会环境中的位置则意味着市场营销向低层次下降，一些现代的管理工具并不能被有效使用，传统的营销方法被广泛使用，营销各要素的功能并不能完全发挥作用。这不利于营销和社会的发展。

依据上述理论模型，我们可以对某一企业开展市场营销所面临的社会环境作出如图 16-3 所示的假设。

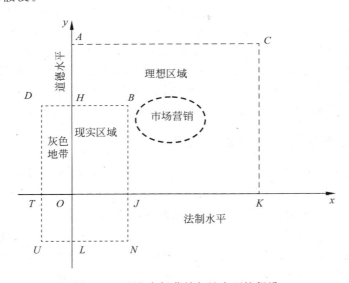

图 16-3 企业市场营销与社会环境假设

在该社会环境中，整个社会的道德伦理与商业伦理并不相同。因此，传统文化中有一些观念对商业伦理构成冲击。社会管理过程中对道德教化力量的过于倚重，以及商业经济发展的先天不足和现代契约精神的缺失，致使法制化社会环境的建设异常艰难，也使市场法制化进程更加缓慢。社会人群不乏重道德、轻法制的思想，不少企业在管理思维中认人不认理，视关系人情为命脉，而对依法办事并不热衷。

从图 16-3 中可以看出，现实区域（$DBNU$）与理想区域（$OACK$）有一定差距，其中，现实区域中还包括灰色地带(DHLU),即法制水平和道德水平出现负面影响的领域。市场营销并不在现实区域内,而能够与真正意义上的市场营销相匹配的社会环境并没有形成。

因此,实现与市场营销相一致的社会环境,必须在道德水平和法制水平方面努力,即消除现实社会环境中的灰色地带,并使道德水平和法制水平大幅提升。道德水平从 H 点提升至 A 点,法制水平从 J 点提升到 K 点,则能形成支持市场营销这一管理工具有效发挥作用的社会环境。否则,营销中的伦理问题和法律问题将很难避免。

16.2.3　社会环境的阶段式发展

在市场营销发展中,社会环境的发展是阶段式的,如图 16-4 所示。

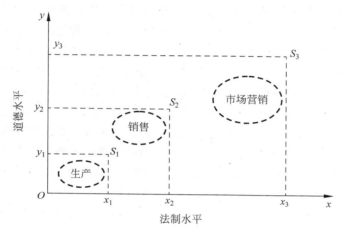

图 16-4　社会环境的发展阶段

图 16-4 中,在不同的社会环境发展阶段,道德、法制所围绕的中心并不相同。社会环境处于 S_1 阶段时,道德、法制围绕生产进行,以促进生产效率提升和产品数量增长而设计相应的道德规范和法律制度,企业致力于追求产值,追求经济增长是最具道德影响力和法律支持的事业,生产是整个社会环境的中心,道德、法律都围绕这个中心运转。在 S_2 阶段,生产出现了过剩,销售变得更加重要,因此如何开发市场把产品销售出去是企业的中心工作。为了防止销售环节出现问题,相应的道德规范和法律条款开始建立。而在 S_3 阶段,根据顾客购买心理及需求来生产和销售已成为主流思想,因此道德和法律必须围绕市场营销来制定。

如果一个国家的产品质量经常出现问题,道德和法律经常围绕一些质量问题和服务不佳而施加影响,则说明该国的社会环境处于 S_1 阶段。而如果一个国家的产品已基本没有质量问题,主要是销售方面的问题在影响企业和消费者,并且道德和法律也主要围绕这些问题而设定,则该国的社会环境已进入 S_2 阶段。当一个国家的企业已跨越生产和销售的主要问题,把注意力更多地投向研究消费者心理需要和实际需求而不是一厢情愿地去理解市场,并且道德和法律也主要围绕保护消费者的利益而设定,则该国的社会环境已进入 S_3 阶段。

在图 16-4 中所示的三种社会环境中,道德变量与法制变量相互影响,二者共同作用的结果形成了稳定的社会环境。这里面有一个假设,即道德水平和法制水平都是由原点向正的方向发展,即从原点 O 开始分别沿着纵轴和横轴变化。二者作为变量在变化过程中所形成的面积就是抽象意义上的社会环境。它们的变化是一个延续的过程,即道德和法制的发展演变都从原点开始,呈现不间断的递进特征。

在一些特殊的情形下,道德和法制作为社会环境的变量也可能向着与上述相反的方向发展,即向着图 16-4 的左边,或左下方,或下方发展。这些都属于道德水平和法制水平的下降。在正常的社会环境中一般不会出现这种情形,但在一些特殊的社会时期,受自然条件、战争、疾病、社会变革等因素的影响,这些情形还是极有可能发生的。尤其是在社会处于关键的转型时期,道德水平和法制水平的不稳定及普遍下降有时会成为一种普遍现象。

在图 16-4 中,社会环境从 S_1 到 S_2,再到 S_3 这样一种递进变化趋势,与市场营销由生产和销售演变而来形成了一致的轨迹。当然,由于市场营销理论是从美国引入我国的,这种理论在我国并不能找到与之相适应的社会环境变迁的轨迹,因而如果想处于如图 16-3 所示的假设环境中,就必须进行如图 16-2 所示的社会环境变革或市场营销自身变革。

要想通过管理手段使社会环境直接适应市场营销的需要,有一种捷径,即在没有社会基础的条件下,直接采取跨越式发展,越过道德和法制的必经阶段直接创造社会环境与市场营销进行匹配,这类似于价值观念植入或仿真环境的创建。但它的功利色彩比较浓重,并不属于正常的社会发展路径,在道德水平和法制水平提升方面都脱离了原点,由于其与主流文化价值观念影响下的一般社会环境并非同源,因而时常会出现矛盾和冲突。这种着重强调商业精神的社会环境的工作原理如图 16-5 所示。

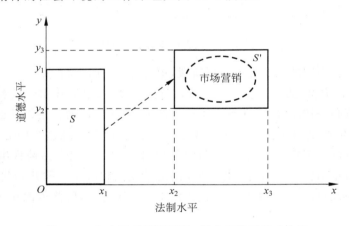

图 16-5　与市场营销相匹配:社会环境引进或仿真

在图 16-5 中,由于社会环境从 S 直接变为 S',因而使道德水平和法制水平在时间和空间上实现了跳跃式发展,进而为市场营销提供了"量身定制"的社会环境。如果整个社会环境整体上实现了这种变化,即 S 不复存在,社会环境转变为 S',则面临较大的改革阻力。如果只是整个社会中的某些行业领域或某些地区实行这种环境,如设置经济特区或行政特区,则原有的 S 环境依然存在,而在道德与法制的二维世界中又出现了一个新的环境,即 S'。

尽管在这个跳跃中有些时候道德水平会下降,但却有利于法制水平的提升。

16.3　市场营销中道德、法律、策略之间的关系

企业市场营销道德伦理分析与法制精神分析，归纳起来，在于建立"道德、法律、策略"三位一体的精神理念与管理架构，即建立与完善伦理道德体系，在法制精神引导下推行营销策略。

16.3.1　道德示范与道德底线

从道德、法律、策略之间的关系来看，道德属于精神层面的一种要求，有时是一种较高层面的要求，有时又是一种较低层面的要求。因此，道德是一种环境，它既有基础标准，即人们通常所熟知的道德底线，也有高标准，即道德示范，通常是人们所熟知的道德模范。由于道德标准的易变性，因而它并不具有强制力，对社会环境的作用主要体现在引导而不是规范上。只有在具体的法制环境中，道德的约束、示范作用才能施展。策略的应变性在道德、法制所构建的二维社会环境中得以施展。道德、法律、策略之间的关系如图 16-6 所示。

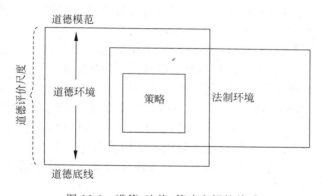

图 16-6　道德、法律、策略之间的关系

在图 16-6 中，道德评价尺度是一个依据社会环境而变化的量。在一些道德要求相对较高的社会群体中，这个标准通常比较高，因而人们的行为通常比较接近道德模范的水准。在这样的社会，人们的文明程度比较高，道德对人们的束缚也较为严重。因此，一些历史比较悠久的国家和地区通常会面临比较严格的道德约束，因而在进行改革、创新或其他工作时，就会面临诸多层面的道德阻力。策略一般出现在法律环境与道德环境相重叠的领域。如果超出该领域，就会出现符合道德却不符合法律，或者符合法律却不符合道德的现象。

在不同的社会环境中，道德的约束力并不相同。道德约束力的发挥不仅取决于道德的作用面积，也取决于道德的密度。法律约束力的作用也是如此。道德与法律的作用面积及密度如图 16-7 所示。

图 16-7 中，图(a)与图(b)中道德、法律共同作用的面积完全相等，因而它们对市场营销的影响力相等。但是由于两种情形下道德与法律在密度上并不相同，因而企业对社会

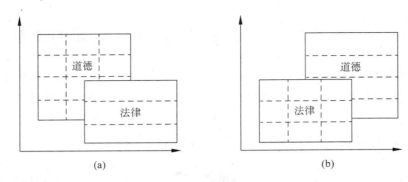

图 16-7　道德与法律的作用面积及密度

环境的感受并不相同。

在图（a）的社会环境中，道德对企业市场营销活动具有较强的约束力，而法律则比较宽松，因而企业在经营管理过程中更多时候需要进行自我反省，自律（自身的约束力）在调节企业行为中发挥主要作用。

在图（b）的社会环境中，道德对企业市场营销活动的约束力不强，有些宽松，而法律则比较严格，因而企业在经营管理过程中更多时候需要遵守法规，外在的强制力在调节企业行为中发挥主要作用。

在道德比法制更有约束力的社会环境中，由于道德对人们行为的趋同作用主要是由自律和反省实现的，它针对人们的精神世界既规定了"应当做什么"，也规定了"不应当做什么"，因而普通民众对这种环境感到比较安全，归属感也十分强烈，但是它不利于创造精神的培育，同时由于传统文化中习俗的力量，一些不公平、不正义的现象有其生存土壤。而在法制比道德更有约束力的社会环境中，由于法制对人们行为的趋同作用是由外在强制力实现的，它通过在行为方面，尤其是对人们的物质世界规定了"不能做什么"而引导行为方式，并没有规定"能做什么"，因而有利于发挥普通民众的创造精神和工作能力，使他们感觉到社会更加公平和正义。

以道德为主的社会环境通常比较僵化，人们之间的关系相对稳定。稳定和安全是这种社会环境的最大特点。但是，过分地夸大道德的作用并不能使企业发展壮大，它甚至会发展成为少数人利用人们的从众心理和善良意愿谋取私利的幌子。真正使企业走向强大的是法制，它使企业在合法领域开展经营，使其创新能力不受习俗影响，并能在公平、正义的社会环境中施展才能。

16.3.2　"道德、法律、策略"三位一体

道德、法律及策略三者之间的关系构成了一种综合的社会环境。其中，道德环境是这种社会环境的一个侧面，它由道德标准、道德底线、道德示范构成。在法制环境中，道德环境得以存在，世界上几乎没有一种完全脱离法制环境的道德环境，从这个意义上讲，道德环境总是依托法制环境并促成法制环境的改变。

一家企业在行为方面做到遵纪守法，并不意味着它就是一个道德高尚的企业。同时，一家企业突破了道德所规定的底线，但法律并不一定有相关规定能够对其行为进行惩罚。道德要求企业进行反思，而法律要求则属于他律，由司法机构进行裁决。

"道德、法律、策略"三位一体如图 16-8 所示。

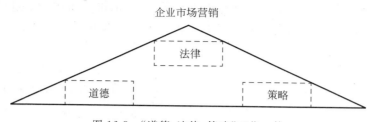

图 16-8　"道德、法律、策略"三位一体

　　一般而言,有道德的企业应当是一个守法纪的企业;而无道德的企业则有可能违法乱纪。现实中确实有不少企业经常认为"道德的底线"就是"社会的底线"。这其实是一种错误的理解。正确的理解是,道德教化无效时才诉诸法律制裁。

　　"道德"是"治心"的一服良药。它是企业自律的重要依据。"法律"是"治市"的有效手段,它是保护营销者自己、纠正危害社会和他人利益的行为的有利武器。"策略"是"致富"的重要方法和谋略,是企业或营销者个人获得成功的必备工具。策略的设计与使用必须建立在符合法律规定、道德要求的基础上。

16.4　市场营销道德困境与伦理精神塑造

　　如果企业的成长发展时间相对较短,而时代变革的步伐又非常迅速,则容易导致一些思想认识层面的东西与现实中所面对的情形并不能取得一致。这种认识与实践的差距,体现在企业家身上就是在营销过程中从道德伦理层面思考问题的次数并不是很多或者即使是进行思考也并不是很到位,而从金钱、利润、物质利益、物质激励等角度思考营销中遇到的问题可能更多一些。

　　对传统文化中伦理道德元素提炼得不够,在重塑商业伦理精神时,并没有大胆地吸收世界商业文明中的先进思想,这是企业在营销伦理方面的困境。适应市场经济的商业道德伦理文化的缺乏,容易导致一些并不适宜经济社会发展需要的思潮乘虚而入。

16.4.1　营销伦理误区

　　在企业营销活动中,经常会出现一些使消费者上当受骗的事件。欺骗可以是一种行为,也可以是一种谎言。受利益诱导,欺骗会在一些场合出现,并被一些人群所推崇。欺骗通常与人们的经济状况和认知能力有关,在受迫于物质条件或精神上没有寄托时,欺骗可能就有了活动的空间。

　　从道德层面上思考,营销中确实会出现一些不恰当的做法。这些做法有时是无意的,有时却是有意的。行业的商德约法和消费者的道德良心通常会谴责那些无意的行为,认为这些做法产生了负面的影响,但是通常还是会给企业及其营销人员反省的机会。但是对于有意的道德失准行为,人们通常不会原谅,有的甚至需要通过法律途径解决。

　　有些企业会被利益冲昏头脑,而选择以欺骗的方式对顾客作出承诺,或者对产品进行夸大宣传。但是,企业应该知道承诺、夸大宣传、欺骗是三个完全不同的概念。

　　承诺是基于产品质量和服务水平而向消费者作出的保证;夸大宣传则是为了实现营

销目标而对消费者采取的一种有一定夸张性、偏离事实、便于促成购买的语言和文字表述；而欺骗是在产品和服务完全不具有相应水平时，在承诺方面作出了过度的表述。承诺和夸大宣传越是远离产品和服务的真实水平，对顾客的欺骗程度就越大。承诺、夸大宣传、欺骗的区别如图 16-9 所示。

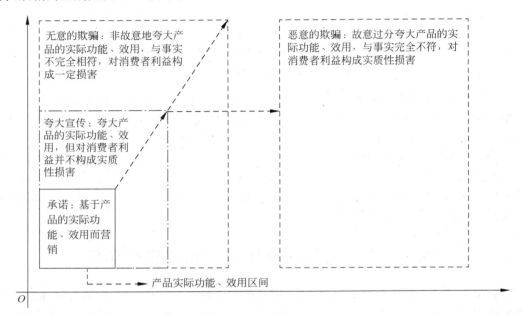

图 16-9　承诺、夸大宣传与欺骗的区别

　　企业营销活动中最不可取的方法就是欺骗。这是因为营销本身是商业活动的一部分，而这种活动的基础就是诚信。即使是善意的欺骗，在营销中也不应当被倡导。商业活动本身有其自身规则，任何人破坏了这个诚信基础必然会受到整个市场的谴责。欺骗手段与营销人员追求营销最高境界这一目标相背离。但是，现实中由于通过欺骗手段总是能轻易地获得意外的财富，并且有可能逃避法律的严惩，因此一些心存侥幸的人总是设法通过欺骗来实现财富的增长。如果对这种"营销"手段并没有相应的道德伦理加以约束，则只有依靠法制来防止营销中的商业欺骗。

　　法律力量和道德力量综合使用，才能使人们远离营销中的欺骗。法制建设的重点应当是净化营销环境，加大对行骗者的打击力度；而道德建设的重点则应当是使人们加强行为的自律。教育是很好的道德约束实现手段，而教育体系中关于商业伦理道德内容的一致性，则是减少营销欺骗的重要基础。如果在一个大国经济中，由于各个地区的道德文化内容不尽相同，那么在地区之间的商业交往及人们之间的交流中就会产生道德伦理冲突。因此，必须对不同文化背景、亚文化背景下的商业伦理道德进行统一规范。

　　风俗、习惯和文化的不同容易导致不信任。同一个国家中，由于地域文化差异、经济发展程度不同，道德伦理水平也并非完全处于同一水平。因此，同一国家或地区内，一般都存在基于某一核心价值观念的道德伦理高地和洼地，伦理价值观念通常从道德高地流向道德洼地。但是，在社会极不稳定或人口流动性非常强的时期，一些处于道德洼地的伦理价值观念也会反过来冲击道德高地的伦理价值观念,从而使一个国家或地区内的道德伦理水准普遍下降,并导致不信任现象的广泛存在。不信任是欺骗的重要社会心理基础。

一般而言,一个国家不同地区的文化差异越大,道德伦理分歧就越大。特别是在市场经济不成熟的阶段,由于各个地区经济发展水平的不同、基础教育水平的差异,以及人们千百年来形成的认识差距,很容易出现一些道德伦理的不发达地区。在这些地区,人们之间的信任程度很低。如果这些地区与其他地区开展商业交易,其固有的一些企业行为就很可能招致其他地区的一致排斥。但是,如果其他地区对这些道德伦理不发达地区的企业行为没有预防心理,就可能在与这些企业的交往中上当受骗。

为了使各个地区都能在相同的规则下开展营销活动,从国家整体发展角度出发,应当让一种倡导诚信经营的主流文化来影响道德伦理不发达地区。同时,在语言、文字、风俗、习惯方面要尽可能使先进文化替代落后文化,从而使各个地区能够在商业经营方面形成一致的习惯与规则。这事实上就是通常所讲的道德教化。一个国家的各地人民之间的交流越充分,文化的趋同性越强,适宜于营销活动的经济环境和社会环境就越稳定;一个国家越是有一种主流文化深刻地影响和控制其他从属文化,一种主要的商业习惯影响其他的商业习惯,就越有利于不同地区之间的商业往来,市场营销工作也就越容易开展。

防止营销中的欺骗行为,首先要对各种营销欺骗行为加大处罚力度;其次要从行业培训教育入手,让企业守法诚信经营;最后要着力推动与商业诚信相关的经营文化、经营习惯的一致性。

16.4.2　伦理精神重塑——企业社会责任的履行

一个企业之所以能从弱小发展到强大,这其中既有企业自己选择了一条正确的经营管理路径的因素,也有顾客在企业发展过程中给予的信任和支持。因此,企业要感激顾客,要对顾客的支持给予相应回报。对于全社会居民而言,公共幸福、快乐是最大的幸福、快乐,这在哲学上称为最高的"善"。因此,真正有道德情感的企业家应当在提升个人幸福快乐的同时关注公众幸福快乐的实现。要做到这一点,就必须有一部分企业或者全体企业都参与关注公众幸福与快乐的事业,这样的企业家及其员工才是具有道德情感的合格公民。

在营销活动中,营销人员的绝大部分时间可能用于策划如何把商品销售出去,如何更多地赢得顾客的青睐,获得更多的金钱,如果不对这种功利性的愿望进行约束,极有可能导致道德的堕落。因此,道德伦理原则是营销中最重要的原则之一。

在企业的营销行为中讲求道德伦理原则,实质就是要让企业在获得利润时,在道德上更加具有合宜性。因此,我们所倡导的企业营销行为就是要从以利润为中心的经营导向转为以利润(Profit)和伦理(Ethics)共同为中心的行为模式(见图 16-10)。

从以利润这一单核为中心向以利润、伦理双核为中心转变,这个原则兼顾了企业个体利益与社会责任,因而是以法制为主导的社会环境中伦理化营销的中心内容。这种从单纯地盈利向伦理化盈利过渡,意味着企业在经营过程中把道德情操的提升也考虑在内。这种双核营销世界的形成是以共同的价值观念(shared value)为基础的,而价值观念的形成需要借助信仰的培养与社会环境的综合影响。

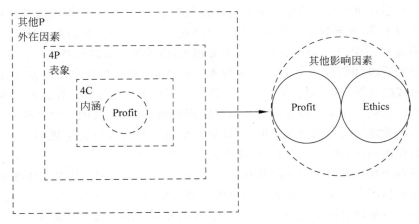

图 16-10　由以 Profit 为中心向以 Profit 和 Ethics 为中心的转变

道德建立在法制的基础上,这有利于形成促进社会进步的社会环境。道德伦理在法制的约束下逐渐趋于完善,其运行规律如图 16-11 所示。

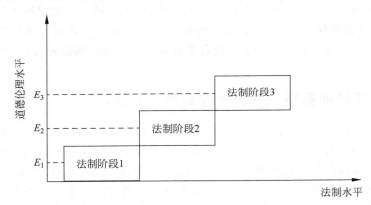

图 16-11　道德伦理与法制阶段的关系

从图 16-11 可以看出,随着法制水平的不断提升,法制阶段从第 1 阶段逐渐过渡到第 2 阶段,之后进入第 3 阶段。在这个过程中,道德伦理水平受法制的带动,也在不断提升,从 E_1 发展到 E_2,然后发展到 E_3。

因此,法制水平越高,道德伦理水平也就越高;反之,法制水平越低,道德伦理水平也就越低。从变化关系上分析,法制是自变量,道德是因变量。当然,道德也会影响法制,但是这种影响通常是双向的。

企业从由"创造利润"这个中心走向"创造利润"和"伦理提升"并重,需要在加强法制建设的同时把道德约束考虑在内。当然,法制是最根本的。它约束企业经营行为,主要是为了使企业的利润合法化,与此同时,合法运作的企业在营销伦理方面会得到较大的提升。

16.4.3　中国传统伦理元素与西方传统伦理元素的对比

中国企业在由以利润为中心的"单核经营模式"向以利润和伦理并重的"双核经营模

式"转变的过程中,应当区分中国传统伦理文化与西方传统伦理文化。中国传统文化中对道德伦理的要求与西方伦理学设立的体系有一定区别,如表 16-1 所示。

表 16-1　中国传统伦理元素与西方传统伦理元素的对比①

中国传统伦理元素		西方传统伦理元素	
元素	提出者	元素	提出者
天之权威、天道之秩序	《易》	自由、正义、正当、利益、权力、法律、完善、优越、权威、自律、善良、美德、劳动分工、天赋、激情、文艺、体育、道德、勇敢、智慧、友谊、优雅、教育、慷慨、自制、知识、爱智、最大幸福、劳动契约、节制、快乐、秩序、理智、理性、欲望、灵魂、禀赋、敬畏、同情心、贤哲、诚实、品性、真理、健康、心灵、信念、民主、动机、荣誉、真实、管理、公共利益、美	苏格拉底、柏拉图、色诺芬
家长制度	民族之始即有,周朝尤盛		
性(性相近也,习相远也)、仁、孝、忠恕、学问、涵养、君子	孔子:劝学而不尊性;言政治,以道德为根本		
中庸、率性、诚	子思		
性善说、欲、义、浩然之气、求放心、孝悌、大丈夫、自暴自弃	孟子		
性恶说、礼、刑罚	荀子		
道、德、齐善恶、无为	老子		
真人、内省	庄子	完善、幸福、快乐、思辨、德性、荣誉、明智、节制、公正、慷慨、高尚大度、勇敢、伦理、中道、友爱、善良	亚里斯多德
义务权利之平等	许行		
有神论、法天、兼爱、勤俭	墨子		
道德与生计	管子	行为合宜性、怜悯或同情、美德、激情、感激、动机、进取心、正义、仁慈、天性、羞耻心、高贵、良心、施惠、感恩、庄重、大方、文雅、自爱、勤劳、诚实、尊重、谨慎、宽宏、效用、品质、自我控制、节俭、人道、公益、坚韧、信任、安全、赞同、秩序、成功	亚当·斯密
革新、重刑、尚信	商鞅		
性恶论、威势、法律、变通、重刑罚	韩非子		
气与形、骨相	王充		
至静	李翱		
学、慎独、神	邵康节		
仁义中正	周濂溪		
虚心	张横渠	平等、自由、功利、人性、灵魂、社会契约、伦理、法制	皮埃尔·勒鲁、约翰·密尔、托马斯·莫尔、让·雅克·卢梭、约翰·斯图亚特·穆勒、马基雅维利、费希特、休谟、斯宾诺莎、孟德斯鸠、马斯洛
心、养气寡欲、穷理、知与行	程伊川		
人心道心、养心	朱晦庵		
心即理、思、诚	陆象山		
知行合一、致良知	王阳明		

---

①　本表根据以下文献相关论点汇编而成:[1]蔡元培.中国伦理学史:外一种[M].北京:商务印书馆,2010.
[2]柏拉图.理想国[M].庞曦春,译.北京:中国社会科学出版社,2009.[3]苗力田.亚里斯多德选集:伦理学卷[M].
北京:中国人民大学出版社,1999.[4]亚当·斯密.道德情操论[M].蒋自强,等,译.北京:商务印书馆,2008.

从表 16-1 可以看出,中国传统伦理道德体系与西方有较大区别。中国传统伦理元素比较抽象,具体指向性不明确,可以做多方面理解,而且各元素之间的关系不十分明确,逻辑关系比较模糊。西方传统伦理学元素比较具体,体系性强,相互支撑。当然,不论中国还是西方的传统伦理体系,它们并不主要是针对商业活动而设立的,但是它们中确实包括了商业活动行为的合理性分析,尤其是在西方伦理学著作中,相关论述比较多。中国传统伦理中更多地强调管理社会的伦理,以及人与人之间关系的伦理,较少涉及商业行为。

通过上面伦理元素的对比及相关分析,我们不难发现市场营销学所依据的西方伦理体系的坚实性。如果在现有中国传统伦理体系上应用市场营销这个工具,必然会出现社会环境排斥性。同时,如果把中国企业市场营销所必需的商业伦理体系建立在这些传统伦理体系上,不论是中国的还是西方的,都可能存在一定的风险。

16.5　市场营销中的法制精神与法律体系

16.5.1　市场营销法制精神的培养

法律属于上层建筑,它作为环境要素对市场营销的重要性不言而喻。开展营销活动的一个重要的前提是要有稳定的法律环境。一个国家法制健全,是各种环境要素中最有价值的。有了健全的法律体系和执法机构,且企业对待法律的态度十分严谨,该国的营销环境就是一种完善的环境。

苏格拉底说,哲学家应成为管理国家的人,因为他们善于思辨,同时没有其他不良的物质追求,所考虑的问题是高尚的,行为也应当是高尚的。西方伦理学倡导人们追求最高的善,即公共幸福。这种幸福需要共同创造,而环境和秩序则需要一定的法律制度来维持。

如果在一种社会形态里大多数人不喜欢目前的生活状态,在解决了物资短缺、生活贫乏等基础层面的问题之外,他们还有许多的不满意,那么就应当考虑这个社会是否在精神层面出现了一些不应有的问题。

法制环境是指与精神层面的幸福相关的一些重要因素。当然,法律因素也能解决物质层面的问题,而且主要是解决物质层面的各种矛盾。一种法制环境与其所在的市场有着必然的联系。人们总是习惯把法制环境因素与市场因素分割开来分析,这其实是错误的。如果一种法制环境与经济环境基本不匹配,市场经济运行就会出现混乱:要么是市场秩序的混乱,要么就是法制秩序的混乱。要想把这两种环境要素再次匹配起来,就必须改变其中一个要素,即要么改变市场环境要素,要么改变法制环境要素。那种等待二者自动适应调整的管理方式,只能使问题更加难以解决。

法律是一个特定社会的行为准则。企业及其营销人员必须知道这些基本的准则。在法制国家中,遵守法度的人的行为通常具有普遍性,司法人员的言语具有权威性。如果没有法律,人们就不知道这个社会的禁区是什么,什么样的行为是不正确的。法制环境使人们能够安定下来,做自己想做的有益的事情,即保障人们自由生活的空间。法律作为一种社会约束力量,规范一个人与他人之间的关系,不去做对他人利益有损害的事。

　　法制环境建设的根本出发点就是要为人民(西方伦理学有时用"公民"来表述)带来安宁的生活,维持一种基于"公平与正义"的和谐环境。法制环境通常建立在一种开创的环境基础上,一般不宜经常发生变化,但是应当不断地趋于完善。企业及其营销人员在一种良好的法制环境中开展营销活动,就有了重要的法律保障,只要依法从事营销活动,就能得到法律的保护,确保自己的经济利益在经营过程中不受损害。

　　具体地讲,法制环境的变动对于市场营销的主要影响在于不仅使企业及其营销人员的行为短期化,同时也使消费者的购买行为短期化。法制环境越是不稳定,人们的心理预期就越会变得短期化,因而营销行为和购买行为都会缺少一种外在约束的力量,人口的流动、财富的变动,都会增加营销过程中的道德风险;相反,法制环境越是稳定,人们的心理预期就越倾向于长期化,因而营销行为和购买行为就会增加一种从未来的需求进行全面考虑的愿望。因此,法制环境稳定是一种非常宝贵的客观条件,它有助于人们从更长远的角度来思考经济和管理行为,对各种问题和矛盾的思考也能从全局的利益出发。

　　法律对营销活动的影响主要体现在法规和政策层面。国家政策中有许多方面都与营销有直接关系,如税收政策、汇率政策、利率政策等。国家政策是国家利益的重要体现,它是一种总体利益的最大化要求或最低保障要求。因此,国家政策可能是基于各种社会需要形成的一种共识或契约,国家政策代表所有公民的共同利益,体现的是一个国家的总体价值观念和利益分配格局。但是,在强调总体利益和公众利益的同时,国家政策也保护合法的个人权利和个人利益。由于企业及其营销人员在营销活动中基本是从自身利益或企业利益最大化出发的,因而如果这种利益最大化的营销活动超过了合法的个人利益的限度,就可能损害公众利益,出现与国家政策相背离的现象。企业及其营销人员越是过于考虑个人利益和企业利益,就越是会触犯公众利益,做出与国家政策要求相反的事,如偷税漏税、偷工减料、以次充好。当然,这些只是从负面作用来看待企业及其营销人员的行为。从积极的角度来看,企业及其营销人员要想取得很好的业绩,就必须对国家法律有非常详细的了解。

　　法制环境是一种非常重要的营销环境。长期以来,人们总是对法制环境建设存在各种疑惑。例如,对于市场经济建设,究竟应当是先发展后规范,还是先规范再发展,抑或是边发展边规范?这些都是争论不休的问题。市场营销也是这样,如果没有法制建设的及时跟进,整个营销领域就会出现一系列问题。

　　走向法制是市场经济发展的大势所趋。市场经济本身就是法制经济,它要求每个人都具有自由的精神、理性的思维,在法制形态下生活,维护社会整体利益和公众幸福。

16.5.2　市场营销法制体系的建立

　　企业及其营销人员应当抵制社会不良风气,严格按照《合同法》《公司法》《价格法》《商标法》《食品卫生法》《反不正当竞争法》《消费者权益保护法》等法律、法规开展经营活动,在法的精神的指引下与其他企业正当地展开竞争。

　　法律这种他律的力量是通过法律体系的作用发挥功效的。法律体系的不健全是一种制度性缺失,它使企业市场营销活动有更多的灰色运营空间。

　　当道德约束失效时,人们自然而然地会使用法律来维护自身合法利益。但是依法办事需要有一定的社会基础。法律并不是在所有的社会形态下都可以发挥同样的效力。孟德斯鸠在《论法的精神》中指出,法律源自人们的习惯和风俗。因此,在一些喜欢遵章办事的国家和民族内部,法律的实施有着坚实的社会经济基础。但是,在一些完全依靠个人或少数人的主观意志和处于领导地位的个人或集团意志为行动原则的国家,法律的制定与推行就会遇到重重阻力。因此,理想的法律社会本身就是一种挑战个人或少数人权威地位的社会,是一个把每个人的利益都视为同样重要的社会,是一个无显著阶级差别和无明显特权的社会。但是,这些并不意味着法制社会下就完全没有不公平、不公正、不公开的事件。

因此,法制社会从根本上说并不是一个完全脱离每一个公民行为的社会形态,而是体现为对每一个公民的具体行为有较为严格和较高标准的素质要求,并且需要以每一个公民的行为来进一步衡量和检验的社会形态。法制社会的基础是人的基本素质、道德水准和精神境界。如果每个人在其赖以生活的社会中没有发自内心的对于"公平""正义""公正""美德""秩序""善良"等基本价值观念的追求与热爱,法律社会是很难形成的。

法制体系的建设一定要有科学的依据,而不是凭空想象。对于"劣币驱逐良币"的说法,人们已经习以为常,但是在社会生活中,如何才能通过法律体系来保障守法的人的合法利益,而使违法的人付出应有的代价呢?应当利用数学公式或现代分析方法,计算出违法行为对正常社会状态的负面影响,进而确定对其处罚的标准。

下面有关违法与守法的价值核算的例子揭示了法律体系在维持市场营销秩序中的主导作用。

一家企业如果在守法与违法中计算经济收益,则需要对比基于概率计算出的收益与损失。如果这家企业决定守法经营,那么守法的概率,不论是企业自己感到的还是社会公众感受到的,都应当是 100%。而如果这家企业决定违法经营,那么从概率上讲,虽然就它自身的主观判断而言,违法的概率应当也是 100%,但只有当违法行为被公之于众时,这个概率才会达到 100%,而被查处的可能性如果只有 1%,那么违法的客观概率就是1%,而不是 100%。假如这家企业守法经营的所得是 10 万元,而违法经营的所得是守法经营的 10 倍,即 100 万元,那么通过决策树方法即可算出究竟应当选择守法经营还是违法经营。

如果这家企业选择守法经营且社会对其诚信经营没有相应的奖励,则年收入为 10 万元;如果它选择违法经营且没有被发现(设定概率为 90%),则年收入为 100 万元;如果被发现(相应概率为 10%)且被一次性罚款 20 万元(是企业正常收入的 2 倍),则其从事违法经营的年平均收入为 88 万元(100 万元×90%+(−20 万元)×10%)。

如果法律体系是像以上这样一种制度设计情形,那么除非这家企业有道德良心作为内在约束,否则选择违法经营的可能性极大。因此,要想控制这种违法现象,必须从三个环节入手:一是道德伦理教育;二是加大处罚力度;三是加大监管力度。

加大处罚力度是一种治表的方法,但也能有较强的威慑作用。在本例中,如果违法处罚力度改为罚款 900 万元,则从事违法经营一旦被发现(10%的发现概率),就意味着相当于该企业合法经营 90 年的收入付之东流。

加大监督力度也可以提高违法成本。在本例中,如果再在加大处罚力度(罚款 900 万元)的基础上将违法经营行为的发现概率从 10% 提高到 50%,即有一半的违法行为可能被发现,则该企业从事违法经营行为的年平均收入为亏损 360 万元。这样一来,企业一般不会选择从事违法的市场营销活动。

上述分析表明,法治精神的培养和法制环境的建设十分重要。近年来市场营销中出现的种种违法现象都可以从上述三个环节着手进行整治。但是,道德伦理教育应当有相应的道德理论和道德思想作为指南,同时应当有相应的行业或针对具体企业类型的道德标准作为参照。我们既不能完全照搬西方商业伦理学的框架体系,也不能完全引用中国传统文化中的道德伦理来指导当代中国企业的市场营销活动。在体制转型的新时期,中国企业市场营销必须探索新的商业伦理学来规范企业的经营行为。

关系人情社会在商界的过度渗透也在一定程度上损害着企业家法治精神和独立人格的形成。因此在"处罚力度"和"监管方式"之间,往往会出现"以权代法"和"以情代法"的现象,并使具有惩治作用的处罚方式不能有效发挥作用。同时,市场营销中违法行为的被发现概率也可能会被人情和关系所遮掩,从而大幅降低企业守法经营的自觉性和主动性。这些不良现象都是与中国企业市场营销的发展方向相背离的。在市场营销伦理"三位一体"的基本构思中,法律这个元素的作用的发挥根本上取决于我国企业对传统社会文化的改良,使市场营销活动更多地体现理性精神和守法精神。

腾讯公益:让公益人人可为①

【案例背景信息】　2017 年 8 月,腾讯公益平台联合 WABC 无障碍艺途公益机构发起"一元购画"活动,所有作品均来自患有自闭症、智力障碍、脑瘫等病症的特殊人群,微信用户可一元购买,保存画作图片。此次捐赠历时 13 天,共获得捐款 1500 万元,参与人数高达 581 万,捐款所得将直接存入公募机构,用于帮助精神残障人士。

一、中国第一家公益门户网站

打开腾讯公益网站,首页右侧醒目地显示着,"历史善款总额:374 4791 861 元;历史爱心总人次:169 077 463 人次"(注:2018 年 8 月 11 日 17 时 26 分实时数据),数据自动实时更新。2007 年 6 月,腾讯公益网正式上线,成为中国第一个公益门户网站,并于 11 月发布了中国互联网企业第一份企业社会责任报告。依托腾讯慈善基金会,腾讯公益发起了"腾讯月捐""腾讯乐捐""腾讯微爱""99 公益日"等系列公益项目。以"月捐"为例,爱心网友可以以每人每月 10 元的形式为其选择的公益项目持续捐款,长期参与公益实践。

① 本案例主要参考以下资料撰写而成:[1]张莹.互联网品牌的公益传播探析——以"99 公益日"为例[J].科技传播,2017(24).[2]99 公益日 3 天 1268 万人次参与捐赠全民公益时代正式来临[EB/OL].https://news.qq.com/a/20170910/010392.htm.[3]腾讯益行家捐步大数据出炉! http://pinpai.china.com.cn/2017-06/08/content_9513421.htm.[4]"一元购画"筹得 1500 万后停止善款使用将定期公示[EB/OL].http://finance.china.com.cn/money/cfsh/20170830/4371549.shtml.[5]蚂蚁森林上线了公益保护地模式[EB/OL].http://www.hf0760.cn/news.asp.[6]腾讯公益官网.http://gongyi.qq.com/.[7]腾讯 2015—2016 年企业社会责任报告、腾讯 2018 年第一季度财报.

此外,基于互联网的传播优势,腾讯将互联网与公益深度融合,开启了"人人可公益,民众齐参与"新模式。借助 QQ、微信两大社交平台,腾讯真正为每位用户提供了爱心公益新渠道。以微信为例,除了"微信捐步"外,关注腾讯公益的公众号即可参与各种捐赠活动,为需要帮助的人士贡献一份力量;通过"我的捐款"可以查看自己的累积捐款额、参与的爱心项目;根据历史捐款额、捐款次数、参与项目数等指标,用户可解锁六个"公益成就"(博施济众、积善成德、爱心巨匠、一呼百应、持之以恒、一心一意),同时还可将"公益成就"分享至社交平台,呼吁更多人参与。

二、公益初心:让公益人人可为

腾讯 2018 年第一季度财报显示,QQ、微信的月活跃账户数分别达到 8 亿、10 亿,如此庞大的用户体量让腾讯公益有了得天独厚的传播优势,基于互联网社交平台的公益模式为每个普通人提供了向处于痛苦中的无助之人伸出援手的机会。个人的力量很微薄,成万上亿人的力量便可以聚沙成塔。

"99 公益日"

2015 年,腾讯公益联合数百家公益组织和企业共同发起"99 公益日"活动。这是中国第一个全民公益日,活动时间为每年 9 月 7～9 日。2015 年"99 公益日"期间募集善款超过 1 亿元,2016 年上涨至 3 亿元,2017 年腾讯"99 公益日"期间,个人用户捐款总额突破 8 亿元,加上腾讯基金会 3 亿元配捐及爱心企业捐助的 1.77 亿元,募集善款超过 13 亿元。

依托腾讯巨大的用户流量平台,"99 公益日"通过王者荣耀、腾讯动漫、QQ、微信等应用实现全场景覆盖,并邀请成龙、陈坤等明星"为公益发声",取得了良好的传播效果。腾讯积极履行企业社会责任的行为也获得了大众的肯定,既树立了良好的企业形象,更实现了对公益营销的超越。

"益行家"

2015 年微信推出"运动步数",随后,腾讯将运动与公益相结合,发起"益行家"运动步数捐赠项目,借助互联网技术,记录每位微信用户的运动步数,用户捐赠每日运动步数后,相关合作企业就会为某公益项目捐赠一定数额的善款,引发网友踊跃参与,项目持续至今。2017 年 3 月,腾讯公益联合顺丰、万科、联合利华等上百家企业发起团体捐步季公益倡导项目,用户每日步行 5000 步以上即可在"微信运动"和 QQ 平台参与。在为期两个月的活动时间内,1.19 亿爱心用户累计捐步 14 851 亿万步,133 家爱心企业配捐善款超过1.5 亿元。此外,数据还显示,"90 后"为捐步主力军,充分体现了当下年轻人的公益意识。

"一元购画"

"一元购画"的主题是"用艺术点亮人生"。2017 年 8 月,该活动一经推出便引发了朋友圈分享热潮,并吸引越来越多的爱心网友参与。针对有人质疑善款最终去向,腾讯公司明确表示腾讯公益并不参与分成,从始至终只为爱心网友和公益机构之间提供一个服务平台。1500 万元的捐赠额对于年收入两千多亿元的腾讯公司来说微乎其微,腾讯公益的价值远不止于一笔笔捐款额,这种"互联网+公益"的模式快速有效地将"公益意识"在全社会大范围传递,为塑造年轻人的价值观和促进社会和谐起到了积极作用。

三、公益营销,实现价值共创

互联网发展到今天,越来越多的企业将"事件营销"作为重要的营销手段,利用互联网信息传播速度快的特点,迅速扩大品牌曝光率。然而也有不少企业将事件的"热度"作为主要目标,罔顾营销伦理。相比之下,腾讯的"公益营销"实现了企业与社会的双赢,不仅为社会弱势群体送去了希望的曙光,更为企业自身的长远发展打下了良好基础。声势浩大的公益活动、人人参与的公益项目为腾讯做了一次成功的品牌"营销",增强了用户黏性,并在大众心目中树立了良好的企业形象。

2008 年汶川地震期间王老吉的 1 亿元捐款让王老吉"火"遍全国,此后成为诸多商科教材的经典案例。十年后的今天,"公益营销"的价值被更多企业意识到,例如,阿里巴巴的"蚂蚁森林"打开了"互联网＋绿色发展模式"的新视野,让"收能量""种树"成为众多网友的"执念",每年完成百万亩造林,相当于 2018 年国土绿化行动面积计划的 1‰;与腾讯公益合作的万科、碧桂园、顺丰、平安银行等企业也借助腾讯公益平台,既履行了企业社会责任,赢得消费者赞誉,也有助于企业长期的生存发展。由此可见,公益营销不仅遵循并发展了营销伦理,更实现了企业、政府、社会、环境等多方的价值共创。

【案例讨论题】

(1) 公益营销与其他营销方式相比有何异同?

(2) "透明度"是公益行业多年来的痛点,企业在进行公益营销时应注意哪些法律和伦理问题?

复习思考题

1. 在当代社会,为什么营销伦理越来越重要?
2. 营销伦理与法制建设之间存在怎样的关系?
3. 营销伦理、法制、营销策略之间的关系是怎样的?
4. 营销伦理建设在我国有哪些特点?
5. 市场营销法制建设需要做好哪些具体工作?

参 考 文 献

[1] 马克思.资本论:第一卷:第2版[M].北京:人民出版社,2004.

[2] 马克思.政治经济学批判[M].北京:人民出版社,1976.

[3] [英]亚当·斯密.国富论[M].北京:华夏出版社,2005.

[4] [法]萨伊.政治经济学概论[M].北京:商务印书馆,1963.

[5] [法]卢梭.社会契约论:第3版[M].北京:商务印书馆,2003.

[6] [法]弗朗索瓦·魁奈.魁奈《经济表》及著作选[M].北京:华夏出版社,2006.

[7] [瑞士]西斯蒙第.政治经济学新原理[M].北京:商务印书馆,1964.

[8] [英]阿弗里德·马歇尔.经济学原理[M].北京:华夏出版社,2005.

[9] [美]熊彼特.经济发展理论[M].北京:北京出版社,2008.

[10] [美]亚伯拉罕·马斯洛.动机与人格:第3版[M].北京:中国人民大学出版社,2007.

[11] [英]约翰·梅纳德·凯恩斯.就业、利息和货币通论[M].北京:华夏出版社,2005.

[12] [美]彼得·德鲁克.管理的实践[M].北京:机械工业出版社,2008.

[13] [美]斯蒂芬·P.罗宾斯,玛丽·库特尔.管理学[M].北京:中国人民大学出版社,2004.

[14] [美]菲利浦·科特勒.营销管理:新千年版·第10版[M].北京:中国人民大学出版社,2001.

[15] [美]菲利浦·科特勒,凯文·莱文·凯勒.营销管理:第13版·中国版[M].北京:中国人民大学出版社,2009.

[16] [美]菲利浦·科特勒,[新]洪瑞云,梁绍明,陈振中.市场营销管理:亚洲版·第2版[M].北京:中国人民大学出版社,2001.

[17] [美]菲利浦·科特勒,加里·阿姆斯特朗,[新]洪瑞云,梁绍明,陈振中,[中]谢贵枝.市场营销原理:亚洲版[M].北京:机械工业出版社,2006.

[18] [美]菲利浦·科特勒,加里·阿姆斯特朗.市场营销原理:第11版[M].北京:清华大学出版社,2007.

[19] [美]菲利浦·科特勒,加里·阿姆斯特朗.市场营销原理:第9版[M].北京:清华大学出版社,2001.

[20] [美]菲利普·科特勒.营销管理:分析、计划、执行和控制:第9版[M].上海:上海人民出版社,1999.

[21] [美]菲利普·科特勒,凯文·莱文·凯勒.营销管理:第12版[M].上海:上海人民出版社,2006.

[22] [美]菲利普·科特勒,凯文·莱文·凯勒.营销管理:第13版[M].上海:上海人民出版社,2009.

[23] [美]加里·阿姆斯特朗,菲利普·科特勒.市场营销学[M].北京:中国人民大学出版社,2007.

[24] [美]加里·阿姆斯特朗,菲利普·科特勒.市场营销学:英文版[M].北京:中国人民大学出版社,2013.

[25] [英]大卫·乔布尔.市场营销学原理与实践[M].北京:机械工业出版社,2003.

[26] [英]马科姆·麦当那,马丁·克里斯托弗.市场营销学全方位指南[M].北京:经济管理出版社,2008.

[27] [美]迈克尔·R.辛科塔.营销学:最佳实践[M].北京:中信出版社,2003.

[28] [美]路易斯·E.布恩,大卫·L.库尔茨.当代市场营销学[M].北京:机械工业出版社,2005.

[29] [美]卡尔·麦克丹尼尔.市场营销学:第8版[M].上海:上海人民出版社,2009.

[30] [法]雅克·朗德维,德尼·林顿.市场营销学:第5版[M].北京:经济科学出版社,2000.

[31] [美]佩罗特,麦卡锡.营销学基础:第9版[M].北京:中国财政经济出版社,2004.

[32] ［美］小威廉·D.佩罗特,尤金尼·E.麦卡锡.基础营销学[M].上海：上海人民出版社,2001.

[33] ［美］小查尔斯·W.兰姆,小约瑟夫·F.海尔,卡尔·迈克丹尼尔.营销学精要：第3版[M].北京：电子工业出版社,2003.

[34] ［美］唐·舒尔茨.整合营销传播[M].北京：中国财经出版社,2005.

[35] ［美］特伦奇·辛普.整合营销沟通[M].北京：中信出版社,2003.

[36] ［美］J.托马斯·拉塞尔,W.罗纳德·莱恩.克莱普纳广告教程[M].北京：中国人民大学出版社,2005.

[37] ［美］汤姆·邓肯.整合营销传播——利用广告和促销建树品牌[M].北京：中国财经出版社,2004.

[38] ［美］马尔霍特拉.市场营销研究：应用导向[M].北京：电子工业出版社,2009.

[39] ［美］凯林,哈特利,鲁迪里尔斯.市场营销[M].北京：人民邮电出版社,2007.

[40] ［美］唐·舒尔茨,斯坦利·田纳本,罗伯特·劳特朋.新整合营销[M].北京：中国水利水电出版社,2004.

[41] ［美］卢·E.佩尔顿,等.营销渠道：一种关系管理方法：原书第2版[M].北京：机械工业出版社,2004.

[42] ［美］伯特·罗森布罗姆.营销渠道管理：原书第6版[M].北京：机械工业出版社,2003.

[43] ［美］安妮·T.科兰,等.营销渠道：第6版[M].北京：电子工业出版社,2003.

[44] ［美］斯特恩,艾斯利,科兰.市场营销渠道：第5版[M].北京：清华大学出版社,2002.

[45] ［美］戴维·阿克.管理品牌资产[M].北京：机械工业出版社,2014.

[46] ［美］凯文·莱恩·凯勒.战略品牌管理：第3版·英文版[M].北京：中国人民大学出版社,2010.

[47] ［美］凯文·莱恩·凯勒.战略品牌管理：第4版·中文版[M].北京：中国人民大学出版社,2014.

[48] ［美］西尔维·拉福雷.现代品牌管理：英文版[M].北京：中国人民大学出版社,2011.

[49] 郭国庆.市场营销学概论[M].北京：高等教育出版社,2008.

[50] 郭国庆.市场营销学通论：第2版[M].北京：中国人民大学出版社,2004.

[51] 郭国庆,刘彦平.市场营销学通论：第2版[M].北京：中国人民大学出版社,2000.

[52] 郭国庆,李先国.营销管理[M].大连：东北财经大学出版社,2002.

[53] 郭国庆,贾淼磊.营销思想史[M].北京：中国人民大学出版社,2012.

[54] 庄贵军,等.营销渠道管理[M].北京：北京大学出版社,2004.

[55] 李飞.分销渠道：设计与管理[M].北京：清华大学出版社,2003.

[56] 张明立,冯宁.品牌管理[M].北京：清华大学出版社,北京交通大学出版社,2010.

[57] 张明立,任淑霞.品牌管理[M].北京：清华大学出版社,北京交通大学出版社,2014.

[58] 吴慧.中国商业通史：第一卷[M].北京：中国财政经济出版社,2004.

[59] 苗月新,等.营销渠道概论[M].北京：清华大学出版社,2007.

[60] 苗月新.营销学原理[M].北京：中国财政经济出版社,2011.

[61] 苗月新.营销伦理分析与管理思维变革[M].北京：经济科学出版社,2014.

[62] 苗月新.品牌管理理论与实务[M].北京：清华大学出版社,2016.

[63] KOTLER P. A Generic Concept of Marketing[J]. Journal of Marketing, 1972,36（4）：46-54.

[64] KOTLER P. From Mass Marketing to Mass Customization[J]. Planning Review, 1989,17(5)：10-47.

[65] KOTLER P, LEVY S J. Demarketing, Yes, Demarketing[J]. Harvard Business Review, November-December,1971.

[66] KOTLER P. Marketing During Periods of Shortage[J]. Journal of Marketing, 1974,38(3)：20-29.

[67] KOTLER P. The Major Tasks of Marketing Management[J]. Journal of Marketing, 1973,37 (4): 42-49.

[68] WELD L D H. Early Experience in Teaching Courses in Marketing[J]. Journal of Marketing, 1941, 5(4): 380-381.

[69] WELD L D H. Marketing Functions and Mercantile Organization[J]. The American Economic Review, 1917,7(2): 306-318.

[70] WELD L D H. Market Distribution—Supplement, Papers and Proceedings of the Twenty-seventh Annual Meeting of the AEA[J]. The American Economic Review, 1915,5(1): 125-139.

[71] WELD L D H. The Principle of Large-Scale Production Apply to Merchandising? —Supplement, Papers and Proceedings of the Thirty-fifth Annual Meeting of the AEA [J]. The American Economic Review, 1923,13(1): 185-197.

[72] HIBBARD B H. Stabilization of Prices[J]. The American Economic Review, 1921, 11(2): 231-236.

[73] HOWARD R A, WEISER H J, SHUCHMAN A, TOBEY H. Free for All[J]. Management Science, 1967,13(10): B681-B692.

[74] HIBBARD B H. Effect of Government Control on Marketing Methods and Costs—Supplement, Papers and Proceedings of the Twenty-first Annual Meeting of the AEA [J]. The American Economic Review, 1919,9(1): 47-55.

[75] HOWARD J A. Marketing Theory of the Firm[J]. Journal of Marketing,1983,47(4): 90-100.

[76] PHILLIPS C F. Chain, Voluntary Chain, and Independent Grocery Store Prices, 1930 and 1934 [J]. The Journal of Business of the University of Chicago, 1935,8(2).

[77] WELD L D H. Marketing Agencies Between Manufacturer and Jobber[J]. The Quarterly Journal of Economics, 1917,31(4): 571-599.

[78] WELD L D H. Integration in Marketing[J]. The American Economic Review, 1921, 11(1): 93-97.

[79] WELD L D H. Specialization in the Woolen and Worsted Industry[J]. The Quarterly Journal of Economics, 1912,27(1): 67-94.

[80] HIBBARD B H, HOBSON A. Marketing Farm Produce by Post and Express[J]. The American Economic Review, 1916,6(3): 589-608.

[81] SHUCHMAN A, RIESZ P C. Correlates of Persuasibility: The Crest Case[J]. Journal of Marketing Research, 1975,12(1): 7-11.

[82] SHUCHMAN A, PERRY M. Self-Confidence and Persuasibility in Marketing: A Reappraisal [J]. Journal of Marketing Research, 1975,6(2): 146-154.

[83] BORDEN N H. The Concept of the Marketing Mix [J]. Journal of Advertising Research, Classics, 1984, II.

[84] WELD L D H. Why not Cut out Middlemen? [J]. Nation's Business(Pre-1986),Feb 1922,10(2) (ABI/INFORM Collection): 22.

[85] WELD L D H. Lo! The Poor Middleman! [J]. Nation's Business(Pre-1986),1923,2(2)(ABI/INFORM Collection): 12.

[86] WELD L D H. Putting Science into Advertising[J]. Nation's Business(Pre-1986),1932,20(2) (ABI/INFORM Collection): 40.

[87] JACKSON B B, SHAPIRO B P. New Way to Make Product Line Decisions [J]. Harvard Business Review, May-June 1979.

[88] SHAPIRO B P, JACKSON B B. Industrial Pricing to Meet Customer Needs[J]. Harvard

Business Review, Nov.-Dec. 1978.

[89] PHILLIPS C F. The Federal Trade Commission's Chain Store Investigation: A Note[J]. Journal of Marketing,1938(1): 190-192.

[90] GRONROOS C. Defining Marketing: A Market-Oriented Approach[J]. European Journal of Marketing, 1989, 23(1): 52-60.

[91] GRONROOS C. Relationship Approach to Marketing in Service Context: The Marketing and Organizational Behavior Interface[J]. Journal of Business Research, 1990,20: 3-11.

[92] ZALTMAN G. Rethinking Market Research: Putting People Back in[J]. Journal of Marketing Research, 1997,34(4): 424-437.

[93] KOTLER P, ZALTMAN G. Social Marketing: An Approach to Planned Social Change[J]. Journal of Marketing, 1971,35(7): 3-12.

[94] LEVITT T. Marketing Success Through Differentiation—of Anything[J]. Harvard Business Review, Jan.-Feb. 1980.

[95] LEVITT T. The Globalization of Markets[J]. Harvard Business Review, May-June 1983.

[96] ALDERSON W. Marketing Classification of Families[J]. Journal of Marketing, 1941,6(2): 143-146.

[97] BREYER R F. Research in Marketing Completed and in Progress[J]. Journal of Marketing, 1944,9(1): 58-74.

[98] BREYER R F. Research in Marketing[J]. Journal of Marketing, 1947,12(2): 252-274.

[99] PHILLIPS C F. A Critical Analysis of Recent Literature Dealing with Marketing Efficiency[J]. Journal of Marketing, 1941,5(4): 360-365.

[100] PHILLIPS C F. Administrative Price Control[J]. Journal of Marketing, 1955,19(4): 353.

[101] PHILLIPS C F. Major Areas for Marketing Research[J]. Journal of Marketing, 1946,11(1): 21-26.

[102] PHILLIPS C F. Some Study Needed in Marketing[J]. Journal of Marketing, 1940,5(1): 16-25.

[103] PHILLIPS C F. Supermarket and Chain-Store Food Prices[J]. The Journal of Business of the University of Chicago, 1939,12(4): 323-336.

[104] MAYNARD H H. Marketing Courses Prior to 1910[J]. Journal of Marketing, 1941,5(4): 382-384.

[105] MAYNARD H H. Train Teachers of Marketing and Research Workers[J]. Journal of Marketing, 1938,2(4): 282-288.

[106] MAYNARD H H. Early Teachers of Marketing[J]. Journal of Marketing, 1942,7(2): 158-159.

[107] HUEGY H W. A Critical Analysis of Recent Literature Dealing with Marketing Efficiency: Discussion[J]. Journal of Marketing, 1941,5(4): 371-373.

[108] HIBBARD B H. Effect of Government Control on Marketing Methods and Costs—Supplement, Papers and Proceedings of the Thirty-First Annual Meeting of the AEA [J]. The American Economic Review, 1919,9(1): 47-55.

[109] HIBBARD B H. Stabilization of Prices[J]. The American Economic Review, 1921,11(2): 231-236.

[110] KOTLER P. Competitive Strategies for New Product Marketing over the Life Cycle[J]. Management Science, 1965,12(4): B104-B119.

[111] LEVY S J, KOTLER P. Beyond Marketing: The Furthering Concept[J]. California Management Review,1969,XII(2): 67-73.

[112] FARLEY J U, HOWARD J A, HULBERT J. An Organizational Approach to an Industrial Marketing Information System[J]. Sloan Management Review (pre-1986),1971,13(1): 35.

[113] HOWARD J A, SHAY R P, GREEN C A. Measuring the Effect of Marketing Information on Buying Intentions[J]. Journal of Consumer Marketing, 1988,5(3): 5-14.

[114] HOWARD J A. Operation Research and Market Research[J]. Journal of Marketing, 1955,20 (2): 143-149.

[115] AAKER J L. Dimensions of Brand Personality[J]. Journal of Marketing Research, 1997,34(3): 347-356.

[116] AAKER D. Brands as Assets[J]. Marketing News, 2014(4): 21-22.

[117] AAKER D, KELLER K L. Consumer Evaluations of Brand Extensions [J]. Journal of Marketing, 1990,54(1): 27-41.

[118] ETZEL M J, WALKER B J, STANTON W J. Marketing: 13th Edition[M]. New York: The McGraw-Hill Co., Inc., 2004.

[119] ZIKMUND W G, D'AMICO M. Marketing: Creating and Keeping Customers in an e-commerce World[M]. New York: South-Western College Publishing, 2001.

[120] PERREAULT W D, MCCARTHY J E J. Basic Marketing: A Global-Managerial Approach: 15th Edition[M]. New York: The McGraw-Hill Co., Inc., 2005.

[121] KERIN R A, BERKOWITZ E N, HARTLEY S W, RUDELIUS W. Marketing: 7th Edition [M]. New York: The McGraw-Hill Co., Inc., 2003.

[122] CATEORA P R, GRAHAM J L. International Marketing: 12th Edition[M]. New York: The McGraw-Hill Co., Inc., 2005.

[123] CHONKO L B. Ethical Decision Making in Marketing[M]. New York: Sage Publications, Inc., 1995.

[124] ANDREASEN A R. Ehics in Social Marketing[M]. Washington D. C.: Georgetown University Press, 2001.

教学支持说明

▶▶ 课件申请

尊敬的老师:

您好!感谢您选用清华大学出版社的教材!为更好地服务教学,我们为采用本书作为教材的老师提供教学辅助资源。鉴于部分资源仅提供给授课教师使用,请您直接手机扫描下方二维码实时申请教学资源。

任课教师扫描二维码
可获取教学辅助资源

▶▶ 样书申请

为方便教师选用教材,我们为您提供免费赠送样书服务。授课教师扫描下方二维码即可获取清华大学出版社教材电子书目。在线填写个人信息,经审核认证后即可获取所选教材。我们会第一时间为您寄送样书。

任课教师扫描二维码
可获取教材电子书目

 清华大学出版社

E-mail: tupfuwu@163.com
电话: 8610-83470158/83470142
地址: 北京市海淀区双清路学研大厦B座509室

网址: http://www.tup.com.cn/
传真: 8610-83470142
邮编: 100084